■公的年金等に係る雑所得の速算表 （公的年金等の収入金額×割合−控除額=雑所得の金額（0以下は0））

年齢	公的年金等の収入金額		公的年金等に係る雑所得以外の所得に係る合計所得金額					
			1,000万円以下				2,000万円超	
			割合	控除額			割合	控除額
65歳未満		130万円未満	100%				100%	40万円
	130万円以上	410万円未満	75%				75%	7.5万円
	410万円以上	770万円未満	85%				85%	48.5万円
	770万円以上	1,000万円以下	95%				95%	125.5万円
	1,000万円超		100%			185.5万円	100%	175.5万円
65歳以上		330万円未満	100%	110万円	100%	100万円	100%	90万円
	330万円以上	410万円未満	75%	27.5万円	75%	17.5万円	75%	7.5万円
	410万円以上	770万円未満	85%	68.5万円	85%	58.5万円	85%	48.5万円
	770万円以上	1,000万円以下	95%	145.5万円	95%	135.5万円	95%	125.5万円
	1,000万円超		100%	195.5万円	100%	185.5万円	100%	175.5万円

■給与所得の速算表　B＝A÷4（千円未満切捨て）

給与等の収入（A）（千円）		給与所得金額	給与等の収入（A）（千円）		給与所得金額
	551 未満	0 円	1,800 以上	3,600 未満	B×4×70%− 80千円
551 以上	1,619 未満	A−550千円	3,600 以上	6,600 未満	B×4×80%−440千円
1,619 以上	1,620 未満	1,069千円	6,600 以上	8,500 未満	A×90%−1,100千円
1,620 以上	1,622 未満	1,070千円	8,500 以上		A−1,950千円
1,622 以上	1,624 未満	1,072千円	子育て・介護世帯		
1,624 以上	1,628 未満	1,074千円	8,500 以上 10,000 未満		A×90%−1,100千円
1,628 以上	1,800 未満	B×4×60%+100千円	10,000以上		A−2,100千円

○**所得金額調整控除**　①給与所得（10万円限度）＋②年金雑所得（10万円限度）が10万円超のとき、①＋②−10万円を給与所得から控除

■所得税の配偶者控除・配偶者特別控除早見表

（万円）

配偶者控除	配偶者の合計所得金額	控除対象配偶者	納税者本人の合計所得金額		
			～900以下	900超950以下	950超1,000以下
	48以下	70歳未満	38	26	13
		70歳以上	48	32	16
配偶者特別控除	95以下	配偶者控除なし	38	26	13
	100以下		36	24	12
	105以下		31	21	11
	110以下		26	18	9
	115以下		21	14	7
	120以下		16	11	6
	125以下		11	8	4
	130以下		6	4	2
	133以下		3	2	1
	133超		—	—	—

■所得税の基礎控除

合計所得金額（万円）		基礎控除
	2,400以下	48万円
2,400超	2,450以下	32万円
2,450超	2,500以下	16万円
2,500超		0円

■各種所得控除

生命保険料控除	適用限度額12万円
Ⅰ新生命・介護医療・新年金⇒（各々最高4万円）	
＋	
Ⅱ旧生命 　　　　　旧年金⇒（各々最高5万円）	

※生命保険・年金保険は、新旧両方について控除の適用を受ける場合には新旧の合計で最高4万円

	保険料A	控除額
Ⅰ平24～（新契約）	2万円以下	Aの全額
	～4万円以下	A×50%＋10,000円
	～8万円以下	A×25%＋20,000円
	8万円超	40,000円
Ⅱ～平23（旧契約）	2.5万円以下	Aの全額
	～5万円以下	A×50%＋12,500円
	～10万円以下	A×25%＋25,000円
	10万円超	50,000円

地震保険料控除	①＋②（限度額5万円）	
①地震保険料A		Aの全額（限度5万円）
②旧長期損害保険料B	1万円以下	Bの全額
	～2万円以下	B×50%＋5,000円
	2万円超	15,000円

障がい者控除	一般	特別	同居特別
	27万円	40万円	75万円

寡婦控除	ひとり親控除	勤労学生控除
27万円	35万円	27万円

■扶養控除

0～15歳	—
16～18歳	38万円
19～22歳	63万円
23～69歳	38万円
70歳以上（同居）	48万円（58万円）

まえがき

　令和6年度税制改正は、賃金上昇が物価高に追いついていない国民の負担を緩和し、物価上昇を上回る持続的な賃上げが行われる経済の実現を目指す観点から、所得税・個人住民税の定額減税の実施や賃上げ促進税制の強化等が行われました。

　そのほか、戦略分野国内生産促進税制やイノベーションボックス税制の創設、プラットフォーム課税の導入等が行われています。

　本書は、これらの改正を踏まえて令和6年度版として改訂を行ったものです。

　ところで、「税務ハンドブック」は、税理士宮口定雄先生がご自身の業務処理に役立てるために、常に携行できるようにと税務のポイントや資料をまとめて作っておられたノートがコントロール社高木正氏の目にとまったことがきっかけでした。その後毎年発刊されるようになり、50年が経過しました。その内容は、宮口先生が各種の税目をカバーしつつ、詳細に記されている手引書や法令集などを見ずとも外出先などで重要な項目の確認をすることが出来るようにと書き留めたものです。過去の税務ハンドブックには、「毎年の税制改正項目等を織り込み、日頃から税務・経理処理の仕事に携わっておられる方々の参考に供するために、税法のうち実務上利用頻度の高い項目を抽出し、その取扱いと関連法令などを記して全て表組みにしています。本書は、詳細な税法の解説を目的にしたものではありませんので、ご利用に当たっては法令集等と併用していただきたいと思います。」と記されています。大事なことを少しでも多く、かつ、コンパクトにして一冊の本にまとめ、いつも鞄の中に入れておいて下さいとの願いを込めて、毎年々々一生懸命に改訂にあたっておられました。

　最近では、大手出版社や大規模税理士法人などから類似書が出版されていますが、これは本書の利便性などが評価されていることの証左でもあると思います。

　毎年の改訂については、読者各位から今までにお寄せ頂いたご意見等を参考とさせていただいています。今後とも、読者諸兄からのご指導をもとに、本書をますます有益なもの・利用しやすいものに改訂していく覚悟でございますので、今後とも従前同様のご教示をいただきますよう心からお願いいたします。

　なお、本書は令和6年4月10日現在の法令によっています。

税理士　杉田　宗久

〈50音順索引をご利用ください〉
下記URL又は右の二次元バーコードを読み込んでご確認いただけます。
https://www.control-sya.co.jp/image/handbook/R06zei-50.pdf

目次 　令和6年度版　税務ハンドブック

改正
国税通則
耐用年数
法人税
所得税
消費税
相続・贈与税
その他の国税
地方税関係
源泉税額表
社会保険料

所得税

消費税

改正
国税通則
耐用年数
法人税
所得税
消費税
相続・贈与税
その他の国税
地方税関係
源泉税額表
社会保険料

相続税・贈与税・その他の国税

凡　例

通　法……国税通則法	消　令……消費税法施行令
通　令……国税通則法施行令	消　規……消費税法施行規則
法　法……法人税法	消基通……消費税基本通達
法　令……法人税法施行令	措　法……租税特別措置法
法　規……法人税法施行規則	措　令……租税特別措置法施行令
法基通……法人税基本通達	措　通……租税特別措置法関係通達
所　法……所得税法	地方法……地方法人税法
所　令……所得税法施行令	印　法……印紙税法
所　規……所得税法施行規則	登免法……登録免許税法
所基通……所得税基本通達	徴　法……国税徴収法
相　法……相続税法	地　法……地方税法
相　令……相続税法施行令	地　令……地方税法施行令
相　規……相続税法施行規則	国　外……内国税の適正な課税の確保を図るための国外送金等
相基通……相続税法基本通達	送金法　に係る調書の提出等に関する法律
評基通……財産評価基本通達	耐　令……減価償却資産の耐用年数等に関する省令
消　法……消費税法	耐　通……耐用年数の適用等に関する取扱通達

改正　国税通則　耐用年数　法人税　所得税　消費税　相続・贈与税　その他の国税　地方税関係　源泉税額表　社会保険料

— 8 —

■月別税務日程表

（法人税等及び消費税等、各月毎の源泉所得税・特別徴収住民税については省略）

年月		内　容
令和6年	6月	• 個人の住民税第1期分納付（条例で定める日） • 特別徴収住民税納期特例分（令和5年12月～令和6年5月分）の納付（10日） • 所得税の予定納税額等の税務署から納税者へ通知（17日）
	7月	• 所得税予定納税額第1期分納付（令和6年分に限り9月30日まで） • 源泉所得税納期の特例分（1月～6月分）の納付（10日） • 固定資産税、都市計画税第2期分の納付（条例で定める日） • 所得税予定納税額の減額承認申請（第1・第2期分）（6月30日現在の状況で申告納税見積額（令和6年分に限り31日まで））
	8月	• 個人事業税第1期分の納付（条例で定める日） • 個人住民税第2期分の納付（条例で定める日）
	10月	• 個人住民税第3期分の納付（条例で定める日） • 特別農業所得者への予定納税額等の税務署長から納税者へ通知（15日）
	11月	• 所得税予定納税額第2期分納付（12月2日） • 特別農業所得者の予定納税額（第1期分）納付（12月2日） • 個人事業税第2期分納付（条例で定める日） • 予定納税額の減額承認申請（10月31日現在の状況での申告納税見積額15日まで）
	12月	• 特別徴収住民税納期特例分（6月～11月分）の納付（10日） • 固定資産税、都市計画税第3期分の納付（条例で定める日） • 給与所得者の年末調整 • 給与所得者の保険料控除申告書の提出
令和7年	1月	• 令和6年分所得税の還付申告（令和7年1月1日から5年間提出可） • 源泉所得税納期の特例分（令和6年7月～令和6年12月分）の納付（20日） • 個人住民税第4期分の納付（条例で定める日） • 所得税の法定支払調書及び同合計額表の提出（31日） • 給与支払報告書の提出（31日） • 固定資産税の償却資産の申告（31日） • 給与所得者の扶養控除等申告書の受理 • 源泉徴収簿の作成 • 源泉徴収票の交付（31日）
	2月	• 令和6年分所得税の確定申告・延納届出書（2月16日～3月17日） • 令和6年分贈与税の申告（2月1日～3月17日） • 固定資産税、都市計画税第4期分の納付（条例で定める日）
	3月	• 所得税第3期分の納付（17日） • 贈与税の納付（17日） • 個人の青色申告承認申請（17日）
	4月	• 固定資産税、都市計画税第1期分の納付（条例で定める日） • 軽自動車税（種別割）の納付（条例で定める日） • 給与支払報告に係る給与所得者異動届出（15日） • 固定資産税課税台帳の縦覧（1日～20日又は納期限の日以後いずれか遅い日）（条例で定める日） • 固定資産税課税台帳の審査の申立（首長の公示日から納税通知受付後三月までの間）
	5月	• 所得税額延納分の最終納付（6月2日） • 自動車税（種別割）の納付（条例で定める日） • 鉱区税の納付（条例で定める日） • 特別農業所得者の承認申請（15日） • 個人の住民税（道府県民税及び市町村民税）の特別徴収税額を、市町村長から雇用主を通じて納税者に通知（6月2日）

●申告・納付に関する注意事項

税目	申告・納付
法人税	●確定申告の申告、納付期限は、原則、各事業年度終了の日の翌日から2か月以内です。 ●確定申告で、2か月以内に定時総会が招集されない常況にあるときは、提出期限を1か月間延長できます。また、会計監査人を置いている場合で、かつ、3か月以内に定時総会が招集されない常況にあるときは4か月を超えない範囲内において税務署長が指定する月数の期間延長することができます。 ※令和3年3月31日以後に終了する事業年度終了の日の属する課税期間において、法人税の確定申告書の提出期限の延長の特例の適用を受ける法人が、消費税の確定申告書の提出期限を延長する旨の届出書を提出した場合には、その提出をした日の属する事業年度以後の各事業年度終了の日の属する課税期間に係る消費税の確定申告書の提出期限を1か月延長することができます。（消法45の2） ●中間申告で、次の①②に該当するときは、仮決算による中間申告書を提出できません。（法法72、81の20） ① 〔（前事業年度の確定申告法人税額）÷（前事業年度の月数）× 6〕 Ⓐ≦10万円 ②上記Ⓐ＜（仮決算による中間法人税額）
所得税	●確定申告の申告、納付期限は、翌年の3月15日です。
消費税	●確定申告の申告、納付期限は、個人事業主の場合、翌年の3月31日、法人の場合、課税期間の末日の翌日から2か月以内（申告期限の延長は、上記**法人税**※参照）です。 ①中間申告は直前課税期間の年税額が**4,800万円超**の場合は、毎月末の翌日から2か月以内に直前課税期間の年税額の1/12相当額を毎月申告のうえ11回納付します（但し、法人の最初の1か月の申告期限は3か月以内、個人事業者の1月、2月分は4か月以内）。 ②直前課税期間の年税額が**400万円超4,800万円以下**の場合は、3か月ごとに区分した各中間申告対象期間の末日の翌日から2か月以内に、直前課税期間の年税額の3/12相当額を申告・納付します。 ③直前課税期間の年税額が**48万円超400万円以下**の場合は、課税期間開始の日以後6か月の末日の翌日から2か月以内に、直前課税期間の年税額の6/12相当額を申告・納付します。 ④直前課税期間の年税額が**48万円以下の事業者（中間申告義務のない事業者）**の場合は、「任意の中間申告を行う旨の届出書」を提出することにより、その課税期間開始の日以後6月の期間で年1回の中間申告対象となる期間に「直前課税期間の確定消費税×$\frac{1}{2}$」を自主的に中間申告・納付することができることとされています。
相続税	●申告、納付期限は、相続開始の日の翌日から10か月を経過する日です。
贈与税	●申告、納付期限は、翌年2月1日から3月15日です。
その他	上記の日程表以外に、次に掲げる税については、毎月末日までに申告納付します。 **酒税、揮発油税、地方揮発油税、航空機燃料税**等。

●国税に関する法律に定める申告、申請、請求、届出その他書類の提出、通知、納付又は徴収に関する期限が日曜日、祝祭日、その他一般の休日又は土曜日にあたるときはこれらの日の翌日が、また、12月29日から12月31日の各日となるときは、翌年の1月4日（同日が日曜日にあたるときは5日、又同日が土曜日にあたるときは6日）が申告等の期限となります（通法10、通令2）。
●**納付期限が日曜、祝祭日及び金融機関の休日（毎週土曜日）にあたるときは、その翌日が納期限となります。**
●地方税については、各都道府県又は市町村の条例により納期が定められます。上記日程表と異なる地域があります。

令和6年度税制改正の主要なポイント

法人税関係 （法人税法／租税特別措置法）

1．賃上げ促進税制（給与等の支給額が増加した場合の税額控除制度）の強化

改 正 の 概 要	参考法令等
• 給与等の支給額が増加した場合の税額控除制度は、全ての青色申告法人に適用される賃上げ促進税制と青色申告法人の中小企業者等に適用される賃上げ促進税制の2制度で構成されていましたが、中堅企業に適用される制度が新設され3制度となりました。 • また、中小企業向けの措置に対しては、5年間の繰越税額控除制度が創設された上で、さらに人的投資に対する要件が見直されました。	措法42の12の5、措令27の12の5

▶令和6年4月1日から令和9年3月31日までの間に開始する事業年度について適用

(1) 全ての青色申告法人に適用される賃上げ促進税制

①原則の税額控除率が10%（改正前：15%）に引き下げられました。

②この措置の適用を受けるために「給与等の支給額の引上げの方針、下請事業者その他の取引先との適切な関係の構築の方針等の一定の事項（マルチステークホルダー方針）」（取引先に消費税の免税事業者が含まれることを明確にしなければなりません。）を公表しなければならない者（資本金10億円以上かつ常時使用従業員数1,000人以上の法人（現行））に、常時使用従業員数2,000人超の法人が加えられました。

継続雇用者給与等支給額の対前年増加割合	雇用者給与等支給額の対前年増加額に乗ずる税額控除率
3％以上	10%
4％以上	15%（5％上乗せ）
5％以上	20%（10%上乗せ）
7％以上	25%（15%上乗せ）
教育訓練費の対前年増加割合が10%以上であり、かつ、教育訓練費の額が雇用者給与等支給額の0.05%以上である場合	さらに5％上乗せ
プラチナくるみん認定又はプラチナえるぼし認定を受けている場合	さらに5％上乗せ
最大控除率	35%（25%＋5％＋5％）
控除上限額	法人税額の20%

（注）税額控除限度超過額の繰越は出来ません。

改正

(2) 青色申告法人の中堅企業に適用される賃上げ促進税制

①中堅企業とは、青色申告書を提出する法人で常時使用従業員数が2,000人以下であるもの（その法人及びその法人との間にその法人による支配関係がある法人の常時使用従業員数の合計数が1万人を超えるものを除きます。）をいいます。

②資本金10億円以上かつ常時使用従業員数1,000人以上の法人がこの措置の適用を受けるためには「マルチステークホルダー方針」を公表しなければなりません。

法人税

継続雇用者給与等支給額の対前年増加割合	雇用者給与等支給額の対前年増加額に乗ずる税額控除率	
3％以上	10%	
4％以上	25%（15％上乗せ）	
教育訓練費の対前年増加割合が10％以上であり、かつ、教育訓練費の額が雇用者給与等支給額の0.05％以上である場合	さらに5％上乗せ	
プラチナくるみん認定若しくはプラチナえるぼし認定又はえるぼし認定（3段階目）を受けている場合	さらに5％上乗せ	
最大控除率	35%（25％＋5％＋5％）	
控除上限額	法人税額の20%	

（注）税額控除限度超過額の繰越は出来ません。

(3) 青色申告法人の中小企業者等に適用される賃上げ促進税制

雇用者給与等支給額の対前年増加割合	雇用者給与等支給額の対前年増加額に乗ずる税額控除率	
1.5％以上	15%	
2.5％以上	30%（15％上乗せ）	
教育訓練費の対前年増加割合が5％以上であり、かつ、教育訓練費の額が雇用者給与等支給額の0.05％以上である場合	さらに10％上乗せ	
プラチナくるみん認定若しくはプラチナえるぼし認定を受けている場合、又は、くるみん認定若しくはえるぼし認定（2段階目以上）を受けている場合	さらに5％上乗せ	
最大控除率	45%（30％＋10％＋5％）	
控除上限額	法人税額の20%	

（注1）中小企業者等とは、資本金1億円以下の法人（資本金5億円以上の法人等の完全支配子会社は除きます。）又は常時使用従業員数が1,000人以下の法人及び農業協同組合等をいい、発行済株式総数等の1／2以上が同一の大規模法人の所有に属する法人等を除きます。

（注2）控除限度超過額は5年間の繰越しができます（繰越税額控除をする事業年度に雇用者給与等支給額が対前年で増加している場合でないと適用できません。）。

▶令6.4.1以後開始事業年度において生じる控除しきれない金額について適用

※認定制度の概要　（詳細は、厚生労働省　くるみん（えるぼし）検索でお調べください。）

〇くるみん認定とは、次世代育成支援対策推進法に基づき一定の基準を満たした企業が「子育てサポート企業」として厚生労働大臣から認定を受けることができる制度です。

なお、育児休業等取得率での認定基準は次の通りです。

	男性の育休取得率	男性の育休取得率＋企業独自の育児目的休暇取得率	女性の育休取得率
トライくるみん	7％以上	15％以上	75％以上
くるみん	10％以上	20％以上	75％以上
プラチナくるみん	30％以上	50％以上	75％以上

○えるぼし認定とは、女性活躍推進法に基づき「採用」、「継続就業」、「労働時間等の働き方」、「管理職比率」、「多様なキャリアコース」の５項目の認定基準を満たした事業主が厚生労働大臣の認定を受けることができる制度です。
　なお、５項目のうち満たした項目数等による「えるぼし」認定基準は次の通りです。

	認定基準		認定基準
1段階目	1項目又は2項目を満たす	3段階目	5項目を満たす
2段階目	3項目又は4項目を満たす	プラチナえるぼし	5項目を満たし、一定の上乗せ要件を満たす

2．特定税額控除規定の不適用の見直し

改 正 の 概 要	参考法令等
• 収益が拡大しているにもかかわらず賃上げにも投資にも消極的な大企業につき研究開発税制その他税額控除の規定（特定税額控除規定）を適用できないこととする措置について、下記の見直しを行った上、その適用期限が３年延長されました。	措法42の13⑤
①不適用措置の対象に、常時使用する従業員の数が2,000人を超える場合及び前事業年度の所得の金額が零を超える一定の場合のいずれにも該当する場合が加えられました。	
②上乗せ措置における国内設備投資額に係る要件が、国内設備投資額が当期償却費総額の40％（改正前：30％）を超えることとされました。	

▶令和9年3月31日までに開始する事業年度について適用

○令和6年4月1日以後開始する事業年度における不適用措置の概要

		原則	上乗せ措置
対象法人		資本金１億円超の法人	前年度が黒字の法人のうち①資本金10億円以上かつ常時使用従業員1,000人以上の法人及び②常時使用従業員2,000人超の法人
右の①②③を全て満たした場合に不適用措置の適用	①所得金額	当期＞前期	当期＞前期
	②継続雇用者給与等支給額	前年度以下	対前年度増加率１％未満
	③国内設備投資額	当期の減価償却費の30％以下	当期の減価償却費の40％以下
対象となる租税特別措置		研究開発税制、地域未来投資促進税制、５G導入促進税制、DX投資促進税制、カーボンニュートラル投資促進税制	

3．中小企業事業再編投資損失準備金制度の見直し

改 正 の 概 要	参考法令等
・成長意欲のある中堅・中小企業が、複数の中小企業を子会社化し、グループ一体となって成長していくことを後押しするため、下記の見直しを行った上、計画の認定期限が令和9年3月31日まで延長されました。	措法56
▶産業競争力強化法の改正法の施行の日から令和9年3月31日までの間の株式取得について適用	

○従前の準備金制度は、特定株式等（取得価額が10億円を超える場合を除きます。）の取得価額の70%を準備金として積み立てたときはこれを損金算入し、据置期間（5年）経過後に5年間均等に取り崩して益金算入するものですが、これに次の措置が加えられました。

・産業競争力強化法の特別事業再編計画の認定を受けた認定特別事業再編事業者である青色申告法人が、その認定に係る特別事業再編計画に従って他の法人の株式等の取得（購入による取得に限ります。）をし、かつ、これをその取得の日を含む事業年度終了の日まで引き続き有している場合（その株式等の取得価額が100億円を超える金額又は1億円に満たない金額である場合及び一定の表明保証保険契約を締結している場合を除きます。）において、その株式等の価格の低落による損失に備えるため、その株式等の取得価額に次の割合を乗じた金額以下の金額を中小企業事業再編投資損失準備金として積み立てたときは、その積立金額は損金算入できることとされました。

① 特別事業再編計画に従って最初に取得をした株式等	90%
② ①に掲げるもの以外の株式等	100%

・この準備金は、その株式等の全部又は一部を有しなくなった場合、その株式等の帳簿価額を減額した場合等において取り崩すほか、その積み立てた事業年度終了の日の翌日から10年を経過した日を含む事業年度から5年間でその経過した準備金残高の均等額を取り崩して、益金算入されます。

4．試験研究を行った場合の税額控除制度の見直し

改 正 の 概 要	参考法令等
・令和7年4月1日以後に開始する事業年度において、研究開発税制の対象となる試験研究費の額から、内国法人の国外事業所等を通じて行う事業に係る試験研究費の額が除外されます。 ・令和8年4月1日以後に開始する事業年度で増減試験研究費割合が零に満たない事業年度につき、一般試験研究費の額に係る税額控除制度の税額控除割合について次のとおり見直されるとともに、その下限（現行：1%）が撤廃されます。	措法42の4

事業年度	税額控除割合
令8.4.1～令11.3.31に開始	$8.5\% ＋増減試験研究費割合 \times \frac{8.5}{30}$
令11.4.1～令13.3.31に開始	$8.5\% ＋増減試験研究費割合 \times \frac{8.5}{27.5}$
令13.4.1以後に開始	$8.5\% ＋増減試験研究費割合 \times \frac{8.5}{25}$

5．戦略分野国内生産促進税制の創設

改　正　の　概　要	参考法令等
・GX、DX、経済安全保障という戦略分野において、民間として事業採算性に乗りにくいが、国として特段に戦略的な長期投資が不可欠となる投資を選定し、それらを対象として生産・販売量に比例して法人税額を控除する戦略分野国内生産促進税制が創設されました。	措法42の12の7

▶産業競争力強化法の改正法の施行の日から令和9年3月31日までの間にされた事業適応計画の認定の日以後10年以内の日を含む各事業年度について適用

適用対象法人	産業競争力強化法の事業適応計画の認定事業適応事業者（その計画に従って行うエネルギー利用環境負荷低減事業適応のための措置として産業競争力基盤強化商品（①半導体②電動車③鉄鋼④基礎化学品⑤航空機燃料をいいます。）の生産及び販売を行う旨の記載があるものに限ります。）である青色申告法人
適用要件	事業適応計画に記載された産業競争力基盤強化商品の生産をするための設備の新設又は増設をする場合において、その新設又は増設に係る産業競争力基盤強化商品生産用資産の取得等をして、国内にある事業の用に供したとき
適用期間	その認定の日以後10年以内（以下「対象期間」といいます。）の日を含む各事業年度(注)
税額控除限度額	次のいずれか少ない金額 （i）産業競争力基盤強化商品生産用資産により生産された産業競争力基盤強化商品のうちその事業年度の対象期間において販売されたものの数量等に応じた金額 <table><tr><td>①半導体</td><td>半導体の区分に応じた1枚当たりの金額</td></tr><tr><td>②電動車</td><td>1台当たり20万円（軽自動車でない電気自動車及び燃料電池自動車にあっては、40万円）</td></tr><tr><td>③鉄鋼</td><td>1トン当たり2万円</td></tr><tr><td>④基礎化学品</td><td>1トン当たり5万円</td></tr><tr><td>⑤航空機燃料</td><td>1リットル当たり30円</td></tr></table>（ii）その産業競争力基盤強化商品生産用資産の取得価額を基礎とした金額※（既にこの制度の税額控除の対象となった金額を除きます。） ※その産業競争力基盤強化商品生産用資産及びこれとともにその産業競争力基盤強化商品を生産するために直接又は間接に使用する減価償却資産に係る投資額の合計額として事業適応計画に記載された金額です。
控除上限額	デジタルトランスフォーメーション投資促進税制による控除税額及びカーボンニュートラルに向けた投資促進税制による控除税額との合計で当期の法人税額の40%（半導体生産用資産にあっては、20%）を上限

・控除限度超過額は4年間（半導体生産用資産にあっては、3年間）の繰越しができます。
・半導体生産用資産に係る控除税額を除き、この制度による控除税額は、地方法人税の課税標準となる法人税額から控除しません。

(注) 所得の金額が前期の所得の金額を超える一定の事業年度で、かつ、次のいずれにも該当しない事業年度においては、この制度（繰越税額控除制度を除きます。）を適用できません。
　イ　継続雇用者給与等支給額の継続雇用者比較給与等支給額に対する増加割合が1%以上であること。
　ロ　国内設備投資額が当期償却費総額の40%を超えること。

改正

6．イノベーションボックス税制の創設

改 正 の 概 要	参考法令等
• 研究開発拠点としての立地競争力強化のために、国内で自ら研究開発した知的財産権（特許権、AI関連のプログラムの著作権）から生じる譲渡所得、ライセンス所得のうち、最大30％の金額について、その事業年度において損金算入できる制度が創設されました。	措法59の3

▶令和7年4月1日から令和14年3月31日までの間に開始する事業年度について適用

○青色申告法人が、居住者若しくは内国法人（関連者（移転価格税制の関連者と同様の基準で判定します。）であるものを除きます。）に対する特定特許権等（注）の譲渡又は他の者（関連者であるものを除きます。）に対する特定特許権等の貸付け（権利の設定や特許権等を使用させる行為を含みます。）を行った場合に適用されます。この譲渡又は貸付けを「特許権譲渡等取引」といいます。
（注）「特定特許権等」とは、令和6年4月1日以後に取得又は製作をした特許権及び人工知能関連技術を活用したプログラムの著作権で、一定のものをいいます。

法人税

<table>
<tr><td colspan="3">特許権譲渡等取引を行った事業年度において、次の①と②のいずれか少ない金額の30％を損金算入することができます。</td></tr>
<tr><td>①特許権譲渡等取引ごとに右記算式で計算した金額の合計額</td><td rowspan="2">その特許権譲渡等取引に係る所得の金額 ×</td><td>分母のうち適格研究開発費の額の合計額</td></tr>
<tr><td rowspan="2"></td><td>当期及び前期以前※において生じた研究開発費の額のうち、その特許権譲渡等取引に係る特定特許権等に直接関連する研究開発に係る金額の合計額

※令和7年4月1日以後に開始する事業年度に限ります。</td></tr>
<tr><td>②当期の所得の金額</td><td colspan="2"></td></tr>
</table>

• 「研究開発費の額」とは、研究開発費等に係る会計基準における研究開発費の額に一定の調整を加えた金額をいいます。
• 「適格研究開発費の額」とは、研究開発費の額のうち、特定特許権等の取得費及び支払ライセンス料、国外関連者に対する委託試験研究費並びに国外事業所等を通じて行う事業に係る研究開発費の額以外のものをいいます。

7．市場暗号資産の期末評価の見直し

改 正 の 概 要	参考法令等
• 法人が有する市場暗号資産で譲渡についての制限その他の条件が付されている暗号資産の期末における評価額は、原価法又は時価法のうちその法人が選定した方法により計算した金額とすることとされました（改正前は、時価法により計算）。 • ただし、自己の発行する暗号資産でその発行の時から継続して保有するものにあっては、原価法を評価方法とします。 • 評価方法は、譲渡についての制限その他の条件が付されている暗号資産の種類ごとに選定し、その暗号資産を取得した日の属する事業年度に係る確定申告書の提出期限までに納税地の所轄税務署長に届け出なければなりません。なお、評価方法を選定しなかった場合には、原価法により計算した金額がその暗号資産の期末における評価額とされます。	法法61

▶令和6年4月1日以後終了する事業年度の法人税について適用

8．交際費等の損金不算入制度の見直し

改　正　の　概　要	参考法令等
・交際費等の損金不算入制度について、次の措置が講じられた上で、その適用期限が3年延長されました。	措法61の4
①損金不算入となる交際費等の範囲から除外される一定の飲食費に係る金額基準が、1人当たり1万円以下（改正前：5,000円以下）に引き上げられました。 （注）一人当たりの飲食費が1万円を超える場合には、1万円を超える部分の金額だけではなく、その飲食費の全額が交際費等から除外されない飲食費となります。 ▶令和6年4月1日以後に支出する飲食費について適用 ②接待飲食費に係る損金算入の特例及び中小法人に係る損金算入の特例の適用期限が3年延長されました。	
▶令和6年4月1日から令和9年3月31日までの間に開始する事業年度について適用	

9．中小企業倒産防止共済を利用した節税策への対応

改　正　の　概　要	参考法令等
・中小企業倒産防止共済（経営セーフティ共済）は、取引先の倒産に伴う連鎖倒産等防止のための制度で、掛金は全額損金算入できます。利益の大きい年度に節税のために加入し、損失等の年度に解約、その後、再加入するという節税策への対応のため、下記のとおり見直されました。 ・特定の基金に対する負担金等の損金算入の特例における経営セーフティ共済に係る措置について、共済契約の解除があった後再締結した場合には、その解除の日から同日以後2年を経過する日までの間に支出する掛金については、この特例の適用ができないこととされました（所得税も同様）。	措法66の11
▶令和6年10月1日以後の共済契約の解除について適用	

10．中小企業者等の少額減価償却資産の損金算入の特例の延長

改　正　の　概　要	参考法令等
・中小企業者等の少額減価償却資産の取得価額の損金算入の特例について、適用期限が2年延長されました（所得税も同様）。 ・なお、この特例の対象は、中小企業者等（資本金の額等が1億円以下の法人及び農業協同組合等）ですが、農業協同組合等には資本金の額等の基準が設けられていませんでした。 ・本年度改正により、特例対象法人からe-Taxにより法人税の確定申告をしなければならない法人（いわゆる電子申告が義務化された大法人）のうち常時使用従業員数が300人を超えるものが除外されました。	措法67の5、措令39の28
▶令和6年4月1日から令和8年3月31日までに開始する事業年度について適用	

11．中小法人等以外の青色申告法人の欠損金の繰戻し還付の不適用措置の延長

改　正　の　概　要	参考法令等
・中小企業者の欠損金等以外の欠損金の繰戻しによる還付制度の不適用措置について、その適用期限が2年延長されました。	措法66の12
▶令和6年4月1日から令和8年3月31日までに開始する事業年度について適用	

所得税関係 （所得税法／租税特別措置法）

改正

所得税

1．所得税・個人住民税の定額減税

改 正 の 概 要	参考法令等
• デフレに後戻りさせないための措置の一環として、令和6年分の所得税・令和6年度分の個人住民税の定額減税が実施されます。 • 具体的には、納税者（高額所得者は対象外）及び配偶者を含めた扶養家族1人につき、令和6年分の所得税から3万円、令和6年度分の個人住民税の所得割から1万円の特別控除を行い、令和6年6月以降の源泉徴収・特別徴収等から実施されます。	措法41の3の3〜41の3の10、地法附則5の8〜5の13

	所得税	個人住民税
対象者	令和6年分の所得税に係る合計所得金額が、 1,805万円（給与収入のみの場合、給与収入2,000万円）以下である場合に限られます。	令和6年度分の個人住民税に係る合計所得金額が、
特別控除額	特別控除額は①②の合計額 （その合計額がその者の所得税額を超える場合には、所得税額が限度。） ①納税者本人　3万円 ②同一生計配偶者又は扶養親族（居住者に限る。）　1人につき3万円	特別控除額は①②の合計額 （その合計額がその者の所得割の額を超える場合には、所得割の額が限度。） ①納税者本人　1万円 ②控除対象配偶者又は扶養親族（国外居住者を除く。）　1人につき1万円 （注）控除対象配偶者を除く同一生計配偶者（国外居住者を除く。）については、令和7年度分の所得割の額から、1万円を控除。
給与所得者に係る特別控除	①令和6年6月1日以後最初に支払を受ける給与等（賞与を含むものとし、給与所得者の扶養控除等申告書の提出の際に経由した給与等の支払者が支払うものに限る。）につき源泉徴収をされるべき所得税の額から特別控除額（特別控除前の源泉徴収税額が限度。）を控除。 ②①により控除しきれない部分の金額は、以後令和6年中に支払われる給与等（令和6年の最後に支払われるものを除く。）に係る控除前の源泉徴収税額から、順次控除。 ③令和6年分の年末調整の際に、年税額から特別控除の額を控除。	①特別徴収義務者は、令和6年6月に給与の支払をする際は特別徴収を行わず、特別控除の額を控除した後の個人住民税の額の11分の1の額を令和6年7月から令和7年5月まで、それぞれの給与の支払をする際毎月徴収。 ②地方公共団体は、令和6年度分の給与所得に係る個人住民税の特別徴収税額通知（納税義務者用）に控除した額等を記載。 ③特別徴収義務者は、令和6年分の給与支払報告書の摘要の欄に所得税額から控除した額等を記載。

公的年金等の受給者に係る特別控除	①令和6年6月1日以後最初に支払を受ける公的年金等（確定給付企業年金法の規定に基づいて支給を受ける年金等を除く。）につき源泉徴収をされるべき所得税の額について、給与所得者に準じた取扱い。 ②公的年金等の支払者は、源泉徴収票の摘要の欄に控除した額等を記載。	①令和6年10月1日以後最初に支払を受ける公的年金等につき特別徴収をされるべき個人住民税の各月分特別徴収税額から特別控除額（特別控除前の各月分特別徴収税額が限度）を控除。 ②①により控除しきれない部分の金額は、以後令和6年度中に特別徴収される各月分特別徴収税額から、順次控除。 ③地方公共団体は、令和6年度分の公的年金等に係る所得に係る個人住民税の税額決定通知書に控除した額等を記載。特別徴収義務者は、令和6年分の公的年金等支払報告書の摘要の欄に所得税額から控除した額等を記載。
事業所得者等に係る特別控除	①令和6年分の所得税に係る第1期分予定納税額（7月）から本人分に係る特別控除額を控除。 ②特別控除額のうち、第1期分予定納税額から控除しきれない部分の金額は、第2期分予定納税額（11月）から控除。 ③予定納税額の減額の承認の申請により、第1期分及び第2期分の予定納税額について、同一生計配偶者等に係る特別控除額を控除。 ※令和6年分の所得税に係る第1期分予定納税額の納期は令和6年7月1日から9月30日まで。また、予定納税額の減額承認申請の期限は令和6年7月31日。 ④令和6年分の所得税に係る確定申告書を提出する事業所得者等は、その提出の際に所得税額から特別控除の額を控除。	①令和6年度分の個人住民税に係る第1期分の納付額から特別控除額（特別控除前の第1期分納付額が限度）を控除。 ②①により控除しきれない部分の金額は、第2期分以降の納付額から順次控除。 ③地方公共団体は、令和6年度分の個人住民税の税額決定通知書に控除した額等を記載。

2. 子育て世帯等に対する住宅ローン控除・住宅リフォーム税制の拡充

改 正 の 概 要	参考法令等
• 子育て支援に関する政策税制として、住宅ローン控除及び既存住宅のリフォームに係る特例措置が拡充されました。 • また、既存住宅のリフォームに係る特例措置について、適用対象者の合計所得金額要件の見直し等が講じられた上で2年延長されました。	措法41、41の2、41の19の3

⑴ 住宅借入金等を有する場合の所得税額の特別控除の見直し

①子育て特例対象個人（年齢40歳未満であって配偶者を有する者、年齢40歳以上であって年齢40歳未満の配偶者を有する者又は年齢19歳未満の扶養親族を有する者）が、認定住宅等の新築若しくは認定住宅等で建築後使用されたことのないものの取得又は買取再販認定住宅等の取得をして、令和6年1月1日から令和6年12月31日までの間に居住の用

に供した場合の住宅借入金等の年末残高の限度額（借入限度額）を次のとおりとして住宅ローン控除の適用ができることとされました。

住宅の区分	借入限度額
認定住宅	5,000万円
ZEH水準省エネ住宅	4,500万円
省エネ基準適合住宅	4,000万円

②認定住宅・ZEH水準省エネ住宅・省エネ基準適合住宅の新築又はこれらの住宅等で建築後使用されたことのないものの取得に係る床面積要件の緩和措置（合計所得金額1,000万円以下の者について令和5年12月31日以前の建築確認分の住宅の床面積要件が50m²から40m²に緩和されている措置）について、令和6年12月31日以前に建築確認を受けた家屋についても適用できることとされました。

(2) **既存住宅に係る特定の改修工事をした場合の所得税額の特別控除の見直し**

①適用期限を令和7年12月31日までとした上で、子育て特例対象個人が、その者の所有する居住用の家屋について一定の子育て対応改修工事をして、その居住用の家屋を令和6年4月1日から令和6年12月31日までの間に居住の用に供した場合を適用対象に追加し、その子育て対応改修工事に係る標準的な工事費用相当額（250万円を限度）の10％に相当する金額がその年分の所得税の額から控除されることとされました。

②また、適用対象者の合計所得金額要件が2,000万円以下（改正前：3,000万円以下）に引き下げられました。

▶特定の改修工事等をして、令和6年1月1日以後に自己の居住の用に供する場合について適用

③さらに、工事の対象設備となるエアコンディショナーの省エネルギー基準達成率が107％以上（改正前：114％以上）に引き下げられました。

(注)「一定の子育て対応改修工事」とは、(イ)住宅内における子どもの事故を防止するための工事、(ロ)対面式キッチンへの交換工事、(ハ)開口部の防犯性を高める工事、(ニ)収納設備を増設する工事、(ホ)開口部・界壁・床の防音性を高める工事、(ヘ)間取り変更工事（一定のものに限る。）

であって、その工事に係る標準的な工事費用相当額（補助金等の交付がある場合には、その補助金等の額を控除した後の金額）が50万円を超えること等一定の要件を満たすものをいいます。

3．その他

改 正 の 概 要	参考法令等
• 特定の居住用財産の買換え及び交換の場合の長期譲渡所得の課税の特例の適用期限が2年延長されました。	措法36の2、36の5
• 居住用財産の買換え等の場合の譲渡損失の繰越控除等について、適用期限が2年延長されました。	措法41の5
• 特定居住用財産の譲渡損失の繰越控除等の適用期限が2年延長されました。	措法41の5の2
• 既存住宅の耐震改修をした場合の所得税額の特別控除の適用期限が2年延長されました。	措法41の19の2
• 山林所得に係る森林計画特別控除の適用期限が2年延長されました。	措法30の2

消費税関係 （消費税法）

1. 国外事業者に係る消費税の課税の適正化

<table><tr><td>改 正 の 概 要</td></tr></table>

- 国外事業者に代わり特定プラットフォーム事業者に消費税の納税義務を課す制度が導入されるほか、国外事業者により行われる事業者免税点制度や簡易課税制度を利用した租税回避を防止するための見直しが行われました。

(1) **プラットフォーム課税の導入**（消法15の2）

　国外事業者がデジタルプラットフォームを介して国内向けに行う消費者向けオンラインゲーム等モバイルアプリの配信などの電気通信利用役務の提供のうち、一定規模を超えるプラットフォーム事業者を介して対価を収受するものについては、そのプラットフォーム事業者が行ったものとみなして消費税の納税義務を課す制度が導入されました。

> ①国外事業者がデジタルプラットフォームを介して行う電気通信利用役務の提供（事業者向けのものを除きます。）のうち、下記②の指定を受けた特定プラットフォーム事業者を介してその対価を収受するものについては、その特定プラットフォーム事業者が行ったものとみなされます。

> ②国税庁長官は、プラットフォーム事業者のその課税期間において上記①の対象となる電気通信利用役務の提供に係る対価の額の合計額が50億円を超える場合には、そのプラットフォーム事業者を特定プラットフォーム事業者として指定します。なお、この要件に該当する者は、その課税期間に係る確定申告書の提出期限までに、その旨を国税庁長官に届け出なければなりません。

▶令和7年4月1日以後に行われる電気通信利用役務の提供について適用

(2) **事業者免税点制度の特例の見直し**（消法9の2、12の2、12の3）

　国外事業者により、事業者免税点制度の特例や簡易課税制度を利用した租税回避が行われている状況に対応するため、以下の見直しが行われました。

改正前の特例	弊害	改正後
①特定期間（前年度上半期）における国内の課税売上高が1,000万円以下又は居住者への給与等支払額の合計額が1,000万円以下の場合、免税事業者となります。	非居住者への給与等支払額が1,000万円超の場合でも、納税義務が免除される。	国外事業者については、特定期間における給与等支払額による判定を認めないこととされました。
②基準期間がなく期首資本金1,000万円以上の法人は「新設法人」とされ、特例により納税義務を免除されません。	国外も合わせると基準期間を有しているため「新設法人」に該当せず、日本進出時には基準期間の日本での課税売上高が1,000万円以下のため左記特例が適用されず免税事業者となってしまう。	国外で基準期間のある外国法人が日本で事業を開始した場合には、基準期間がないものとみなして、「新設法人の特例」及び「特定新規設立法人の特例」を適用することとされました。

③基準期間がなく資本金1,000万円未満でも、国内課税売上高5億円超などの法人が設立した法人については、「特定新規設立法人」として納税義務は免除されません。	国外での大企業が日本で資本金1,000万円未満の法人を設立した場合にも、免税事業者となる。	国外分を含む収入金額が50億円超である事業者が支配する法人を設立した場合も「特定新規設立法人の特例」を適用することとされました。

▶令和6年10月1日以後に開始する事業年度から適用

(3) **簡易課税制度等の見直し**（消法37、改法附則51の2）

恒久的施設を有しない国外事業者について、国内における課税仕入等が一般的には想定されず、簡易課税制度及び適格請求書発行事業者となる小規模事業者に係る税額控除に関する経過措置（2割特例）を適用できないこととされました。

▶令和6年10月1日以後に開始する課税期間について適用

2．高額特定資産を取得した場合の事業者免税点制度及び簡易課税制度の見直し

改 正 の 概 要	参考法令等
・高額特定資産を取得した場合の事業者免税点制度及び簡易課税制度の適用を制限する措置の対象は、一の取引単位につき支払対価の額が税抜1,000万円以上の資産とされていますが、これに、その課税期間において取得した金又は白金の地金等の額の合計額が200万円以上である場合が加えられました。	消法12の4、37
▶令和6年4月1日以後に国内において事業者が行う金又は白金の地金等の課税仕入れ及び保税地域から引き取られる金又は白金の地金等について適用	

3．外国人旅行者向け免税制度の見直し

改 正 の 概 要	参考法令等
・外国人旅行者向け消費税免税制度により免税購入された物品と知りながら行った課税仕入れについては、仕入税額控除制度の適用を認めないこととされました。	消法30
▶令和6年4月1日以後に国内において事業者が行う課税仕入れについて適用	

4．インボイス発行事業者以外からの課税仕入れに係る税額控除の経過措置の制限

改 正 の 概 要	参考法令等
・適格請求書発行事業者以外の者から行った課税仕入れに係る税額控除に関する経過措置について、一の適格請求書発行事業者以外の者からの課税仕入れの額の合計額がその年又はその事業年度で10億円を超える場合には、その超えた部分の課税仕入れについて、経過措置（仕入税額相当額の8割又は5割を仕入税額とみなす経過措置）の適用を認めないこととされました。	改法附則52、53
▶令和6年10月1日以後に開始する課税期間から適用	

5．税抜経理方式を適用する場合の仮払消費税等の額

改 正 の 概 要
・令和5年10月1日以後の課税仕入れについて、税抜経理方式を適用した場合の仮払消費税等として計上する金額につき、継続適用を条件として下図の通り認められることが明確にされました。

相続税・贈与税関係 （相続税法／租税特別措置法）

1．直系尊属から住宅取得等資金の贈与を受けた場合の贈与税の非課税措置の見直し

改 正 の 概 要	参考法令等
・直系尊属から住宅取得等資金の贈与を受けた場合の贈与税の非課税措置について、省エネ等住宅の要件を見直した上で、適用期限が令和8年12月31日まで3年間延長されました。 ①贈与税の非課税限度額が500万円から1,000万円に増額される新築の省エネ等住宅の要件について、その住宅用家屋の省エネ性能が断熱等性能等級5以上かつ一次エネルギー消費量等級6以上（改正前：断熱等性能等級4以上又は一次エネルギー消費量等級4以上）であることとされました。 ②ただし、令和6年1月1日以後に住宅取得等資金の贈与を受けていても、(1)令和5年12月31日以前に建築確認を受けた家屋、又は、(2)令和6年6月30日以前に建築された家屋については、改正前の省エネ性能基準に該当すれば省エネ等住宅とみなされます。 ▶令和6年1月1日から令和8年12月31日までの間に贈与により取得する住宅取得等資金に係る贈与税について適用	措法70の2

2．住宅取得等資金に係る相続時精算課税の特例の延長

改　正　の　概　要	参考法令等
・住宅取得等資金の贈与を受けた場合、特定贈与者が60歳未満であっても、その住宅取得等資金について相続時精算課税制度の適用ができるという特例の適用期限が3年延長されました。	措法70の3
▶令和8年12月31日までの贈与について適用	

3．法人版特例事業承継税制及び個人版事業承継税制に係る承継計画の提出期限の延長

改　正　の　概　要	参考法令等
・非上場株式等に係る相続税・贈与税の納税猶予の特例制度については特例承継計画を、個人の事業用資産に係る相続税・贈与税の納税猶予制度については個人事業承継計画を、それぞれ令和6年3月31日までに都道府県知事に提出し、確認を受けることとされていましたが、この提出期限が2年延長されました。	円滑化規17
▶承継計画の提出期限が令和8年3月31日まで	

地方税関係

1．外形標準課税の見直し（減資への対応）

改　正　の　概　要	参考法令等
・法人事業税の外形標準課税制度は、資本金1億円超の法人が対象となっていましたが、財務会計上、単に資本金を資本剰余金に振り替える減資を行い資本金1億円以下とする事例がありました。このような減資に対応するため、「資本金＋資本剰余金」が追加の基準とされることとなりました。	地法72の2、地法附則8の3の3
①現行基準（資本金1億円超）に加え、前事業年度に外形標準課税の対象であった法人が資本金1億円以下になった場合でも、資本金と資本剰余金の合計額が10億円を超えるものは、外形標準課税の対象とされます。	
②令和7年4月1日以後最初に開始する事業年度については、上記にかかわらず、改正法の公布日を含む事業年度の前事業年度（公布日の前日に資本金が1億円以下となっていた場合には、公布日以後最初に終了する事業年度）に外形標準課税の対象であった法人であって、令和7年4月1日以後最初に開始する事業年度に資本金1億円以下で、資本金と資本剰余金の合計額が10億円を超えるものは、外形標準課税の対象とされます。	
▶令和7年4月1日以後に開始する事業年度から適用	

2．外形標準課税の見直し（100％子法人等への対応）

改　正　の　概　要	参考法令等
• 親会社の信用力等を背景に事業活動を行う子会社への対応として、一定以上の規模の親会社の100％子会社等が外形標準課税の対象とされました。 • 資本金と資本剰余金の合計額が50億円を超える法人等の100％子法人等のうち、事業年度末日の資本金が1億円以下であって、資本金と資本剰余金の合計額（改正法公布日以後に、その100％子法人等が親法人等に対して資本剰余金から配当を行った場合においては、その配当額を加算した金額）が2億円を超えるものは、外形標準課税の対象とされました。 （注）100％子法人等とは、特定法人との間にその特定法人による法人税法に規定する完全支配関係がある法人及び100％グループ内の複数の特定法人に発行済株式等の全部を保有されている法人をいいます。 • 上記により、新たに外形標準課税の対象となる法人について、次の軽減措置が講じられます。	地法72の2、 地法附則8

①令和8年4月1日から令和9年3月31日までの間に開始する事業年度	（この改正で増加した税額×$\frac{2}{3}$）を法人事業税額から控除
②令和9年4月1日から令和10年3月31日までの間に開始する事業年度	（この改正で増加した税額×$\frac{1}{3}$）を法人事業税額から控除

▶令和8年4月1日以後に開始する事業年度から適用

（参考）令和6年能登半島地震災害の被災者に係る所得税等の特例措置

概　要
• 「令和6年能登半島地震災害の被災者に係る所得税等の特例措置」により、以下の特例が適用されます。

(1)雑損控除等の特例措置

①雑損控除の特例
住宅や家財等の資産について損失が生じたときは、令和6年分であっても令和5年分の所得において、その損失の金額を雑損控除の適用対象とすることができます。

②災害減免法の特例
住宅や家財について甚大な被害を受けたときは、雑損控除との選択により、令和5年分の所得税について、災害減免法による軽減免除の適用を受けることができます。

③被災事業用資産等の損失の必要経費算入の特例
事業用資産等について損失が生じたときは、その損失の金額を令和5年分の事業所得等の金額の計算上、必要経費に算入することができます。

(2)申告・納付等の期限等

①石川県・富山県に納税地を有する方は自動的に、②それ以外の地域に納税地を有する方であっても申請により、申告等の期限の延長を受けることができます。

国　税　関　係

国税の通則等に関する事項

■国税通則法による申告・納付、申告期限と附帯税

国税通則

項　目	説　明
1. 国税通則法と申告手続（通法1、4）	・国税通則法は、国税についての基本的な事項及び共通的な事項を定め、税法の体系的な構成を整備し、かつ、国税に関する法律関係を明確にするとともに、税務行政の公正な運営を図り、もって国民の納税義務の適正かつ円滑な履行に資することを目的として、国税についての一般法として規定されています。
（通法21）	(1) 納税申告書の提出先 　納税申告書は、その提出の際における納税地を所轄する税務署長に提出しなければなりません。
（通法22）	(2) 郵送された納税申告書等の効力発生時期 　納税申告書（当該申告書に添付すべき書類その他当該申告書に関連して提出するものとされている書類を含みます。）その他国税庁長官が定めた書類が郵便又は信書便※により提出された場合には、いわゆる「発信主義」が適用され、その郵便物のスタンプにより表示された日に、その提出がなされたものとみなされます。この場合、通信日付印による表示がない又は不明瞭なときは、その郵便物について通常要する郵送日数から逆算して発送したと認められる日に提出されたものとみなされます。 ※郵　便⇒小包郵便物（ゆうパック等）は郵便物に該当しません。（レターパックは信書も送れます） 　信書便⇒民間事業者による信書の送達に関する法律に規定する一般信書便事業者又は特定信書便事業者による信書便をいいます。
（通法11）	(3) 災害等の場合の申告書の提出期限の延長 　税務署長等は、災害その他やむをえない理由により国税に関する法律に基づく申告、申請、請求、届出、その他書類の提出をその期限までに行うことができない場合は、その理由のやんだ日から2か月以内に限り、その提出期限を延長することができることになっています。
2. 納付の方法（通法34、相法43）	納付すべき税額が確定したときは、その納期限までに金銭により納付しなければなりません。印紙で納付すべき国税は印紙により、物納の許可があった場合は、物納により納付しなければなりません。
（通法34の2、通令7）	▷口座振替による納付も可能です。口座振替による納付で、一定の要件を満たす場合、納期限後であっても納期限内納付とみなされます。 ▷e-taxによる電子申告送信後に、事前に届出をした預貯金口座から即時または期日を指定できる「ダイレクト納付」による納付も可能です。
（通法34の3）	▷納付税額30万円以下の国税は、コンビニ・スマホアプリで納付することが可能です。 ▷クレジットカードによる納付も可能です。（上限は1,000万円未満）
（通法34の3）	▷納付税額が確定した国税でその納期限の到来していないもの（例えば、7月1日から10月31日までの間の第2期分の所得税）や近日中に納付税額が確定すると見込まれるもの（税務調査があったが修正申告書提出前のもの）は、予納申出書を提出すれば、あらかじめ納付可能です。

3. 納期限 （通法2、37①）	■**法定申告期限**：各税法の規定による納税申告書を提出すべき期限 ■**法定納期限**：各税法の規定による本来納付すべきであるとされている期限 ①期限内申告書を提出した者⇨法定納期限 ②期限後申告書・修正申告書を提出した者⇨その提出の日 ③更正・決定を受けた者⇨その通知書が発せられた日の1月後の日 ④納税告知を受けた者⇨告知書に記載された納期限
4. 延滞税・利子税 （通法60～、 通令25～）	• 延滞税が課税される場合 ① 期限内申告による税額を法定納期限（延納・物納許可の取消しがあった場合はその書類の発信日）までに完納しないとき ② 期限後申告書若しくは修正申告書を提出し、又は更正若しくは決定を受けたため、納付税額が生じたとき ③ 予定納税による所得税、源泉徴収による国税をその法定納期限までに完納しないとき ※延滞税は本税についてのみ計算されます（延滞税には延滞税が課されません。）

一般的な延滞税の計算（P.29参照）

$$\left[\begin{array}{c}\text{納付すべき本税}\\\text{の額（1万円未}\\\text{満切捨て）}\end{array}\times\begin{array}{c}\text{延滞税の}\\\text{割合}\end{array}\times\begin{array}{c}\text{法定納期限の}\\\text{翌日から完納の}\\\text{日までの日数}\end{array}\right]\div365=\begin{array}{c}\text{延滞税の額}\\\text{（百円未満}\\\text{切捨）}\end{array}$$

主な延滞税等の割合（措法93、94①、95）

		内容	本則	令4.1.1～
①延滞税		納期限の翌日から2月を経過する日の翌日以後	14.6%	8.7%
		納期限までの期間及び納期限の翌日から2月を経過する日までの期間	7.3%	2.4%
		納税の猶予等の適用を受けた場合（全額が免除された場合を除く）	3.6%	0.9%
②利子税 （主なもの）		所得税法・相続税法の規定による延納等、一定の手続を踏んだ納税者に課されるもの（相続税・贈与税はP.227）	7.3%	0.9%
③還付加算金		国から納税者への還付金等に付される利息	7.3%	0.9%

※延滞税の割合⇨平均貸付割合＋1％＋7.3％（2か月以内は1％）
※納税の猶予等の適用を受けた場合（延滞税の全額が免除される場合を除く。）の延滞税の割合⇨平均貸付割合＋0.5％
※利子税・還付加算金の割合⇨平均貸付割合＋0.5％
※平均貸付割合とは「前々年9月から前年8月における国内銀行の貸出約定平均金利の平均」として、各年の前年11月30日までに財務大臣が告示する割合（令和5年11月30日に翌年は年0.4％と告示されています。）をいいます。

過去の延滞税の割合

期間	（延滞税） 特例基準割合	延滞税	
		2か月以内	2か月以後
令3.1.1～令3.12.31	1.5%	2.5%	8.8%
平30.1.1～令2.12.31	1.6%	2.6%	8.9%
平29.1.1～平29.12.31	1.7%	2.7%	9.0%
平27.1.1～平28.12.31	1.8%	2.8%	9.1%

国税通則

5. 加算税

(通法65、通令27)

- 過少申告加算税…………10%
  但し更正を予知したものでなく、調査通知前に提出された修正申告には課されません（通法65⑥）
  ※期限内申告税額と50万円のいずれか多い金額を超える増差税額については15%（5,000円未満不徴収）

(通法66、通令27の2)

- 無申告加算税……15%（納付すべき税額が、50万円を超える部分は20%、令和6年1月1日以後は300万円超の部分は30%）
  ※調査があったことにより決定があるべきことを予知して提出されたものでない期限後申告書で法定申告期限から1か月以内に提出され、かつ、その申告書に係る納付すべき税額の全額が法定納付期限に納付されている等の場合は無申告加算税は課されません。（通法66）
  ※決定又は更正を予知したものでないときは、15%ではなく5%とされます。

(通法65④、66④)

- 令和6年1月1日以後、帳簿の不提出等があった場合には、過少申告加算税又は無申告加算税が5%又は10%加算されます。

(通法67)

- 源泉徴収に係る不納付加算税……10%（納税告知を予告しない期限後納付は5%、正当な理由があるときは課税されません。）

(通法68、通令28)

- 重加算税（隠ぺい仮装に基づき更正請求書を提出した場合も対象となります。）
  - 過少申告加算税が課される場合の隠ぺい仮装 ……………… 35%
  - 無申告加算税が課される場合の隠ぺい仮装 ……………… 40%
  - 不納付加算税が課される場合の隠ぺい仮装 ……………… 35%

6. 事前通知後の修正申告等

(通法65)

- 調査の事前通知からその調査により更正等があるべきことを予知する前に修正申告書等が提出された場合の過少申告加算税・無申告加算税

法定申告期限 → 事前通知 → 更正予知 →

過少申告加算税	0%	5%（10%）	10%（15%）
無申告加算税	5%	10%	15% （20%）〈30%〉

（無申告加算税の事前通知欄 (15%)〈25%〉、更正予知欄 15% (20%)〈30%〉）

(※) 修正税額が期限内申告税額と50万円のいずれか多い額を超える場合や納付すべき税額が50万円を超える無申告があった場合の、その超える部分については（ ）内の割合となります。
さらに、令和6年1月1日以後、300万円を超える部分の無申告加算税は〈 〉内の割合となります。

7. 無申告・重加算の繰返し

(通法66)

- 更正等の予知による期限後申告・修正申告又は更正・決定等があった日の前日から起算して5年前の日までの間に、同じ税目について無申告加算税又は重加算税を課されたことがある場合や、令和6年1月1日以後は前年度及び前々年度について無申告加算税又は重加算税（無申告）を課される者が行う更なる無申告行為に対しても、その割合が10%加算されます。

		通常	5年内の繰返しなど
無申告加算税		15%（20%）	25%（30%）
重加算税	過少申告	35%	45%
	無申告	40%	50%
	不納付	35%	45%

(※)（ ）内の割合は、上記 6.(※) 参照。

8. まとめ

	増差本税に対する課税割合	不適用・軽減	
		要件	割合等
過少申告加算税 (注1~3)	10% （期限内申告税額と50万円のいずれか多い金額を超える部分…15%）	・正当な理由あり ・更正を予知しない (注4)	不適用
無申告加算税 (注1、3、5、6)	15% （50万円～300万円の部分…20% 300万円超の部分…30%）(注7)	・正当な理由あり ・申告期限から1月以内	不適用
		・更正・決定を予知しない (注4)	5%
不納付加算税	10%	・正当な理由あり ・納期限から1月以内	不適用
		・納税の告知を予知しない	5%
重加算税 (注5、6、8)	過少申告加算税・不納付加算税に代えて35%		
	無申告加算税に代えて40%		

(注1) 国外財産調書・財産債務調書の提出あり→5%軽減（所得税・相続税）、提出なし→5%加算（所得税・相続税（財産債務調書については所得税））、税務調査時の国外財産の関連資料の不提出→さらに5%加算

(注2) 優良な電子帳簿→過少申告加算税5%軽減（所得税・法人税・消費税）。重加算税対象には適用なし

(注3) 令和6年1月1日以後、帳簿の不提出等があった場合には過少申告加算税又は無申告加算税を5%又は10%加算。

(注4) 調査通知後、更正・決定予知前の修正申告に基づく過少申告加算税は10%→5%、15%→10%、無申告加算税は15%→10%、20%→15%、30%→25%

(注5) 過去5年内に無申告加算税又は重加算税があるときは10%加算

(注6) 前年度及び前々年度に、無申告加算税（調査通知前、かつ、更正予知する前の申告に課されたものを除く。）又は無申告重加算税を課される者が更なる無申告行為を行う場合は、10%加算

(注7) 納税者の責めに帰すべき事由がないと認められる事実に基づく税額については、上記の300万円超の判定は除外

(注8) 電磁的記録に記録された事項に関し仮装隠ぺいがあった場合には、重加算税を10%加算

●延滞税の計算方法（令和4年1月1日～令和6年12月31日）

○修正申告分に係る延滞税の計算（当初申告が期限内申告の場合）

(1) 修正申告日に納付する場合

　イ　修正申告日が、法定納期限から1年以内のとき

　　本税（　　　　　）万円×2.4%×日数（　　　　　）日÷365＝（　　　　　）円　→　[　　　00] 円
　　　　　　　　　　　　　　　　　　　　　　　　　　　　(A)
　　　　　　　　　　⇧
　　　　（法定納期限の翌日から修正申告日まで）　　　　　　　　　　　　　（100円未満は端数切捨て）

　ロ　修正申告日が、法定納期限から1年超のとき

　　本税（　　　　　）万円×2.4%×365日（又は366日）÷365＝（　　　　　）円　→　[　　　00] 円
　　　　　　　　　　　　　　　　　　　　　　　　　　(B)
　　　　　　　　　　　　　　　　　　　　　　　　　　　　　　　　　　　　（100円未満は端数切捨て）

(2) 修正申告日後に納付する場合

　　本税（　　　　　）万円×2.4%（注2）×日数（　　　　　）日÷365＋(A)又は(B)＝（　　）円　→　[　　　00] 円
　　　　　　　　　　　　　　　　　　⇧
　　　　　　　　　　　　　（修正申告日の翌日から納付する日まで）　　　　　　（100円未満は端数切捨て）

○期限後申告分に係る延滞税の計算

(1) 期限後申告日に納付する場合

　　本税（　　　　　）万円×2.4%（注2）×日数（　　　　　）日÷365＝（　　　　　）円　→　[　　　00] 円
　　　　　　　　　　　　　　　　　　　　　　　　　　　　(C)
　　　　　　　　　　　　⇧
　　　　　（法定納期限の翌日から期限後申告日まで）　　　　　　　　　　　（100円未満は端数切捨て）

(2) 期限後申告日後に納付する場合

　　本税（　　　　　）万円×2.4%（注2）×日数（　　　　　）日÷365＋(C)＝（　　　）円　→　[　　　00] 円
　　　　　　　　　　　　　　　　　　　　⇧
　　　　　　　　　　　（期限後申告日の翌日から納付する日まで）　　　　　　（100円未満は端数切捨て）

(注1) [　　　　] 内の額が、1,000円未満の場合は納付の必要はありません。
(注2) 納付の日が修正（期限後）申告日から2か月を経過した場合は、2か月を経過した日から納付の日までの期間は年利8.7%となります。
(注3) 重加算税の対象税額がある場合、当初申告が期限後申告の場合の延滞税の計算については、計算方法が異なります。

○延滞税の計算期間と割合

○ 期限内申告書を提出したが、納付の日が期限後となった場合

3／15　　　　　　　　　5／15
　├──── 2か月 ────┤
法定　　　　　　　　　　　　　　　　　　　　　　　　　　　　　　　
納期限　←─ 年2.4% ─→×─────── 年8.7% ───────→

○ 修正（期限後）申告により納付すべき税額が確定した場合

3／15　　　　　　　　　　　　4／10　　　　　　　6／10
　│　　　　　　　　　　　　　│　── 2か月 ──│
法定　　　　　　　　　　　　修正(期限後)──年2.4%─×── 年8.7% ──→
納期限　← 年2.4% →　　　　申告書提出
　　　　　　　　　　　　　　　⤷ 納期限

○ 更正決定により納付すべき税額が確定した場合

3／15　　　　　　　　8／15　　　　　　　9／15　　　　　11／15
　│　　　　　　　　　│　　　　　　　　　│　── 2か月 ──│
法定　　　　　　　　更正通知書──年2.4%─更正による──年2.4%─×─年8.7%─→
納期限　← 年2.4% →　発付　　　　　　　　納期限

○ 期限内申告書を提出していたが、1年経過後に修正申告書を提出した場合

3／15　　　　　　　3／15　　　　　　9／10　　　11／10
　│── 1年 ──│　　　　　　　　　│── 2か月 ──│
法定　　　　　　　　　　　　　　　　修正申告書─ 年2.4% ─×─ 年8.7% ─→
納期限　← 年2.4% →　[除算期間]　提出
　　　　　　　　　　　　　　　　　　⤷ 納期限

●日数速算表

日\月	1	2	3	4	5	6	7	8	9	10	11	12
1	365	334	306	275	245	214	184	153	122	92	61	31
2	364	333	305	274	244	213	183	152	121	91	60	30
3	363	332	304	273	243	212	182	151	120	90	59	29
4	362	331	303	272	242	211	181	150	119	89	58	28
5	361	330	302	271	241	210	180	149	118	88	57	27
6	360	329	301	270	240	209	179	148	117	87	56	26
7	359	328	300	269	239	208	178	147	116	86	55	25
8	358	327	299	268	238	207	177	146	115	85	54	24
9	357	326	298	267	237	206	176	145	114	84	53	23
10	356	325	297	266	236	205	175	144	113	83	52	22
11	355	324	296	265	235	204	174	143	112	82	51	21
12	354	323	295	264	234	203	173	142	111	81	50	20
13	353	322	294	263	233	202	172	141	110	80	49	19
14	352	321	293	262	232	201	171	140	109	79	48	18
15	351	320	292	261	231	200	170	139	108	78	47	17
16	350	319	291	260	230	199	169	138	107	77	46	16
17	349	318	290	259	229	198	168	137	106	76	45	15
18	348	317	289	258	228	197	167	136	105	75	44	14
19	347	316	288	257	227	196	166	135	104	74	43	13
20	346	315	287	256	226	195	165	134	103	73	42	12
21	345	314	286	255	225	194	164	133	102	72	41	11
22	344	313	285	254	224	193	163	132	101	71	40	10
23	343	312	284	253	223	192	162	131	100	70	39	9
24	342	311	283	252	222	191	161	130	99	69	38	8
25	341	310	282	251	221	190	160	129	98	68	37	7
26	340	309	281	250	220	189	159	128	97	67	36	6
27	339	308	280	249	219	188	158	127	96	66	35	5
28	338	307	279	248	218	187	157	126	95	65	34	4
29	337		278	247	217	186	156	125	94	64	33	3
30	336		277	246	216	185	155	124	93	63	32	2
31	335		276		215		154	123		62		1

1．始期～終期の年が同じとき

$$\left(\boxed{}+1\right)-\left(\boxed{}\right)+\left(\boxed{}\right)=\boxed{}$$
始期の日数　終期の日数　うるう年　　計算日数

> 始期の日数…法定納期限の翌日
> 終期の日数…納付の日
> うるう年　…始期～終期に2/29があるときは、
> 　　　　　　1を加算する。
> 　　　　　　（令和2年・令和6年・令和10年）

（計算例）法定納期限　令6.3.15　納付の日　令6.8.31

$$\left(\boxed{2\ 9\ 1}+1\right)-\left(\boxed{1\ 2\ 3}\right)+\left(\ -\ \right)=\boxed{1\ 6\ 9}$$
始期の日数　　　終期の日数　うるう年　　計算日数

2．始期～終期の年が異なるとき

$$\left(\boxed{}+1\right)+\left(365(\text{※}1)-\boxed{}\right)+\left(\boxed{}\right)=\boxed{}$$
始期の日数　　　　　　　終期の日数　うるう年（※2）　　計算日数

（※1）異なる年数に応じて次の整数倍数を加算する。（2年異なるときは730、3年は1095、4年は1460）
（※2）始期～終期に2/29があるときは、その回数を加算する。

（計算例）法定納期限　令6.3.15　納付の日　令7.8.31　（注）除算期間を考慮していません。

$$\left(\boxed{2\ 9\ 1}+1\right)+\left(365-\boxed{1\ 2\ 3}\right)+\left(\ -\ \right)=\boxed{5\ 3\ 4}$$
始期の日数　　　　　　終期の日数　うるう年　　計算日数

■更正の請求・更正決定等の期間制限・国税の調査・不服申立制度

国税通則

項　　目	説　　　　　明
1.更正の請求 （通法23、通令6、相法32②）	〔原則〕 • 納税申告書を提出した者が、その申告書に記載した課税標準等若しくは税額等の計算が国税に関する法律の規定に従っていないこと又はその計算に誤りがあったことにより次の①～③に該当する場合、その申告書の法定申告期限から5年（②のうち法人税については10年、贈与税については6年）以内に限り、納税地の所轄税務署長に対して更正の請求書を提出することができます。 ①　その申告書の提出により納付すべき税額（更正があったときは、更正後の税額）が過大であるとき ②　その申告書に記載した純損失の金額又は雑損失の金額（更正があったときは、更正後の金額）が過少であるとき又はその記載（更正のときは更正通知書への記載）がなかったとき ③　その申告書に記載した還付金の額に相当する税額（更正があったときは、更正後の税額）が過少であるとき又はその記載（更正のときは更正通知書への記載）がなかったとき 〔特例〕 　納税申告書を提出した者又は決定を受けた者に次の①②③に掲げる事実があるときは、その事実が確定した日の翌日から起算して2か月以内に更正の請求ができます。 ①　その課税標準等又は税額等の計算の基礎となった事実に関する訴えについての判決により、その事実が計算の基礎としたところと異なることが確定したとき ②　所得又は課税物件の帰属が変わる更正又は決定があったとき ③　国税庁長官の法令の解釈が、判決等に伴って変更され、変更後の解釈が公表されたことにより、その課税標準等又は税額等が異なることとなる取扱いを受けることとなったことを知った場合
2.更正決定等の期限制限 （通法70、通令29）	〔原則〕 　更正や賦課決定は、次のそれぞれに掲げる期間を経過した日以後には、することができません。 ①　更正……その更正に係る法定申告期限（還付請求申告書に係る更正については、その申告書の提出日）から5年 ②　課税標準申告書の提出を要する国税で、その申告書の提出があったものに係る賦課決定……その申告書の提出期限から3年 〔例外〕 　次のものについては、更正や賦課決定の期間は5年（①に係るものは7年、法人税に係る③・④の純損失等の金額に係るものは10年）となります。 ①　偽りその他不正の行為によりその全部もしくは一部の税額を免れ、もしくはその全部もしくは一部の税額の還付を受けた金額についての更正又は賦課決定 ②　納付すべき税額を減少させる更正又は賦課決定 ③　純損失等の金額でその課税期間に生じたもの、もしくは還付金の額を増加させる更正又はこれらの金額があるものとする更正 ④　純損失等の金額で、その課税期間において生じたものを減少させる更正 ⑤　①～④以外の、法定申告期限から5年を経過した日以後に期限後申告書の提出があった国税についての更正

	過少申告・無申告	脱税の場合
更正・決定	5年	
国外転出等の特例がある場合	7年	
移転価格税制に係る法人税	7年（注）	7年
贈与税	6年	
純損失等の金額に係る更正	5年	
法人税	10年	

（通法70④三）

（通法70③）　※　更正の除斥期間終了の6月以内になされた更正の請求に係る更正又はその更正に伴って行われる加算税の賦課決定については、その更正の請求があった日から6月を経過する日まですることができます（相続税においては、一部の相続人から更正の請求があった場合、他の相続人の除斥期間も同様に延長されます。）。
（注）令2.3.31以前開始事業年度分の法人税については、6年

3. 更正、決定等の期間制限の特例
（通法71①一～三）

2.にかかわらず、次のような場合、次の期間においては更正、決定ができます。
①　争訟等に伴う場合……その裁決等又は更正のあった日から6月間
②　経済的成果の消滅等に伴う場合……その理由が生じた日から3年間
③　災害による期限延長等の場合…その更正の請求があった日から6月間

4. 消滅時効
（通法72、73）

国税の徴収権は、法定納期限又は徴収権を行使することができる日（裁決等又は更正があった日）等から5年間行使しないことにより、時効により消滅します。この消滅時効は、更正・決定、納税の告知、督促等の処分により完成猶予されます。なお、脱税にあたる国税にあたっては、最長2年の範囲内で更正、決定等の日まで時効は進行しません。

5. 国税の調査
（通法74の2〜12）
・国税に関する調査等に係る質問検査権
・納税地の異動があった場合の質問検査権の管轄
・提出物件の留置き
・納税義務者に対する調査の事前通知等
・調査終了の際の手続

税務職員は、所得税等に関する調査等について必要があるときは、納税義務者等に質問し、帳簿書類その他の物件を検査し、又は当該物件（その写しを含む）の提示若しくは提出を求めることができます。
令和3年7月1日以後新たに法人税等についての調査通知があった後にその納税地に異動があった場合、その異動前の納税地の所轄国税局長又は税務署長が必要があると認めたときは、その異動前の納税地の所轄国税局又は税務署の職員が質問検査権を行使することができます。
税務職員は、国税の調査について必要があるときは、当該調査において提出された物件を留め置くことができます。
税務署長等は、税務職員に実地の調査において質問検査等を行わせる場合には、あらかじめ、納税義務者（税務代理人を含む）に対し、その旨及び調査を開始する日時等を通知します。
なお、税務代理権限証書に納税義務者の同意についての記載がある場合には、上記の通知は、当該税務代理人に対してすれば足ります。
ただし、税務署長等が違法又は不当な行為を容易にし、正確な課税標準等又は税額等の把握を困難にするおそれ、その他国税に関する調査の適正な遂行に支障を及ぼすおそれがあると認める場合には、この通知を要しません。
①　税務署長等は、実地の調査を行った結果、更正決定等をすべきと認められない場合には、当該調査において質問検査等の相手方となった

納税義務者に対し、その時点において更正決定等をすべきと認められない旨を書面により通知します。

② 調査の結果、更正決定等をすべきと認める場合には、税務職員は、納税義務者に対し、調査結果の内容を説明します。

③ ②の説明をする場合において、当該職員は、当該納税義務者に対し修正申告等を勧奨することができます。この場合において、当該調査結果に関し納税申告書を提出した場合には不服申立てをすることはできないが更正の請求をすることはできる旨を説明するとともに、その旨を記載した書面を交付しなければなりません。

• 団体に対する諮問及び官公署等への協力要請	① 税務職員は、所得税等に関する調査について必要があるときは、団体に、参考となるべき事項を諮問することができます。 ② 税務職員は、国税に関する調査について必要があるときは、官公署又は政府関係機関に対し、その調査に関し参考となるべき帳簿書類その他の物件の閲覧又は提供その他の協力を求めることができます。

6. 国税の不服申立制度の概要

国税通則

(参考) 電子帳簿保存法

電子帳簿保存法には、①電子帳簿等保存、②スキャナ保存、③電子取引データ保存の3つの制度があり、①と②の実施は任意ですが③は義務化されています。

項 目	説 明
1. 電子データのまま保存（電子帳簿等保存）	・自己が電子的に作成した帳簿や書類（仕訳帳、総勘定元帳、売上帳、仕入帳、経費帳、手形帳など）は、電子データのまま保存できます。 ・書面を前提とした各税法による保存義務について、見読可能装置の備付け等の最低限の要件を充足すれば、原本である電子データをもって保存義務を履行できます。この場合、帳簿等の印刷は不要です。
2. 電子データ化して保存（スキャナ保存）	・取引先から書面で受領した請求書・領収書や取引先へ書面で交付した請求書・領収書の控え等は、電子データ化して保存できます。 ・書面を前提とした各税法による保存義務について、一定の要件を充足すれば、スマホやスキャナ等で読み取った電子データをもって保存義務を履行できます。この場合、原本である書面を廃棄できます。 ・なお、本制度を利用せず、書面のまま保存することも可能です。
3. 電子取引データの保存義務	・取引先から電子データで受領した請求書・領収書や取引先へ電子データで交付した請求書・領収書の控え等については、電子取引に該当し、電子データのまま保存が必要です。 ・電子帳簿保存法において、申告所得税・法人税に係る保存義務者は、電子取引（請求書・領収書等の授受を電子データで行う取引）を行った場合の電子データ（原本）の保存義務が定められています。なお、電子データを印刷する行為自体を禁止するものではありません。 ・令和5年以後に行う電子取引については電子データのまま保存しなければなりません。
	・令和6年1月1日以後は、税務署長が相当の理由があると認める場合（納税者からの手続きは不要です。）には、出力書面の提示・提出及びデータのダウンロードの求めに応じることができるようにしておけば、電子取引データの保存要件が不要となる猶予措置が講じられました。 ・電子取引データ保存については、可視性と真実性を確保することが必要とされています。 ①可視性の確保 　(i)モニター・操作説明書等の備付け(→パソコンとそのマニュアルの備付け) 　(ii)検索要件の充足(2年前の売上高が5,000万円以下の場合は不要) 　　電子取引データをプリントアウトして、日付及び取引ごとに整理しておけば検索要件を充たすことができます。ただし、電子取引データをダウンロードできるようにしておく必要はあります。 ②真実性の確保 　不当な訂正削除の防止に関する事務処理規程を制定し遵守すれば、タイムスタンプのシステムを導入していなくても真実性は確保されます。

耐 用 年 数

■法定耐用年数の基本的事項

項　目	説　明
1. 二以上の用途 （耐通1-1-1）	・すべての減価償却資産は、原則として、一の耐用年数を適用します。 ・一の減価償却資産が二以上の用途に共通して使用されているときは、使用目的、使用状況から合理的にその主たる用途を判定し、これに対応する耐用年数を適用します（一物一用途による判定）。
2. 資本的支出後 の耐用年数 （耐通1-1-2）	・資本的支出に係る部分の減価償却資産については、本体に現に適用している耐用年数によります。
3. 他人の建物に した内部造作 等 （耐通1-1-3）	（原則）・建物に対する造作…その建物の耐用年数、その造作の種類、用途、使用材質等を勘案して、合理的に見積もった耐用年数 ・建物附属設備に対する造作…建物附属設備の耐用年数 （建物の賃借期間の定めがあり、その期間終了の場合には更新できないもので、かつ、有益費の請求又は買取請求ができないもの）…その賃借期間を耐用年数として償却することができます。
4. 3以外の他人 の資産の改良 費 （耐通1-1-4）	・他人が所有する、建物及び建物附属設備に対する造作以外について支出した資本的支出は、次の耐用年数により償却します。 ① 賃借期間の満了とともにその資本的支出の利益を失う場合…その賃借期間 ② ①以外の場合…その本体である減価償却資産の耐用年数
5. 貸与資産の耐 用年数 （耐通1-1-5）	・貸与している減価償却資産の耐用年数は別表において貸付業用として特掲されているもの（貸自動車業用の車両、貸付業用の植物など）を除き、原則として、貸与を受けている者のその資産の用途等に応じて判定します。
6. 前掲の区分に よらないもの （耐通1-1-6、 1-1-7）	・耐用年数省令別表第一、別表第二のうち、細目が個々に定められているもの…細目別耐用年数 ・異なる区分のものをすべて含めて耐用年数を適用する場合…包括的耐用年数（前掲の区分によらないもの） ・器具及び備品以外…包括的耐用年数を適用し、一部の資産についてだけ包括的耐用年数より短い細目別耐用年数を適用することはできません。 ・器具及び備品…細目別耐用年数と包括的耐用年数を選択的に適用することができます（同じ品目のものについては統一適用しかできません。）。

耐用年数

●機械及び装置以外の有形減価償却資産の耐用年数表（抜粋）

（「減価償却資産の耐用年数等に関する省令」別表第一）

- 構造は主要部分で判定
- 二以上の構造の建物はそれぞれに区分して適用
- 内部造作は建物本体の耐用年数を適用

細目 （一物一用途が原則）	鉄骨鉄筋コンクリート造又は鉄筋コンクリート造	れんが造・石造・ブロック造	金属造 骨格材の肉厚 4ミリ超	3ミリ超4ミリ以下	3ミリ以下	木造又は合成樹脂造	木骨モルタル造	簡易建物
事務所又は美術館用のもの・下記以外のもの	50	41	38	30	22	24	22	
住宅、寄宿舎、宿泊所、学校又は体育館用のもの	47	38	34	27	19	22	20	
飲食店、貸席、劇場、演奏場、映画館又は舞踏場用のもの	—	38	31	25	19	20	19	
飲食店又は貸席用のもので、延べ面積のうちに占める木造内装部分の面積が3割を超えるもの	34	—						
その他のもの	41	—						
旅館用又はホテル用のもの	—	36	29	24	17	17	15	
延べ面積のうちに占める木造内装部分の面積が3割を超えるもの	31							
その他のもの	39							
店舗用のもの	39	38	34	27	19	22	20	
病院用のもの	39	36	29	24	17	17	15	
変電所、発電所、送受信所、停車場、車庫、格納庫、荷扱所、映画製作ステージ、屋内スケート場、魚市場又はと畜場用のもの	38	34	31	25	19	17	15	
公衆浴場用のもの	31	30	27	19	15	12	11	
工場（作業場を含みます。）又は倉庫用のもの								
塩素、塩酸、硫酸、硝酸、その他の著しい腐食性を有する液体又は気体の影響を直接全面的に受けるもの、冷蔵倉庫用のもの（＊1、＊2、＊3については倉庫事業の倉庫用のものを除きます。）、放射性同位元素の放射線を直接受けるもの（＊1、＊3に限ります。）	24 ＊1	22 ＊2	20 ＊3	15	12	9	7	
塩、チリ硝石その他の著しい潮解性を有する固体を常時蔵置するためのもの及び著しい蒸気の影響を直接全面的に受けるもの	31	28	25	19	14	11	10	
その他のもの			—	24	17	15	14	
倉庫事業の倉庫用のもの								
冷蔵倉庫用のもの	21	20	19	—	—	—	—	
その他のもの	31	30	26	—	—	—	—	
その他のもの	38	34	31					
木製主要柱が10cm角以下のもので、土居ぶき、杉皮ぶき、ルーフィングぶき又はトタンぶきのもの								10
掘立造のもの及び仮設のもの								7

（左欄に （1）建物 と記載）

(2) 建物附属設備

構造用途	細目	耐用年数
電気設備（照明設備を含む。）	蓄電池電源設備	6
	その他のもの	15
給排水、衛生、ガス設備		15
冷房、暖房、通風又はボイラー設備	冷暖房設備（冷凍機の出力22KW以下）	13
	その他のもの	15
昇降機設備	エレベーター	17
	エスカレーター	15
消火、排煙、災害報知設備及び格納式避難設備		8
特殊ドアー設備	エヤーカーテン又はドアー自動開閉設備	12
アーケード、日よけ	主として金属製	15
	その他のもの	8
店用簡易装備		3
可動間仕切り	簡易なもの	3
	その他のもの	15
前掲のもの以外のもの及び前掲の区分によらないもの	主として金属製	18
	その他のもの	10

(3) 構築物

構造用途	細目	耐用年数
発電用	小水力発電用（農山漁村電気導入促進法による）	30
	その他の水力発電用（貯水池、調整池、水路）	57
	汽力発電用（岩壁、さん橋、堤防、防波堤、煙突、その他）	41
送電用	地中電線路	25
	塔、柱、がい子、送電線、地線、添加電話線	36
配電用	鉄塔、鉄柱	50
	鉄筋コンクリート柱	42
	木柱	15
	配電線	30
	引込線	20
	添架電話線	30
	地中電線路	25
電気通信事業用のもの	通信ケーブル	
	光ファイバー製のもの	10
	その他のもの	13
	地中電線路	27
	その他の線路設備	21
放送・無線通信用	鉄塔、鉄柱	
	円筒空中線式	30
	その他のもの	40
	鉄筋コンクリート柱	42
	木塔・木柱	10
	アンテナ、接地線及び放送用配線	10
広告用	金属造のもの	20
	その他のもの	10
緑化施設及び庭園	工場緑化施設	7
	その他の緑化施設及び庭園（工場緑化施設に含まれるものを除く。）	20
競技場用、運動場用、遊園地用又は学校用のもの	スタンド	
	主として鉄骨鉄筋コンクリート造、鉄筋コンクリート造	45
	主として鉄骨造のもの	30
	主として木造のもの	10
	競輪場用競走路	
	コンクリート敷のもの	15
	その他のもの	10
	ネット設備	15
	野球場、陸上競技場、ゴルフコースその他のスポーツ場の排水その他の土工施設	30
	水泳プール	30
	その他のもの	
	児童用のもの	
	すべり台、ぶらんこ、ジャングルジムその他の遊戯用のもの	10
	その他のもの	15
	その他のもの	
	主として木造のもの	15
	その他のもの	30
舗装道路・路面	コンクリート、ブロック、れんが、石敷	15
	アスファルト、木れんが敷	10
	ビチューマルス敷	3
農林業用のもの	主としてコンクリート造、れんが造、石造、又はブロック造のもの	
	果樹又はホップ棚	14
	その他のもの	17
	主として金属造のもの	14
	主として木造のもの	5
	土管を主としたもの	10
	その他のもの	8
鉄骨鉄筋コンクリート造、鉄筋コンクリート造	水道用ダム	80
	トンネル	75
	橋	60
	岸壁、さん橋、防壁、防波堤、塔、やぐら、上水道、水そう、用水用ダム	50
	乾ドック	45

構造用途	細目	耐用年数	構造用途	細目	耐用年数
鉄骨鉄筋コンクリート造、鉄筋コンクリート造	サイロ	35	土造	爆発物用防壁、防油堤	17
	下水道、煙突及び焼却炉	35		その他のもの	40
	高架道路、飼育場及びへい	30	金属造	橋（はね上げ橋を除く。）	45
	爆発物用防壁及び防油堤	25		はね上げ橋及び鋼矢板岸壁	25
	造船台	24		サイロ	22
	放射性同位元素の放射線を直接受けるもの	15		送配管	
	その他のもの	60		鋳鉄製のもの	30
コンクリート造・コンクリートブロック造	やぐら及び用水池	40		鋼鉄製のもの	15
	サイロ	34		ガス貯そう	
	岸壁、さん橋、防壁、堤防、防波堤、トンネル、上水道、水そう	30		液化ガス用のもの	10
				その他のもの	20
	下水道、飼育場、へい	15		薬品貯そう	
	爆発物用防壁	13		塩酸等発煙性を有する無機酸用のもの	8
	引湯管	10		有機酸用又は硫酸、硝酸その他前掲のもの以外の無機酸用のもの	10
	鉱業用廃石捨場	5			
	その他のもの	40			
れんが造	防壁、堤防、防波堤、トンネル	50		アルカリ類用、塩水用、アルコール用その他のもの	15
	煙突、煙道、焼却炉、へい、爆発物用防壁				
	塩素等著しい腐食性を有する気体の影響を受けるもの	7		水そう・油そう	
				鋳鉄製のもの	25
	その他のもの	25		鋼鉄製のもの	15
	その他のもの	40		浮きドック	20
石造	岸壁、さん橋、防壁、堤防、防波堤、上水道及び用水池	50		飼育場	
				つり橋、煙突、焼却炉、打込み井戸、へい、街路灯、ガードレール	
	乾ドック	45			
	下水道、へい及び爆発物用防壁	35		露天式立体駐車設備	15
	その他のもの	50		その他のもの	45
土造	防壁、防波堤及び自動車道	40	合成樹脂造		10
			木造	橋、塔、やぐら及びドック	15
	上水道及び用水池	30		岸壁、桟橋、防壁、防波堤、トンネル、水そう及びへい	10
	下水道	15			
	へい	20		飼育場	7
				その他のもの	15
			前掲のもの以外のもの及び前掲の区分によらないもの	主として木造のもの	15
				その他のもの	50

（3）構築物

構造用途	細目	耐用年数	構造用途	細目	耐用年数
特殊自動車	消防車、救急車、レントゲン車、散水車、放送宣伝車、移動無線車、チップ製造車	5	特殊自動車	小型車（じんかい車及びし尿車にあっては積載量が2t以下、その他のものにあっては総排気量が2ℓ以下のもの）	3
	モータースイーパー及び除雪車	4		その他のもの	4
	タンク車、じんかい車、し尿車、寝台車、霊きゅう車、トラックミキサー、レッカーその他特殊車体を架装したもの				

（4）車両及び運搬具

〔ここには、別表第二の減価償却資産に含まれるブルドーザー、パワーショベル等並びにトラクター及び農林業用運搬機具は含まれません。〕

(4) 車両及び運搬具

構造用途	細目	耐用年数	構造用途	細目	耐用年数
運送事業用・貸自動車業用・自動車教習所用の車両・運搬具	自動車（二輪又は三輪自動車を含み、乗合自動車を除く。）		前掲のもの以外のもの	その他のもの	
	小型車（貨物自動車にあっては積載量が2t以下、その他のものにあっては総排気量が2ℓ以下。）	3		貨物自動車	
	その他のもの			ダンプ式	4
	大型乗用車（総排気量が3ℓ以上）	5		その他	5
	その他のもの	4		報道通信用のもの	5
	乗合自動車	5		その他のもの	6
	自転車及びリヤカー	2		二輪又は三輪自動車	3
	被けん引車その他のもの	4		自転車	2
前掲のもの以外のもの	自動車（二輪・三輪自動車を除く。）			鉱山用人車、炭車、鉱車及び台車	
	小型車（総排気量が0.66ℓ以下）	4		金属製のもの	7
				その他のもの	4
				フォークリフト	4
				トロッコ	
				金属製のもの	5
				その他のもの	3
				その他	
				自走能力を有するもの	7
				その他のもの	4

(5) 工具

構造用途	細目	耐用年数	構造用途	細目	耐用年数
測定・検査工具		5	柱等	金属製柱・カッペ	3
治具・取付工具		3	活字及び活字に常用される金属	購入活字（活字の形状のまま反復使用するものに限ります。）	2
ロール	金属圧延用のもの	4		自製活字等に常用される金属	8
	なつ染ロール、粉砕ロール、混練ロールその他のもの	3	前掲のもの以外のもの	白金ノズル	13
型（型枠を含む）、鍛圧及び打抜工具	プレスその他の金属加工用金型、合成樹脂、ゴム又はガラス成型用金型及び鋳造用型	2		その他のもの	3
			前掲の区分によらないもの	白金ノズル	13
	その他のもの	3		その他の主として金属製	8
切削工具		2		その他のもの	4

(6) 器具及び備品

構造用途	細目	耐用年数	構造用途	細目	耐用年数
1 家具、電気機器・ガス機器及び家庭用品（他の項に掲げるものを除く）	事務机・いす、キャビネット		1 家具、電気機器・ガス機器及び家庭用品（他の項に掲げるものを除く）	ラジオ、テレビジョン、テープレコーダーその他の音響機器	5
	主として金属製のもの	15		冷房用又は暖房用機器	6
	その他のもの	8		電気冷蔵庫、電気洗濯機その他これらに類似の電気又はガス機器	6
	応接セット			氷冷蔵庫及び冷蔵ストッカー（電気式を除く。）	4
	接客業用のもの	5		カーテン、座ぶとん、寝具、丹前その他類似の繊維製品	3
	その他のもの	8		じゅうたんその他の床用敷物	
	ベッド	8		小売業用、接客業用、放送用、レコード吹込用又は劇場用のもの	3
	児童用机及びいす	5		その他のもの	6
	陳列だな、陳列ケース				
	冷凍・冷蔵機付のもの	6			
	その他のもの	8			
	その他の家具				
	接客業用のもの	5			
	その他のもの				
	主として金属製	15			
	その他のもの	8			

	構造用途	細目	耐用年数	構造用途	細目	耐用年数
(6) 器具及び備品	1 家具、電気機器・ガス機器及び家庭用品（他の項に掲げるものを除く）	室内装飾品		6 容器及び金庫	ドラムかん、コンテナーその他の容器	
		主として金属製のもの	15		大型コンテナー（長さ6m以上のものに限ります。）	7
		その他のもの	8		その他のもの	
		食事又はちゅう房用品			金属製のもの	3
		陶磁器製又はガラス製のもの	2		その他のもの	2
		その他のもの	5		金庫	
		その他のもの			手さげ金庫	5
		主として金属製のもの	15		その他のもの	20
		その他のもの	8	7 理容又は美容機器		5
	2 事務機器及び通信機器	謄写機器、タイプライター		8 医療機器	消毒殺菌用機器	4
		孔版印刷又は印書業用のもの	3		手術機器	5
		その他のもの	5		血液透析又は血しょう交換用機器	7
		電子計算機			ハバードタンクその他の作動部分を有する機能回復訓練機器	6
		パーソナルコンピュータ（サーバ用のものを除く。）	4		調剤機器	6
		その他のもの	5		歯科診療用ユニット	7
		複写機、計算機（電子計算機を除く。）、金銭登録機、タイムレコーダーその他類似のもの	5		光学検査機器	
					ファイバースコープ	6
		その他の事務機器	5		その他のもの	8
		テレタイプライター及びファクシミリ	5		その他のもの	
		インターホン及び放送用設備	6		レントゲンその他の電子装置使用の機器	
		電話設備その他の通信機器			移動式のもの、救急医療用のもの及び自動血液分析器	4
		デジタル構内交換設備及びデジタルボタン電話設備	6		その他のもの	6
		その他のもの	10		その他のもの	
	3 時計、試験機器及び測定機器	時計	10		陶磁器製、ガラス製のもの	3
		度量衡器	5		主として金属製のもの	10
		試験又は測定機器	5		その他のもの	5
	4 光学機器及び写真製作機器	オペラグラス	2	9 娯楽又はスポーツ器具及び興行又は演劇用具	たまつき用具	8
		カメラ、映画撮影機、映写機及び望遠鏡	5		パチンコ器、ビンゴ器その他類似の球戯用具及び射的用具	2
		引伸機、焼付機、乾燥機、顕微鏡その他の機器	8		ご・しょうぎ・まあじゃんその他の遊戯具	5
	5 看板及び広告器具	看板、ネオンサイン及び気球	3		スポーツ具	3
		マネキン人形及び模型	2		劇場用観客椅子	3
		その他のもの			どんちょう及び幕	5
		主として金属製のもの	10		衣しょう、かつら、小道具及び大道具	2
		その他のもの	5		その他のもの	
	6 容器及び金庫	ボンベ			主として金属製	10
		溶接製	6		その他のもの	5
		鍛造製		10 生物	植物	
		塩素用のもの	8		貸付業用のもの	2
		その他のもの	10		その他のもの	15

構造用途	細目	耐用年数	構造用途	細目	耐用年数
(6)器具及び備品 10生物	動物		11前掲のもの以外のもの	楽器	5
	魚類	2		自動販売機（手動を含む。）	5
	鳥類	4		無人駐車管理装置	5
	その他のもの	8		焼却炉	5
11前掲のもの以外のもの	映画フィルム（スライドを含む。）、磁気テープ、レコード	2		その他のもの	
				主として金属製	10
				その他のもの	5
	シート及びロープ	2	12前掲の耐用年数によるもの以外のもの及び前掲の区分によらないもの	主として金属製のもの	15
	きのこ栽培用ほだ木	3		その他のもの	8
	漁具	3			
	葬儀用具	3			

耐用年数

●機械及び装置の耐用年数表 （「減価償却の耐用年数等に関する省令」別表第二）

番号	用途	細目	耐用年数	番号	用途	細目	耐用年数
1	食料品製造業用設備		10	9	石油製品・石炭製品製造業用設備		7
2	飲料・たばこ・飼料製造業用設備		10	10	プラスチック製品製造業用設備（他の号に掲げるものを除きます。）		8
3	繊維工業用設備	炭素繊維製造設備		11	ゴム製品製造業用設備		9
		黒鉛化炉	3				
		その他の設備	7	12	なめし革・同製品・毛皮製造業用設備		9
		その他の設備	7				
4	木材・木製品（家具を除きます。）製造業用設備		8	13	窯業・土石製品製造業用設備		9
5	家具・装備品製造業用設備		11	14	鉄鋼業用設備	表面処理鋼材若しくは鉄粉製造業又は鉄スクラップ加工処理業用設備	5
6	パルプ・紙・紙加工品製造業用設備		12			純鉄、原鉄、ベースメタル、フェロアロイ、鉄素形材又は鋳鉄管製造業用設備	9
7	印刷・同関連業用設備	デジタル印刷システム設備	4			その他の設備	14
		製本業用設備	7	15	非鉄金属製造業用設備	核燃料物質加工設備	11
		新聞業用設備				その他の設備	7
		モノタイプ、写真又は通信設備	3	16	金属製品製造業用設備	金属被覆及び彫刻業又は打はく及び金属製ネームプレート製造業用設備	6
		その他の設備	10				
		その他の設備	10			その他の設備	10
8	化学工業用設備	臭素、よう素又は塩素、臭素若しくはよう素化合物製造設備	5	17	はん用機械器具製造業用設備		12
		塩化りん製造設備	4	18	生産用機械器具製造業用設備	金属加工機械製造設備	9
		活性炭製造設備	5			その他の設備	12
		ゼラチン又はにかわ製造設備	5	19	業務用機械器具製造業用設備		7
		半導体用フォトレジスト製造設備	5	20	電子部品・デバイス・電子回路製造業用設備	光ディスク（追記型又は書換え型のものに限ります。）製造設備	6
		フラットパネル用カラーフィルター、偏光板又は偏光板用フィルム製造設備	5			プリント配線基板製造設備	6
		その他の設備	8				

番号	用途	細目	耐用年数	番号	用途	細目	耐用年数
20	電子部品・デバイス・電子回路製造業用設備	フラットパネルディスプレイ、半導体集積回路又は半導体素子製造設備	5	36	放送業用設備		6
				37	映像・音声・文字情報制作業用設備		8
		その他の設備	8	38	鉄道業用設備	自動改札装置	5
21	電気機械器具製造業用設備		7			その他の設備	12
22	情報通信機械器具製造業用設備		8	39	道路貨物運送業用設備		12
				40	倉庫業用設備		12
23	輸送用機械器具製造業用設備		9	41	運輸に附帯するサービス業用設備		10
24	その他の製造業用設備		9	42	飲食料品卸売業用設備		10
25	農業用設備		7	43	建築材料、鉱物・金属材料等卸売業用設備	石油又は液化石油ガス卸売用設備（貯そうを除く。）	13
26	林業用設備		5				
27	漁業用設備（次号に掲げるものを除きます。）		5			その他の設備	8
28	水産養殖業用設備		5	44	飲食料品小売業用設備		9
29	鉱業、採石業、砂利採取業用設備	石油又は天然ガス鉱業設備		45	その他の小売業用設備	ガソリン又は液化石油ガススタンド設備	8
		坑井設備	3			その他の設備	
		堀さく設備	6			主として金属製のもの	17
		その他の設備	12			その他のもの	8
		その他の設備	6	46	技術サービス業（他に分類されないもの）用設備	計量証明業用設備	8
30	総合工事業用設備		6			その他の設備	14
31	電気業用設備	電気業用水力発電設備	22	47	宿泊業用設備		10
		その他の水力発電設備	20	48	飲食店業用設備		8
		汽力発電設備	15	49	洗濯・理容・美容・浴場業用設備		13
		内燃力又はガスタービン発電設備	15	50	その他の生活関連サービス業用設備		6
		送電又は電気業用変電若しくは配電設備		51	娯楽業用設備	映画館又は劇場用設備	11
		需要者用計器	15			遊園地用設備	7
		柱上変圧器	18			ボウリング場用設備	13
		その他の設備	22			その他の設備	
		鉄道又は軌道業用変電設備	15			主として金属製のもの	17
		その他の設備				その他のもの	8
		主として金属製のもの	17	52	その他の教育、学習支援業用設備	教習用運転シミュレータ設備	5
		その他のもの	8			その他の設備	
32	ガス業用設備	製造用設備	10			主として金属製のもの	17
		供給用設備				その他のもの	8
		鋳鉄製導管	22	53	自動車整備業用設備		15
		鋳鉄製導管以外の導管	13	54	その他のサービス業用設備		12
		需要者用計量器	13	55	前掲の機械及び装置以外のもの並びに前掲の区分によらないもの	機械式駐車設備	10
		その他の設備	15			ブルドーザー、パワーショベルその他の自走式作業用機械設備	8
		主として金属製のもの	17				
		その他のもの	8			その他の設備	
33	熱供給業用設備		17			主として金属製のもの	17
34	水道業用設備		18			その他のもの	8
35	通信業用設備		9				

●無形減価償却資産の耐用年数表

（「減価償却資産の耐用年数等に関する省令」別表第三（抜粋））

種類		耐用年数	種類		耐用年数
漁業権		10	育成者権	（種苗法4②）規定分	10
ダム使用権		55		その他の育成者権	8
水利権		20	営業権		5
特許権		8	専用側線利用権		30
実用新案権		5	電気ガス供給施設利用権		15
意匠権		7	熱供給施設利用権		15
商標権		10	水道施設利用権		15
ソフトウエア	複写販売用原本	3	工業用水道施設利用権		15
	その他のもの	5	電気通信施設利用権		20

耐用年数

●生物の耐用年数表

（「減価償却資産の耐用年数等に関する省令」別表第四）

種類	細目	耐用年数	種類	細目	耐用年数
牛	繁殖用（種付け証明書のあるものに限る。）		びわ樹		30
			くり樹		25
	役肉用牛	6	梅樹		25
	乳用牛	4	かき樹		36
	種付用（種おす牛に限る。）	4	あんず樹		25
	その他用	6	すもも樹		16
馬	繁殖用（種付け証明書のあるものに限る。）	6	いちじく樹		11
			キウイフルーツ樹		22
	種付用（種おす馬に限る。）	6	ブルーベリー樹		25
	競走用	4	パイナップル		3
	その他用	8	茶樹		34
豚		3	オリーブ樹		25
綿羊及びやぎ	種付用	4	つばき樹		25
	その他用	6	桑樹	立て通し	18
かんきつ樹	温州みかん	28		根刈り、中刈り、高刈り	9
	その他	30	こりやなぎ		10
リンゴ樹	わい化リンゴ	20	みつまた		5
	その他	29	こうぞ		9
ぶどう樹	温室ぶどう	12	もう宗竹		20
	その他	15	アスパラガス		11
なし樹		26	ラミー		8
桃樹		15	まおらん		10
桜桃樹		21	ホップ		9

●公害防止用減価償却資産の耐用年数表

(「減価償却資産の耐用年数等に関する省令」別表第五)

種類	耐用年数
構築物	18
機械及び装置	5

●開発研究用減価償却資産の耐用年数表

(「減価償却資産の耐用年数等に関する省令」別表第六(抜粋))

種類	細目	耐用年数
建物及び建物附属設備	建物の全部又は一部を低温室、恒温室、無響室、電磁しゃへい室、放射性同位元素取扱室その他の特殊室にするために特に施設した内部造作又は建物附属設備	5
構築物	風どう、試験水そう及び防壁	5
	ガス又は工業薬品貯そう、アンテナ、鉄塔及び特殊用途に使用するもの	7
工具		4
器具及び備品	試験又は測定機器、計算機器、撮影機及び顕微鏡	4
機械及び装置	汎用ポンプ、汎用モーター、汎用金属工作機械、汎用金属加工機械その他これらに類するもの	7
	その他のもの	4
ソフトウエア		3

●平成19年3月31日以前に取得された減価償却資産の残存割合表

(「減価償却資産の耐用年数等に関する省令」別表第十一)

種類	細目		残存割合
別表第一、別表第二、別表第五及び別表第六に掲げる減価償却資産(同表に掲げるソフトウエアを除く。)			10/100
別表第三に掲げる無形減価償却資産、別表第六に掲げるソフトウエア並びに鉱業権及び坑道			0
別表第四に掲げる生物	牛	繁殖用の乳用牛及び種付用の役肉用牛	20/100
		種付用の乳用牛	10/100
		その他用のもの	50/100
	馬	繁殖用及び競走用のもの	20/100
		種付用のもの	10/100
		その他用のもの	30/100
	豚		30/100
	綿羊及びやぎ		5 /100
	果樹その他の植物		5 /100

■減価償却資産の償却率表（別表第七・八・九・十）その1（耐用年数2年〜50年）

耐用年数	平19.4.1以後取得分［別表第八］ 定額法の償却率	平成24年4月1日以後取得分 償却率、改定償却率及び保証率［別表第十］			平成19年4月1日〜平成24年3月31日取得分 償却率、改定償却率及び保証率［別表第九］			平19.3.31以前取得分［別表第七］ 旧定率法の償却率
		定率法の償却率	改定償却率	保証率	定率法の償却率	改定償却率	保証率	
年 2	0.500	1.000			1.000			0.684
3	0.334	0.667	1.000	0.11089	0.833	1.000	0.02789	0.536
4	0.250	0.500	1.000	0.12499	0.625	1.000	0.05274	0.438
5	0.200	0.400	0.500	0.10800	0.500	1.000	0.06249	0.369
6	0.167	0.333	0.334	0.09911	0.417	0.500	0.05776	0.319
7	0.143	0.286	0.334	0.08680	0.357	0.500	0.05496	0.280
8	0.125	0.250	0.334	0.07909	0.313	0.334	0.05111	0.250
9	0.112	0.222	0.250	0.07126	0.278	0.334	0.04731	0.226
10	0.100	0.200	0.250	0.06552	0.250	0.334	0.04448	0.206
11	0.091	0.182	0.200	0.05992	0.227	0.250	0.04123	0.189
12	0.084	0.167	0.200	0.05566	0.208	0.250	0.03870	0.175
13	0.077	0.154	0.167	0.05180	0.192	0.200	0.03633	0.162
14	0.072	0.143	0.167	0.04854	0.179	0.200	0.03389	0.152
15	0.067	0.133	0.143	0.04565	0.167	0.200	0.03217	0.142
16	0.063	0.125	0.143	0.04294	0.156	0.167	0.03063	0.134
17	0.059	0.118	0.125	0.04038	0.147	0.167	0.02905	0.127
18	0.056	0.111	0.112	0.03884	0.139	0.143	0.02757	0.120
19	0.053	0.105	0.112	0.03693	0.132	0.143	0.02616	0.114
20	0.050	0.100	0.112	0.03486	0.125	0.143	0.02517	0.109
21	0.048	0.095	0.100	0.03335	0.119	0.125	0.02408	0.104
22	0.046	0.091	0.100	0.03182	0.114	0.125	0.02296	0.099
23	0.044	0.087	0.091	0.03052	0.109	0.112	0.02226	0.095
24	0.042	0.083	0.084	0.02969	0.104	0.112	0.02157	0.092
25	0.040	0.080	0.084	0.02841	0.100	0.112	0.02058	0.088
26	0.039	0.077	0.084	0.02716	0.096	0.100	0.01989	0.085
27	0.038	0.074	0.077	0.02624	0.093	0.100	0.01902	0.082
28	0.036	0.071	0.072	0.02568	0.089	0.091	0.01866	0.079
29	0.035	0.069	0.072	0.02463	0.086	0.091	0.01803	0.076
30	0.034	0.067	0.072	0.02366	0.083	0.084	0.01766	0.074
31	0.033	0.065	0.067	0.02286	0.081	0.084	0.01688	0.072
32	0.032	0.063	0.067	0.02216	0.078	0.084	0.01655	0.069
33	0.031	0.061	0.063	0.02161	0.076	0.077	0.01585	0.067
34	0.030	0.059	0.063	0.02097	0.074	0.077	0.01532	0.066
35	0.029	0.057	0.059	0.02051	0.071	0.072	0.01532	0.064
36	0.028	0.056	0.059	0.01974	0.069	0.072	0.01494	0.062
37	0.028	0.054	0.056	0.01950	0.068	0.072	0.01425	0.060
38	0.027	0.053	0.056	0.01882	0.066	0.067	0.01393	0.059
39	0.026	0.051	0.053	0.01860	0.064	0.067	0.01370	0.057
40	0.025	0.050	0.053	0.01791	0.063	0.067	0.01317	0.056
41	0.025	0.049	0.050	0.01741	0.061	0.063	0.01306	0.055
42	0.024	0.048	0.050	0.01694	0.060	0.063	0.01261	0.053
43	0.024	0.047	0.048	0.01664	0.058	0.059	0.01248	0.052
44	0.023	0.045	0.046	0.01664	0.057	0.059	0.01210	0.051
45	0.023	0.044	0.046	0.01634	0.056	0.059	0.01175	0.050
46	0.022	0.043	0.044	0.01601	0.054	0.056	0.01175	0.049
47	0.022	0.043	0.044	0.01532	0.053	0.056	0.01153	0.048
48	0.021	0.042	0.044	0.01499	0.052	0.053	0.01126	0.047
49	0.021	0.041	0.042	0.01475	0.051	0.053	0.01102	0.046
50	0.020	0.040	0.042	0.01440	0.050	0.053	0.01072	0.045

耐用年数

■減価償却資産の償却率表（別表第七・八・九・十）その2（耐用年数51年～100年）

耐用年数	平19.4.1以後取得分［別表第八］ 定額法の償却率	平成24年4月1日以後取得分 償却率、改定償却率及び保証率［別表第十］			平成19年4月1日～平成24年3月31日取得分 償却率、改定償却率及び保証率［別表第九］			平19.3.31以前取得分［別表第七］ 旧定率法の償却率
		定率法の償却率	改定償却率	保証率	定率法の償却率	改定償却率	保証率	
51	0.020	0.039	0.040	0.01422	0.049	0.050	0.01053	0.044
52	0.020	0.038	0.039	0.01422	0.048	0.050	0.01036	0.043
53	0.019	0.038	0.039	0.01370	0.047	0.048	0.01028	0.043
54	0.019	0.037	0.038	0.01370	0.046	0.048	0.01015	0.042
55	0.019	0.036	0.038	0.01337	0.045	0.046	0.01007	0.041
56	0.018	0.036	0.038	0.01288	0.045	0.046	0.00961	0.040
57	0.018	0.035	0.036	0.01281	0.044	0.046	0.00952	0.040
58	0.018	0.034	0.035	0.01281	0.043	0.044	0.00945	0.039
59	0.017	0.034	0.035	0.01240	0.042	0.044	0.00934	0.038
60	0.017	0.033	0.034	0.01240	0.042	0.044	0.00895	0.038
61	0.017	0.033	0.034	0.01201	0.041	0.042	0.00892	0.037
62	0.017	0.032	0.033	0.01201	0.040	0.042	0.00882	0.036
63	0.016	0.032	0.033	0.01165	0.040	0.042	0.00847	0.036
64	0.016	0.031	0.032	0.01165	0.039	0.040	0.00847	0.035
65	0.016	0.031	0.032	0.01130	0.038	0.039	0.00847	0.035
66	0.016	0.030	0.031	0.01130	0.038	0.039	0.00828	0.034
67	0.015	0.030	0.031	0.01097	0.037	0.038	0.00828	0.034
68	0.015	0.029	0.030	0.01097	0.037	0.038	0.00810	0.033
69	0.015	0.029	0.030	0.01065	0.036	0.038	0.00800	0.033
70	0.015	0.029	0.030	0.01034	0.036	0.038	0.00771	0.032
71	0.015	0.028	0.029	0.01034	0.035	0.036	0.00771	0.032
72	0.014	0.028	0.029	0.01006	0.035	0.036	0.00751	0.032
73	0.014	0.027	0.027	0.01063	0.034	0.035	0.00751	0.031
74	0.014	0.027	0.027	0.01035	0.034	0.035	0.00738	0.031
75	0.014	0.027	0.027	0.01007	0.033	0.034	0.00738	0.030
76	0.014	0.026	0.027	0.00980	0.033	0.034	0.00726	0.030
77	0.013	0.026	0.027	0.00954	0.032	0.033	0.00726	0.030
78	0.013	0.026	0.027	0.00929	0.032	0.033	0.00716	0.029
79	0.013	0.025	0.026	0.00929	0.032	0.033	0.00693	0.029
80	0.013	0.025	0.026	0.00907	0.031	0.032	0.00693	0.028
81	0.013	0.025	0.026	0.00884	0.031	0.032	0.00683	0.028
82	0.013	0.024	0.024	0.00929	0.030	0.031	0.00683	0.028
83	0.013	0.024	0.024	0.00907	0.030	0.031	0.00673	0.027
84	0.012	0.024	0.024	0.00885	0.030	0.031	0.00653	0.027
85	0.012	0.024	0.024	0.00864	0.029	0.030	0.00653	0.026
86	0.012	0.023	0.023	0.00885	0.029	0.030	0.00645	0.026
87	0.012	0.023	0.023	0.00864	0.029	0.030	0.00627	0.026
88	0.012	0.023	0.023	0.00844	0.028	0.029	0.00627	0.026
89	0.012	0.022	0.022	0.00863	0.028	0.029	0.00620	0.026
90	0.012	0.022	0.022	0.00844	0.028	0.029	0.00603	0.025
91	0.011	0.022	0.022	0.00825	0.027	0.027	0.00649	0.025
92	0.011	0.022	0.022	0.00807	0.027	0.027	0.00632	0.025
93	0.011	0.022	0.022	0.00790	0.027	0.027	0.00615	0.025
94	0.011	0.021	0.021	0.00807	0.027	0.027	0.00598	0.024
95	0.011	0.021	0.021	0.00790	0.026	0.027	0.00594	0.024
96	0.011	0.021	0.021	0.00773	0.026	0.027	0.00578	0.024
97	0.011	0.021	0.021	0.00757	0.026	0.027	0.00563	0.023
98	0.011	0.020	0.020	0.00773	0.026	0.027	0.00549	0.023
99	0.011	0.020	0.020	0.00757	0.025	0.026	0.00549	0.023
100	0.010	0.020	0.020	0.00742	0.025	0.026	0.00546	0.023

法　人　税

■法人設立の場合の届出等

○会社設立の基本的事項⇨・商号・本店所在地・事業目的・発行可能株式総数・設立時発
　　　　　　　　　　　行株式数・資本金・株券発行の有無・株式譲渡制限の有無
　　　　　　　　　　　・事業年度・設立日・取締役の任期（2年、4年、5年、10年）
　　　　　　　　　　　・取締役会設置の有無・監査役会設置の有無・払込先銀行支店
　　　　　　　　　　　・発起人の住所氏名等

提出先	提出書類	添付書類等	提出期限	根拠法令等
税務署	設立届出書（納税地・事業目的、設立日等）	・定款等の写	設立登記の日から2か月以内	法法148 法規63
	青色申告の承認申請書		最初の事業年度終了の日又は設立の日から3か月を経過した日の何れか早い方の日の前日	法法122①、②
	棚卸資産の評価方法の届出書	法定評価方法………最終仕入原価法	設立後最初に到来する確定申告期限（仮決算による中間申告書を提出する場合はその申告期限）	法令29、30、31
	有価証券の評価方法の届出書	法定評価方法………移動平均法		法令119の5、119の7
	減価償却資産の償却方法の届出書	○平成10年4月1日以後取得の建物及び平成28年4月1日以後取得の建物附属設備・構築物…定額法 ○上記以外の有形減価償却資産…定額法又は定率法（法定償却方法は定率法）		法令51、53
	給与支払事務所等の開設届出書		事務所開設日から1か月以内	所法230
道府県市町村	設立届出書	・定款等の写 ・登記事項証明書（株主名簿の写等）		

（注）　上記の他、消費税関係については別途届出書の提出が必要な場合があります。消費税の届出にあたっては、特に届出時期と適用期間の関係に留意してください。（P.217、218参照）

■法人税の主な申請・届出等

申請等の内容	提出書類等	提出期限	根拠法令	備考
• 納税地・事業年度の変更等	「事業年度納税地その他」の変更異動届出書	異動後遅滞なく	法法15、20	納税地の異動時は、異動前の税務署に提出
• 評価方法の変更 (棚卸資産) (有価証券)	評価方法の変更承認申請書	変更しようとする事業年度開始の日の前日	法令30 法令119の6	6か月でみなし承認
• 減価償却資産の償却方法の変更	償却方法の変更承認申請書	同上	法令52	同上
• 特定資産買換えの場合の圧縮記帳の期間延長	特定資産の買換えの場合の特別勘定設定期間延長の承認申請書	資産譲渡の日を含む事業年度の翌事業年度開始の日から2か月以内	措法65の8①、措令39の7㊲～㊴	
• 期限延長関係	申告、申請、届出その他の書類の提出期限延長申請書	災害等やむを得ない事情がやんだ日から相当の期間内	通法11 通令3	
	申告期限延長承認申請書	①災害等の時：事業年度終了の日の翌日から45日以内	法法75	
		②決算が確定しない場合：はじめて延長の承認を受けようとする事業年度終了の日まで	法法75の2①	
• 還付関係	所得税の還付請求	確定申告書に記載	法法78～法法80 法令154の3	解散等の時は1年以内
	欠損金の繰戻しによる還付請求書	確定申告書と同時に提出		

注. 平成4年4月1日から令和8年3月31日の間に終了する各事業年度において生じた中小企業者等（公益法人等、人格のない社団等を含みます。）の、欠損金額（解散・事業の全部譲渡等一定の事実が生じた日前1年以内に終了した事業年度又は同日の属する事業年度の欠損金額は含みます。）について欠損金額の繰戻しによる還付の規定が適用されます。ただし、資本金等の額が5億円以上の法人又は相互会社等の100%子会社は、その子法人の資本金の額が1億円以下であっても「中小企業者等」に該当せず、法法80（欠損金の繰戻しによる還付制度）の適用はありません。（措法66の12①）（P.94参照）

申請等の内容	提出書類等	提出期限	根拠法令	備考
• 役員給与	事前確定届出給与に関する届出書 (申告期限の延長のない場合)	次のいずれか早い日 ①株主総会決議日から1か月を経過する日 ②期首から4か月を経過する日	法令69②	
• 源泉所得税の納期の特例	納期の特例の申請 (給与等の受給者が常時10人未満の場合)	• 1～6月分 　→7/10納期限 • 7～12月分 　→翌年1/20納期限	所法216、217	

■企業会計の利益と税法上の利益（所得金額）

項　目	説　明

1. 各事業年度の所得の金額（法法21、22、22の2）

確定決算 → 株主総会の承認

申告調整

確定申告書（別表一(一)〜十七の三(三)）

（⊕税法上の加算『益金算入』）
無償又は著しく低い価額で資産を譲り受けた場合 …等

（⊖税法上の減算『損金算入』）
・減価償却超過額認容
・欠損金の控除
・引当金繰入超過額の認容…等

企業会計利益 ＝ 企業会計の収益 ⊕ － 企業会計の費用及び損失 ⊕

課税所得金額 ＝ ⊖ 益金の額 － ⊖ 損金の額

（⊖税法上の減算『益金不算入』）
・受取配当金の益金不算入
・還付金の益金不算入
・受贈益の益金不算入 …等

1. 特に法令において定めている事項
2. 1以外のもので、資本等取引以外で純資産の増加となるべき一切の事実をいいます。
　(1) 資産の販売による収益の額
　(2) 有償又は無償による資産の譲渡又は役務の提供による収益の額
　(3) 無償による資産の譲り受けによる収益の額
　(4) その他の取引で資本等取引※2以外のものによる収益の額

（⊕税法上の加算『損金不算入』）
・寄附金
・法人税等
・減価償却超過額
・引当金繰入超過額 …等

1. 特に法令において定めている事項
2. 1以外のもので、資本等取引以外の純資産の減少の原因となるべき一切の事実における費用及び損失の額
　(1) 売上原価等、収益に係るもの
　(2) 販売費・一般管理費その他の費用（償却費以外の費用は、期末に債務の確定※1していないものを除きます。）
　(3) 損失の額で資本等取引※2以外のもの

確定決算に基づく申告2か月以内に提出

〔会計監査等で確定しない場合は、申告期限の延長申請と見込税額の納付〕

※1　**債務の確定要件**（法基通2-2-12）…引当金、損害賠償金等を除き、次のすべてに該当することが必要です。
　① その事業年度終了の日までにその費用について債務が成立していること。
　② その事業年度終了の日までにその債務に基づいて具体的な給付をすべき原因となる事実が発生していること。
　③ その事業年度終了の日までにその金額が合理的に算定可能なこと。
※2　**資本等取引**とは、①法人の資本金等の額の増加又は減少を生ずる取引並びに②法人が行う利益又は剰余金の分配（金銭の分配を含みます。）及び残余財産の分配又は引渡しをいいます。（法法22⑤）

2. 税務調整
〔決算調整と申告調整〕

・税務調整を行うべき事項として**1. 決算調整事項**と**2. 申告調整事項**があります。

1. 決算調整事項
会社の決算での経理処理又は積立金経理等を要するもの

法人税

（法法2二十五）	① 引当金の繰入れ・準備金の積み立て ② 国庫補助金・収用換地などの圧縮記帳による圧縮損 ③ 減価償却費、繰延資産の償却費、未払使用人賞与、未払租税、貸倒損失の計上等会社の意思で計上可能なもの等 ※**損金経理**とは、法人が確定した決算において費用又は損失として経理することをいいます。 □**２．申告調整事項** 　　1.の決算調整事項を織り込んで計算された企業会計に申告書の上で調整を加えるものをいい、その主なものは次の通りです。 ① 売上除外等事実に反した計算 ② 役員給与の損金不算入、特殊関係使用人の過大給与等法令による損金不算入項目 ③ 減価償却費の償却超過額、超過額の当該認容額 ④ 損金経理をした納税充当金 ⑤ 納税充当金から支出の事業税等法令による損金算入項目 ⑥ 法人税の還付金等法令による益金不算入項目 ⑦ 内国法人からの受取配当等の益金不算入等の減算項目 ⑧ 所得税額の控除等
3.企業会計と税法の関係	 **株主資本等変動計算書**（簡略イメージ） ＋貸借対照表の未払法人税等（別表5（二）の期末納税充当金＝別表5（一）の納税充当金） △実際の未納法人税等（別表5（一）の未納法人税及び未納地方法人税、未納道府県民税、未納市町村民税） **法人税の利益積立金額**（別表5（一））

■受取配当等の益金不算入

項　　目	説　　　　　明
1. 受取配当等の益金不算入 **(1)益金不算入額の計算** （法法23、23の2、法令19、20、22の2、22の3、措法66の8）	・内国法人が受ける配当等の額のうち、次に掲げる額に相当する金額は、その内国法人の各事業年度の所得の金額の計算上、益金の額に算入されません。 表1（下記参照） ※令和4年4月1日以後開始事業年度から、②及び④の判定については完全支配関係がある他の法人が有する株式等を含めて判定します。 式1（下記参照）
(2)益金不算入の対象となる配当等 （法法23、措法67の6）	①　内国法人の剰余金の配当、利益の配当又は剰余金の分配（出資に係るものに限ります。） ②　投資信託及び投資法人に関する法律の金銭の分配の額 ③　資産の流動化に関する法律の中間配当の金銭の分配の額 ④　外国株価指数連動型特定株式投資信託以外の特定株式投資信託の収益の分配の額
(3)短期保有株式等 （法法23、法令20、法基通3-1-5）	・元本を配当等の支払に係る基準日以前1か月以内に取得し、その基準日後2か月以内に譲渡した場合（[**短期保有株式**]）には、その元本に係る配当等（みなし配当を除きます。）については、益金不算入の取扱いの適用はありません。 式2（下記参照）
(4)みなし配当の範囲 （法法24①、②、法令23①〜⑤）	・配当とみなす金額 (1)　次の事由により金銭その他の資産の交付を受けた場合で、その金銭の額及びその他の資産の価額（適格現物分割に係る資産はその直前の帳簿価額）の合計額が当該法人の資本金等の額のうちその交付の基因となった株式等に対応する部分の金額を超えるときは、その超える部分の金額は、剰余金の配当若しくは利益の配当又は剰余金の分配とみなされます。 ①　合併（適格合併を除きます。） ②　分割型分割（適格分割型分割を除きます。） ③　株式分配（適格株式分配を除きます。） ④　資本の払戻し（資本剰余金の額の減少に伴う剰余金の配当のうち、分割型分割によるもの及び株式分配以外のもの並びに出資等

表1：

区分	株式保有割合等
①完全子法人株式等	配当等の計算期間中継続して完全支配関係有
②関連法人株式等	配当等の計算期間中継続して$\frac{1}{3}$超を保有
③その他の株式等	①②④以外（保有割合5%超$\frac{1}{3}$以下）
④非支配目的株式等	配当等の基準日に**保有割合5%以下**

式1：

$$益金不算入額 = \{(上記①の配当等) \times 100\%\}$$

$$+ \binom{上記②の}{配当等} - \binom{②に係る短期所有株}{式等に係る配当等} - \binom{②に係る}{負債利子}$$

$$+ \left\{ \binom{上記③の}{配当等} - \binom{③に係る短期所有株}{式等に係る配当等} \right\} \times 50\%$$

$$+ \left\{ \binom{上記④の}{配当等} - \binom{④に係る短期所有株}{式等に係る配当等} \right\} \times 20\%$$

式2：

$$\frac{短期保有}{株式数} = 後2か月譲渡 \times \frac{基準日所有}{基準日所有 + 後2か月取得} \times \frac{前1か月取得}{前1か月取得 + 1か月前所有}$$

$$\frac{短期保有株式等}{に係る配当等} = \frac{その株式等に係る配当等}{基準日所有株式数} \times 短期保有株式数$$

法人税

	減少分配をいいます。）又は解散による残余財産の分配
	⑤　自己の株式又は出資の取得
	⑥　株式の消却（取得した株式について行うものを除きます。）
	⑦　組織変更（組織変更に際して、組織変更した法人の株式又は出資以外の資産を交付したものに限ります。）
	⑵　合併法人に対し合併による株式その他の資産の交付をしなかった場合においても、株式その他の資産の交付を受けたものとみなして、⑴を適用します。
⑸自己株式に係るみなし配当の不適用	• 自己株式として取得されることを予定して取得した株式が自己株式として取得された際に生ずるみなし配当については、益金不算入の取扱いの適用はありません（法法23③）。
⑹株式等に係る負債利子の控除 （法令19）	• 関連法人株式等に係る配当等についてのみ、負債利子の控除をします。 • **原則** 　⇒関連法人株式等に係る配当等の合計額×4％ • **特例** 　⇒当期の支払利子等の合計額×10％≦関連法人株式等に係る配当等の合計額×4％の場合には、次の算式により計算した金額 　$\dfrac{\text{当期の支払利子等の}}{\text{合計額×10\%}} \times \dfrac{\text{その配当等の額}}{\text{関連法人株式等に係る配当等の合計額}}$
（法基通3-1-3～3の6）	（注）支払利子等には①通常の支払利子、②手形の割引料、③社債発行差金、④経済的性質が利子に準ずるものが含まれます。
2.外国子会社から受ける配当等の益金不算入 （法法23の2、39の2、法令22の4）	• 内国法人が外国子会社から受ける剰余金の配当等の額の95％相当額は、益金の額に算入されません。 • 対象となる外国子会社は、外国法人の発行済株式等の25％以上又は議決権の25％以上を、配当等の額の支払義務が確定する日以前6月以上継続しているものなど • 内国法人が外国子会社から受ける配当等の益金不算入の規定の適用を受ける場合は、その配当等に係る外国源泉税等の額は損金の額に算入されません。

■資産の評価益・受贈益・還付金等

項　　目	説　　　　　　　明

1. 資産の評価益
（法法25①、②、③、法令24、24の2）
〔特例〕

　資産の評価換えにより帳簿価額を増額した場合には、その増額した部分の金額は、益金の額に算入しません。
　なお、その増額された金額が益金の額に算入されなかった資産については、その資産の帳簿価額は、増額されなかったものとみなされます。次の場合は評価益を計上することができます。
① 更生計画認可の決定により行う評価換え
② 保険会社が保険業法の規定に従って行う株式の評価換え
③ 再生計画認可の決定等が生じた場合において、政令で定める評定を行っているときの評価換え

2. 受贈益の益金算入
（法法22②）

（法基通4-2-1～2）

		受贈益等の益金算入	相手方法人
無償又は低額での資産の取得		その資産の時価と譲受価額の差額	寄附金
債務の免除		債務免除益	寄附金又は貸倒損失
広告宣伝用資産の受贈	看板・ネオンサイン等	受贈益なし	繰延資産
	陳列棚・陳列ケース等	相手方法人の取得価額×$\frac{2}{3}$－当社負担額＝受贈益（30万円以下の場合はゼロ）	繰延資産

• 完全子会社（法人による完全支配に限ります。）である内国法人から受けた受贈益の金額（寄附金の損金不算入に対応するものに限ります。）は、受領法人の各事業年度の所得の計算において益金の額に算入されません。

3. 還付金等
〔益金不算入〕
（法法26、法令25）

(1) 次に掲げる税額の還付を受け、又は還付を受けるべき金額を未納の国税等に充当した金額は益金の額に算入されません。
① 法人税（法人が納付するとき又は徴収されるとき損金の額に算入されたものを除きます。）
② 相続税、贈与税
③ 法人税以外の国税に係る附帯税
④ 都道府県民税、市町村民税、地方税法の規定による延滞金等
⑤ 欠損金の繰戻しによる還付法人税
⑥ 法人税額から控除できなかった所得税及び外国法人税額の還付金額
(2) 罰金及び科料（通告処分による罰金又は科料に相当するものを含みます。）、並びに過料、国民生活安定緊急措置法の課徴金及び独占禁止法に基づく課徴金（その延滞金を含みます。）
(3) 外国税額の控除を受けた後において、その控除されるべき金額の計算の基礎となった外国法人税の額が減額された場合、その減額された金額のうち控除対象外国法人税の額が減額された部分の金額は益金の額に算入されません。

〔益金算入〕
（平9年課法2-1）

※ 法人税の課税所得金額の計算に当たり、税込経理方式を適用している法人が還付を受ける消費税は、申告額についてはその納税申告書が提出された日の属する事業年度の益金の額に算入し、更正に係る税額についてはその更正があった日の属する事業年度の益金の額に算入します。ただし、その法人がその還付を受ける消費税の額を収益の額として未収入金に計上した金額については、収益に計上した事業年度の益金の額に算入されます。
※ 還付加算金は益金の額に算入されます。

法人税

■外貨建取引の換算等

項　　目	説　　　　明
1.外貨建取引の換算 （法法61の8①、法基通13の2-1-2）	［外貨建取引の定義］ 　外国通貨で支払が行われる①資産の販売及び購入、②役務の提供、③金銭の貸付及び借入、④剰余金の配当、⑤その他の取引をいいます。 　(1)　外貨建取引の発生時の換算 　　その外貨建取引日の外国為替の売買相場により円換算します。（取引日に相場がないときは前日以前の直近相場によります。） 　(2)　先物外国為替契約等がある場合の換算 　　先物外国為替契約等により外貨建資産又は外貨建負債の円換算額を確定させ、その先物外国為替契約等の締結の日にその旨等を帳簿書類に記載したときは、その外貨建資産又は外貨建負債は、その確定させた円換算額により換算します。
2.外貨建資産等の期末換算 （法法61の9①、法令122の4）	外貨建資産等の期末換算は次のように行います。 （下表参照） ※1　「区分」欄の短期は、決済日が当期末の翌日から1年を経過した日の前日までに到来するものをいいます。 ※2　「換算方法」欄の▨▨▨は法定換算方法です。
3.期末換算方法の選定 （法令122の4、法令122の7）	期末換算方法の選定 　発生時換算法又は期末時換算法のいずれかによる換算が認められている外貨建資産等のその期末換算の方法は、外国通貨の種類ごとに、かつ、上記2.の区分ごとに選定しなければなりません。なお、この選定は、事業所ごとに行うこともできます。
4.外国為替相場が著しく変動した場合の円換算 （法令122の3、法基通13の2-2-10）	・期末に有する外貨建資産等について、外国為替相場が著しく変動した場合には、期末にその外貨建取引を行ったものとして換算をやり直すことができます。なお、この規定の適用を受ける場合には、同通貨の外貨建資産等は、著しく変動したものすべてについて換算のやり直しをしなければなりません。 ※　著しく変動した場合の基準 $$\frac{（期末の為替相場による円換算額－帳簿価額）}{（期末の為替相場による円換算額）} \geq 概ね15\%$$
5.為替換算差額の益金又は損金算入等 （法法61の9②、法令122の8）	内国法人が事業年度終了の時において外貨建資産等を有する場合には、当該外貨建資産等の金額を期末時換算法により換算した金額と当該外貨建資産等のその時の帳簿価額との差額に相当する金額は、当該事業年度の所得の金額の計算上、益金の額又は損金の額に算入します。 　なお、内国法人が法人税法第61条の9第2項（為替換算差額の益金又は損金算入）の規定により当該事業年度の益金の額又は損金の額に算入した同項の差額に相当する金額は、翌事業年度の損金の額又は益金の額に算入し、洗替え処理を行います。

（2.の表）

区分			換算方法※2	
			発生時換算法	期末時換算法
①外貨建債権債務	短期※1		○	○
	長期		○	○
②外貨建有価証券	売買目的有価証券			○
	売買目的外有価証券	満期保有目的有価証券	○	○
		償還有価証券	○	○
		上記以外のもの	○	
③外貨預金	短期※1		○	○
	長期		○	○
④外国通貨				○

■有価証券の譲渡損益の額の計算等

項　目	説　明
1. 有価証券の定義 （法法2二十一、法令11）	• 金融商品取引法2①に規定する有価証券その他これに準ずるものをいい、具体例としては次のようなものがあります。（自己株式及びデリバティブ取引に係るものを除きます。） <table><tr><td>具体例</td></tr><tr><td>(1)国債、地方債、社債券</td></tr><tr><td>(2)株券、新株予約権証券、投資信託・貸付信託の受益証券</td></tr><tr><td>(3)合名会社、合資会社又は合同会社の社員の持分</td></tr><tr><td>(4)協同組合等の組合員又は会員の持分その他法人の出資者の持分</td></tr></table>
2. 譲渡損益の額の計算及び計上時期 （法法61の2①、法令119の2） （法基通2-1-22）	**1. 譲渡損益の計算** 　$譲渡対価の額^{※1} － 譲渡原価の額^{※2} ＝ 譲渡損益の額$ 　※1　譲渡の時における有償によるその有価証券の譲渡により通常得べき対価の額（みなし配当がある場合は、譲渡対価の額はみなし配当を除いて算出します。） 　※2　譲渡原価の額＝ 　$\left[\binom{移動平均法又は総平均法で}{算出した1単位当たりの帳簿価額}×(有価証券の数)\right]$ **2. 有価証券の譲渡損益の額** 　有価証券の譲渡損益は、その譲渡契約をした日の属する事業年度の益金又は損金に算入します。譲渡契約をした日とは次の通りです。 <table><tr><td>取引の形態</td><td>約定日</td></tr><tr><td>証券業者等に委託している場合</td><td>取引が成立した日</td></tr><tr><td>相対取引の場合</td><td>相対取引の約定日</td></tr><tr><td>合併等の場合</td><td>合併等の効力発生日 （新設の場合は設立登記の日）</td></tr></table>
3. 有価証券の区分・帳簿価額・取得価額 （法令119、119の2、119の5） （法基通2-3-8）	• 有価証券の帳簿価額は、有価証券を次の区分ごとに、かつ、銘柄ごとに①**移動平均法**（法定算出方法）又は②**総平均法**により計算します。 ○有価証券区分 <table><tr><td>区分</td><td colspan="2">保有の目的</td></tr><tr><td>売買目的 有価証券</td><td colspan="2">• 短期的な価格の変動を利用して利益を得る目的で取得し保有する有価証券</td></tr><tr><td rowspan="2">満期保有目的等 有価証券</td><td colspan="2">• 償還期限の定めのある有価証券のうち、償還期限まで所有する目的で取得し保有する有価証券</td></tr><tr><td colspan="2">• 企業支配株式等 （特殊関係株主等で20％以上所有）</td></tr><tr><td>その他 有価証券</td><td colspan="2">• 上記以外の有価証券</td></tr></table> ○有価証券の取得価額 <table><tr><td>区分</td><td>取得価額</td></tr><tr><td>①購入によるもの</td><td>購入代価＋取得のために要した費用※</td></tr><tr><td>②金銭の払込によるもの</td><td>払込金額＋取得のために要した費用※</td></tr><tr><td>③株式等無償交付（株主割当）</td><td>ゼロ</td></tr><tr><td>④有利発行によるもの</td><td>取得時の時価（差額は受贈益課税）</td></tr><tr><td>⑤交換、贈与等によるもの</td><td>取得時の時価（差額は受贈益課税）</td></tr></table>

法人税

	取得価額に算入	取得価額に算入しないことができる
※取得のために要した費用（法基通2-3-5）	①購入手数料　②委託手数料	①通信費　②名義書換料 ③有価証券取得税（外国有価証券）

4. 一単位当たりの帳簿価額（法令119の5①②、119の6、119の7①）

- 有価証券の区分ごとに、かつ、その銘柄を同じくするごとに移動平均法（法定評価方法）又は総平均法を選定します。
- 新しい区分又は新しい種類の有価証券を取得した場合に、その取得した事業年度の申告期限までに選定して届け出ます。
なお、届け出なかった場合には移動平均法によります。

$$移動平均法 = \frac{取得直前の帳簿価額＋新たに取得した取得価額}{取得直前の株式数＋新たに取得した株式数}$$

$$総平均法 = \frac{期首帳簿価額＋期中に取得した取得価額}{期首株式数＋期中に取得した株式数}$$

5. 有価証券の期末評価及びその評価損益の額の計算等（法法61の3①）

(1) 有価証券の期末評価

区分			期末評価（期末時価）
売買目的有価証券	時価法	① 取引所売買有価証券 ② 店頭売買有価証券 ③ その他価格公表有価証券	期末日における公表最終売買価格（最終売買価格がない場合には、最終気配相場）
		④ ①～③以外の有価証券（株式・出資を除く）	類似有価証券の価格公表者の公表最終売買価格
		⑤ ①～④以外の有価証券	期末日における帳簿価額
売買目的外有価証券	満期保有目的等有価証券 その他有価証券	原価法	・期末日における帳簿価額 ・償還有価証券については償却原価法（帳簿価額に調整差損益を加減算する方法）

(2) 評価損益の益金又は損金算入（法法61の3②、法令119の15）

　事業年度終了の時において売買目的有価証券を有する場合には、その売買目的有価証券に係る評価益又は評価損は、その事業年度の益金又は損金に算入し、翌事業年度に洗替え処理を行います。

○有価証券の評価損（令68①二）（市場有価証券）（法基通9-1-7）平21.4.3「上場有価証券評価損に関するQ&A」（国税庁）

　法人の有する有価証券について、以下の事実が生じた場合には評価損の損金算入が認められます。
　「有価証券の事業年度終了時における価額が、その時の帳簿価額のおおむね50%相当額を下廻ることになり、かつ、将来その価値の回復が見込まれないこと」
　なお、それらの状況は次で判定します。

①	株価の回復可能性の判断基準	・回復可能性がないことについて、法人が用いた合理的な判断基準が尊重され、法人独自の合理的な判断が困難な場合には、証券アナリストなどの分析や見通し、株式発行法人に関する企業情報などを根拠とすることも認められます。 ・株価が過去2年間にわたり50%程度以上下落した状況でなければ損金算入が認められないということではありません。

法人税

②	監査法人のチェックを受けて継続的に使用される形式的な判断基準	・株価の回復可能性の判断をするための形式基準が監査法人のチェックを受けたものであり、それが継続的に使用されているのであれば、税法上の損金算入の判断をしても合理的と認められます。
③	回復可能性の判断の時期	・株価の回復可能性の判断は、各事業年度末日において行います。 ・翌事業年度以降に株価の上昇などがあった場合でも、損金算入額の是正は不要です。
④	前期以前の評価損否認金	・前期以前における評価損否認金〔別表5計上額〕について、その後の事業年度において、損金算入の要件を満たすこととなった場合には、その評価損否認金の額も含めて、損金の額に算入することが認められます。

（市場有価証券等以外）

(3)市場有価証券等以外の株式の価額
（法基通9-1-13）

・発生した事実
① 発行法人の資産状態が著しく悪化したことによる、価額の著しい低下
② その他上記に準ずる特別の事実

　市場有価証券以外の株式について資産の評価損の規定（法法33②）を適用する場合の株式の価額は、次によります。
① 売買実例のあるもの→事業年度終了の日前6月間において売買の行われたもののうち適正と認められるものの価額
② 公開途上にある株式で公募等が行われるもの（①に該当するものを除く。）→金融商品取引所の内規によって行われる入札により決定される入札後の公募等の価格等を参酌して通常取引されると認められる価額
③ 売買実例のないものでその株式を発行する法人と事業の種類、規模、収益の状況等が類似する他の法人の株式の価額があるもの（②に該当するものを除きます。）→当該価額に比準して推定した価額
④ ①から③までに該当しないもの→事業年度終了の日又は同日に最も近い日におけるその株式の発行法人の事業年度終了の時における1株当たりの純資産価額等を参酌して通常取引されると認められる価額

(4)市場有価証券等以外の株式の価額の特例
（法基通9-1-14）
これをいわゆる「**法人税法上の時価**」とすることができます。

　法人が、市場有価証券等以外の株式（(3)の①及び②に該当するものを除きます。）について資産の評価損の損金算入の規定を適用する場合において、事業年度終了の時における当該株式の価額につき評基通178から189-7まで《取引相場のない株式の評価》の例によって算定した価額によっているときは、課税上弊害がない限り、次によることを条件としてこれが認められます。

(1)	その株式の価額につき評基通179又は同189-3の(1)により算定する場合において、その法人が「中心的な同族株主」に該当するときは、当該発行会社は常に同178に定める「小会社」に該当するものとしてその例によること。
(2)	その株式の発行会社が土地等又は市場有価証券を有しているときは、1株当たりの純資産価額の計算に当たり、これらの資産については事業年度終了の時における価額によること。
(3)	1株当たりの純資産価額の計算に当たり、評価差額に対する法人税額等に相当する金額は控除しないこと。

■棚卸資産

項　　目	説　　　　明
1. 棚卸資産の範囲 （法法2二十）	• 棚卸資産とは、商品又は製品（副産物及び作業屑を含みます。）、半製品、仕掛品（半成工事を含みます。）、主要原材料、補助原材料、消耗品で貯蔵中のもの、その他これらに準ずるもの（仕損じ品、修理用資材、包装荷造用資材等を含みます。）で棚卸しをすべきものをいいます。（有価証券及び短期売買商品等を除きます。）
2. 棚卸資産の評価方法 （法法29①②、法令28、29）	• 期末棚卸資産の価額は、棚卸資産の取得価額の平均額をもって事業年度終了の時において有する棚卸資産の評価額とする方法、その他の政令で定める評価方法のうちから選定した評価の方法によります。 **1　原価法** 　次のいずれかの方法によってその取得価額を算定し、その額を期末棚卸資産の評価額とします。

	(イ) 個別法	期末棚卸資産の全部について、その個々の取得価額を期末評価額とする方法 ※大量に取引され、かつ、規格に応じて価額が定められているようなものには適用できません。
	(ロ) 先入先出法 （FIFO）	期末棚卸資産が、期末近くに取得（適格合併又は適格分割型分割による被合併法人又は分割法人からの引継ぎを含みます。）したものから順次構成されているものとみなし、そのみなされた棚卸資産の取得価額を期末評価額とする方法
	(ハ) 総平均法	期首棚卸資産の取得価額の総額と期中に取得した棚卸資産の取得価額の総額との合計額を、それらの総数量で除した単価によって期末棚卸資産を評価する方法
	(ニ) 移動平均法	同じ種類等に属する棚卸資産を取得した都度、その取得価額とその時において有する棚卸資産の取得価額とを平均して帳簿価額を定め、この繰り返しにより順次期末まで移動して期末評価額を定める方法 ※6か月ごとの移動平均法は、法人税法上の移動平均法に該当しません。
	(ホ) 最終仕入原価法（**法定評価方法**）	事業年度の最後に取得したものの単価で、期末棚卸資産を評価する方法（計算は簡単ですが、期末時価によっては評価額が大きく変動します。）
	(ヘ) 売価還元法	期末棚卸資産の通常の販売価額の総額に原価率を乗じて期末棚卸資産を評価する方法 ※この計算は、種類等を同じくする資産又は通常の差益率を同じくする資産ごとに行います。 　なお、その種類の著しく異なるものを除き、通常の差益の率がおおむね同じものは計算上の一区分とすることができます。 $$原価率 = \frac{期首棚卸資産の取得価額の総額 + 取得した棚卸資産の取得価額の総額}{期末棚卸資産の通常の販売価額の総額 + 販売した棚卸資産の対価の総額}$$

(注) 個別法以外の原価法は、すべて棚卸資産をその種類、品質及び型の異なるごとに区分して、その種類等の同じものを1グループとして計算します。

2　低価法

　1の原価法による評価額とその事業年度末における時価（一般的な

（法令28の2）	時価（正味売却価額等））のいずれか低い価額で棚卸資産を評価する方法をいいます。 • 低価法により計上した評価損は、翌期に戻入れて益金算入します。 • 特別な評価方法 　　上記1、2以外に税務署長に「棚卸資産の特別な評価方法の承認申請書」を提出し、その承認を受けた場合、その承認の日の属する事業年度以後の事業年度からその方法によって評価することができます。
3.評価方法の選定と変更 （法法29①、 法令28、30） （法令30）	1　評価方法の選定の届出期限は、次の日の属する事業年度の確定申告書の提出期限です。 ①新設法人…設立の日 ②公益法人等及び人格のない社団等が新たに収益事業を開始したとき…新たに収益事業を開始した日 ③公益法人等（収益事業を行っていないものに限ります。）に該当していた普通法人又は協同組合等…普通法人又は協同組合等に該当することとなった日 ④他の種類の事業を開始し又は事業の種類を変更したとき…開始又は変更した日 • なお、届出をしなかった場合には、最終仕入原価法による原価法（法定評価方法）となります。 2　評価方法の変更 　　変更しようとする事業年度開始の日の前日までに変更の承認申請書を税務署長に提出し、承認を受けることが必要です。 ［変更が却下された場合の事由例］ • 現評価方法を採用した後、3年を経過していないときや変更後の評価方法では適正な所得金額が算定できないと認められる場合等は、評価方法の変更が却下されることがあります。
○棚卸資産の取得価額 **1.他から購入したもの** （法令32①一） ［取得価額に算入しないことができる費用］ （法基通5-1 -1、5-1-1の2）	(1)　その資産の購入代価（引取運賃、荷役費、運送保険料、購入手数料、関税その他その資産の購入のために要した費用がある場合には、その費用の額を加算した金額） (2)　その資産を消費し又は販売の用に供するために直接要した費用の額（例.（3）の①②③等の費用） (3)　次に掲げる費用は、これらの費用の額の合計額が少額（その棚卸資産の購入の代価のおおむね3％以内の金額）である場合には、購入した棚卸資産の取得価額に算入しないことができます。 ①　買入事務、検収、整理、選別、手入れ等に要した費用の額 ②　販売所等から販売所等へ移管するために要した運賃、荷造費等の費用の額 ③　特別の時期に販売する等のため長期にわたって保管するために要した費用の額 (4)　次の費用は取得価額に含めないことができます。 ①　不動産取得税の額 ②　固定資産税及び都市計画税の額 ③　特別土地保有税の額 ④　登録免許税その他登記又は登録のために要する費用の額 ⑤　借入金の利子の額

法人税

2. 自己製造等 （製造、採掘、採取、栽培、養殖、その他これらに準ずる行為をいいます。）したもの （法令32①二）	(1) 製造等のために要した原材料費、労務費及び経費の額 (2) その資産を消費し、又は販売の用に供するために直接要した費用の額 〔製造間接費の製造原価への配賦〕 　自己の製造等した棚卸資産の製造原価には直接材料費、直接労務費及び直接経費のほか製造間接費を算入します。この場合製造間接費は適正な基準により製品、半製品又は仕掛品等の製造原価に配賦しますが法人の事業規模が小規模である等のため製造間接費を製品、半製品又は仕掛品に配賦することが困難である場合には、その製造間接費を半製品及び仕掛品の製造原価に配賦しないで製品の製造原価だけに配賦することができます。
・取得価額に算入しないことができる費用 （法基通5-1-3）	・次に掲げる費用は、これらの費用の額の合計額が少額（その棚卸資産の製造原価のおおむね３％以内の金額）である場合には、製造等に係る棚卸資産の取得価額に算入しないことができます。 ① 製造等の後において要した検査、検定、整理、選別、手入れ等の費用の額 ② 製造場等から販売所へ移管するために要した運賃、荷造費等の費用の額 ③ 特別の時期に販売する等のため長期にわたって保管するために要した費用の額
・製造原価に算入しないことができる費用 （法基通5-1-4）	・次の費用は製造原価に算入しないことができます。 ① 従業員賞与のうち、創業何周年記念等の特別賞与の額 ② 試験研究費のうち、基礎研究及び応用研究の費用の額並びに工業化研究に該当することが明らかでないものの費用の額 ③ 租税特別措置法に定める特別償却費 ④ 工業所有権等の使用料で売上高に応じて支払うもの及びその工業所有権等の頭金の償却費 ⑤ 工業所有権等の使用料で生産量に基づくほか最低使用料が定められているものは、その支払使用料のうち生産数量に応じて計算される額を超える部分の金額 ⑥ 複写して販売するための原本となるソフトウエアの償却額 ⑦ 事業税及び特別法人事業税の額 ⑧ 事業の閉鎖、事業規模の縮小等のため大量に整理した使用人分の退職給与額 ⑨ 生産を相当期間にわたり休止した場合のその休止期間に対応する費用 ⑩ 償却超過額その他税務計算上の否認金額 ⑪ 障がい者雇用納付金の額 ⑫ 工場等が支出した寄附金の額 ⑬ 借入金利子の額
3. 合併又は出資により受け入れた棚卸資産 （法令32①一）	(1) その資産の受入額（引取運賃、荷役費、運送保険料、関税その他その資産の受入れのために要した費用がある場合には、その費用の額を加算した金額とし、その受入価額が時価を超える場合には時価が限度） (2) その資産を消費し又は販売の用に供するために直接要した費用の額
4. 1〜3以外の方法による取得 （法令32①三）	(1) その取得の時の時価 (2) その資産を消費し又は販売の用に供するために直接要した費用の額

■減価償却資産と償却費の計算

項　目	説　明
1. 減価償却資産 （法法2二十三、 法令13）	• 棚卸資産、有価証券及び繰延資産以外の資産のうち次に掲げるものをいい、事業の用に供していないもの及び時の経過によりその価値が減少しないものを除きます。 ①建物及びその附属設備　②構築物　③機械及び装置　④船舶　⑤航空機　⑥車両及び運搬具　⑦工具・器具及び備品（観賞用、興行用その他これらに準ずる用に供する生物を含みます。）　⑧特許権等の無形減価償却資産　⑨生物 **(注)**　1点100万円以上である美術品等のように時の経過あるいは使用によって価値の減少しないもの及び稼働休止、建設中により事業の用に供していないものは減価償却資産に該当しません。

<table>
<tr><th>区分</th><th>取得価額</th><th>損金算入方法</th><th colspan="2">償却限度額（年間）</th></tr>
<tr><td>少額減価償却資産</td><td>10万円未満</td><td>一時損金可</td><td colspan="2"></td></tr>
<tr><td>一括償却資産</td><td>20万円未満</td><td>3年償却可</td><td>一括償却資産の取得価額の合計額×</td><td>その事業年度の月数 / 36</td></tr>
<tr><td>中小企業者等の特例（※）
（(1)、(2)の適用を受けた資産を除く）</td><td>30万円未満</td><td>一時損金可</td><td colspan="2">合計300万円が限度</td></tr>
</table>

(1)少額減価償却資産・(2)一括償却資産・(3)中小企業者等の特例（法令133、133の2、措法67の5）

［貸付け（主要な事業を除く。）の用に供された資産を対象外］

（※）中小企業者等（P.101参照）のうち常時使用する従業員数が500人以下（令和6年4月1日以後、e-Taxにより法人税の申告をしなければならない法人の場合は、300人以下）の法人が**令和8年3月31日まで**の間に、取得価額30万円未満の減価償却資産を取得した場合には、それを事業供用した年度において取得価額の全額（**年間300万円を限度とします。**）を損金算入することができます。

• 中小企業者等の特例の適用を受けた資産は、全額損金算入をしていても、固定資産税では課税対象になります。

■修繕費と資本的支出（法令132、法基通7-8-2）

修繕費	固定資産の通常の維持管理のため、又はき損した固定資産についてその原状を回復するために要した費用の額をいい、資本的支出となるものは除きます。
資本的支出	固定資産に対して支出する金額のうち、次のいずれか多い方の金額は資本的支出とし、その固定資産の取得価額を構成します。 ①その資産の通常の管理又は修理をした場合に予測されるその資産の使用可能期間を延長させる部分の金額 ②その資産の通常の管理又は修理をした場合に予測されるその資産の価額を増加させる部分の金額

○資本的支出の取得価額の特例（法令55）

（原則）資本的支出を行った場合は、その金額を取得価額として、その対象資産と同じ種類・耐用年数の資産を新たに取得したものとします（別個の資産を取得したものとして償却）。

（特例）①平19.3.31以前に取得した減価償却資産に対する資本的支出
→支出事業年度において既存資産の簿価に加算することができます。
②200%定率法適用資産に対する資本的支出
→支出事業年度は（原則）と同様に償却し、翌事業年度開始のときに、既存資産の簿価に資本的支出部分の簿価を加算することができます。

(注) 既存の減価償却資産と資本的支出が、同じ定率法の償却率250%又は200%の場合に限り合算することができます。

法人税

●資本的支出と修繕費の区分判定 (法令132、法基通7-8-1〜6)

- 災害等によりき損した固定資産について支出した費用の額のうちに資本的支出と修繕費の区分が明らかでないものがある場合において、その金額の30%相当額を修繕費とし、残額を資本的支出とすることができます。(法基通7-8-6)
- 明らかに資本的支出に該当するもの (法基通7-8-1、7-8-6の2)
    ① 建物の避難階段の取付け等物理的に付加されたことが明らかな部分に対応する額
    ② 用途変更のための模様替え等改造又は改装に直接要した額
    ③ 機械の部品を特に品質又は性質の良いものに取替えた場合のその取替えに要した額のうち通常の取替えに要すると認められる費用の額を超える部分の額
    ④ ソフトウェアのプログラム修正等が新たな機能の追加、機能の向上等に該当するときのその修正等に要した額
    (注) 建物の増築、構造物の拡張、延長等は建物等の取得に該当します。
- 資本的支出と修繕費の区分の特例として、法人が継続して一の修理等による支出額のうち区分が明らかでない金額について、支出額の30%相当額または修理等対象資産の前期末取得価額の10%相当額のいずれか少ない金額を、修繕費とし、残額を資本的支出とする経理をしているときは、これが認められます。(法基通7-8-5)

2. 取得時期と減価償却の方法		取得時期	減価償却の方法
（鉱業権及び鉱業用減価償却資産・リース資産を除く。） （法令48、48の2、51）	建物	～平10.3.31	①旧定額法（所得税の法定方法） ②旧定率法（法人税の法定方法）
		平10.4.1～平19.3.31	旧定額法
		平19.4.1～	**定額法**
	建物附属設備及び構築物	～平19.3.31	①旧定額法（所得税の法定方法） ②旧定率法（法人税の法定方法）
		平19.4.1～平24.3.31	①定額法（所得税の法定方法） ②250％定率法（法人税の法定方法）
		平24.4.1～平28.3.31	①定額法（所得税の法定方法） ②200％定率法（法人税の法定方法）
		平28.4.1～	**定額法**
	上記以外の有形減価償却資産（機械装置、車両、器具備品等）	～平19.3.31	①旧定額法（所得税の法定方法） ②旧定率法（法人税の法定方法）
		平19.4.1～平24.3.31	①定額法（所得税の法定方法） ②250％定率法（法人税の法定方法）
		平24.4.1～	**①定額法（所得税の法定方法）** **②200％定率法（法人税の法定方法）**
	無形減価償却資産	～平19.3.31	旧定額法
		平19.4.1～	**定額法**

法人税

3. 耐用年数と償却率（耐令1）　「減価償却資産の耐用年数等に関する省令別表」（P.36～46参照）において、資産の種類、構造、用途等に応じて定められています。

4. 償却方法の選定と変更手続（法令51、52）
1．新たに設立した法人は、その設立の日の属する事業年度の確定申告書の提出期限までにその選定した償却方法を納税地の所轄税務署長に届け出るとともに、その償却方法を継続して適用する必要があります。
2．①既に償却方法を選定した減価償却資産と異なる減価償却資産を取得した場合、②新たに事業所を設けた法人で、既に選定した償却方法以外の償却方法を選定しようとする場合には、①の取得した日又は②の設けた日の属する事業年度の確定申告書の提出期限までに届け出なければなりません。
3．償却方法を変更する場合には、新たな償却の方法を採用しようとする事業年度の開始の日の前日までに申請書を提出し承認を受けることが必要です。

5. 償却限度額の計算（法令58、61、耐令5）
※期中供用資産については、（事業の用に供した当期の月数／12）を乗じます。
償却率表（P.45、46）参照

①**旧定額法**⇨（取得価額－残存価額）×旧定額法の償却率
・残存価額⇨(1)　有形減価償却資産　　取得価額×10％
　　　　　　(2)　無形減価償却資産　　0
・償却可能限度額⇨(1)　有形減価償却資産　　取得価額×95％
　　　　　　　　　(2)　その他　　　　　　残存価額
②**定額法**⇨取得価額×定額法の償却率
　※平成19年度税制改正で、残存価額が廃止され1円（備忘価額）まで償却できることになりました。
③**旧定率法**⇨（取得価額－既償却額）×旧定率法の償却率
・償却可能限度額⇨(1)　有形減価償却資産　　取得価額×95％
　　　　　　　　　(2)　その他　　　　　　残存価額
④**定率法**⇨(i)　（取得価額－既償却額）× 定率法の(注)償却率 ＝ 調整前償却額
　　　　　(注)　平19.4.1～平24.3.31取得分は、250％定率法
　　　　　　　　平24.4.1以後取得分は、200％定率法
　　(ii)　取得価額×保証率（耐令別表第九、十）＝償却保証額
　　(iii)　(i)≧(ii)の場合には、

調整前償却額が償却限度額となります。

(i)<(ii)の場合には、

改定取得価額×改定償却率（耐令別表第九、十）＝償却限度額　となります。

(注) 改定取得価額とは、調整前償却額が最初に償却保証額に満たなくなる事業年度の期首未償却残高をいいます。

⑤ **平成19年3月31日以前に取得した資産で償却可能限度額に達した減価償却資産の5年均等償却**

$$償却限度額 = \frac{取得価額 - (取得価額 \times 95\% + 1円)}{60} \times その事業年度の月数$$

(注) 生物の場合

$$\frac{取得価額 - ((取得価額 - 残存価額) + 1円)}{60} \times その事業年度の月数$$

※ n：耐用年数

■減価償却の方法の概要		取得時期
		～平19.3.31
	定額法	$\left(\begin{smallmatrix}取得\\価額\end{smallmatrix} - \begin{smallmatrix}残存\\価額\end{smallmatrix}\right) \times \underset{(償却率)}{\dfrac{1}{n}}$ ※残存価額＝取得価額×10%（無形固定資産は0）
	定率法	$\begin{smallmatrix}未償却\\残高\end{smallmatrix} \times \underset{(償却率)}{\left(1 - \sqrt[n]{10\%}\right)}$ ※未償却残高＝取得価額－前期末までの償却累計額
	償却可能限度額	取得価額×95%まで償却可能 （無形減価償却資産は100%）

		取得時期	
		平19.4.1～平24.3.31	平24.4.1～
	定額法	取得価額× $\underset{(償却率)}{\dfrac{1}{n}}$　→残存価額なし	
	定率法	$\begin{smallmatrix}未償却\\残高\end{smallmatrix} \times \underset{(償却率)}{\left(\dfrac{1}{n} \times 2.5\right)}$ 耐用年数の中途で均等償却に乗り換え	$\begin{smallmatrix}未償却\\残高\end{smallmatrix} \times \underset{(償却率)}{\left(\dfrac{1}{n} \times 2.0\right)}$ 耐用年数の中途で均等償却に乗り換え
	償却可能限度額	耐用年数経過時点に1円（備忘価額）まで償却可能 （無形減価償却資産は0円まで）	

6. 中古資産の耐用年数 （耐令3） （耐通1-5-2～4）	【原則】中古資産を取得した場合の耐用年数は原則として〔合理的に見積った耐用年数〕によります。 【簡便法】 1　法定耐用年数の全部が経過しているもの 　　法定耐用年数×0.2

2 法定耐用年数の一部が経過しているもの
（法定耐用年数−経過年数）＋経過年数×0.2

3 取得価額×$\frac{1}{2}$＜中古資産に支出した改良費≦再調達価額×$\frac{1}{2}$のとき

改良費を含む取得価額÷$\left(\dfrac{取得価額（除改良費）}{簡便法による耐用年数}＋\dfrac{改良費}{法定耐用年数}\right)$

4 中古資産に支出した改良費＞再調達価額×$\frac{1}{2}$のとき
法定耐用年数

(注) ①**再調達価額**⇨現在、新品として買入れるときの価額
②計算した年数に1年未満の端数があるときは切捨て、2年に満たない場合は2年とします。

7. 耐用年数の短縮 （法令57） (1) 要件	○当該資産が、法令で定められた短縮事由のいずれかの事由に該当すること。（短縮事由）申請の対象となる短縮事由等については法令57①一～六を参考にしてください。 ○当該資産の使用可能期間が法定耐用年数よりおおむね10％以上短くなること。 ○耐用年数の短縮の承認申請書を納税地の所轄税務署長を経由して所轄国税局長に提出し、承認を受けること。 (注) 国税局長の承認を受けた未経過使用可能期間をもって耐用年数とみなし償却限度額の計算基礎となる取得価額等を調整します。
(2) 申請の対象資産の単位 （法基通7-3 -19）	• 耐用年数の短縮の対象となる資産の単位は、原則として、減価償却資産の種類ごと、かつ、耐用年数の異なるものごと。 　ただし、種類が同じでも、構造若しくは用途、細目又は設備の種類の区分が定められているものについては、その構造若しくは用途、細目又は設備の種類の区分ごと。なお、次の資産は、それぞれ次の単位によることができます（注1）。

申請対象資産	申請の対象となる資産の単位
機械及び装置 （2以上の工場に同一の種類に属する設備を有するとき。(注2)）	工場ごと
建物、建物附属設備、構築物、船舶、航空機又は無形減価償却資産	個々の資産ごと
他に貸与している減価償却資産	貸与している個々の資産ごと （借主における一の設備を構成する機械及び装置の中に個々の貸与資産が2以上含まれているときは、その2以上の貸与資産を一単位とします。）

(注) 1 一の設備を構成する機械及び装置の中に他から貸与を受けている資産があるときは、その資産を含めません。
2 2以上の工場の機械及び装置を合わせて一の設備の種類が構成されているときを除きます。

■減価償却資産の取得価額

項　目	説　明
1. 購入した場合 （法令54①一） （法基通7-3-1 の2）	①　購入代価の額（引取運賃、荷役費、運送保険料、購入手数料、関税（附帯税を除きます。）その他その資産の購入のために要した費用がある場合には、その費用の額を加算した金額） ②　その資産を事業の用に供するために直接要した費用の額 （注）固定資産使用開始前の期間に係る借入金利子であっても、取得価額に含めないことができます。
2. 自己が生産 （建設、製作又は製造）した場合（法令54①二、54②）	①　その資産の建設等のために要した原材料費、労務費及び経費の額 ②　その資産を事業の用に供するために直接要した費用の額 （注）建設等の原価の額が適正な原価計算に基づいて算定されているときは、その原価の額の相当する金額をもってその資産の取得価額とします。
3. 自己が成育させた、牛馬等の生物の場合 （法令54①三）	①　購入価額（引取費用等を含みます）又は種付費及び出産費の額並びにその取得した牛馬等の成育のために要した飼料費、労務費及び経費の額 ②　成育させた牛馬等を事業の用に供するため直接要した費用の額
4. 自己が成熟させた果樹等の場合 （法令54①四）	①　購入価額（引取費用等を含みます）又は種苗費の額並びに取得した果樹等の成熟のために要した肥料費、労務費及び経費の額 ②　成熟した果樹等を事業の用に供するために直接要した費用の額
5. 適格合併又は適格現物分配により移転を受けた場合 （法令54①五イ）	①　被合併法人又は現物分配法人がその適格合併の日の前日又は残余財産の確定の日の属する事業年度において、その資産の償却限度額の計算の基礎とすべき取得価額 ②　合併法人又は被現物分配法人が事業の用に供するために直接要した費用の額
6. 適格分割、適格現物出資又は適格現物分配により移転を受けた場合 （法令54①五ロ）	①　分割法人、現物出資法人又は現物分配法人がその適格分割等の日の前日を事業年度終了の日とした場合にその事業年度において、その資産の償却限度額の計算の基礎とすべき取得価額 ②　分割承継法人、被現物出資法人又は被現物分配法人が事業の用に供するために直接要した費用の額
7. その他の場合（贈与、交換又は債務の弁済等） （法令54①六）	次の①②の合計額が取得価額となります。 ①　取得の時におけるその資産の取得のために通常要する価額 ②　その資産を事業の用に供するために直接要した費用の額
・圧縮記帳のある場合 （法令54③）	・減価償却資産について圧縮記帳の特例の規定により損金に算入された金額がある場合には、圧縮後の帳簿価額（圧縮額を特別勘定に計上している場合には、その特別勘定の金額の控除後のもの）による金額をその取得価額とみなします。
・資本的支出があった場合 （法令55）	・減価償却資産について資本的支出があった場合には、その額を加算した金額を取得価額とします。
・高価買い入れの場合 （法基通7-3-1）	・不当に高価で買い入れた固定資産については、実質的に贈与したものと認められた金額を控除した金額を取得価額とします。

• 借入金の利子 （法基通7-3-1 の2）	• 固定資産を取得するための借入金の利子は、その資産の使用開始前の期間に係るものであっても、取得価額に算入しないことができます。
• 割賦販売契約等の場合 （法基通7-3-2）	• 割賦販売契約等によって購入した固定資産の取得価額には、契約において購入代価と割賦期間分の利息及び売手側の代金回収のための費用等と区分されている場合のその利息及び費用相当額を含めないことができます。
• 土地の造成・改良費を支出した場合 （法基通7-3-4）	• 埋立て、地盛り、地ならし、切土、防壁工事その他土地の造成又は改良のために要した費用の額はその土地の取得価額に算入します。ただし、土地についてした防壁、石垣積み等であっても、その規模、構造等からみて土地と区分して構築物とすることが適当と認められる費用の額は、土地の取得価額に算入しないで構築物の取得価額とすることができます。上水道又は下水道の工事に要した費用の額についても同様です。 **（注）** 専ら建物、構築物の建設のために行う地質調査、地盤強化、地盛り、特殊な切土等土地の改良のためのものでない工事に要した費用の額は、その建物、構築物等の取得価額に算入します。
• 立退料を支出した場合 （法基通7-3-5）	• 土地、建物等の取得に際し、その土地、建物等の使用者等に支払う立退料その他立退きのために要した金額は、その土地、建物等の取得価額に算入します。
• 建物等の取壊費等 （法基通7-3-6）	• 当初から取り壊すつもりで建物付き土地等を取得し、その後おおむね1年以内に建物の取壊しに着手した場合は、その建物の帳簿価額と取壊費用の合計額は、土地の取得価額に算入します。
8. 取得価額に算入しないことができる費用 （法基通7-3-1 の2、7-3-2、 7-3-3の2）	① 不動産取得税、自動車取得税。 ② 特別土地保有税のうち土地の取得に課すもの。 ③ 新増設に係る事業所税。 ④ 登録免許税その他登記登録に要する費用。 ⑤ 建物建設のための調査、測量、設計等で建設変更により不要になったものに係る費用。 ⑥ 契約解除をして他の固定資産を取得することとした場合の違約金。 ⑦ 固定資産を取得するための借入金の利子（使用を開始するまでの期間に係る部分） ※使用を開始した後の期間に係る借入金の利子は、期間の経過に応じて損金の額に算入します。 ⑧ 割賦販売契約などにより購入した固定資産の取得価額のうち、契約で購入代価と割賦期間分の利息や売手側の代金回収費用等が明らかに区分されている場合のその利息や費用

法人税

■主な特別償却制度

特別償却の名称	適用要件・対象資産等		
1. 中小企業者等が機械等を取得した場合の特別償却 （中小企業投資促進税制） （措法42の6、10の3、措令27の6） 税額控除と選択適用 （P.102 **5.** 参照） ※ P.105の適用除外事業者参照	青色申告書を提出する中小企業者等（資本金3,000万円超も含みます。）が令和7年3月31日までに新品の特定機械装置等を取得し、製造業・建設業等一定の事業の用に供したとき。		

特定機械装置等	機械及び装置	1台160万円以上（コインランドリー業用のもので管理委託するものを除く。）
	測定工具・検査工具	1台120万円以上、又は1台30万円以上のものの年度合計額が120万円以上の場合
	ソフトウェア（複写用原本・試験研究用等を除く）	1式70万円以上、又は年度合計額が70万円以上の場合
	貨物運送用普通自動車（車両総重量3.5トン以上）	
	内航海運業用の船舶（500トン以上の船舶は一定のものに限る。）	

特別償却限度額	基準取得価額[※]×30% （※船舶は取得価額×75%）

（注）従業員500人以下（令和6年4月1日以後、e-Taxにより法人税の申告をしなければならない法人は300人以下）の中小企業者等が令和8年3月31日までの間に取得価額30万円未満の少額減価償却資産を取得した場合には、全額（年間限度額300万円）を即時償却できます。（措法67の5、P.61参照）

2. 中小企業者等が特定経営力向上設備等を取得した場合の特別償却
（中小企業経営強化税制）
（措法42の12の4、10の5の3）
税額控除と選択適用
（P.102 **6.** 参照）
※ P.105の適用除外事業者参照

青色申告中小企業者等で中小企業等経営強化法の経営力向上計画の認定を受けたものが、令和7年3月31日までに、生産等設備を構成する機械装置、工具、器具備品、建物附属設備及びソフトウエアのうち、特定経営力向上設備等[※]（経営力向上設備等に該当するもののうち、一定の規模以上のもの）を国内で法人の指定事業の用に供した場合

		生産性向上設備（A類型）	収益力強化設備（B類型）	デジタル化設備（C類型）
	要件	生産性が旧モデル比平均1%以上向上	投資収益率年平均5%以上の投資計画	遠隔操作、可視化、自動制御化のいずれかを可能にする
	確認者	工業会等	経済産業局	
対象設備	機械装置 160万円以上（10年以内のモデル）		機械装置 160万円以上	
	測定工具・検査工具 30万円以上（5年以内モデル）		工具 30万円以上	
	器具備品 30万円以上（6年以内モデル）		器具備品 30万円以上	
	建物附属設備 60万円以上（14年以内モデル）		建物附属設備 60万円以上	
	一定のソフトウェア 70万円以上（5年以内モデル）		ソフトウェア 70万円以上	
その他	• 生産等設備を構成するものであること　• 国内への投資であること • 中古資産・貸付資産でないこと • コインランドリー業又は暗号資産マイニング業用で一定のものを除きます			
令3.4.1から	経営資源集約化設備（D類型）が追加（確認者、対象設備はB・C類型に同じ）。要件：修正ROA又は有形固定資産回転率が一定以上上昇する設備			

特別償却限度額	即時償却

	※上記の「経営力向上設備等」とは、中小企業等経営強化法に規定する次の設備をいい、「特定経営力向上設備等」とは、経営力向上設備等のうち経営力向上に著しく資する一定のもので、その法人の認定を受けた経営力向上計画に記載されたものをいいます。
3. デジタルトランスフォーメーション投資促進税制 （措法42の12の7）	青色申告法人で認定事業適応事業者が指定期間内（令和3年8月2日から令和7年3月31日まで）に、産業競争力強化法に規定する情報技術事業適応の用に供するために特定ソフトウエアの新設若しくは増設、又は実施するためにソフトウエアの利用に係る費用を支出する場合に、対象設備であるソフトウエア、繰延資産、機械装置、器具備品を取得等し事業の用に供した場合

特別償却限度額	（取得価額（合計300億円を限度））×30%

※特別償却に代えて、取得価額の3％の税額控除を選択することもできます。

4. 医療用機器等を取得した場合の特別償却（措法45の2、措令28の10）

令和7年3月31日までに 次の対象資産を取得・事業供用	特別償却限度額
医療用機器（1台500万円以上）	取得価額×12%
勤務時間短縮用設備等（1台30万円以上）	取得価額×15%
構想適合病院用建物等	取得価額×8%

（注）　①　特別償却・割増償却について償却不足額がある場合には、1年間の繰越しが認められます。（措法52の2）

②　特別償却・割増償却の適用を受けることに代えて、それぞれの特別償却限度額以下の金額を、損金経理の方法（決算の確定日までに剰余金の処分により積み立てる方法を含みます。）により、特別償却準備金を積み立てることができ、積立不足額がある場合には、1年間の繰越しが認められます。（措法52の3①②）この特別償却準備金は7年間（対象資産の耐用年数等が10年未満の場合は［耐用年数×12］と60か月の少ない方）で益金に戻入れられます。（措法52の3⑤）

③　特別償却等（税額又は所得の金額を減少等される規定をいいます。）の適用を受ける場合は、「適用額明細書」（P.95参照）を申告書に添付する必要があります。（措透法3①②）

法人税

■リース取引

項　目	説　明
・リース取引の分類	
・税務上のリース取引 （法法64の2、法基通12の5-1-1）	・資産の賃貸借（所有権が移転しない土地の賃貸借等を除きます。）で次の要件を満たすものをいいます。 (1)リース期間中の中途解約禁止、又は中途解約の場合は未経過期間リース料のおおむね90％以上を支払うこととされていること。 (2)賃借人がリース資産からの経済的利益を実質的に享受することができ、かつ、その使用に伴って生ずる費用を実質的に負担すべきこととされていること。 ※〔上記以外のもの（オペレーティング・リース取引）は賃貸借処理になります。〕
・所有権移転外リース取引 （法令48の2⑤五）	・税務上のリース取引に該当するもののうち、①から⑥のいずれにも該当しない取引をいいます。①から⑥のいずれかに該当する取引は、所有権移転リース取引といいます。 ①　リース期間の終了時又は中途において、リース資産が無償又は名目的な対価の額で賃借人に譲渡されるもの ②　リース期間終了後、無償同様の名目的な再リース料によって再リースできる契約であるもの ③　リース期間の終了時又は中途において、リース資産を著しく有利な価額で買い取る権利が賃借人に与えられているもの ④　リース資産がその使用可能期間中その賃借人によってのみ使用されると見込まれるもの又はリース資産の識別が困難であると認められるもの ⑤　賃貸人にリース資産の取得資金を貸し付けている金融機関等が、賃借人から資金を受け入れ、その資金が賃借人のリース取引等借入金の元利に対応するもの ⑥　リース期間がリース資産の法定耐用年数に比して相当短いもの（賃借人の法人税の負担を著しく軽減することになると認められるものに限ります。） リース期間＜耐用年数×0.6（耐用年数10年未満のときは、0.7）
○賃借人における会計・税務処理 （法令48の2①六、131の2③、法基通7-6の2-9）	(下表参照)

		会計上の処理	税務上の取扱い
償却方法		定額法・級数法・生産高比例法等の選択適用	定額法 （リース期間定額法）
	耐用年数（償却期間）	（原則）リース期間	リース期間
	残存価額	（原則）ゼロ	ゼロ
支払利息の配分		(原則)利息法 (例外)定額法等	利息法又は定額法
中小企業の特例		賃貸借処理可	賃借料（リース料）を償却費として取り扱う
少額リース（原則300万円以下）			
短期リース（原則1年以内）			

〔リース資産の償却限度額の計算〕

　　平成20年4月1日以後に締結する所有権移転外リース取引（法令48の2⑤五）の契約によって、その賃借人である法人が取得したものと

される「リース資産」については、次の「リース期間定額法」により償却限度額を計算します。

（リース期間定額法）

$$\left[\begin{array}{l}\text{リース資産}\\\text{の取得価額}^{\text{注1}}\end{array}-\text{残価保証額}^{\text{注2}}\right]\times\dfrac{\text{その事業年度におけるリース資産のリース期間の月数}}{\text{リース資産のリース期間の月数}}$$

(注) 1. リース資産の取得価額は、残価保証額がない場合には、リース料の総額となります。ただし、法人がその一部を利息相当額として区分した場合には、その区分した利息相当額を控除した金額となります。

2. 残価保証額とは、リース期間終了の時に、リース資産の処分価額が所有権移転外リース取引に係る契約において定められている保証額に満たない場合に、その満たない部分の金額を当該取引に係る賃借人が、その賃貸人に支払うこととされている場合における、当該保証額をいいます。

3. 月数は、暦に従って計算し、1月に満たない端数は1月とします。

※1 税法は企業会計とは異なり、すべての所有権移転外リース取引について売買があったものとして取り扱われ、賃借人に賃貸借処理を認める例外的取扱いはありません。

※2 消費税においても「取得」として、全額を仕入税額控除の対象とします。

※3 賃借人が賃借料として損金経理をしたとしても、その金額は償却費として損金経理をした金額に含まれるものとされていますので、リース料がリース期間の経過に比例して発生するものであれば、企業会計上、賃貸借処理をしたとしても、原則として、申告調整は不要です。また、この場合には、法人税申告書別表十六「減価償却資産に係る償却額の計算に関する明細書」への記載も不要です。

<table>
<tr><td>

・金銭の貸借として処理をする場合（金融取引）
（法法64の2②）

・賃借人の処理方法（金融取引）
（法基通12の5-2-2）

</td><td>

①及び②のいずれにも該当するリース取引については、その資産の売買取引はなかったものとし、譲受人から譲渡人に対する金銭の貸付けがあったものとして処理します。
① 譲受人から譲渡人に対するリース取引を条件に行った資産の売買であるとき（セール・アンド・リースバック取引）
② 資産の種類、売買及び賃貸に至るまでの事情等に照らし、これら一連の取引が実質的に金銭の貸借と認められるとき

・譲渡資産
資産の譲渡はなかったものとして処理します。（譲渡損益は益金の額又は損金の額に算入しません。）
・譲渡代金
譲受人からの借入金の額として処理します。
・リース料
借入金の元本返済と利息相当額の支払として処理します。
・減価償却
自己所有の固定資産に適用する減価償却方法と同一の方法により引き続きリース資産の減価償却費を算定します。

</td></tr>
</table>

■繰延資産の償却額

項　目	説　　　　　明
1. 繰延資産の意義 （法法2二十四、法令14）	〔会計上の繰延資産〕→随時償却 ①創立費　②開業費　③開発費　④株式交付費　⑤社債等発行費 〔税務上の繰延資産〕→償却期間の月数で均等償却 2. の費用で支出の効果が1年以上に及ぶもの（税務上の繰延資産：長期前払費用等）

2. 税務上の繰延資産の償却期間（法基通8-2-3）

（注）　支出額が20万円未満の少額な場合は一時の損金とすることができます。（法令134）

区分	繰延資産の種類 （法令14）	繰延資産となる費用の範囲	償却期間 （法令64、法基通8-2-1、3）
1. 公共的施設等の負担金	1　公共的施設の設置又は改良のために支出する費用 （法基通8-1-3）	(一)　その施設等を負担者が専用する場合	その施設の耐用年数の $\frac{7}{10}$ 相当年数
		(二)　(一)以外のもの	その施設の耐用年数の $\frac{4}{10}$ 相当年数
	2　共同的施設の設置又は改良のために支出する費用 （法基通8-1-4）	(一)　負担者が専ら利用する共同展示場、共同宿泊所など	その施設の耐用年数の $\frac{7}{10}$ 相当年数（土地の場合は45年）
		(二)　一般公衆も利用できる商店街のアーケード、日よけ、すずらん灯など	5年（その施設等の耐用年数が5年未満のときは、その年数）
2. 資産を賃借するための権利金等	3　建物を賃借するために支出した権利金等 （法基通8-1-5(1)）	(一)　賃借建物の新築の際に支払った権利金等で、その額が建築費の大部分を占め、建物の存続期間中賃借できるもの	その建物の耐用年数の $\frac{7}{10}$ 相当年数
		(二)　(一)以外の権利金で、契約・慣習等によって明渡しの際、借家権として転売できるもの	その建物の賃借後の見積残存耐用年数の $\frac{7}{10}$ 相当年数
		(三)　(一)・(二)以外のもの	5年（賃借期間が5年未満で、契約の更新に際し再び権利金等の支払を要することが明らかなときは、その賃借期間）
	4　電子計算機その他の機器の賃借に伴って支出する費用 （法基通8-1-5(2)）		その機器の耐用年数の $\frac{7}{10}$ 相当年数（その年数が契約による年数を超えるときは、その賃借期間）
3. 役務の提供を受けるための権利金等	5　ノウハウの頭金等（法基通8-1-6）		5年（設定契約の有効期間が5年未満で、契約の更新に際し再び頭金等の支払を要することが明らかなときは、その有効期間）
4. 広告宣伝用資産を贈与した費用	6　広告宣伝用資産の贈与費用（法基通8-1-8）		その資産の耐用年数の $\frac{7}{10}$ 相当年数（5年を最高とします。）
5. その他自己が便益を受けるための費用	7　スキー場のゲレンデ整備費用（法基通8-1-9）		12年
	8　出版権の設定の対価（法基通8-1-10）		設定契約に定める存続期間（設定契約に存続期間の定めがない場合には、3年）
	9　同業者団体等の加入金（法基通8-1-11）		5年
	10　職業運動選手等の契約金等（法基通8-1-12）		契約期間（契約期間の定めがない場合には、3年）

（注）　1　償却年数に1年未満の端数が生じたときは、その端数を切捨てます。
　　　　2　1の(一)に該当する道路用地又は道路として舗装の上、国等へ提供した土地（舗装費を含みます。）の価額の償却期間は、「その施設の耐用年数」を15年として計算します。

■役員の給与

項　目	説　　　明
1. 役員の範囲 （法法二十五、34⑥、法令7、71、法基通9-2-1、9-2-6）	役員とは、①法人の取締役、執行役、会計参与、監査役、理事、監事及び清算人、②使用人以外の者（相談役・顧問等）又は③同族会社の使用人のうち特定株主に該当する者で、法人の経営に従事している者をいいます。 ・**使用人兼務役員**：役員のうち、部長、課長、その他法人の使用人としての職制上の地位を有し、常時使用人としての職務に従事するものをいいます。代表取締役、会計参与、監査役、特定株主等は使用人兼務役員とはなりません。

取締役・監事・執行役・清算人・会計参与・監査役	1 ①	社長、理事長、代表取締役、代表理事及び清算人				使用人兼務役員とされない役員	法人税法上の役員
	②	副社長、専務、常務その他これらに準ずる職制上の地位を有する役員					
	③	合名会社・合資会社及び合同会社の業務を執行する社員					
	④	委員会設置会社の取締役、指名委員会等設置会社の取締役及び監査等委員である取締役、会計参与・監査役・監事					
	1以外の役員 （例）平取締役	次の2以外					
		2　部長、課長、支店長、工場長、営業所長、支配人、主任等の使用人としての職制上の地位を有し、かつ常勤である	3　同族会社の役員である	4　50％超、10％超、5％超基準（注）のすべてを満たす	使用人兼務役員		
				4　上記以外			
			3以外				
法人以外の使用の者	次の5以外　取締役でない会長、理事長、相談役、顧問等	法人税法上の役員でも使用人でもない者			みなし役員	法人税法上の役員	
	5　法人の経営に従事している						
同族会社の使用人	6　法人の経営に従事している	7　50％超基準、10％超基準、5％超基準のすべてを満たす					
		7以外			法人税法上の使用人		
	6以外						

（注）　50％超・10％超・5％超基準の内容は次の通りです。これらをすべて満たすと特定株主となります。
　　○50％超基準……所有割合が最も大きい株主グループから順次順位を付し、上位3位以内の株主グループのうち、上位から所有割合が初めて50％超となる株主グループにその者が属していること。
　　○10％超基準……その者の属する株主グループの所有割合が10％を超えていること。
　　○5％超基準……その者（その配偶者及びこれらの者の所有割合が50％を超える他の会社を含みます。）の所有割合が5％を超えていること。

2. 役員の給与の損金不算入 （法法34、法令69、法基通9-2-12～13）	・役員に対する給与（債務免除等による経済的利益を含みます。）で、①②③のいずれにも該当しないものの額は損金の額に算入されません。 ①　**定期同額給与**（手取額同額も含みます。） ②　**事前確定届出給与**※（①定期同額給与及び③業績連動給与を除く） 　※事前確定届出給与⇨所定の時期に確定額を支給する旨の定めに基づき支給する給与（事前確定届出が必要（事前確定届出給与の届出期限は、申告期限の延長のない場合、①株主総会等の日から1か月を経過する日②会計期間（事業年度）開始の日から4か月を経過する日のいずれか早い日※役員の職務執行期間は「法基通9-2-16」参考））（法法34①二） 　※同族会社でない法人が定期給与の支給をしない役員に対して支給する給与は「事前確定届出」は不要です。（法法34①二） ③　**業績連動給与**（非同族会社（完全支配関係がある同族会社を含む。）が業務執行役員に対して支給する給与で次の要件を充たす業績連動型の役員給与） 　1．算定方法が利益の状況を示す指標、株式の市場価格を示す指標、

法人税

売上高の状況を示す指標で有価証券報告書等に記載され、開示されているものを基礎とするもの

2．その算定方法について報酬委員会における決定等適正な手続が執られていること

3．損金経理していること

4．その他一定の要件を満たすもの

○役員給与の損金算入範囲等（法令69、70、法基通9-2-12、13）

（注）1．役員給与の損金経理要件は業績連動給与のみ
2．役員退職給与は損金経理とは関係なく、期末までの退職金債務の成立、退職事実（分掌変更により、①常勤役員→非常勤役員、②取締役→監査役、③役員給与が50％以上の激減など実質的に退職したのと同様の事情のあるときを含む。）の有無、合理的金額算定（最終報酬月額×勤続年数×功績倍率などにより算定されます。）により、損金算入されます。

■過大な使用人給与等

項　　目	説　　　　明
1．特殊の関係のある使用人の範囲(法令72)	特殊の関係のある使用人とは、役員の親族、役員と事実上婚姻関係と同様の関係にある者、役員から生計の支援を受けている者及びこれらの者と生計を一にするこれらの者の親族をいいます。
2．過大な使用人給与の損金不算入 (法法36、法令72の2、72の3)	役員と特殊の関係のある使用人に対して支給する給与（退職給与を含みます。）の額のうち、その使用人の職務の内容、法人の収益及び他の使用人に対する給与の支給状況等に照らし、その使用人の職務に対価として不当に高額な部分の金額は損金の額に算入されません。

■経済的な利益と給与 (法基通9-2-9、9-2-10)

経済的利益の項目	給与に加算される金額	給与にならない金額
① 金銭、物品、その他の資産の贈与	• 金銭、物品、その他の資産の価額	① 葬祭料、香典、災害等の見舞金及び雇用契約等に基づき支給される結婚・出産等の祝金品 【所基通9-23、28-5】 ② 1万円以下の創業記念品等 【所基通36-22】
② 低額譲渡	• 資産の価額と譲渡時価との差額	自己取扱商品の原価販売（転売目的及び多額の差額は除く）【所基通36-23】
③ 高価買入	• 資産の時価と買入価額との差額	
④ 債権放棄、債務免除	• 放棄、免除（貸倒に該当する場合を除きます。）の金額	
⑤ 債務の無償引受	• 引き受けた債務の金額	
⑥ 土地、家屋の無償・低額提供	• 通常取得すべき賃貸料の額と実際徴収した賃貸料の額との差額	
⑦ 無償・低金利貸付	• 通常取得すべき利率の利息と実際徴収した利息との差額 （注）通常利率とは ① 他から借入れた時はその利率 ② 上記以外の時は貸付けを行った日の属する年の措法93②に規定する利子税特例基準割合による利率【所基通36-49】	① 実質的に法人業務用分として利用した分 ② 臨時的に必要な生活・災害・疾病等の資金 ③ 年5千円以下の利息 【所基通36-28】
⑧ 用役の無償・低額提供	• 収入すべき対価と取得した対価との差額	自己の営む事業に属する用役の提供 但し役員のみを対象とするものを除きます。 【所基通36-29】
⑨ 機密費、接待費、交際費、旅費等	• 機密費等のうち、業務に使用したことが明らかでない費途不明の額、渡切交際費	
⑩ 個人的費用の負担	• 費用負担額	
⑪ 社交団体の費用負担	• 費用負担額	業務上の交際を目的とするものは交際費
⑫ 生命保険料、損害保険料等の負担	• 負担する保険料	使用人とともに行われ、各月の合計額が300円以下 【所基通36-31〜36-31の8、36-32】

法人税

(注) 法人が役員に対し、上記経済的な利益の供与をした場合でも、それが、所得税法上経済的な利益として課税されないものであり、かつ、法人がその役員に対する給与として経理しなかったものであるときは、給与として取扱われません。【法基通9-2-10】

■租税公課・不正経費等の損金不算入

損金不算入（法法38、39の2、40、41、55）	損金算入
○法人税の所得課税としての性格によるもの（法法38） 1．法人税及び地方法人税（利子税額に相当するものを除きます。） 2．受益者等が存しない信託等の特例、人格のない社団等又は特定の一般社団法人等が納付する贈与税及び相続税 3．地方税法の規定による都道府県民税及び市町村民税（利子割・均等割・都民税を含みます。） 4．法人税額から控除する所得税額・外国税額等（法法40、41、41の2） 5．益金不算入とする外国子会社配当等の外国源泉税額等（法法39の2） ○租税政策等の要請によるもの（法法55①～⑥） 1．法人税等の脱税経費 2．隠ぺい仮装行為に基づく確定申告書に記載した原価、費用及び損失の額（帳簿書類によりこれらの額が明らかである場合等を除きます。）（令和5年1月1日以後開始事業年度から適用） 3．延滞税及び加算税並びに印紙税法の過怠税 4．地方税法等の規定による延滞金、過少申告加算金、不申告加算金及び重加算金（延滞金の内、徴収猶予された期間について徴収されるものを除きます。）（法令111の4） 5．罰金、科料及び過料等 6．公務員（外国公務員を含みます。）に対する賄賂	1．事業税（特別法人事業税を含みます。） 2．税込処理をした消費税 3．酒税等の個別消費税 4．固定資産税・都市計画税 5．事業所税 6．利子税及び徴収猶予期間に係る延滞金 7．強制徴収に係る源泉所得税 8．その他の租税（第2次納税義務による納付税額は除きます。）

■租税公課の損金算入時期（法基通9-5-1、9-5-2）

租税公課の区分	損金算入時期
1.申告納税方式による租税 （事業税（特別法人事業税を含みます。）、消費税、地方消費税、事業所税、酒税等）	申告書が提出された日（地方税は申告期間開始の日）、更正又は決定があった日の属する事業年度の損金に算入されます。ただし、酒税又は事業所税で申告期限未到来のものが製造原価等に含まれているときは未払計上が認められます。（消費税等の損金算入時期等はP.90 **3.**参照） 　なお、事業税は、特例として申告等がされていない場合であっても、翌期の損金の額に算入されます（法基通9-5-2）。ただし、直前年度分の事業税（特別法人事業税を含みます。）の額の損金算入だけを内容とする更正は、原則として行われません。（法基通9-5-2（注）3）
2.賦課課税方式による租税 （固定資産税・都市計画税、不動産取得税、自動車税等）	賦課決定のあった日の属する事業年度の損金に算入されます。ただし、納期開始日又は実際納付日でも認められます。
3.特別徴収方式による租税 （ゴルフ場利用税等）	申告の日、又は、更正又は決定があった日の属する事業年度の損金に算入されます。ただし、申告期限未到来のものを収入金額に含めている場合には、未払計上が認められます。
4.利子税及び徴収猶予等に係る延滞金	納付の日の属する事業年度の損金に算入されます。ただし、その事業年度の期間に係る未納額を未払計上することができます。

■交際費等

項　目	説　明			
1. 交際費の損金不算入額 （措法61の4①②） 令9.3.31までに開始する各事業年度について適用	期末資本金の額又は出資金の額	1億円以下	・支出交際費等の金額のうち定額控除限度額（年800万円）までの額 ・接待飲食費の額×50%	いずれかの額を損金算入
		1億円超 100億円以下	接待飲食費の額×50%が損金算入	
		100億円超	支出交際費等の金額全額が損金不算入	
	資本金の額又は出資金の額が5億円以上の法人の完全支配会社等は、中小法人から除かれます。（法法66⑤、67①、措法57の9①）			
2. 範囲 （措法61の4④、措令37の5）	交際費とは、交際費、接待費（1人当たり**1万円（令6.3.31までに支出されるものは、5,000円）**以下の飲食費を除きます。）、機密費、その他の費用で、法人が得意先・仕入先その他事業に関係ある者等に対する接待、供応、慰安、贈答その他これらに類する行為のために支出するものをいいます。			
3. 交際費に含まれる主な費用 （措通61の4(1)-1他）	(1)会社の周年記念又は社屋新築記念における宴会費、交通費及び記念品代並びに土木建築等における起工式、落成式等における費用（福利厚生費に該当する費用を除きます。） (2)下請け工場等になるため又はするための運動費等の費用 (3)社外の者の慶弔、禍福に際し支出する金品等の費用 (4)得意先、仕入先等を旅行、観劇等に招待する費用 (5)得意先、仕入先等の従業員に対して取引の謝礼等として支出する金品の費用（特約店等の従業員に対する報奨金品に該当するものを除きます。）			
4. 交際費に含まれない主な費用	(1)専ら従業員の慰安のために行われる運動会、演芸会、旅行等のために通常要する費用 (2)1人当たり1万円以下（役職員間の飲食費は除きます。）の飲食費⇨得意先・仕入先等業務の遂行や行事の開催に際して、得意先等の従業員等によって飲食されることが想定される弁当等の差入れは含まれます（措通61の4(1)-15の2） (3)次の費用：①社会事業団体等への寄附金、②広告宣伝のための費用、③売上割戻し等、④福利厚生費、⑤従業員に対する昼食等の費用、⑥カレンダー、手帳、扇子、うちわ等を贈与するための費用、⑦会議（来客との商談、打合せ等を含む。）に関連して通常要する茶菓、弁当等、昼食の程度を超えない飲食物等の接待に要する費用、（1万円基準上記(2)には含まれません。）⑧不動産業者の現地案内、新製品・季節商品等の展示会等への招待、商品知識普及のための工場見学時の交通・宿泊・食事に要する通常の費用。			

法人税

■使途秘匿金

項　目	説　明
1. 意義 （措法62）	使途秘匿金とは、法人（公益法人等の収益事業に係わるもの等以外を除きます。）がした金銭の支出のうち、相当の理由がなく、その相手方の氏名等がその法人の帳簿に記載していないもの等をいいます。
2. 法人税額の計算 （措法62）	使途秘匿金については、[**（使途秘匿金の額）×40%**]の金額が通常計算される法人税額に加算して、法人税額を計算します。

■寄附金

項　目	説　明
1. 範囲 （法法37①②） （個人的寄附金） （被災者への義援金等） （法基通9-4-6 〜9-4-6の4）	寄附金とは、寄附金、拠出金、見舞金その他いずれの名義をもってするかを問わず、法人が金銭その他の資産又は経済的利益の贈与又は無償の供与をした場合（広告宣伝費及び見本品費並びに交際費、接待費及び福利厚生費等は除きます。）のその価額をいいます。また、低額譲渡等した場合における実質的な贈与部分の金額も寄附金になります。 • 特定公益信託の信託財産とするために支出した金銭の額は、寄附金の額とみなされます。 • 法人による完全支配関係がある内国法人間で支出した寄附金の額（受贈益の益金不算入等の適用を受けたものに限ります。）は、その全額が損金不算入とされます。 • 法人の役員等が個人として負担すべきものと認められるものは、その負担すべき者の給与とされます。（法基通9-4-2の2） • 被災者のための一定の義援金等は地方公共団体への寄附金に該当するものとされます。 • 災害を受けた得意先等に対する売掛債権等の免除・復旧のための低利無利息による融資・被災者救援のための自社製品の提供は、寄附金に該当しません。
2. 一般寄附金の損金算入限度額 （法令73、73の2、77、77の2、77の3） （法法37③④） （措法66の4③）	(1)　損金算入限度額（普通法人・協同組合等（資本金を有するもの）） $$\left[\left\{(期末資本金と資本準備金の合計額又は出資金の額)\times\frac{事業年度の月数}{12}\times0.25\%\right\}+\left(別表四「仮計」25の金額+支出寄附金\right)\times2.5\%\right]\times\frac{1}{4}$$ ※1 普通法人、協同組合等及び人格のない社団等のうち、資本又は出資を有しないもの、一定のみなし公益法人等及び非営利型法人の場合は［所得の金額×1.25％］ ※2 公益社団法人、公益財団法人は、［所得の金額×50％相当額］ 　　学校法人、社会福祉法人、更生保護法人又は社会医療法人等は、 　　［所得の金額×50％相当額と年200万円のいずれか大きい金額］ 　　その他の公益法人等は、［所得の金額×20％相当額］ (2)　特定公益増進法人等（民法法人を除きます。）に対する寄附金の特別損金算入限度額 $$\left[\left(\begin{array}{c}期末資本金と資本準備金\\の合計額又は出資金の額\end{array}\right)\times\frac{事業年度の月数}{12}\times0.375\%+(所得の金額\times6.25\%)\right]\times\frac{1}{2}$$ ※3 特定公益増進法人等で資本等を有しないものは「（所得の金額×6.25％）」 (3)　国、地方公共団体、公益法人等特定の者に対する寄附金は、損金算入限度額の寄附金には含まれません。（証明書類を保存します。） 　　また、企業版ふるさと納税により、関連する寄附金につき一定の税額控除ができます。 (4)　国外関連者に対する寄附金は、その支払額の全額が損金不算入となります。
3. 寄附金の損金算入の時期 （法令78）	寄附金の損金算入は現金主義によります。 (1)　未払寄附金（期日未到来分の手形未払分を含みます。）⇨損金の不算入（別表四で「加算」、実際支出時に別表四で「減算」します。） (2)　仮払寄附金⇨寄附金の額に含めます。（別表四で「減算」、消去時には損金不算入とし、別表四で「加算」します。）

■貸倒損失・引当金

項　　目	説　　　　　明
1. 貸倒損失 （法基通9-6-1 　～3）	**(1) 法律等による貸倒れ** 　以下の事実発生事業年度で、切捨又は債務免除した金額が損金算入。 ①会社更生法、金融機関等の更正手続の特例等に関する法律の規定による更生計画認可の決定による切捨て ②民事再生法の規定による再生計画認可の決定による切捨て ③会社法の規定による特別清算に係る協定の認可の決定による切捨て ④関係者の協議決定による切捨て 　(i)　債権者集会の協議決定で合理的な基準により債務者の負債整理を定めたもの 　(ii)　行政機関、金融機関その他第三者のあっせんによる当事者間の協議により締結された契約で合理的な基準によるもの ⑤債務者に対し書面による債務免除（債務超過の状態が相当期間継続し、金銭債権の弁済が不可能と認められる場合） **(2) 事実上の貸倒れ** 　債務者の資産状況、支払能力等からみて全額の回収ができないことが明らかとなった場合（担保物の処分後に限るものとし、保証債務については履行した後によります。）には、その金銭債権の全額が回収不能が明らかとなった事業年度において、損金算入されます。（貸倒損失として損金経理が必要です。） **(3) 形式上の貸倒れ**（売掛債権に限ります。） 　次の場合には、売掛債権から備忘価額を控除した残額を貸倒損失として損金経理したときには、それぞれの事業年度において損金算入されます。 ①継続的取引のあった債務者との取引停止以後1年以上経過した場合（担保物のない場合に限ります。）、取引停止後1年以上経過した日以後の事業年度 ②同一地域の売掛債権の総額が取立旅費その他の費用に満たない場合に、支払督促したが弁済がない場合に、その弁済がないとき以後の事業年度
2. 貸倒引当金 （法法52①、 　法令96①、 　法基通11-2 　-6、11-2-7）	**(1) 適用法人と設定条件** ・適用法人は次の法人に限定されています。 　①　期末資本金（出資金）の額が1億円以下の普通法人 　　（資本金が5億円以上の法人等の100％子会社及び完全支配関係がある複数の大法人に発行済株式等の全部を保有されている法人を除きます。） 　②　資本又は出資を有しない普通法人 　③　公益法人等又は協同組合等、人格のない社団等 　④　銀行・保険会社その他これらに準ずる法人 　⑤　上記以外の法人で、売買があったものとされるリース資産の対価の額に係る金銭債権を有する法人、その他一定の法人 ・繰入額を損金経理し、別表十一（一）及び（一の二）を添付すること。 **(2) 繰入限度額** **（個別評価による金銭債権の繰入限度額）＋（期末一括評価金銭債権の帳簿価額の合計額×繰入率）** ※令和4年4月1日以後開始する事業年度から、100％グループ内の法人間の金銭債権は設定対象となる金銭債権から除外されます。

法人税

（法基通11-2
-1、11-2-2
〜4、11-2
-13）

個別評価による金銭債権に係る貸倒引当金の繰入限度額

（この繰入額があるときは、別表十一（一）を添付します。）

$$[繰入限度額]＝[(①＋②)＋(③＋④)×50\%]$$

①②③については、担保権の実行などにより取立ての見込みがある金額を除きます。

①個別評価金銭債権が次の事由によりその弁済を猶予され、又は賦払により弁済される場合で、その事由が生じた事業年度終了の日の翌日から5年を経過する日までの弁済予定額を除きます。

　㈠更生計画認可の決定
　㈡再生計画認可の決定
　㈢特別清算に係る協定の認可の決定
　㈣法令24の2①（再生計画認可の決定に準ずる事実等）に規定する事実が生じたこと
　㈤法令の規定による整理手続によらない関係者の協議決定で
　　㈠．債権者集会の協議決定で合理的な基準により債務者の負債整理を定めているもの
　　㈡．行政機関、金融機関その他第三者のあっせんによる当事者間の協議により締結された契約でその内容が㈠に準ずるもの

②金銭債権に係る債務者について、債務超過が継続し、かつ、その事業好転の見込がない場合及びその債務者が天災、経済事情の急変等に多大の損失を被った場合

③金銭債権に係る債務者について次の事実が生じた場合（①②の適用分を除きます。債務者から受け入れた金額を除きます。）
　㈠更生手続開始の申立て　㈡再生手続の開始の申立て　㈢破産手続開始の申立て　㈣特別清算開始の申立て　㈤手形交換所等の取引停止処分

④外国の政府中央銀行又は地方公共団体に対する金銭債権で長期にわたる債務の履行遅滞により経済的な価値が著しく減少し、かつ、その弁済を受けることが著しく困難であると認められる金銭債権の額

（法法52②、
法基通11-2
-16〜20）

一括評価による評価金銭債権に係る貸倒引当金の繰入限度額

（別表十一（一の二）を添付します。）

①原則⇒ **期末一括評価金銭債権の帳簿価額の合計額×貸倒実績率（次ページ(3)）**

（措法57の9）

②中小企業等の特例⇒ **（期末一括評価金銭債権の帳簿価額の合計額－実質的に債権とみられないものの金額）×法定繰入率**

㈠売掛金、貸付金（税務上のものを含む） ㈡㈠について取得した受取手形、電子記録債権 ㈢注記表示の裏書手形、割引手形 ㈣益金算入した未収譲渡代金、未収損害賠償金など ㈤立替金（将来精算されるものを除く） ㈥保証債務の履行に伴う求償権　など	－	個別評価による貸倒引当金の対象となった金銭債権	＝	一括評価金銭債権

※資本金の額又は出資金の額が1億円以下の普通法人（適用除外事業者（P.105参照）である普通法人を除きます。）又は公益法人・協同組合等は、①と②の選択適用が認められています。

（旧措法57の9
③）

※公益法人等や協同組合等についての一括評価貸倒引当金繰入限度額の10％割増の特例は、平成31年3月31日までに開始する事業年度を

もって廃止されました。

なお、平成31年4月1日から令和5年3月31日までの間に開始する各事業年度については、割増率10%を1年ごとに2%ずつ縮小した率による経過措置があります。

平31.4.1～令2.3.31	108%	令3.4.1～令4.3.31	104%
令2.4.1～令3.3.31	106%	令4.4.1～令5.3.31	102%

• 貸倒実績率
（法令96⑥）

(3)実績による貸倒れの発生割合

貸倒実績率は次の算式により計算します。（小数点4位未満切上げ）

$$\text{貸倒実績率} = \frac{\left(\begin{array}{c}\text{その事業年度開始}\\\text{の日前3年以内に}\\\text{開始した各事業年}\\\text{度の売掛債権等の}\\\text{貸倒損失の額}\end{array}\begin{array}{c}(+)\\\\(-)\end{array}\begin{array}{c}\text{左の各事業年度の個別}\\\text{評価分の引当金繰入額}\\\\\text{左の各事業年度の個別}\\\text{評価分の引当金戻入額}\end{array}\right)}{\left(\begin{array}{c}\text{分子の各事業年度終了}\\\text{の時の一括評価金銭債}\\\text{権の帳簿価額の合計額}\end{array}\right) \div \text{左の各事業年度の数}} \times \frac{12}{\begin{array}{c}\text{各事業年度の}\\\text{月数の合計数}\end{array}}$$

• 法定繰入率
（措令33の7、39の86）

(4)中小企業等の特例の法定繰入率

卸売業および小売業（飲食店業および料理店業を含みます。）	製造業	金融業および保険業	割賦販売小売業	その他
$\frac{10}{1000}$	$\frac{8}{1000}$	$\frac{3}{1000}$	$\frac{7}{1000}$ ※	$\frac{6}{1000}$

※令3.3.31以前開始事業年度は$\frac{13}{1000}$

(5)中小企業等の特例の実質的に債権とみられない金額は、同一人に対して売掛金又は受取手形と買掛金又は支払手形を有しているなど、債権と債務を相殺していい状態にある場合などに、債権と債務のいずれか少ない方の金額をいいます。（原則）

（措令33の7③）

なお、平成27年4月1日に存在していた法人は、（原則）に代えて次の簡便計算が認められます。

$$\left[\begin{array}{c}\text{期末一括}\\\text{評価金銭}\\\text{債権の額}\end{array}\right] \times \frac{\text{(A)のうち実質的に債権とみられないものの合計額}}{\begin{array}{c}\text{平成27年4月1日から平成29年3月31日までの間に}\\\text{開始した各期末の一括評価金銭債権の額の合計(A)}\end{array}}^※$$

※小数点以下3位未満切捨て

3. 返品調整引当金
（旧法法53、旧法令99、100、101、平30改正法附則25、32）

• 平成30年4月1日において返品調整引当金制度の対象事業を営む法人について、令和3年3月31日までに開始する各事業年度については、従来の規定による引当てが認められます。

その後、令和3年4月1日から令和12年3月31日までに開始する各事業年度について、次ページの従来の規定による繰入限度額が1年ごとに10%ずつ縮小されます。

年度	令3	令4	令5	令6	令7	令8	令9	令10	令11
縮小率	90%	80%	70%	60%	50%	40%	30%	20%	10%

設定条件

(1) 次の事業（指定事業といいます。）を営むこと
①出版業、②出版に係る取次業、③医薬品（医薬部外品を含みます。）・農薬・化粧品・既製服・蓄音機用レコード・磁気音声再生機用レコード・デジタル式音声再生機用レコードの製造、④③の卸売業を営む法人

(2) 棚卸資産の大部分について、次の①、②の特約があること
① 販売先の求めに応じ、その商品を当初の販売価額で買戻すこと。
② 販売先では注文の有無にかかわらず商品を購入する旨の特約を締結していること。

(3) 割賦販売業とした棚卸資産について、割賦基準により経理している場合はその割賦販売に係る売上げについてはこの引当金の設定対象外とします。

(4) 繰入額を損金経理し、別表十一（二）を添付すること。

繰入限度額の計算

指定事業の種類ごとに、次の①及び②のいずれかの方法により計算し、その金額の合計額

(旧法令101①一) ①**期末売掛金基準**

$$繰入限度額＝\left(\begin{array}{l}事業年度終了の日の\\指定事業に係る売掛\\金の簿価合計額\end{array}\right)×[返品率]^{※1}×[売買利益率]^{※2}$$

(旧法令101①二) ②**販売高基準**

$$繰入限度額＝\left(\begin{array}{l}事業年度終了日以前\\2か月間の指定事業\\に係る棚卸資産の対\\価の合計額\end{array}\right)×[返品率]^{※1}×[売買利益率]^{※2}$$

$$※1 \quad 返品率＝\frac{その事業年度とその事業年度前1年間の指定事業の棚卸資産の買戻し対価の合計額}{同上の期間の指定事業の棚卸資産の販売対価の合計額}$$

$$※2 \quad 売買利益率＝\frac{(A)-\{(A)に係る売上原価＋販売手数料\}}{\begin{array}{l}その事業年度の指定事業に係る棚卸資産の販売対価の\\合計額から特約に基づく棚卸資産の買戻しに係る対価\\の合計額を控除した残額(A)\end{array}}$$

戻入額

翌期全額戻し入れ

■返品債権特別勘定

項 目	説 明
1.設定要件 （法基通9-6-4 〜9-6-8）	• 返品調整引当金勘定の設定ができる法人（上記3.(1)参照）で雑誌（週刊誌、旬刊誌、月刊誌等の定期刊行物をいいます。）の販売について、一定要件の特約を締結している法人が行うものは取扱通達により返品債権特別勘定を設定できます。

■圧縮記帳

項　目	説　　　　明
1. 法人税法上の 圧縮記帳	1　国庫補助金等で取得した固定資産の圧縮額の損金算入（法法42〜 　44、法令80） 2　工事負担金で取得した固定資産の圧縮額の損金算入（法法45、法令83） 3　非出資組合が賦課金で取得した固定資産の圧縮額の損金算入（法法46①） 4　保険金等で取得した固定資産の圧縮額の損金算入（法法47〜49、法令86、87の2） 5　交換により取得した資産の圧縮額の損金算入（法法50）
・経理要件	・圧縮記帳による損金算入は確定した決算において一定の経理（①損金 経理により帳簿価額を減額する方法、②確定決算で積立金として積み 立てる方法、③決算の確定の日までの剰余金処分により積立金として 積み立てる方法）をすることが要件となっています。
・国庫補助金等 の圧縮記帳 （法法42、法 令79、82） （圧縮限度額）	・国又は地方公共団体等から固定資産の取得又は改良に充てるための補 助金、助成金又は給付金の交付を受け、その交付の目的に適合した固 定資産の取得又は改良を行った場合に、原則として国庫補助金等の額 に相当する額の範囲内で圧縮記帳が認められます。 **(1)　返還不要確定の日の属する事業年度前に固定資産を取得等した場合** 　次のいずれか少ない金額が圧縮限度額 　　①　特別勘定（仮受金勘定等を含む）の金額 　　②　$\left(\begin{array}{l}\text{返還を要しないことが}\\\text{確定した日における}\\\text{固定資産の帳簿価額}\end{array}\right) \times \dfrac{\left(\begin{array}{l}\text{返還を要しない}\\\text{補助金等の額}\end{array}\right)}{\left(\begin{array}{l}\text{固定資産の取得等のために}\\\text{要した金額}\end{array}\right)}$ **(2)　返還不要確定の日の属する事業年度以後に固定資産を取得等した場合** 　その固定資産の取得等に充てた補助金等の額が圧縮限度額
・交換により取 得した資産の 圧縮記帳 （法法50、法 基通10-6-7）	交換による圧縮記帳は次の3つの適用要件を全てを満たすことが必要 です。 **①交換譲渡資産** 　1年以上所有の固定資産で次に掲げるもの 　　①土地等、②建物（建物附属設備、構築物を含みます。）、③機械及 　び装置、④船舶、⑤鉱業権 **②交換取得資産** 　(ⅰ)1年以上所有の固定資産で譲渡資産と同一種類の資産であること 　(ⅱ)譲渡資産の用途と同一の用途に供すること 　　（注）取得資産を譲渡資産の用途と同一の用途に供したかどうかは、その譲渡資 　　　　産の種類に応じ、おおむね次に掲げる区分により判定することとされています。 　(ⅲ)交換の相手方が交換のために取得したものでないこと **③交換差金等の要件** 　　交換差金等の金額が、譲渡資産の時価と取得資産の時価のいずれか 多い方の20%以下であること
（圧縮限度額）	**①交換差金等がない場合** $\left(\begin{array}{l}\text{取得資産}\\\text{の価額}\end{array}\right) - \left(\begin{array}{l}\text{譲渡資産の譲渡}\\\text{直前の帳簿価額}\end{array} + \begin{array}{l}\text{譲渡}\\\text{経費}\end{array}\right)$

法人税

土地 ── 宅地、田畑、鉱泉地、池沼、山林、牧場又は原野、その他

建物 ── 居住用、店舗又は事務所用、工場用、倉庫用、その他の用

機械及び装置 ── 旧耐用年数省令別表第二に掲げる設備の種類の区分

船舶 ── 漁船、運送船、作業船、その他

②**交換差金等を取得した場合**

$$\left(\begin{array}{c}取得資産\\の価額\end{array}\right)-\left(\begin{array}{c}譲渡資産の譲渡\\直前の帳簿価額\end{array}+\begin{array}{c}譲渡\\経費\end{array}\right)\times\dfrac{取得資産の価額}{取得資産の価額＋交換差金等}$$

③**交換差金等を支払った場合**

$$\left(\begin{array}{c}取得資産\\の価額\end{array}\right)-\left(\begin{array}{c}譲渡資産の譲渡\\直前の帳簿価額\end{array}+\begin{array}{c}譲渡\\経費\end{array}+\begin{array}{c}交換\\差金等\end{array}\right)$$

2. 租税特別措置法上の圧縮記帳 (措法65の7〜9)	1　特定の資産の買換えの場合の課税の特例 　令和8年3月31日までに特定の資産を譲渡してその事業年度内にこれに代わる買換資産を取得し、その取得後1年以内の事業の用に供した場合には、その買換資産の帳簿価額を圧縮限度額の範囲内で減額した損金の額に算入することができます。 2　特定の資産の譲渡に伴い特別勘定を設けた場合にも課税の特例が適用されることがあります（措法65の8）。交換した場合も同様です（措法65の9）。
（圧縮限度額）	$\left.\begin{array}{l}\text{・買換資産の取得価額}\\\text{・譲渡資産の譲渡対価}\\\text{　の額}\end{array}\right\}\begin{array}{c}いずれか\\少ない金額\end{array}\times(\textbf{差益割合}^{※})\times80\%$ 　※　$\textbf{差益割合}=\dfrac{\left(\begin{array}{c}譲渡資産の\\対価の額\end{array}\right)-\left(\begin{array}{c}譲渡資産の譲渡\\直前の帳簿価額\end{array}+譲渡経費\right)}{（譲渡資産の対価の額）}$ ・譲渡資産及び買換資産の範囲については、P.85参照
・特定の長期所有土地等の所得の特別控除 (措法65の5の2)	・平成21年1月1日から平成22年12月31日までの間に取得した土地等で、その所有期間が5年を超えるものを譲渡した場合に、その譲渡益の金額と1,000万円のいずれか少ない金額を損金の額に算入することができます。

・その他の圧縮記帳

その他の租税特別措置法における圧縮記帳	根拠法令
収用又は換地処分等に伴い資産を取得した場合の課税の特例	措法64、64の2、65
転廃業助成金等で固定資産を取得する場合	措法67の4
農業経営基盤強化準備金を有する法人が農用地等を取得する場合	措法61の3
特定の交換分合により土地等を取得した場合	措法65の10
特定普通財産とその隣接する土地等の交換	措法66

• 譲渡資産及び買換資産の範囲（措法65の7〜65の9、（37〜37の4））

譲渡資産	買換資産
※令和5年4月1日以後、既成市街地等の内から外への買換えは適用対象から除外されました。	
既成市街地等内にある次に掲げる資産で、所有期間が10年超のもの イ 事務所、工場、作業場、研究所、営業所、倉庫その他これらに類する福利厚生施設を除く施設の用に供されている建物（その附属設備を含みます。） ロ 上記建物等の敷地の用に供されている土地等	既成市街地等以外の地域内にある土地等、建物（その附属設備を含みます。）、構築物、機械及び装置 ※農業業用以外のものにあっては、一定の区域内にあるものに限るものとし、農林業用のものにあっては、市街化区域以外の地域内にあるものに限ります。
1．航空機騒音障害防止区域内にある土地等、建物又は構築物 ※特定空港周辺航空機騒音対策措置法等の規定により譲渡されたものに限ります（一定のものを除きます。）。	航空機騒音障害区域外にある特定の資産（農・林業の用に供されるものにあっては、市街化区域以外の地域内にあるものに限ります。） （一定区域内の譲渡資産については課税繰延割合70%）
2．既成市街地等及びこれに類する区域内にある土地等、建物又は構築物	左の区域内にある土地等、建物、構築物又は機械及び装置で土地の計画的かつ効率的な利用に資する特定の施策（5,000m²以上の面積の土地を対象とした市街地再開発事業）の実施に伴い、当該施策に従って取得をされるもの（地上4階以上の中高層耐火建築物以外の建物及び住宅用部分の建物並びにこれらの敷地の用に供される土地等所定のものを除く。）
3．国内にある土地等、建物又は構築物で、その法人により取得をされた日から引き続き所有され、その所有期間が10年を超えるもの	国内にある土地等（事務所、工場、作業場、研究所、営業所、店舗、倉庫、住宅その他これらに類する施設（福利厚生施設を除きます。）の敷地の用に供されるもの又は一定の駐車場の用に供されるもので、その面積が300m²以上のもの）、建物又は構築物（措令39の7⑤） （一定区域内の譲渡資産については課税繰延割合90%・75%・70%・60%）
4．船舶（日本船舶に限る。）のうちその進水の日からその譲渡の日までの期間が次の期間に満たないもの（注） イ 海洋運輸業用 ………………… 20年 ロ 沿海運輸業用 ………………… 23年 ハ 建設業又はひき船業用 …… 30年	譲渡資産と同一用途の船舶（新建造船舶のうち環境への負荷の低減に資するもので措令39の7⑦に規定する一定の買換船舶に限ります。） （注）左の譲渡資産は平成23年1月1日以後に建造された建設業及びひき船業用のものを除きます。

※上の表で所有期間とは、その取得をされた日の翌日から譲渡された日の属する年の1月1日までの所有期間をいいます。

※土地を買換資産とする場合、譲渡した土地の面積の5倍を超える部分は買換資産となりません。

法人税

■その他の経費

項　目	説　明
1. ゴルフクラブ 等の入会金等 (1)入会金 （法基通9-7 -11、9-7 -12) (2)会費等 （法基通9-7 -13)	**(1)　ゴルフクラブ・レジャークラブの入会金・年会費等の取扱い**

(1) ゴルフクラブ・レジャークラブの入会金・年会費等の取扱い

	項目	入会金	年会費等	プレー料金
ゴルフクラブ	法人会員として入会	資産計上	交際費	① 業務遂行上 ↓ 交際費 ② ①以外 ↓ 給与
		個人が負担すべきもの→給与	給与	
	個人として入会	給与		
		法人が負担すべきもの →資産計上経理可能	交際費	
レジャークラブ（法基通9-7-13の2）	法人会員として入会	ゴルフクラブに同じ ただし イ　有効期限あり ロ　脱退に際し入会金が返還されない ↓ 繰延資産計上	使途に応じて ↓ 交際費 福利厚生費 給与	

（法基通9-7-14、15)

(2)　社交団体の入会金・年会費等の取扱い

項目	入会金	経常会費	その他の費用
法人会員として入会	交際費	交際費	① 業務遂行上 ↓ 交際費 ② ①以外 ↓ 給与
個人会員として入会	給与	給与	
	法人会員制度がないため個人会員として入会→交際費	交際費	

（法基通9-7-15の2)

(3)　ライオンズ・ロータリークラブの入会金等の取扱い

項目	入会金・経常会費	その他の費用
ライオンズ・ロータリークラブ	交際費	その支出目的に応じて寄附金又は交際費となる。ただし会員たる特定の役員又は使用人の負担すべきものは給与

2. 海外渡航費
（法基通9-7-6～10、平12.10.11課法2-15、課所4-24)

同業者団体等の海外視察旅行等の損金算入額の処理基準

$$原則的な損金算入額 = \left(\begin{array}{c}その旅行に通常\\要する費用\end{array}\right) \times 業務従事割合を基礎とした損金算入割合$$

※損金算入割合＝業務従事割合の10％未満の端数を四捨五入して、10％単位で区分した割合

$$業務従事割合 = \frac{「視察等の業務に従事したと認められる日数」Ⓐ}{「Ⓐ」+「観光を行ったと認められる日数」}$$

①日数区分の単位は通常の業務時間（おおよそ8時間）を1日とし0.25日単位で算出します。このとき、夜間において業務に従事している場合はⒶに加算します。
② [視察等の日数]
・工場、店舗等の視察、見学又は訪問、・展示会・見本市等への参加等、・市場・流通機構等の調査研究等、・国際会議への出席、・海外セミナーへの参加、・同業者団体又は関係官庁等の訪問、懇談
[観光の日数]
・自由行動時間での私的な外出、・観光に附随して行った簡易な見学、儀礼的な訪問、・ロータリークラブ等の会議で私的地位で出席したもの

例外①	業務従事割合が50％以上の場合 損金算入額⇨「往復の交通費の額」＋「その他の費用×損金算入割合」
例外②	「損金算入割合」　①90％以上のとき…全額損金算入 　　　　　　　　　②10％以下のとき…全額損金不算入

■法人契約の定期保険等に係る保険料

養老保険	被保険者の死亡又は生存を保険事故とする生命保険 （定期付養老保険等を除きます。）
定期保険	一定期間内における被保険者の死亡を保険事故とする生命保険
第三分野保険	第一分野（終身保険、定期保険、養老保険、個人年金保険など生命保険固有分野のもの）にも第二分野（火災保険、賠償責任保険など損害保険固有分野のもの）にも属さない疾病・傷害分野の保険 （例：医療保険・がん保険・介護保険・傷害保険など）
定期付養老保険	養老保険に、定期保険又は第三分野保険を付した保険

法人税

(1) 養老保険 （法基通9-3-4、9-3-6の2、9-3-8）

保険金受取人		主契約保険料	特約保険料	契約者配当
死亡保険金	生存保険金			
法人	法人	資産計上	損金算入 （特定の者だけ が対象のとき は、給与）	益金算入 （資産計上額 から控除可）
役員・ 使用人の遺族	役員・使用人	役員・使用人の給与		益金算入
役員・ 使用人の遺族	法人	$\frac{1}{2}$は資産計上 $\frac{1}{2}$は損金算入 （特定の者だけが 対象のときは、給与）		

(2) 定期保険及び第三分野保険 （法基通9-3-5、9-3-6の2、9-3-8）
（保険料に(3)相当多額の前払部分が含まれる場合を除きます。）

死亡保険金又は 給付金の受取人	主契約保険料	特約保険料	契約者配当
法人	期間の経過に応じて損金算入	損金算入 （特定の者だけ が対象のとき は、給与）	益金算入
役員・使用人又は その遺族	期間の経過に応じて損金算入 （特定の者だけが 対象のときは、給与）		

- 保険料払込期間中は、 払込保険料×（保険料払込期間／保険期間） を損金算入し、残額は資産計上されます。
  なお、保険期間が終身の第三分野保険については、保険期間開始日から被保険者が116歳に達する日までが上記計算上の保険期間とされます。
- **解約返戻金相当額のない短期払の定期保険又は第三分野保険**（令元.10.8以後契約分）
  （解約返戻金がない、又はごく少額であり、保険料払込期間が保険期間より短いものに限ります。）
  ⇒被保険者1人当たりの事業年度中の払込保険料（複数の契約がある場合には、その合計額）が30万円以下であるものについては、全額損金算入

(3) **相当多額の前払部分の保険料のある定期保険及び第三分野保険** （法基通9-3-5の2）

　役員・使用人を被保険者とする①保険期間が３年以上の定期保険及び第三分野保険で、②最高解約返戻率が50％を超えるものの支払保険料の取扱いは、次のとおりです。

　なお、(i)(ii)(iii)のものについては、前記（定期保険及び第三分野保険）の取扱いとなります。

(i)　保険期間３年未満	
(ii)　最高解約返戻率50％以下	⇒**法基通9-3-5**
(iii)　最高解約返戻率70％以下で、かつ、年換算保険料相当額30万円以下	

- 最高解約返戻率➡保険期間の最も高い解約返戻率（契約者に示された解約返戻金額÷返戻金受取時までの支払保険料累計額）
- 当期分支払保険料➡支払保険料のうち、その事業年度対応部分の金額
- 年換算保険料相当額➡保険料総額÷保険期間の年数
- 保険期間➡保険契約に定められている契約日から満了日までの期間（保険期間が終身である第三分野保険については、保険期間開始日から被保険者が116歳に達する日までが保険期間とされます。）

最高解約返戻率が50％超70％以下の場合

資産計上期間	４割から7.5割までの期間	取崩期間
保険期間の当初４割の期間		保険期間の7.5割経過後から終了日まで
支払保険料×40％→資産計上 支払保険料×60％→損金算入	支払保険料全額損金	資産計上保険料を均等取崩し損金算入 支払保険料全額損金

	資産計上分均等取崩
保険料支払｜ 40%　資産計上 60%　損金算入 ｜ 100%	100%
←４割期間→ ←3.5割期間→	←2.5割期間→

最高解約返戻率が70％超85％以下の場合

資産計上期間	４割から7.5割までの期間	取崩期間
保険期間の当初４割の期間		保険期間の7.5割経過後から終了日まで
支払保険料×60％→資産計上 支払保険料×40％→損金算入	支払保険料全額損金	資産計上保険料を均等取崩し損金算入 支払保険料全額損金

	資産計上分均等取崩
保険料支払｜ 60%　資産計上 40%　損金算入 ｜ 100%	100%
←４割期間→ ←3.5割期間→	←2.5割期間→

最高解約返戻率が85％超

資産計上期間		取崩期間
次のいずれかの期間 ①保険開始日から最高解約返戻率となるまでの期間 ②①の期間経過後において、（その期間の解約返戻金増加額÷年換算保険料相当額）が70％超となる期間があるときは、保険開始日からその期間終了までの期間 ③①又は②が5年未満の場合は、当初5年間（保険期間が10年未満の場合は、保険期間の当初$\frac{1}{2}$の期間）	支払保険料全額損金	解約返戻金相当額（注：返戻率ではない。）が最も高くなる期間経過後から保険期間の終了の日まで ただし、資産計上期間が③の場合は、③の期間経過後から保険期間の終了の日まで
当初10年間…支払保険料×最高解約返戻率×0.9 11年目以降…支払保険料×最高解約返戻率×0.7		資産計上保険料を均等取崩し損金算入 支払保険料全額損金

(4) **定期付養老保険等** (法基通9-3-6)

区分	取扱い
保険料の額が養老保険に係るものと定期保険又は第三分野保険に係るものに区分されている場合	それぞれの保険料について、(1)(2)(3)の例によります。
上記以外の場合	その保険料について(1)の例によります。

(5) **適用時期**

① (2)(3)(4)については、令和元年7月8日以後の契約に係る保険料から適用され、(2)の解約返戻金相当額のない短期払の定期保険又は第三分野保険に係る保険料については、令和元年10月8日以後の契約に係る保険料から適用されます。

② ①以前の契約に係る保険料については、改正前通達及び廃止前個別通達の取扱いによるものとされていますので、従来の経理処理を引き続き行います。

法人税

■消費税等に係る会計処理

項　目	説　　　明
1. 会計処理の種類 ※免税事業者は税込経理しか適用できません。	・[税抜経理方式] → 消費税等の額と当該消費税に係る取引の対価の額とを区分して経理する方式 ・[税込経理方式] → 消費税等の額と当該消費税に係る取引の対価の額とを区分しないで経理する方式 ・法人が行う経理処理は、税抜経理方式又は税込経理方式のいずれの方式によってもよいが、その選択した方式は、原則として全ての取引について適用する必要があります。

2. 控除対象外消費税額等の処理方法（法令139の4 ①②）

控除対象外消費税額等の区分 ＼ その事業年度の課税売上割合	80% 未満	80% 以上
①　棚卸資産以外の資産（固定資産等）に係るもので一の資産に係るものの金額が20万円以上であるもの。（特定課税仕入れに係るものを除きます）	その合計額を繰延消費税額等として繰延べ、償却します。 $$\text{繰延消費税額等} \times \frac{\text{その事業年度の月数}}{60} = \text{損金算入限度額}$$ （控除対象外消費税額等が生じた事業年度は上記の $\frac{1}{2}$）	損金経理を要件として損金の額に算入することが認められます。
②　①以外のもの	損金経理を要件として損金の額に算入することが認められます。	

3. 消費税等の損金算入時期等（平元直法2-1 ⑥⑦）

(1) **税込経理方式**を適用している法人が納付すべき消費税等は、申告税額についてはその納税申告書が提出された日の属する事業年度の損金の額に算入し、更正又は決定に係る税額についてはその更正又は決定があった日の属する事業年度の損金の額に算入します。
※その法人が申告期限未到来の消費税等の額を損金経理により未払金に計上したときのその金額については、その損金経理をした事業年度の損金の額に算入します。

(2) **税抜経理方式**を適用している法人が、課税期間の終了の時における仮受消費税等の金額から仮払消費税等の金額（控除対象外消費税額等に相当する金額を除きます。）を控除した金額とその課税期間に係る納付すべき消費税等の額又は還付を受ける消費税等の額とに差額が生じたときは、その差額については、その課税期間を含む事業年度において益金の額又は損金の額に算入します。

4. 適格請求書発行事業者以外の者からの課税仕入れ

・インボイス制度において、適格請求書発行事業者以外の者からの課税仕入れは、原則として仕入税額控除を行うことができないため、税務上、仮払消費税等の額がないこととなります。
・8割・5割控除を適用する場合は、支払対価の額のうち一定割合を仮払消費税等の額とします。
・簡易課税・2割特例を適用する事業者は、継続適用を条件として、支払対価の額の $\frac{10}{110}$ （軽減対象資産は $\frac{8}{108}$ ）を仮払消費税等の額として計上することが認められます。

■グループ法人税制

項　　目	説　　　　　明
1. グループ法人単体課税制度	当事者間の完全支配の関係（親会社と100％子会社など）、又は一の者との間に当事者間の完全支配の関係がある法人相互の関係（兄弟会社相互間など）がある場合には、グループ法人税制が適用されます。
2. 資産の譲渡損益の繰延（法法61の13①、法令122の14）	・完全支配関係にある内国法人間で、譲渡損益調整資産（固定資産・土地等・有価証券・金銭債権及び繰延資産で一定のもの）の移転を行ったことにより生ずる譲渡損益は、譲受法人がグループ内外問わずその資産を譲渡するまで、譲渡利益の益金算入・譲渡損失の損金算入が繰り延べられます。
3. 完全支配関係がある法人間の寄附金（法法37②、25の2、法令9①七、119の3⑥）	・完全支配関係（法人による完全支配関係に限ります。）にある内国法人間の寄附金・受贈益に関して、寄附金を支出する法人においては全額損金不算入、寄附を受ける法人においてはその受贈益の全額が益金不算入とされます。 　なお、法人との間に完全支配関係がある他の法人（子法人）がこの取扱いの適用を受ける場合には、その子法人の株式を保有する親法人は、その子法人の株式の帳簿価額を修正し、利益積立金を増加又は減少させます。
4. 完全支配関係法人間の資本関係取引の取扱い（法法二十二の六、23②、24、61の2⑰、62の5③④、81の4③法令8①十九）	・完全支配関係にある法人間の資本関係取引の取扱いは次の通りです。 （次表の通り）

①	現物分配	完全支配関係にある内国法人間の現物分配（みなし配当を含みます。）又は株式分配について、組織再編税制の一環として位置づけ、譲渡損益の計上を繰り延べる等の措置が講じられます。この場合、源泉徴収は行いません。
②	受取配当等の益金不算入制度	完全支配関係にある内国法人からの受取配当について益金不算入制度を適用する場合には、負債利子控除が適用されず、その全額が益金不算入となります。
③	グループ内法人の株式譲渡損益不計上	完全支配関係にある内国法人の株式を発行法人に対して譲渡する等の場合には、その譲渡損益が計上されません。 金銭不交付の合併及び分割型分割及び株式分配の場合を除きます。 譲渡損益不計上相当額は資本等の増減とします。

項　　目	説　　　　　明
5. 中小企業特例措置の制限（法法66⑤、67①、52①、57⑪、措法57の9①、66の13①、61の4の①）	次の①及び②の法人については、資本金の額又は出資金の額が1億円以下の法人に認められる(i)〜(vi)の制度は適用されません。 　①　大法人との間にその大法人による完全支配関係がある普通法人 　（注）大法人とは次の法人をいいます。 　　・資本金の額又は出資金の額が5億円以上の法人 　　・相互会社、受託法人 　②　グループ法人内の複数の大法人による完全支配関係のある普通法人

適用制限を受ける制度
(i) 所得金額年800万円までの法人税軽減税率
(ii) 特定同族会社の特別税率（留保金課税）の不適用措置
(iii) 貸倒引当金の損金算入制度及び当該制度における法定繰入率の適用
(iv) 欠損金繰越控除制度の所得金額の一定割合を控除限度額とする措置の不適用
(v) 欠損金の繰戻しによる還付制度の不適用の除外措置
(vi) 交際費等の損金不算入制度における定額控除制度

法人税

■繰越欠損金の損金算入

項　目	説　　明
1.青色欠損金の 繰越控除 （法法57①⑩、 58） （法法57⑪） （法法59①） （法基通12-1 -1） （法基通12-3 -2）	⑴　**適用要件** ①　欠損を生じた事業年度において青色申告法人であること。 ②　その事業年度開始の日**前10年**（平成30年3月31日以前開始事業年度分は9年）以内に開始した事業年度において生じた欠損金額であること（すでに所得の計算上損金に算入された金額及び欠損繰戻しの対象となった金額は除きます。） ③　欠損金の生じた事業年度から損金算入の適用を受ける事業年度まで引き続いて確定申告書を提出し、その明細を記載していること。 ⑵　**損金算入額** ①　事業年度開始の日前10年（平成30年3月31日以前開始事業年度分は9年）以内に開始した事業年度に生じた欠損金額が損金の額に算入されますが、適用を受けようとする事業年度の所得金額（この欠損金等の損金算入の規定を適用しないものとした場合の所得金額）の**50%相当額**が限度となります。 | （例）	I	→II	→III	→IV	→V | |---|---|---|---|---|---| | 控除前所得金額 | △1,000 | 300 | 400 | 800 | 700 | | 欠損金控除 | | △150 | △200 | △400 | △250 | | 繰越欠損金 | 1,000 | 850 | 650 | 250 | 0 | （50%） 　ただし、各事業年度終了の時において次の(イ)から(ハ)に掲げる法人に該当する場合には、**100%相当額**が限度とされます。 (イ)　**中小法人等**　普通法人のうち、資本金の額若しくは出資金の額が1億円以下であるもの（大法人との間に大法人による完全支配関係がある普通法人又は複数の完全支配関係がある大法人に発行済株式等の全部を保有されている普通法人を除きます。）又は資本若しくは出資を有しないもの（保険業法に規定する相互会社を除きます。） (ロ)　公益法人等又は協同組合等 (ハ)　人格のない社団等 　また、更生手続開始の決定があった法人等については、以後7年間は控除限度は100%、設立後7年以内の法人や特定目的会社などの控除限度も100%とされます。 　会社更生手続開始の決定があった場合において、適用年度前の各事業年度において生じた欠損金額に相当する金額のうち、更生債権等について債務の免除を受けた金額や役員等から贈与を受けた金銭の額等、会社更生法等の規定に従って行う資産の評価換えによる評価益の額の合計額に達するまでの金額を損金の額に算入します。 ②　損金算入額は、適用を受ける欠損金額のうち最も古い事業年度から生じた欠損金から順次損金に算入します。 ③　各事業年度の欠損金額は、損金の額の合計額が益金の額の合計額を超える場合のその超える金額をいい、資本積立金又は利益積立金を取りくずし、繰越欠損金として表示していない場合でもその欠損金額は損金算入の対象となります。

2. 特定株主等によって支配された欠損等法人の欠損金の繰越しの不適用 （法法57の2、60の3）	・青色欠損金又は評価損資産を有する法人を買収して欠損金を利用する租税回避行為は規制されています。 [対象法人]　特定の株主により、発行済株式総数の50％超を直接又は間接に保有された欠損法人 [該当事由]　50％超保有した日から5年以内に従前から営む事業を廃止し、かつ、その事業規模を大幅に超える事業を開始したこと等、一定の事由に該当する場合 [規制内容] (1)　該当事由が発生した日の属する事業年度前の欠損金は繰越控除できません。 (2)　該当事由が発生した日の属する事業年度から3年内（50％超保有した日から5年を限度とします。）の資産の譲渡損失は損金に算入されません。
3. 災害損失金の繰越控除 （法法58①、法令115） （法令114） （法令116） （法法80⑤） （法法58①）	(1)　適用要件 ①　欠損金額が震災、風水害、火災、冷害、雪害、干害、落雷、噴火その他の自然現象の異変による災害及び鉱害、火薬類の爆発その他の人為による異常な災害並びに害虫、害獣その他生物による異常な災害により生じたものであること。ただし、青色申告事業年度に生じた欠損金又は欠損金の繰戻しによる還付適用した欠損金は除かれます。 ②　その欠損金額が、棚卸資産、固定資産又は繰延資産（他の者の有する固定資産を利用するために支出されたものに限ります。）について次により生じた損失の額（保険金、損害賠償金で補てんされたものを除きます。）であること。 イ　資産の滅失又は損壊により、その資産の帳簿価額を減額したことにより生じた損失の額（滅失、損壊又は価値の減少によるその資産の取りこわし又は除去の費用等を含みます。） ロ　損壊資産を事業の用に供するため、その災害のやんだ日の翌日から一年を経過した日の前日までに原状回復のため支出する修繕費用、土砂その他の障害物の除去費用（損壊又は価値の減少を防止する費用を含みます。） ③　災害損失欠損金額の生じた事業年度の確定申告書、修正申告書又は更正請求書に損失の額に関する明細を記載した書類を添付し、かつ、その後において連続して確定申告書を提出している場合であって、災害損失欠損金額が生じた事業年度に係る帳簿書類を保存しているときは、この適用が認められます。 (2)　損金算入額 災害損失金の損金算入額は、1.の損金算入額と同じです。
4. 青色欠損金の繰越期間の延長に伴う措置 （法法57⑩、80⑤） （通法70②） （通法23①）	・青色欠損金の繰越期間・災害損失欠損金の繰越期間が平成30年4月1日以後開始事業年度より10年（改正前9年）に延長されたことに伴い、次の措置が講じられました。 イ　青色欠損金の繰越控除制度・災害損失欠損金の繰越控除制度の適用に係る帳簿書類の保存要件について、保存期間が10年（改正前9年）とされます。 ロ　法人税の欠損金額に係る更正の期間制限が10年（改正前9年）に延長されます。 ハ　法人税の欠損金額に係る更正の請求期間が10年（改正前9年）とされます。

法人税

■欠損金の繰戻し還付制度

項　　目	説　　　　明
○欠損金の繰戻し還付 （法法80①④⑤、法令156）	• 次の事実が生じた場合に、その事実が生じた日前1年以内に終了したいずれかの事業年度又は同日を含む事業年度の欠損金額（青色申告事業年度の繰越欠損金又は災害損失金として所得の計算上損金に算入されたものを除きます。）がある場合に、その事実の生じた日以後1年以内にその欠損金の繰戻しによる還付請求ができます。 (1)解散したとき (2)事業の全部を譲渡したとき (3)会社更生法の規定による更生手続の開始等があったとき (4)営業の全部の相当期間の休止又は営業の重要部分の譲渡で、これらの事実が生じたことにより欠損金額について青色申告事業年度の繰越欠損金の控除の規定の適用を受けることが困難となると認められるとき (5)一定の災害損失欠損金額並びに設備廃棄等欠損金額（令和2年4月1日以後、特例廃止）があるとき
（措法66の12、措令39の24）	(注) 中小法人等以外の法人の青色申告書である確定申告書を提出する事業年度で平成4年4月1日から令和8年3月31日までの間に終了する事業年度において生じた欠損金額については、繰戻しによる還付は認められません。（上記(1)から(5)までに該当する場合は除きます。）
○中小法人等の欠損金の繰戻し還付 （措法66の12、68の97）	• 中小法人等の平成4年4月1日から令和8年3月31日の間に終了する事業年度において生じた欠損金額について、欠損金の繰戻しによる還付制度（法法80①）の適用ができます。（還付金額の計算式は次の通りです。） $$\left\{\begin{pmatrix}欠損事業年度開始の日\\前1年以内に開始した\\いずれかの事業年度の\\所得に対する法人税額\end{pmatrix}+\begin{pmatrix}所得税額\\の控除額\end{pmatrix}\right\}\times\dfrac{\begin{pmatrix}欠損事業年度の\\欠損金額\end{pmatrix}}{\begin{pmatrix}還付所得事業年度\\の所得金額\end{pmatrix}}$$
［適用要件］ （法法80③⑨）	(1) 次の中小法人等であること ①普通法人のうち事業年度終了の時において資本金の額又は出資金の額が1億円以下であるもの又は資本若しくは出資を有しないもの（相互会社等を除きます。） 　ただし、上記法人のうち各事業年度終了の時において大法人（資本金の額又は出資金の額が5億円以上である法人、相互会社又は外国相互会社、法人課税信託の受託法人をいいます。）との間にその大法人による完全支配関係がある法人及び複数の完全支配関係がある大法人に発行済株式等の全部を保有されている法人は除かれます。 ②公益法人等、協同組合等 ③認可地縁団体、管理組合法人など法人税法以外の法律によって公益法人等とみなされているもの ④人格のない社団等 (2) 還付所得事業年度から欠損事業年度の前事業年度まで連続して青色申告である確定申告書を提出していること (3) 欠損事業年度の確定申告書を青色申告により提出期限内に提出していること (4) 欠損事業年度の確定申告書の提出と同時に「繰戻しによる還付請求書」を提出していること

■適用額明細書の添付が必要となる主な特別措置一覧表（抜粋）

　法人税関係特別措置を適用する場合には、租税特別措置の適用状況の透明化等に関する法律により、申告書に「**適用額明細書**」（**適用される法律の条項、区分番号、適用額等**）を記載して添付することが必要です。

●主な法人税関係の特別措置と租税特別措置法の条項

法人税関係の特別措置	租税特別措置法の条項
□中小企業者等の法人税率の特例	措法42の3の2①の表の一
□試験研究を行った場合の法人税額の特別控除	措法42の4①
□中小企業者等が機械等を取得した場合の特別償却又は法人税額の特別控除	措法42の6①又は②
□地域経済牽引事業の促進区域内において特定事業用機械等を取得した場合の特別償却又は法人税額の特別控除	措法42の11の2①又は②
□地方活力向上地域等において雇用者の数が増加した場合の法人税額の特別控除	措法42の12①
□中小企業者等が特定経営力向上設備等を取得した場合の特別償却又は法人税額の特別控除	措法42の12の4①又は②
□給与等の支給額が増加した場合の法人税額の特別控除	措法42の12の5①又は②又は③
□事業適応設備を取得した場合等の特別償却又は法人税額の特別控除	措法42の12の7①又は④、③又は⑥
□医療用機器等の特別償却	措法45の2①（償却費）
□中小企業事業再編投資損失準備金	措法56①
□特定船舶に係る特別修繕準備金	措法57の8①又は⑨
□中小企業者等の貸倒引当金の特例	平成31年旧措法57の9③
□収用等に伴い代替資産を取得した場合等の課税の特例	措法64、64の2、65、65の2
□特定土地区画整理事業等のために土地等を譲渡した場合の所得の特別控除	措法65の3①
□特定の資産の買換えの場合等の課税の特例	措法65の7、65の8、65の9
□特定の基金に対する負担金等の損金算入の特例	措法66の11①
□認定特定非営利活動法人に対する寄附金の損金算入等の特例	措法66の11の3①
□社会保険診療報酬の所得の計算の特例	措法67①
□特定の医療法人の法人税率の特例	措法67の2①
□転廃業助成金等に係る課税の特例	措法67の4①
□中小企業者等の少額減価償却資産の取得価額の損金算入の特例	措法67の5①

法人税

■特定同族会社と留保金課税

項　目	説　明
(1)意義 （法法2十、法基通1-3-1、法法2十四、法令4①、②） （法法67①）	• **同族会社**とは、株主等の3人以下並びにこれらの同族関係者が、その会社の発行済株式総数又は出資の総額（その会社が有する自己の株式及び出資を除きます。）の50%超を保有している会社をいいます。 • 同族会社のうち1株主グループの持株保有割合50%超である会社を「**特定同族会社**」といいます。 • **特定同族会社**とは、被支配会社で、被支配会社であることについての判定の基礎となった株主等のうちに被支配会社でない法人がある場合には、その法人をその判定の基礎となる株主等から除外して判定するとした場合においても被支配会社となるものをいいます。（被支配会社とは、その会社の株主等（その親族等を含みます。）がその会社の株式等の50%超を有している場合のその会社をいいます。） • 特定同族会社には留保金課税が適用されますが、資本金の額又は出資金の額が1億円以下の同族会社は適用対象除外です。ただし、①資本金の額等が5億円以上の法人、相互会社、法法4の3の受託法人の完全支配子会社、②100%グループ内の複数の大法人に発行済株式の全部を保有されている法人、③投資法人、④特定目的会社、⑤受託法人は適用対象とされます。
(2)計算方法 （法法67①）	• 課税留保所得金額（千円未満切捨て）＝当期留保金額－留保控除額 • 税額＝課税留保所得金額×特別税率
(3)当期留保金額の計算 （法法67③）	〔課税所得金額＋(i)－(ii)〕＝留保金額

(i) 加算する項目	① 受取配当の益金不算入額 ② 外国子会社から受ける配当等の益金不算入額 ③ 完全支配関係がある法人の間の受贈益の益金不算入額 ④ 還付金等の益金不算入額 ⑤ 繰越欠損金の損金算入額 ⑥ 収用換地等の場合の特別控除額等　　　　　　　　　　　　　*など*
(ii) 減算する項目	① 剰余金の配当又は利益の配当 ② 損金経理した費用で社外に流出したもののうち所得の計算上損金不算入額（例えば、寄附金、交際費及び役員給与の損金不算入額、法人税の延滞税等の損金不算入額） ③ 所得に係る法人税額及び地方法人税額 ④ 道府県民税及び市町村民税又は都民税の額　　　　　　　　　　*など*

項　目	説　明
(4)留保控除額の計算 （法法67⑤）	①、②、③のうち最も多い金額 ① （課税所得金額＋上記(i)の加算する項目の合計額）×40% ② 年2,000万円× $\dfrac{\text{事業年度の月数（1か月未満は1か月）}}{12}$ ③ 期末資本金額×25%－ $\left(\dfrac{\text{期末利益}}{\text{積立金額}}-\dfrac{\text{当期の利益のうち積み}}{\text{立てたものの額※}}\right)$ ※ 原則として期首積立金額（別表五(一)の合計）によります。（法基通16-1-6）

(5)特別税率 （法法67）	課税留保金額Ⓐ	税率
	(1) Ⓐ≦年3,000万円の部分	10%
	(2) 年3,000万円＜Ⓐ≦1億円の部分	15%
	(3) Ⓐ＞1億円の部分	20%

■法人の税率表

○法人税の税率（法法66、措法42の3の2①）

区分			税率
普通法人	資本金1億円以下（※1）	年800万円以下	15%
		年800万円超	23.2%
	資本金1億円超及び相互会社		23.2%
協同組合等		年800万円以下	15%
		年800万円超	19%
公益法人等	公益社団法人及び公益財団法人並びに非営利型法人	収益事業から生じた所得 年800万円以下	15%
		年800万円超	23.2%
	管理組合法人等の一定の公益法人等	年800万円以下	15%
		年800万円超	23.2%
	上記以外の公益法人等	年800万円以下	15%
		年800万円超	19%
人格のない社団等		年800万円以下	15%
		年800万円超	23.2%
特定の医療法人		年800万円以下	15%
		年800万円超	19%

※1 資本金5億円以上である法人等による完全支配関係がある法人等を除きます。また、平成31年4月1日以後は適用除外事業者（※P.105参照）を除きます。

※2 「年800万円相当額」（800万円×$\frac{事業年度の月数}{12}$）に千円未満の端数があるときは切捨てます。但し、所得金額（別表1(1)①）の切捨てられる端数が年800万円相当額の端数より小さいときは、これを切上げます。（措通42の3の2-1）

※3 特定の協同組合等の年10億円を超える所得に対しては、19%が22%となります。

法人税

参考 法人実効税率 ※外形標準課税適用法人（標準税率）

税区分		開始事業年度	令4.4.1以後
法人税			23.2%
地方法人税			2.3896%（23.2%×10.3%）
事業税（標準税率）		付加価値割	1.2%
		資本割	0.5%
	所得割	年400万円以下	1.0%
		年400万円超800万円以下	
		年800万円超	
特別法人事業税			2.60%（1.0%×260%）
住民税（標準税率）			1.624%（23.2%×7.0%）
実効税率			29.74%

※事業税、住民税は超過税率が設けられている場合があります。

$$実効税率＝\frac{法人税率×\left(1+地方法人税率＋住民税率\right)＋事業税率＋事業税の標準税率×特別法人事業税率}{1＋事業税率＋事業税の標準税率×特別法人事業税率}$$

$$\frac{23.2\%×（1＋10.3\%＋7.0\%）＋1.0\%＋（1.0\%×260\%）}{1＋1.0\%＋（1.0\%×260\%）}＝29.74\%$$

■税額控除

項　目	説　　　　　　　明
1. 所得税額の控除 （法法68①） （法令140の2 ②） （法令140の2 ③）	(1)　①剰余金の配当、利益の配当、剰余金の分配、②集団投資信託（合同運用信託、公社債投資信託及び公社債等運用投資信託を除く）の収益の分配、③割引債の償還差益、④定期積金の給付補塡金、抵当証券の利息などのグループごとに統一して、⑺又は⑷の計算により所有期間に対応する控除税額とします。（下記算式中、分数部分は小数点以下3位未満切上げ） ⑺原則法 $$\left(\begin{array}{l}\text{利子配当等に}\\\text{対する所得税額}\end{array}\right) \times \frac{\text{分母の期間のうちの元本所有期間の月数}}{\text{利子配当等の計算期間の基礎となった期間の月数}}$$ （元本の銘柄ごと、所有期間の月数ごとに計算します。） ⑷簡便法 $$\left(\begin{array}{l}\text{利子配当等に}\\\text{対する所得税額}\end{array}\right) \times \frac{\text{配当計算期間開始時所有元本数Ⓐ}+(Ⓑ-Ⓐ)\times\frac{1}{2}}{\text{配当計算期間終了時所有元本の数Ⓑ}}$$ （注）　①　Ⓑ＜Ⓐの時は1とします。 　　②　利子配当等の計算期間1年超の場合 $\frac{1}{2}$ を $\frac{1}{12}$ とします。 (2)　公社債及び預貯金の利子、合同運用信託の収益の分配等に係る所得税……その全額が控除されます（按分計算は不要です。）
2. 外国税額の控除 （法法69、法令142〜150） [控除限度額] 　　[留意事項] （法法41、41の2） （法令142の2①⑤） （法令142③）	外国で法人税に相当する税を課された場合、その外国法人税の額のうち一定の方法で計算した金額を控除できます。 **次のいずれか小さい方の額が控除限度額とされます。** ①当期に納付した控除対象外国法人税額 ②当期の全世界所得に対する法人税額 $\times \dfrac{\text{当期の調整国外所得金額}}{\text{当期の全世界所得金額}}$ ・控除対象外国法人税額及び分配時調整外国税相当額は、法人の所得の計算上、損金の額に算入されません。 ・税額控除を受けないときは、損金として所得から控除できます。 ・控除対象外国法人税額とは、その外国法人税の額のうち税率が35％を超える部分及び通常行われる取引と認められない取引に基因して生じた所得に対して課されるものを除いたものをいいます。 ・調整国外所得金額とは、国外所得金額から、外国法人税が課されない国外源泉所得にかかる所得の金額を控除した金額をいいます。ただし、この金額が所得金額の90％を超える場合には、その90％に相当する金額とされます。
3. 仮装経理の場合の更正に伴う法人税額の控除 （法法70）	(1)　仮装経理で過大申告を行った場合の更正に伴う減少税額は、法人がその確定申告に係る法人税額として納付した金額のうち、その更正により減少する部分の金額で、仮装経理した金額に係るものは、更正の日の属する前1年間の各事業年度の法人税額だけを還付し、残額はその更正のあった事業年度から5年以内に開始する各事業年度法人税額から順次控除します。 (2)　仮装経理の法人税額控除は、1.所得税額の控除、2.外国税額の控除の適用前に控除します。

4. 試験研究を行った場合の税額控除 （措法42の4） （試験研究費の範囲）	試験研究を行った場合等の各税額控除は次の適用要件に該当することが必要です。 　①　青色申告法人の各事業年度において、損金の額に算入された試験研究費の額があること。 　②　確定申告書等に控除額及び計算の明細を記載すること。 　製品の製造又は技術の改良、考案若しくは発明に係る試験研究のために要する費用で次のものをいい、その試験研究費に充てるため他の者から支払を受けた金額、内国法人である場合のその事業者の国外事業所等を通じて行う事業に係る費用の額（令7.4.1以後）がある場合には、その金額を除きます。 　①　その試験研究を行うために要する原材料、人件費（専門的知識をもってその業務に専ら従事する者のものに限ります。）及び経費 　②　他の者に委託して試験研究を行う法人のその試験研究のためにその委託を受けた者に対して支払う費用 　③　技術研究組合法の規定により賦課された費用 ※令和3年4月1日以後開始事業年度から「研究開発費として損金経理した金額で非試験研究用資産の取得価額に含まれるもの」が加えられ、自社利用ソフトウエアの製作に要した試験研究費が対象とされています。

法人税

[概要]

①試験研究費の総額に係る税額控除	措法42の4①	
②特別試験研究費に係る税額控除	措法42の4⑦	①③の適用を受けた試験研究費を除く
③中小企業技術基盤強化税制	措法42の4④	中小企業者等のみ①との選択適用
④税額控除の上限上乗せ・控除割合の加算	措法42の4③	①③は上乗せ特例あり

①試験研究費の総額に係る税額控除

試験研究費の額※×税額控除割合＝税額控除限度額

※②特別試験研究費に係る税額控除の適用を受けたものを除きます。

○税額控除割合

令5.4.1から令8.3.31までの開始事業年度

※令8.4.1以後開始事業年度については、改正 P.13参照

増減試験研究費割合	税額控除割合 （小数点以下3位未満切捨て）		限度割合
12%超	11.5%＋	$\left(\dfrac{\text{増減試験}}{\text{研究費}}\text{割合}-12\%\right)×0.375$	上限割合14%
12%以下	11.5%－	$\left(12\%-\dfrac{\text{増減試験}}{\text{研究費}}\text{割合}\right)×0.25$	下限割合1%

設立事業年度又は比較試験研究費が零の場合の税額控除割合は、8.5%

〈試験研究費割合が10%超の場合の上乗せ特例〉
- （試験研究費割合－10%）×0.5＝控除割増率（上限10%）
- （上記の税額控除割合×控除割増率）が税額控除割合に上乗せされます。

○税額控除限度額→法人税額の25%が上限
（設立後10年以内の法人のうち純損失等の金額があるもの（大法人の子会社等を除きます。）については、法人税額の40%が上限となります（下記の〈5%上乗せ〉の適用はなく、40%が上限））。
〈試験研究費割合が10%超の場合の上乗せ特例〉
- 法人税額×（試験研究費割合－10%）×2が上乗せされます（法人税額×10%が上限）。

〈増減試験研究費割合が 4 ％超の場合の控除上限の加算〉
法人税額×(増減試験研究費割合－ 4 ％)×0.625％が上乗せされます（法人税額× 5 ％が上限）。
※ただし、上記の試験研究費割合が10％超の場合の上乗せ特例といずれか大きい方とします。

〈増減試験研究費割合が△ 4 ％超の場合（試験研究費割合10％超の事業年度を除きます。）の控除上限の減算〉
法人税額×(－増減試験研究費割合－ 4 ％)×0.625％が控除限度から減額されます（法人税額× 5 ％が上限）。

- 比較試験研究費の額→適用年度の前 3 期分の損金算入された試験研究費の年平均額
- 増減試験研究費割合＝$\dfrac{\text{当期の試験研究費の額－比較試験研究費の額}}{\text{比較試験研究費の額}}$
- 試験研究費割合＝当期の試験研究費÷当期及び直前 3 期の年平均売上高

令 3.4.1 から令 5.3.31 までの開始事業年度

○税額控除割合

増減試験研究費割合	税額控除割合 （小数点以下 3 位未満切捨て）		限度割合
9.4％ 超	10.145％＋	(増減試験研究費割合－9.4％)×0.35	上限割合14％
9.4％ 以下	10.145％－	(9.4％－増減試験研究費割合)×0.175	下限割合 2 ％
設立事業年度又は比較試験研究費が零の場合の税額控除割合は、8.5％			

〈試験研究費割合が10％超の場合の上乗せ特例〉
- (試験研究費割合－10％)×0.5＝控除割増率（上限10％）
- (上記の税額控除割合×控除割増率) が税額控除割合に上乗せされます。

○税額控除限度額→法人税額の25％が上限
（設立後10年以内の法人のうち純損失等の金額があるもの（大法人の子会社等を除きます。）については、法人税額の40％が上限となります（下記の〈 5 ％上乗せ〉の適用はなく、40％が上限））。

〈試験研究費割合が10％超の場合の上乗せ特例〉
- 法人税額×(試験研究費割合－10％)× 2 が上乗せされます（法人税額×10％が上限）。

〈税額控除限度の 5 ％上乗せ〉
次の①②を満たす場合には、法人税額× 5 ％が上乗せされます。
①当期の売上金額が基準年度（令和 2 年 2 月 1 日前に最後に終了した事業年度）に比べて 2 ％以上減少
②当期の試験研究費の額が基準年度より増加

②特別試験研究費に係る税額控除

特別試験研究費の額×$\begin{array}{c}\text{税額控除割合}\\(20\%^*)\end{array}$＝$\begin{array}{c}\text{特別研究税額控除限度額}\\(\text{法人税額の10％が上限})\end{array}$

＊特別研究機関等との共同研究など（下記①②）は、30％
＊特定新事業開拓事業者などとの共同研究・委託研究（下記③④）は、25％

特別試験研究費の額は、次に掲げる一定の契約又は協定等に基づいて行われる試験研究に要した費用の額をいいます。

①	特別研究機関等との共同試験研究及び特別研究機関等への委託試験研究で、特別研究機関等の長等が試験研究に要した費用として認定した金額
②	大学等との共同試験研究及び大学等への委託試験研究に要した費用の額
③	特定新事業開拓事業者との共同試験研究及び特定新事業開拓事業者への委託試験研究に要した費用の額
④	成果活用促進事業者との共同試験研究及び成果活用促進事業者への委託試験研究に要した費用の額
⑤	他の者（民間企業・民間研究所・公設試験研究機関等）との共同試験研究及び他の者（民間企業・民間研究所・公設試験研究機関等）への委託試験研究に要した費用の額
⑥	技術研究組合の組合員が行う協同試験研究に要した費用の額
⑦	特定中小企業者等（公益法人等、地方公共団体の機関、地方独立行政法人等を含みます。）への委託試験研究に要した費用の額
⑧	特定中小企業者等（公益法人等、地方公共団体の機関、地方独立行政法人等を含みます。）から知的財産権の設定又は許諾を受けて行う試験研究に要した費用の額
⑨	医薬品、医療機器等の品質、有効性及び安全性の確保等に関する法律に規定する希少疾病用医薬品等に関する試験研究に係る費用で、国立研究開発法人医薬基盤・健康・栄養研究所法の規定による助成金の交付を受けてその対象となった期間に行われ、国立研究開発法人医薬基盤・健康・栄養研究所理事長が認定した金額
⑩	新規高度研究業務従事者に対して人件費を支出して行う一定の要件を満たす試験研究で、新規高度研究業務従事者に対する人件費であることが証明された金額

③中小企業者等の試験研究費等の特別控除（中小企業技術基盤強化税制）
（P.105の適用除外事業者参照）

令5.4.1から令8.3.31までの開始事業年度

中小企業者等とは、資本金の額もしくは出資金の額1億円以下の法人（資本金5億円以上の法人等の完全支配子会社は除きます。）又は常時使用する従業員の数が1,000人以下の法人及び農業協同組合等をいい、次の法人を除きます。
①発行済株式総数等の$\frac{1}{2}$以上が同一の大規模法人（中小企業投資育成会社を除きます。）の所有に属している法人
②①のほかその発行済株式等の$\frac{2}{3}$以上が大規模法人の所有に属している法人

試験研究費の額＊×税額控除割合＝税額控除限度額

＊②特別試験研究費に係る税額控除の適用を受けたものを除きます。

○税額控除割合

増減試験研究費割合	税額控除割合 （小数点以下3位未満切捨て）	限度割合
12％超	12％＋（増減試験研究費割合－12％)×0.375	上限17％
12％以下	12％	ー

〈試験研究費割合が10％超の場合の上乗せ特例〉
・（試験研究費割合－10％）×0.5＝控除割増率（上限10％）
・（上記の税額控除割合×控除割増率）が税額控除割合に上乗せされます。

法人税

○税額控除限度額→法人税額の25%が上限

〈増減試験研究費割合が12%超の場合〉
- 法人税額×10%が上乗せされます。

〈試験研究費割合が10%超の場合の上乗せ特例〉
- 法人税額×（試験研究費割合－10%）×2が上乗せされます（法人税額×10%が上限）。

（いずれかを適用）

令3.4.1から令5.3.31までの開始事業年度	○税額控除割合

増減試験研究費割合	税額控除割合 （小数点以下3位未満切捨て）	限度割合
9.4%超	12%+（増減試験研究費割合－9.4%）×0.35	上限17%
9.4%以下	12%	—

〈試験研究費割合が10%超の場合の上乗せ特例〉
- （試験研究費割合－10%）×0.5＝控除割増率（上限10%）
- （上記の税額控除割合×控除割増率）が税額控除割合に上乗せされます。

○税額控除限度額→法人税額の25%が上限

〈増減試験研究費割合が9.4%超の場合〉
- 法人税額×10%が上乗せされます。

〈試験研究費割合が10%超の場合の上乗せ特例〉
- 法人税額×（試験研究費割合－10%）×2が上乗せされます（法人税額×10%が上限）。

（いずれかを適用）

〈税額控除限度の5%上乗せ〉
　　次の①②を満たす場合には、法人税額×5%が上乗せされます。
　　①当期の売上金額が基準年度（令和2年2月1日前に最後に終了した事業年度）に比べて2%以上減少
　　②当期の試験研究費の額が基準年度より増加

---

5. 中小企業者等が機械等を取得した場合の税額控除
（中小企業投資促進税制）
（措法42の6）
[特別償却と選択適用]

- 青色申告法人のうち特定中小企業者等（資本金3,000万円以下）が令和7年3月31日までに特定機械装置等（P.68 1.（主な特別償却制度）参照）を取得等して対象事業の用に供した場合で、特別償却の適用を受けないときは、税額控除の適用があります。

$$\frac{\text{基準取得価額}}{\text{（船舶は、取得価額×75\%）}} \times 7\% = \frac{\text{税額控除限度額}^{(注)}}{\text{（法人税額×20\%が控除上限）}}$$

（注）特別税額控除額について、下記6.と合計して当期の税額の$\frac{20}{100}$相当額が限度とされます。また、P.105の適用除外事業者を参照。

---

6. 中小企業者等が特定経営力向上設備等を取得した場合の特別税額控除
（中小企業経営強化税制）
（措法42の12の4①②）
[特別償却と選択適用]

- 対象法人、対象資産、対象事業は特別償却（P.68 2.参照）の場合と同様です。

取得価額×7%＝税額控除限度額$^{(注)}$（法人税額×20%が控除上限）
※資本金の額等が3,000万円以下の特定中小企業者等の場合は、取得価額×10%

- 令和7年3月31日までの取得・事業供用
（注）特別税額控除額について、上記5.と合計して当期の税額の$\frac{20}{100}$相当額が限度とされます。また、P.105の適用除外事業者を参照。

7. 給与等の支給額が増加した場合等の法人税額の特別控除 （措法42の12の5） 令6.4.1から令9.3.31までの開始事業年度	・設立事業年度は除かれます。		
	(1)青色申告書を提出する全ての法人が対象です。		
	適用要件	・当期の継続雇用者給与等支給額≧前期の継続雇用者給与等支給額×103% ・資本金10億円以上かつ常時使用従業員数1,000人以上の法人、資本金にかかわらず常時使用従業員数2,000人超の法人についてはマルチステークホルダー方針の公表が必要です。	
	税額控除限度額 （最大35%）	継続雇用者給与等支給額の対前年増加割合	雇用者給与等支給額の対前年増加額に乗ずる税額控除率
		3％以上	10%
		4％以上	15%（5％上乗せ）
		5％以上	20%（10％上乗せ）
		7％以上	25%（15％上乗せ）
		教育訓練費の対前年増加割合が10％以上であり、かつ、教育訓練費の額が雇用者給与等支給額の0.05％以上である場合 ⇒さらに5％上乗せ	
		プラチナくるみん認定又はプラチナえるぼし認定を受けている場合 ⇒さらに5％上乗せ	
	控除上限額	法人税額×20%	
	(2)中堅企業が対象の制度		
	適用要件	・青色申告書を提出する法人で常時使用従業員数2,000人以下であるもの（その法人及びその法人との間にその法人による支配関係がある法人の常時使用従業員数の合計数が1万人を超えるものを除きます。）が対象 ・当期の継続雇用者給与等支給額≧前期の継続雇用者給与等支給額×103% ・資本金10億円以上かつ常時使用従業員数1,000人以上の法人はマルチステークホルダー方針を公表しなければなりません。	
	税額控除限度額 （最大35%）	継続雇用者給与等支給額の対前年増加割合	雇用者給与等支給額の対前年増加額に乗ずる税額控除率
		3％以上	10%
		4％以上	25%（15％上乗せ）
		教育訓練費の対前年増加割合が10％以上であり、かつ、教育訓練費の額が雇用者給与等支給額の0.05％以上である場合 ⇒さらに5％上乗せ	
		プラチナくるみん認定又はプラチナえるぼし認定又はえるぼし認定（3段階目）を受けている場合 ⇒さらに5％上乗せ	
	控除上限額	法人税額×20%	
（措法42の12の5⑤四）	・継続雇用者給与等支給額→継続雇用者（法人の各事業年度（以下「適用年度」といいます。）及びその前事業年度の期間内の各月においてその法人の給与等の支給を受けた国内雇用者として一定のものをいいます。）に対するその適用年度の給与等の支給額（その給与等に充てるため他の者から支払を受ける金額（雇用安定助成金を除		

法人税

		きます）がある場合にはその金額を控除した金額）として一定の金額をいいます。	
（措法42の12の5⑤九）		• 雇用者給与等支給額→国内雇用者（法人の使用人（一定の者を除きます。）のうち国内の事業所に勤務する雇用者）に対する給与等の支給額をいいます。	
（措法42の12の5⑤七）		• 教育訓練費→国内雇用者の職務に必要な技術又は知識を習得させ、又は向上させるための費用で、その法人が教育訓練費等を自ら行う場合の外部講師謝金、外部施設等使用料等の費用、他の者に委託して教育訓練等を行わせる場合の委託費、他の者が行う教育訓練等への参加費をいいます。	
令4.4.1から令6.3.31までの開始事業年度	適用要件	• 当期の継続雇用者給与等支給額≧前期の継続雇用者給与等支給額×103% • 資本金10億円以上かつ常時使用従業員数1,000人以上の企業については、給与等の引上げの方針、下請事業者等との適切な関係構築等の方針等を自社のウェブサイトに公表したことを経済産業大臣に届け出ていることが必要です。	
	税額控除限度額（最大30%）	（雇用者給与等支給額－前期の雇用者給与等支給額）×15%	
		上乗せ	当期の継続雇用者給与等支給額≧前期の継続雇用者給与等支給額×104%の場合は、10%上乗せ（15%＋10%→25%）
			当期の教育訓練費の額が比較教育訓練費の額より20%以上増加した場合は、さらに5%上乗せ（15%＋5%→20%又は25%＋5%→30%）
	控除上限額	法人税額×20%	

8. 中小企業向け賃上げ促進税制 （措法42の12の5③）	適用対象：青色申告書を提出する中小企業者等（P.101参照）で、平31.4.1以後開始事業年度については、前三事業年度の所得金額の平均が15億円を超える事業者を除きます。		
	適用要件	当期の雇用者給与等支給額≧前期の雇用者給与等支給額×101.5%	
令6.4.1から令9.3.31までの開始事業年度	税額控除限度額（最大45%）	雇用者給与等支給額の対前年増加割合	雇用者給与等支給額の対前年増加額に乗ずる税額控除率
		1.5%以上	15%
		2.5%以上	30%（15%上乗せ）
		教育訓練費の対前年増加割合が5%以上であり、かつ、教育訓練費の額が雇用者給与等支給額の0.05%以上である場合　⇒さらに10%上乗せ	
		プラチナくるみん認定若しくは又はプラチナえるぼし認定を受けている事業年度、又は、くるみん認定若しくはえるぼし認定（2段階目以上）を受けている事業年度　⇒さらに5%上乗せ	
	控除上限額	法人税額×20%	
	控除限度超過額は5年間の繰越しができます（繰越税額控除をする事業年度において、雇用者給与等支給額が対前年度で増加している場合でないと適用できません。）。		

令4.4.1から令6.3.31までの開始事業年度	適用要件	当期の雇用者給与等支給額≧前期の雇用者給与等支給額×101.5%	
	税額控除限度額（最大40%）	（当期の雇用者給与等支給額−前期の雇用者給与等支給額）×15%	
		上乗せ	当期の雇用者給与等支給額≧前期の雇用者給与等支給額×102.5%の場合は、上記15%に15%を上乗せして30%
			当期の教育訓練費の額≧前期の教育訓練費の額×110%の場合は10%上乗せ
	控除上限額	法人税額×20%	

法人税

○中小企業者のうち適用除外事業者についての租税特別措置の適用停止
（措法42の4⑲八）

平成31年4月1日以後に開始する事業年度から、法人税関係の中小企業向けの各租税特別措置について、平均所得金額（前3事業年度の所得金額の平均）が年15億円を超える事業年度の適用が停止されています。

・対象となる中小企業向けの主な租税特別措置は、次の通りです。
　①中小企業者等の試験研究費等の特別控除
　②中小企業における賃上げ促進税制
　③年800万円以下の部分の所得に係る軽減税率19%を、15%に引き下げる措置
　④中小企業者等が機械等を取得した場合の特別償却・税額控除
　⑤特定中小企業者等が経営改善設備を取得した場合の特別償却・税額控除
　⑥中小企業者等が特定経営力向上設備等を取得した場合の特別償却・税額控除
　⑦中小企業者等の少額減価償却資産の取得価額の損金算入の特例
　⑧中小企業者等の貸倒引当金の特例

○大企業に対する租税特別措置の適用要件の見直し
（措法42の13⑤）

平成30年4月1日から令和9年3月31日までの間に開始する各事業年度において、所得が前事業年度より増加しているにもかかわらず、賃上げや国内設備投資に消極的な事業者（中小企業者等（適用除外事業者を除く）を除く）については、特定税額控除の適用が行われません。

・令和6年4月1日以後開始する事業年度における不適用措置の概要

		原則	上乗せ措置
対象法人		資本金1億円超の法人	前年度が黒字の法人のうち①資本金10億円以上かつ常時使用従業員1,000人以上の法人及び②常時使用従業員2,000人超の法人
右の①②③を全て満たした場合に不適用措置の適用	①所得金額	当期＞前期	当期＞前期
	②継続雇用者給与等支給額	前年度以下	対前年度増加率1%未満
	③国内設備投資額	当期の減価償却費の30%以下	当期の減価償却費の40%以下

・適用されなくなる税額控除は、次の制度の税額控除です。
　①試験研究を行った場合の特別控除
　②産学官連携の共同研究・委託研究に係る特別控除
　③地域経済牽引事業の促進区域内の特定事業用機械等取得に係る特別控除
　④認定特定高度情報通信技術活用設備取得に係る特別控除
　⑤事業適応設備取得に係る特別控除

■申告・納付

項　目	説　明
○**申告及び納付** （法法71、72、 74、75の2、 78、81の20） ※確定申告書等 の添付書類 （法法75の4、 消法46の2）	1．**中間申告**：事業年度が6か月を超える場合は6か月を経過した日から2か月以内に申告納付します。 　① **前年度実績による予定申告** 　（前事業年度の法人税額）÷（前事業年度の月数）×6＝中間分の税額 　前事業年度の法人税額とは、前事業年度の法人税額計より土地重課による税額及び税額控除額を差引いた後の金額です。（新設法人及び上記の中間分の税額が10万円以下の時は不要） 　② **仮決算による中間申告** 　各事業年度開始の日から6か月の期間を一事業年度とみなして、所得金額及び法人税額又は欠損金額を計算します。この時、特定同族会社の留保金課税は計算しません。 　なお、㈡仮決算をした場合の中間申告書に記載すべき法人税の額（「中間申告予定額」）が前期基準額を超える場合及び㈣前期基準額が10万円以下である場合（前期基準額がない場合を含みます。）には、仮決算による中間申告は提出できません。 2．**確定申告**：各事業年度終了の日より2か月以内。但し、2か月以内に定時総会が招集されない常況のときは、申請により提出期限を1か月間延長できます。また、会計監査人を置いている場合で、かつ、3か月以内に定時総会が招集されない常況のときは4か月を超えない範囲内において税務署長が指定する月数の期間延長することができます。 　この延長申請の特例は以後の各事業年度において適用されます。この場合、通常、期末2か月以内に見込税額を納付します。 　貸借対照表、損益計算書、株主資本等変動計算書、勘定科目内訳明細書、事業概況書、完全支配関係がある場合の法人との関係を系統的に示した図、措置法の適用を受ける場合には適用額明細書、など。 3．**大法人の電子申告の義務化** 　令和2年4月1日以後開始事業年度より、大法人は、e-Taxによる申告が義務づけられています。 　申告書の添付書類についても、e-Tax又は光ディスク等により提供しなければなりません。

所 得 税

■所得税の主な申請・届出等

内容		提出書類等	提出期限	根拠法令
確定申告	通常	○確定申告書　○確定損失申告書 ○純損失の金額の繰戻しによる所得税の還付請求書	翌年3月15日まで	所法120、123 所法140
		○修正申告書（税額に不足額がある場合又は純損失等の金額が過大である場合等）	更正の通知がある日まで、随時	通法19①
		○更正の請求書（税額が過大である場合又は純損失等の金額が過少である場合等）	法定申告期限から5年以内で、随時	通法23①、所法152、153、153の2〜6
	死亡の場合 年の中途	○相続人が提出する確定申告書(準確定申告書)、確定損失申告書 ○相続人が提出する純損失の繰戻しによる所得税の還付請求書	相続開始日の翌日から4か月以内	所法125①③ 所法125②、141
	死亡の場合 翌年の1/1〜3/15	○確定申告書又は確定損失申告書を提出しないで翌年3月15日までに死亡した場合の申告書　○純損失の繰戻しによる還付請求書	相続開始日の翌日から4か月以内	所法124①②、141
	出国の場合 年の中途	○確定申告書　○確定損失申告書 ○還付を受けるための申告書	出国の時まで	所法127①②③
	出国の場合 翌年〜2/15	○確定損失申告書	翌年1/1〜2/15	所法126②
	出国の場合 翌年〜3/15	○確定申告書	出国の時まで	所法126①
予定納税		○所得税及び復興特別所得税の予定納税額の7月(11月)減額申請書	7月15日	所法111①、112
		※令和6年分に限り、同年6月30日の現況に係る予定納税額の減額承認申請書の期限は7月31日	11月15日	所法111②、112
青色申告・評価方法等		○青色申告承認申請書に関する届出書 ○現金主義による所得計算の特例を受けることの届出書 ○現金主義による所得計算の特例を受けることの取りやめ届出書	その年の3月15日	所法144、166 所令197① 所令197②
		○再び現金主義による所得計算の特例の適用を受けることの承認申請書	その年の1月31日	所令195② （所規39の2）
		○棚卸資産の評価方法 ○減価償却資産の償却方法 ○有価証券の評価方法 ○暗号資産の評価方法 ｝の変更承認申請書	その年の3月15日	所令101② 所令124② 所令107② 所令119の4
		○青色事業専従者給与に関する届出書	その年の3月15日	所法57

所得税

青色申告・評価方法等	○青色事業専従者の給与に関する変更届出書	遅滞なく （到達主義）	所令164② 所規36の4②
	○源泉所得税の納期の特例の承認に関する申請書	随時	所法216、217
	○源泉所得税の納期の特例の要件に該当しなくなったことの届出書	遅滞なく	所法218
	○棚卸資産の評価方法 ○減価償却資産償却方法 ｝の届出書	翌年3月15日 ※減価償却資産の償却方法の届出には特例あり	所令100② 所令123②
	○有価証券の評価方法 ○暗号資産の評価方法 ｝の届出書	取得した年の翌年3月15日	所令106② 所令119の3②
	○増加償却の届出書 ○青色申告の取りやめ届出書	翌年3月15日	所令133 所法151
	○給与支払事務所等の開設・移転・廃止届出書	1か月以内	所法230
	○納税地の異動に関する届出書 ○納税地の変更に関する届出書 （年の途中で変更する場合は随時）	令5.1.1以後届出は不要 （確定申告書に記載することで変更される）	

■新規開業・事業廃止の場合の届出等

申請等の内容	提出書類等	提出期限	根拠法令
事業所得、不動産所得、山林所得を生ずべき業務を開始・廃止した場合の届出等	○開廃業等の届出書	開廃業の日から1か月以内	所法229
	○給与支払事務所等の開設・移転・廃止届出書	開設の日から1か月以内	所法230
	○青色申告の承認申請書（兼）現金主義の所得計算による旨の届出書 ○青色申告承認申請書	業務を開始した日から2か月以内	所法144 所令197①
	○青色事業専従者給与に関する届出書	（業務開始がその年の1月15日以前の場合は3月15日）	所法57
	○棚卸資産の評価方法の届出書 ○減価償却資産の償却方法の届出書	業務を開始した日の属する年分の確定申告期限まで	所令100② 所令123②

■相続により業務を承継した場合の届出等の留意点

	提出書類			提出期限	留意点
被相続人	個人事業の開廃業等届出書			相続開始日の翌日から1か月以内	青色申告の承認は自動的に取り消されます。
相続人	個人事業の開廃業等届出書			相続開始日の翌日から1か月以内	相続人が従前から事業を行っていた場合を除きます。
	青色申告承認申請書	被相続人が青色申告で相続人が事業をする場合	死亡日	1/1〜8/31	死亡の日の翌日から4か月以内	事業を承継するだけでは青色申告の承認の効果は相続人には及びません。
				9/1〜10/31	その年の12/31まで	
				11/1〜12/31	翌年2/15まで	
		被相続人が白色申告で、相続人が従前から事業を行っていない場合	死亡日	1/1〜1/15	その年の3/15まで	
				1/16〜12/31	事業を開始した日から2か月以内	
	評価方法・償却方法の届出書			その年分の確定申告期限	相続による承継も取得に含まれるので、被相続人の選択していた方法は相続人に引き継がれません。

所得税

■納税地

(1)原則（所法15、16、所基通2-1）

区分	納税地
国内に住所※を有する場合 ※生活の本拠をいい、生活の本拠かどうかは客観的事実によって判定されます（所基通2-1）。	住所地
国内に住所を有さず、居所を有する場合	居所地
納税義務者が死亡した場合	死亡した者の死亡時の納税地

(2)特例（所法16）

国内に住所のほか居所を有する場合	住所地に代えて居所地を納税地とすることができます
国内に住所または居所のいずれかがある人が、その住所または居所の他に事業所などがある場合	住所地等に代えてその事業所などの所在地を納税地にすることができます

■所得の種類と所得金額

所得の種類	所 得 金 額	摘 要
1. 利子所得 （所法23①）	公社債・預貯金の利子、合同運用信託・公社債投資信託の収益の分配、公募公社債等運用投資信託の収益の分配の収入金額	• 課税方式には、源泉分離課税、申告分離課税又は申告不要、総合課税があります。
2. 配当所得 （所法24①）	その年中の収入金額から、元本取得のための負債の利子を控除した金額	• 申告不要又は確定申告をして申告分離課税若しくは総合課税のいずれかを選択
3. 不動産所得 （所法26①）	その年中の総収入金額から、不動産貸付に係る必要経費を控除した金額	• 4、7と共に青色申告の特例の適用ができます。
4. 事業所得 （所法27①）	その年中の総収入金額から、その事業の必要経費を控除した金額	• 医師等の社会保険診療報酬に係る必要経費の特例、家内労働者等の事業所得等の所得計算の特例などがあります。
5. 給与所得 （所法28①）	その年中の収入金額から、給与所得控除額を控除した残額	• 給与の収入金額が2,000万円を超える場合及びその他の所得が20万円超ある場合以外は年末調整により精算し、確定申告は不要です。 ※還付を受けるための確定申告をすることはできます。
6. 退職所得 （所法30①）	その年中の収入金額から退職所得控除額を控除した残額の$\frac{1}{2}$に相当する金額（短期退職手当等、特定役員退職手当等である場合を除きます。）（分離課税）	• 「退職所得の受給に関する申告書」を提出しないときは20%［20.42%］が源泉徴収され、提出したときは確定申告不要となります。
7. 山林所得 （所法32①）	その年中の総収入金額から、植林費等の必要経費又は概算経費（概算経費控除割合50%（措法30④、措規12））を控除した残額から、最高50万円の特別控除をした金額（分離課税）	• 税額計算は5分5乗方式によります。 課税山林所得金額$\times\frac{1}{5}\times$税率$\times 5=$山林所得の税額
8. 譲渡所得 （所法33①）	総収入金額から資産の取得費、譲渡費用を控除した残額から、特別控除額を控除した金額	• 土地建物等の譲渡・有価証券の譲渡による所得は分離課税となります。
9. 一時所得 （所法34①）	総収入金額からその収入を得るために支出した金額の合計額を控除した残額から最高50万円の特別控除をした金額 総所得金額に加算する一時所得の額は、特別控除後の金額の$\frac{1}{2}$	• 生命保険契約等の満期返戻金等、法人からの贈与、競馬の馬券の払戻金等 ※雑所得との区分については（P.153参照）
10. 雑所得 （所法35①、②）	• 公的年金等の収入金額から公的年金等控除額を控除した残額 • 他の雑所得の総収入金額から必要経費を控除した金額	• 公的年金所得者で源泉徴収対象の公的年金等収入金額が400万円以下で、かつ、その年金以外の他の所得の金額が20万円以下の者は、確定申告不要です。（P.152の3.（注）参照）

■主な非課税所得と免税所得
●非課税所得
利子所得

法令番号	説　明
所法9①(一)	当座預金（利率1％以下）の利子
所法9①(二)	小、中、高校、特別支援学校などの児童、生徒のいわゆる子供銀行預貯金利子
所法10、所令31の2、措法3の4、4	遺族基礎年金受給者である被保険者の妻、寡婦年金受給者、身体障がい者手帳の交付を受けている者等の元本350万円以下の郵便貯金の利子及び少額預金の利子や収益の配分並びに少額公債の利子（金融機関への届出が必要）
措法4の2、4の3	勤労者財産形成住宅貯蓄と勤労者財産形成年金貯蓄の元本合計550万円（一定の場合は385万円）以下の利子
措法4の5①	特定寄附信託（平成23年6月30日以後締結分（所法等改正法附則24））の利子
措法5	納税準備預金の利子
措法5の2	振替国債の利子で一定の要件を満たす非居住者又は外国法人が受けるもの
措法5の3	振替社債等の利子で一定の要件を満たす非居住者又は外国法人が受けるもの
措法6④	一般民間国外債（償還期間が4年以上で、利子の支払が国外において支払われるものに限ります。）の利子のうち、一定の非居住者や外国法人が受けるもの
措法7	特別国際金融取引勘定（いわゆるオフショア勘定）に経理された預金等の利子

所得税

配当所得

法令番号	説　明
所法9①(十一)	オープン型投資信託の収益の分配のうち、信託財産の元本の払戻しに相当する部分である収益調整金のみに係る収益として分配される特別分配金
措法9の8	非課税口座内の少額上場株式等に係る配当所得等の非課税（NISA）
措法9の9	未成年者口座内の少額上場株式等に係る配当所得等の非課税（ジュニアNISA）

給与所得

法令番号	説　明
所法9①(三)、所令20①②	恩給、年金等の給付で次のもの (1)恩給法に規定する増加恩給及び傷病賜金その他公務上などの事由による負傷、疾病で受ける給付 (2)遺族の受ける恩給及び年金 (3)心身障がい者が受ける心身障がい者扶養共済制度に基づく給付（脱退一時金を除きます。）
所法9①(四)	給与所得者が受取る旅費で次のもの (1)出張旅費、転任に伴う転居費用 (2)就職旅費 (3)退職者の帰郷旅費、死亡退職者の遺族が受ける転居費用
所法9①(五)	給与所得者が受取る通勤手当（P.123①参照）
所法9①(六)	職務の性質上欠くことのできない船員の食料や守衛の制服その他身廻り品、いわゆる強制居住者の家賃等
所法9①(七)	国外勤務者の在外手当
所法9①(八)	外国政府や国際機関に勤務する特定の職員の給与
措法29の2	特定の取締役等が受ける新株予約権の行使による株式を取得した場合（予約権の権利行使の価額等が1,200万円（設立5年未満の会社は2,400万円、設立5年以上20年未満で非上場会社又は上場後5年未満の会社は3,600万円）を超える場合は除きます。）の経済的利益
措法41の7③	政府管掌健康保険又は船員保険の被保険者が受ける付加的給付

譲渡所得

法令番号	説　　明
所法9①(九)	生活のために使う1個又は1組が30万円以下の家具等生活に必要な動産の譲渡による所得
所法9①(十)	資力を喪失して債務の履行が著しく困難な場合の破産手続等強制換価手続等による資産譲渡による所得
所法57の4	株式交換等に係る譲渡所得等の特例
措法37の14	非課税口座内の少額上場株式等に係る譲渡所得等の非課税（NISA）
措法37の14の2	未成年者口座内の少額上場株式等に係る譲渡所得等の非課税（ジュニアNISA）
措法37の15①	貸付信託の受益権等の譲渡による所得
措法40	国等に対して財産を寄附した場合の譲渡所得等の非課税
措法40の2	国等に対して重要文化財を譲渡した場合の譲渡所得の非課税
措法40の3	相続税の物納をしたことによる譲渡所得等の非課税
措法40の3の2	債務処理計画に基づき資産を贈与した場合の課税の特例

その他

法令番号	説　　明
所法9①(十二)	皇室の内廷費や皇族費
所法9①(十三)	文化功労者年金、日本学士院からの恩賜賞又は日本学士院賞、日本芸術院からの恩賜賞又は日本芸術院賞、ノーベル賞、財務大臣の指定する団体等からの学術・芸術の賞金又は学術奨励金品
所法9①(十四)	オリンピック競技大会における成績優秀者を表彰するものとして㈶日本オリンピック委員会から交付される一定の金品及びパラリンピック競技大会における成績優秀者に交付される金品で財務大臣が指定するもの
所法9①(十五)	学資金や法定扶養料
所法9①(十六)	国や地方自治体の実施する子育てに係る助成事業等により支給される金品
所法9①(十七)	相続や遺贈又は個人からの贈与により取得するもの　※（相続税又は贈与税は課税）
所法9①(十八)、所令30	次にあげる保険金、損害賠償金など (1)損害保険金や慰謝料など (2)資産の損害により支払を受ける損害保険金など (3)心身や資産に加えられた損害への相当の見舞金 ※必要経費を補填するためのもの、不動産所得・事業所得・山林所得又は雑所得の収入金額に代わる性質のもの、満期返戻金・解約返戻金などは課税されます。
所法9①(十九)	法人から贈与された選挙費用（選挙法の規定により報告されたものに限ります）
所法11	社債等の振替に関する法律の加入者保護信託の信託財産につき生じる所得
措法41の8	都道府県、市町村又は特別区から給付される児童手当等の一定の給付金
措法41の13	非居住者が受ける振替国債等の償還差益等
税法以外で規定	預貯金の割増金品や宝くじ・サッカーくじの当せん金品
	国民健康保険の保険給付、職業転換給付金、失業等給付、障がい者への自立支援給付、生活保護給付、労災保険の保険給付など

(注) 非課税所得に係る損失はないものとみなされます。

●免税所得

法令番号	説　　明
措法25	令和8年までの各年に飼育した免税対象飼育肉用牛（売却価額80万円以上の交雑牛及び50万円以上の乳牛は除きます。）を家畜市場、中央卸売市場で売却した場合（売却頭数要件の上限年間1,500頭）などの農業所得

■所得税の確定申告

<table>
<tr>
<td rowspan="2">確定申告をしなければならない者</td>
<td>① 基本形</td>
</tr>
<tr>
<td>

その年中の**所得の合計額**（源泉分離課税とされる利子所得、源泉分離課税を選択した配当所得、少額配当所得及び源泉徴収を選択した特定口座を通じた上場株式等に係る譲渡所得で申告不要を選択したものなどを除きます。）が、**所得控除額の合計額を超え**、かつ、その超える金額に対する**所得税額**が配当控除額と年末調整で控除した**住宅借入金等特別控除額の合計額を超える場合**には確定申告が必要

（算出した税額が配当控除の額を超える場合であっても、控除しきれなかった外国税額控除の額、源泉徴収税額又は予納税額があるとき（還付申告）は、確定申告義務はなく、申告書を提出する場合の期間は翌年1月1日から5年間です。）

② 給与等の収入金額が、**2,000万円を超える者**

③ **同族会社の役員及びその親族等**で、その法人から給与等以外に**貸付金の利子や地代家賃等の支払**を受けている者

④ 災害を受けたため、給与等について災害減免法により源泉徴収税額の徴収猶予や還付を受けた者

⑤ 常時2人以下である場合の家事使用人や外国の在日公館に勤務する者など、給与等の支払を受ける際に所得税を源泉徴収されないこととなっている者

⑥ その年の所得について、**雑損控除、医療費控除、寄附金控除又は住宅取得等特別控除**の適用を受ける者

⑦ 退職手当等の支給者に対し退職する日までに「退職所得の受給に関する申告書」を提出しなかったため、20％［20.42％］の税率で所得税を源泉徴収された者で、その徴収された税額が正規の税額よりも少ない者

</td>
</tr>
<tr>
<td rowspan="2">確定申告をしなくてもよい者</td>
<td>① 基本形</td>
</tr>
<tr>
<td>

その年中の所得の合計額が所得控除額の合計額より少ない者、もしくは所得控除額の合計額を超える所得金額に対する所得税が、配当控除額及び年末調整に係る住宅取得等特別控除の合計額以下の者は確定申告しなくてもかまいません。

② その年中の給与等の収入金額が**2,000万円以下**で、次の④又はⒷに該当する者（但し「確定申告をしなければならない者」の欄の③、④、⑤、⑥の各項に該当する者を除きます。）

Ⓐ 給与等を1か所から受けている者で、給与所得及び退職所得以外の所得の合計額が**20万円以下**の者

Ⓑ 給与等を2か所以上から受けている者で、次の㋑又は㋺に該当する者

　㋑ 従たる給与等の収入金額と、給与所得及び退職所得以外の所得との**合計額が20万円以下**の者

　㋺ **給与等の収入金額の合計額から**社会保険料控除・小規模企業共済等掛金控除・生命保険料控除・地震保険料控除・障がい者控除・寡婦控除・ひとり親控除・勤労学生控除・配偶者控除・配偶者特別控除・扶養控除の**各控除額の合計額を差し引いた金額が150万円以下**で、かつ、**給与所得及び退職所得以外の所得の合計額が20万円以下**の者

　　（①及び②に該当する場合でも、源泉徴収税額が正規の税額より多い場合には、確定申告をすることにより還付されます。）

③ その年中の源泉徴収対象の**公的年金等の収入金額が400万円以下**で、かつ、**公的年金等に係る雑所得以外**の所得金額が**20万円以下である者**

※公的年金等以外の所得金額が20万円以下で所得税の**確定申告不要の者**でも、**住民税の申告は必要**です。

</td>
</tr>
</table>

所得税

■各種所得金額の計算

1 利子所得

項　　目	説　　　　明		
1. 利子所得の意義・分離課税 （所法23） （措法3①一、 　37の10②七、 　37の11②一、 　五～十四）	・利子所得とは、①公社債の利子②預貯金の利子③合同運用信託の収益の分配金④公社債投資信託の収益の分配金⑤公募公社債等運用投資信託の収益の分配金をいいます。		
	源泉分離課税 （措法3①）	15.315%の所得税及び復興特別所得税、5%の住民税の源泉徴収だけで、確定申告をすることができません。	
		対象	・預貯金の利子 ・特定公社債以外の公社債の利子 ・合同運用信託及び私募公社債投資信託の収益の分配等
	申告分離課税又は申告不要 （措法8の4、8の5）	15.315%の所得税及び復興特別所得税、5%の住民税が源泉徴収され、原則として確定申告不要ですが、確定申告により申告分離課税を受けることができます。	
		対象	・**特定公社債**の利子 ・公社債投資信託のうち、次のいずれかのものの収益の分配 　①一定の公募によるもの、②金融商品取引所に上場されているもの、③外国金融商品市場において売買されているもの ・公募公社債等運用投資信託の収益の分配
	総合課税	確定申告により総合課税を受けます。（ただし、給与所得者で給与所得以外の利子所得などの所得が20万円以下の人は確定申告は原則として不要です。）	
		対象	・特定公社債以外の公社債の利子で、その利子の支払いをした法人が同族会社等で一定の株主及びその親族等が支払いを受けるもの（措法3①四） ・民間国外債の利子（措法6②） ・公社債の利子で条約又は法律において源泉徴収の規定が適用されないもの
	・上表の**特定公社債**とは、次のものをいいます。 　①国債、地方債、外国国債、外国地方債、②会社以外の法人が特別の法律により発行する債券、③公募公社債、上場公社債、④発行の日前9月以内（外国法人にあっては12月以内）に有価証券報告書等を内閣総理大臣に提出している法人が発行する社債、⑤金融商品取引所において公表された公社債情報に基づき発行する公社債、⑥国外において発行されたもので、(i)国内において売出しに応じて取得した公社債、又は、(ii)国内において売付け勧誘等に応じて取得した公社債で、その取得の日前9月以内（外国法人にあっては12月以内）に有価証券報告書等を提出している法人が発行するもの、⑦外国法人が発行し、又は保証する債券で一定のもの、⑧国内又は国外の法令に基づいて銀行業又は金融商品取引業を行う法人又はその法人との間に完全支配の関係にある法人等が発行する社債（その取得をした者が圧倒的に多数でないものを除く。）、⑨平成27年12月31日以前に発行された社債（発行時において同族法人が発行したものを除く。）		
2. 障がい者等の利子所得の非	(1)　[対象者]　遺族基礎年金受給者である被保険者の妻・寡婦年金受給者、身体障がい者手帳の交付を受けている者等。		

課税 （所法10、措法 3の4、4）（地 法23①十四）	［対象預金等］①元本350万円までの少額預貯金の利子（所法10） 　　　　　　　　②元本350万円までの少額国債等の利子（措法4） (2) 納税準備預金の利子（措法5） (3) 非居住者・外国法人が受取る民間国外債等の利子（措法6） (4) 特別国際金融取引勘定に経理された預貯金等の利子（措法7） (5) 平成23年6月30日以後締結の特定寄附信託の利子所得（措法4の5）
3. 勤労者財産形成 **年金貯蓄等に係** **る利子等の特例** （措法4の2、4の3）	• 年齢55歳未満の勤労者財産形成年金貯蓄契約及び勤労者財産形成住宅 貯蓄契約に基づく元本550万円（但し、財形年金貯蓄（勤労者1人1 契約）の生命保険、損害保険、生命共済、郵便貯金に係るものは385 万円）までの預貯金等の利子等については非課税となります。
4. その他利子所 **得とならない** **もの** （所基通23-1、 35-1）	①勤労者又は船員以外の人（例えば、退職者や会社の役員）が預けた勤務 先預金の利子（注）金銭の貸付けによる利子は、事業所得又は雑所得です。 ②学校債、組合債等の利子（雑所得） ③会社等に対する身元保証金に対する利子 ④平成27年12月31日以前に発行された割引公社債の償還差益、同族会社 　が発行した社債の償還差益（雑所得） ⑤定期積立に係る契約又は銀行法第2条第4項の契約に基づく給付補てん金

（注）1．雑所得となる抵当証券、定期積金、相互掛金、金貯蓄口座、外貨建定期預金、一時払養老保険、
　　　一時払損害保険等の金融類似商品の収益については15%［15.315%］（住民税5%）の源泉分離課
　　　税となります。（措法41の10）
　　　2．贈与、相続又は遺贈により、1利子所得、2配当所得等の基因となる資産を取得した場合、その
　　　資産に係る利子所得の金額、配当所得の金額等の計算については、その者が引き続きその資産を
　　　所有していたものとみなして、所得税の規定を適用します。（所法67の4）

所得税

2　配当所得

項　　目	説　　　　明
1. 意義 （所法24、25、 所令62） (1)通常の配当所 得	①法人から受ける**剰余金の配当**（株式又は出資に係るものに限るもの とし、資本剰余金の額の減少に伴うもの並びに分割型分割によるもの及 び株式分配を除きます。）、②**利益の配当**（分割型分割によるもの及び株 式分配を除きます。）、③**剰余金の分配**（出資に係るものに限ります。）、 ④投資法人の金銭の分配で出資等減少分配以外のもの、⑤保険業法に規 定する基金利息、⑥投資信託（公社債投資信託及び公募公社債等運用投 資信託を除きます。）及び特定受益証券発行信託の収益の分配金（適格 現物分配に係るものを除きます。）
(2)みなし配当所得 (i)株主等が資産 の交付を受け る場合	①法人の**合併**（適格合併を除きます。）、②**分割型分割**（適格分割型分割 を除きます。）、③法人の**株式分配**（適格株式分配を除きます。）、④**資本の** **払戻し**（株式に係る剰余金の配当のうち分割型分割によるもの及び株式分 配以外のもの並びに出資等減少分配）、**解散による残余財産の分配**、⑤法 人の**自己株式又は出資の取得**、⑥**出資の消却**、出資の払戻し、退社又は脱 退による持分の払戻し、法人の株式又は出資の消滅、⑦**組織変更**により受 ける金銭等の額が、その法人の資本金等の額のうちその交付の基因となっ たその法人の株式等に対応する部分の金額を超える場合の、その超える部 分の金額に係る金銭その他の資産などはいわゆる「みなし配当」となります。
(ii)資産の交付の ない場合	合併法人又は分割承継法人の株式の交付が省略されたと認められる合 併又は分割型分割のうち一定の場合には、交付を受けたとみなされる株 式の価額が資本金等の額を超える部分は、みなし配当となります。

2. 所得金額の計算 （所法24）	収入金額－（元本の取得のために要した負債の利子）＝配当所得の金額 ※上場株式等に係る譲渡損失がある場合又はその年の前年以前3年間の各年に生じた譲渡損失の金額のうち前年以前までの未控除額がある場合は、一定の要件の下で申告分離課税を選択した上場株式等の配当所得の金額から控除できます。（措法37の12の2）
3. 非課税所得 （措法3の4、 4の2、9の8、 10、37の14）	(1)元本350万円までの障がい者等の一定の証券投資信託の収益の分配（**1 利子所得**の**2.** と合計します。） (2)元本550万円までの財形住宅（年金）貯蓄に係る利子等（**1 利子所得**の**3.** と合計します。） (3)非課税口座内の少額上場株式等に係る配当所得及び譲渡所得等（NISA）

4. 配当金の課税（措法8の4、8の5、9の3、9の3の2、平20改地法附1、3、8）

※令和6年度分以後の個人住民税については、所得税と異なる課税方式を選択できません。

国内払いの配当所得に対する課税（P.134参照）

		源泉徴収	選択	課税方式	
上場株式等の配当等	・内国法人から支払を受ける上場株式等の配当等（持株割合3％以上の株主を除きます。） ・内国法人から支払を受ける公募投資信託の収益の分配（特定株式投資信託を除きます。） ・特定投資法人から支払を受ける投資口の配当等	・所得税及び復興特別所得税…15.315％ ・住民税…5％	確定申告しない	申告不要 （注）申告不要は1回に支払を受ける配当ごとに選択。ただし、源泉徴収選択口座内配当等については口座ごとに選択	
			確定申告する	【選択】	申告分離課税 （注）配当控除の適用不可。上場株式等の譲渡損失との損益通算可
					総合課税 （注）配当控除可能。上場株式等の譲渡損失の損益通算不可
				（注）確定申告する場合は、申告する上場株式等の配当等の全てについて総合課税又は申告分離課税のいずれかを選択（一部を総合課税、残りを申告分離課税とするような選択はできません。）	
	・公募特定受益証券発行信託の収益の分配 ・内国法人から支払を受ける公募特定目的信託の社債的受益権の剰余金の配当	・所得税及び復興特別所得税…15.315％ ・住民税…5％	確定申告しない	申告不要 （注）申告不要は1回に支払を受ける配当ごとに選択。ただし、源泉徴収選択口座内配当等については口座ごとに選択	
			確定申告する	申告分離課税 （注）配当控除の適用不可。上場株式等の譲渡損失との損益通算可	
上記以外の配当等（持株割合3％以上の上場株式等の株主を含みます。）		・所得税及び復興特別所得税…20.42％ ・住民税なし	確定申告する	総合課税 （注）配当控除可。上場株式等の譲渡損失の損益通算不可	
			確定申告しない	申告不要 （10万円×配当計算期間÷12月以下のもの） （注）1回に支払を受ける配当ごとに選択	

＊令和5年10月1日以後に支払を受けるべき配当等について、上記の持株割合3％以上はその者とその者の同族会社の合計で判定します。

3　不動産所得

項　　目	説　　　　明
1. 意義 （所法26、所令79、80） （所基通26-4） （所法33、所令79）	• 不動産所得とは、不動産、不動産上の権利、船舶（20トン以上）又は航空機の貸付け（地上権等の設定等を含みます）による所得で、事業所得又は譲渡所得に該当する次のものは除きます。 　• **事業所得となるもの**…食事付きの下宿等の経営、ホテルの経営（部屋のみの賃貸は不動産所得となります。） 　• **譲渡所得となるもの**…借地権又は地役権の設定による特定のもの 　　① $\left(\begin{array}{c}\text{使用のため設定の対価}\\\text{（経済的利益を含みます）}\end{array}\right)$ ＞土地の価額×50% 　　②（地代年額×20）＜借地権等の設定対価
2. 所得金額の計算 （所法26）	（総収入金額－必要経費）＝不動産所得の金額 ※総収入金額→地代・家賃共益費、権利金、名義書換料・更新料・礼金など ※青色申告者の場合は、青色申告特別控除（事業的規模の場合55万円、事業的規模であって期限内に e-Tax により申告した場合等65万円、それ以外の場合10万円）が適用されます。 ※事業的規模の形式基準…①建物貸付→5棟又は10室以上、②駐車場等→建物1室に相当する土地の契約件数をおおむね5として判定
3. 収入の時期 （所基通36-5、36-6、36-7）	①契約、慣習により支払日が定められているもの→その定められた支払日 ②ア．支払日が定められていないもので、請求があったときに支払うべきもの→請求の日 　イ．その他のもの→支払いを受けた日 ③ア．礼金、権利金、名義書換料、更新料で、貸付資産の引渡しを要するもの→引渡しの日又は契約効力発生日 　イ．引渡しを要しないもの→契約効力発生日 ④敷金、保証金 　ア．全額返還するもの→収入に計上しない 　イ．返還されない部分→引渡しの日又は契約効力発生日 　ウ．貸付期間の経過に応じて返還されない部分→返還を要しないこととなった日 　エ．貸付期間の終了とともに返還不要が確定する部分→貸付期間終了日
4. 臨時所得の平均課税	• 不動産等を3年以上の期間、他に使用させることにより受ける権利金等の不動産所得は、**臨時所得**として平均課税（P.166参照）が受けられます。
5. 損益通算の特例 （措法41の4、措令26の6） [土地の取得のための利子] （措令26の6②） （措法41の4の3）	• **不動産所得の計算上生じた損失**のうち土地等を取得するために要した負債の利子相当部分のうち次の金額は、損益通算できません。 (1)　$\left[\begin{array}{c}\text{土地等の負債利子}\\\text{相当額①}\end{array}\right]$ ＞ $\left[\begin{array}{c}\text{不動産所得}\\\text{の損失額②}\end{array}\right]$ のとき →②の金額 (2)　①≦②のとき →①の金額 （注）土地等と建物等を一括取得して借入金が区分されていないとき、その取得のための負債は、まず建物の取得に充てられ、次にその土地等に充てられたものとして、土地等の負債利子相当額を計算します。 • 令和3年分以後、国外不動産所得の損失の金額のうち国外中古建物の償却費に相当する部分の金額は生じなかったものとみなされます。

所得税

4　事業所得（減価償却資産の耐用年数表については、P.36参照）

項　目	説　　明
1. 事業所得 （所法27①、 所令63） （所基通35-1、 35-2）	・農業、漁業、製造業、卸売業、小売業、サービス業その他の事業で、経済的に行う事業から生じる所得をいいます。 （注）　1　不動産の貸付業又は船舶、航空機の貸付業に該当する事業から生じる所得は不動産所得に該当 　　　　2　山林所得又は譲渡所得に該当する所得は除かれます 　　　　3　副業収入に係る所得区分 （表下記） （注）次の場合は雑所得に区分 　・収入金額が僅少（例年（概ね3年間）300万円以下かつ主たる収入に対する割合10%未満） 　・所得を得る活動に営利性が認められない（毎年赤字など）

収入金額	記帳・帳簿書類の保存	
	あり	なし
300万円超	概ね事業所得(注)	概ね業務に係る雑所得
300万円以下		業務に係る雑所得

項　目	説　　明
2. 所得金額の計算	・総収入金額−必要経費−青色申告特別控除額＝事業所得（不動産所得）の金額 ・事業を営む者（不動産所得の場合は事業的規模）と生計を一にする配偶者その他の15歳以上の親族がその年の6月を超える期間（青色申告者の場合には事業従事可能期間の$\frac{1}{2}$超の期間に緩和）、その納税者の事業に専ら従事しているときは、事業専従者控除又は青色事業専従者給与を必要経費に算入することができます。（原則として、学生・生徒又は他に職業がある期間は専従期間には含まれません。） ・事業専従者とした場合には、配偶者控除又は扶養控除の対象とはされません。

			必要経費算入額	
・事業専従者控除 （所法57③、所令166、167）	白色申告者	事業専従者控除	1人当たりの専従者控除額は、①②のいずれか少ない金額	①専従者1人につき50万円（配偶者は86万円）
				②$\dfrac{事業専従者控除前の所得金額}{事業専従者の数＋1}$
・青色事業専従者給与 （所法57、所令165）	青色申告者	青色事業専従者給与	①及び②であること	①税務署長に提出された「青色事業専従者給与に関する（変更）届出書」に記載された額の範囲内の金額であること
				②従事期間、労務の性質等、他の使用人の給与、その事業の種類・規模・収益などから、①の金額が適正であれば全額必要経費、不当に高額であれば適正額のみ必要経費算入

・青色申告特別控除 （措法25の2）	控除額	要件
	55万円	①事業所得又は不動産所得（事業的規模に限る）を生ずべき事業を営んでいる ②①に係る取引について正規の簿記に従い記帳している ③②の帳簿書類を基に作成した貸借対照表、損益計算書を添付した確定申告書を提出期限までに提出している
	65万円	上記①②③に加えて、e-Taxにより申告している等
	10万円	上記のいずれにも該当しない青色申告者

・減価償却 （償却費の計算方法などは法人税を参照(P.63)）	・特別控除はまず不動産所得から控除します。 　　法法31は「償却費として損金経理をした金額のうち償却限度額に達するまでの金額」（任意償却）としているのに対し、所法49は「償却費として必要経費に算入する金額は、政令で定めるところにより計算した金額」（強制償却）としています。
3. 事業所得等の課税の特例	・事業所得等について次の課税の特例があります。 ①土地の譲渡等に係る事業所得等の課税の特例（措法28の4） 　※令和8年3月31日までの間の譲渡については適用停止 ②社会保険診療報酬の所得計算の特例（措法26）⇨**下記参照** ③家内労働者等の事業所得等の所得計算の特例（措法27） 　・家内労働者等の必要経費が55万円未満のときは、 　　事業所得の金額＝事業収入金額－最高55万円とします。 　　※事業所得と雑所得又は給与収入がある場合は特別の計算をします。 ④肉用牛の売却による農業所得の免税（措法25、措令17）

右側余白：所得税

●医師の社会保険診療報酬の特例

項　目	説　　明
・特例の対象の内容 （措法26、67、平25附則40、措令18）	①医業又は歯科医業を営む個人が、その年に受ける**社会保険診療報酬**が5,000万円以下であり、かつ、②その医業又は歯科医業から生ずる事業所得に係る**総収入金額が7,000万円以下**であるときは、その年の事業所得の金額の計算上、その社会保険診療報酬に係る費用として必要経費に算入する金額は、次の速算式を適用して計算した金額とすることができます。

社会保険診療報酬	概算経費率の速算式
2,500万円以下の金額	社会保険診療報酬×72%
2,500万円超〜3,000万円以下の金額	〃　　×70%＋　50万円
3,000万円超〜4,000万円以下の金額	〃　　×62%＋290万円
4,000万円超〜5,000万円以下の金額	〃　　×57%＋490万円

●事業所得と給与所得の区分 （(参) 消基通1-1-1、最高裁昭56.4.24）

項　目	説　　明
・大工・左官・とび職等の受ける報酬に係る所得区分 （平21.12.17課個5-5） 事業所得→ 　自己の計算、独立、営利性、有償性、反復継続して遂行	事業所得⇨自己の計算において独立して行われる事業から生ずる所得、例えば、請負契約又はこれらに準ずる契約に基づく業務の遂行ないし役務の提供の対価 給与所得⇨雇用契約又はこれに準ずる契約に基づく役務の提供の対価 　したがって、業務を遂行したこと等の対価として支払を受けた報酬に係る所得区分は、当該報酬が、請負契約若しくはこれに準ずる契約に基づく対価であるのか、又は、雇用契約若しくはこれらに準ずる契約に基づく対価であるのかにより判定します。この場合においてその区分が明らかでないときは、例えば、次の事項を総合勘案して判定します。 (1)　他人が代替して業務を遂行すること又は役務を提供することが認められるかどうか。 (2)　報酬の支払者から作業時間を指定されるなど時間的な拘束（業務の性質上当然に存在する拘束を除く。）を受けるかどうか。 (3)　作業の具体的な内容や方法について報酬の支払者から指揮監督（業務の性質上当然に存在する指揮監督を除く。）を受けるかどうか。

給与所得→ 　使用者の指揮 　命令、空間的・ 　時間的拘束	(4)　まだ引渡しを了しない完成品が不可抗力のため滅失するなどした場合において、自らの権利として既に遂行した業務又は提供した役務に係る報酬の支払を請求できるかどうか。 (5)　材料又は用具等（釘材等の軽微な材料や電動の手持ち工具程度の用具等を除く。）を報酬の支払者から供与されているかどうか。

5　給与所得

項　　目	説　　　　　明
1. 意義 （所法28①、57①③ 　④、所令64、65）	• 俸給、給料、賃金、歳費及び賞与並びにこれらの性質を有する給与 • 青色事業専従者給与、事業専従者控除額
2. 給与所得金額 　（所法28②）	• （その年中の給与等の収入金額）－（給与所得控除額）＝給与所得の金額 • 給与が2か所以上から支給されている場合の収入金額は、その合計額。 • 支給日が定められているものは支給日が収入の時期、定められていないものは支払日が収入の時期となります。

3. 給与所得控除額（所法28③）

※収入金額が660万円未満の場合には、右表にかかわらず、給与所得金額は所法別表五による金額とします。（所法28④）

給与所得の収入金額から給与所得控除額を差し引きます。

給与等の収入金額（A）		給与所得控除額（令和2年分以降）	
		一般	子育て・介護世帯
	162.5万円以下	55万円	
162.5万円超	180万円以下	A×40％－　10万円	
180万円超	360万円以下	A×30％＋　8万円	
360万円超	660万円以下	A×20％＋　44万円	
660万円超	850万円以下	A×10％＋110万円	
850万円超	1,000万円以下	195万円	A×10％＋110万円
1,000万円超		195万円	210万円

• 所得金額調整控除
（措法41の3の11①②）

平30年度改正で給与所得控除・公的年金等控除が引き下げられたことへの調整措置

①子育て・介護世帯の場合

　給与等の収入金額が850万円を超え、（ア）その者が特別障がい者、（イ）23歳未満の扶養親族を有する、（ウ）特別障がい者である同一生計配偶者又は扶養親族を有する場合には、さらに次の金額を給与所得金額から控除します。

（給与等の収入金額（1,000万円が上限）－850万円）×10％

※①を加えた控除額は上表の「子育て・介護世帯」の金額となります。

②給与と年金がある場合

　給与所得と公的年金等の雑所得の両方があり、給与所得控除後の給与所得金額と公的年金等に係る雑所得の金額の合計額が10万円を超える場合には、次の金額を給与所得金額から控除します。

給与所得控除後の
給与等の金額（10万円上限）＋公的年金等に係る
雑所得の金額（10万円上限）－10万円

4. 給与所得者の特定支出控除

（所法57の2、所令167の3）

給与所得者について、次頁のような特定支出の額が給与所得控除額の$\frac{1}{2}$を超える場合には、確定申告によりその超える部分が控除されます。

$$\left[\begin{array}{c}その年中の\\給与等収入\\金額\end{array}\right]-\left(\begin{array}{c}給与所得\\控除額\end{array}\right)-\left(\left[\begin{array}{c}その年中の\\特定支出の\\合計額\end{array}\right]-\left(\begin{array}{c}給与所得\\控除額\end{array}\right)\times\frac{1}{2}\right)=\boxed{\begin{array}{c}給与所得\\の金額\end{array}}$$

5. 給与所得と確定申告 （所法121①）	次の場合に該当すれば給与所得者は確定申告を要しません。 (1) その年中の給与等の金額が2,000万円以下の場合（支払者による年末調整のみ） (2) 一の給与の支払を受ける者のその他の所得の金額が20万円以下の場合 (3) 二以上の給与の支払を受ける者の従たる給与とその他の所得の合計金額が20万円以下の場合

●給与所得者の特定支出

項　目	説　　　　明
1. 通勤費 （所法57の2②一、所令167の3①、所規36の5②）	• 通勤の経路及び方法が最も経済的かつ合理的であることについて、使用者の証明が必要 （限度額） ①交通機関を利用する場合　その年中の運賃及び料金（航空機利用の支出やグリーン料金等を除きます。）の額の合計額（ただし、1月当たりの定期乗車券の合計額が限度） ②自動車等を使用する場合　給与等の支払者により証明がされた経路及び方法により支出する燃料費及び有料道路の料金の額並びにその交通用具の修理のための支出でその人の通勤に係る部分の額の合計額 ①と②を併用する場合は、①と②の合計額
2. 職務上の旅費 （所法57の2②二、所令167の3②、所規36の5①二、③）	• 勤務する場所を離れて職務を遂行するために直接必要な旅行で、その旅行に要する運賃及び料金、その旅行に要する自動車その他の交通用具の使用に係る燃料費及び有料の道路の料金、その交通用具の修理のための支出
3. 転居費 （所法57の2②三、所令167の3③、所規36の5①三、③）	• 転任に伴うものであることにつき給与等の支払者が証明した、転任の事実が生じた日以後1年以内にする自己又はその配偶者その他の親族に係る支出 ①転居のための旅行に通常必要であると認められる運賃及び料金（グリーン料金等を除きます。）の額 ②転居のために自動車を使用することにより支出する燃料費及び有料道路の料金 ③転居に伴う宿泊費の額（通常必要と認められる額） ④転居のための家具等の運送に要した費用
4. 研修費 （所法57の2②四、所規36の5①四）	• 職務の遂行に直接必要な技術又は知識を習得することを目的として受講する研修（人の資格を取得するためのものを除きます。）であることにつき給与等の支払者により証明された支出又はキャリアコンサルタントにより証明された教育訓練のための支出
5. 資格取得費 （所法57の2②五、所規36の5①五）	• 人の資格（弁護士、公認会計士、税理士その他の人の資格で、法令の規定に基づき、その資格を有する者に限り特定の業務を営むことができることとされているもの）を取得するための支出で、その者の職務の遂行に直接必要なものとして給与等の支払者が証明したもの

所得税

6. 帰宅旅費 （所法57の2② 六、所令167 の3④⑤、所 規36の5①六、 ④⑤）	・転任に伴い配偶者との別居が常況となった場合、又は配偶者と死別若しくは離婚した後結婚していない者等が転任に伴い生計を一にする所得金額48万円以下の子及び特別障がい者である子との別居が常況となったことにつき使用者の証明が必要 （限度額） ・その者の勤務地又は居所とその配偶者等が居住する場所との間の旅行に通常要する支出で最も経済的かつ合理的と認められる経路及び方法による運賃及び料金（グリーン料金等を除きます。）、また帰宅のために通常要する自動車等を使用することにより支出する燃料費及び有料道路の料金

7. 勤務必要経費 （上限65万円） （所法57の2② 七、所令167 の3⑥⑦、所 規36の5①七 ～九）	・次に掲げる支出（その支出の額の合計額が65万円を超える場合には、65万円までの支出に限ります。）で、その支出がその人の職務の遂行に直接必要なものであることについて給与等の支払者が証明したもの

(i) 図書費	①専門書などの書籍、②専門紙・業界紙などの新聞、雑誌その他の定期刊行物、③ ①及び②に掲げるもののほか、不特定多数に販売されている図書で職務の参考とするためのもの
(ii) 衣服費	制服、事務服、作業服等で、勤務場所において着用することが必要とされる衣服（私服の着用が慣行であるときの、その私服を購入するための支出は特定支出とはなりません。）
(iii) 交際費等	交際費、接待費その他の費用で、使用者の得意先、仕入先その他職務上関係のある者に対する接待、供応、贈答等のための支出 （注）職場における同僚との親睦会や同僚の慶弔のための支出、労働組合の組合費等の支出は、特定支出となりません。

●年収の壁

・パートやアルバイトなどで働いてその収入が一定額を超えた場合、社会保険料負担などが発生し結果として手取り収入が減少します。手取り収入が減らないように年収を抑えようとする金額のボーダーラインがいわゆる年収の壁といわれています。
年収の壁には、100万円、103万円、106万円、130万円、150万円、201万円があります。
・年収の壁の目安表（給与収入のみの場合）

年収	住民税	所得税	社会保険	配偶者控除※1	配偶者特別控除※1
100万円以下				対象	
100万円超～ 103万円以下	課税※2			対象	
103万円超～ 106万円未満	課税	課税			対象
106万円以上～130万円未満	課税	課税	加入※3		対象
130万円以上～150万円以下	課税	課税	加入※4		対象
150万円超～ 201.6万円未満	課税	課税	加入		対象（段階的に減少）
201.6万円以上	課税	課税	加入		

※1 控除を受ける納税者本人の合計所得金額が1,000万円以下の場合に限ります（控除額については、P.164参照）。
※2 自治体により異なります。
※3 次の要件を全て満たす労働者が対象となります。
　　①従業員数101人（令和6年10月からは51人）以上の企業に勤務、②週の所定労働時間が20時間以上、③賃金が月額8.8万円以上、④雇用期間が継続して2か月超、⑤学生ではない
　　また、令和5年10月より、手取り収入を減らさない取り組みを実施した企業は、従業員1人あたり最大50万円の助成があります（2025年度年金制度改正まで）。
※4 令和5年10月より、事業主の証明により一時的に130万円を超えても被扶養者認定が可能になりました。

●経済的利益（現物給与）の範囲

通常の給料賃金のほか、諸手当や食事等の現物支給や商品値引販売などのように物や権利その他の経済的利益（「現物給与」といいます。）も給与等に該当します。

1 通勤手当等 （所法9①五、所令20の2）

区分			課税されない金額
① 交通機関又は有料道路を利用している人に支給する通勤手当			1か月当たりの合理的な運賃等の額 （最高限度　150,000円）
② 自転車や自動車などの交通用具を使用している人に支給する通勤手当	通勤距離（片道）	55km 以上	31,600円
		45km 以上　55km 未満	28,000円
		35km 以上　45km 未満	24,400円
		25km 以上　35km 未満	18,700円
		15km 以上　25km 未満	12,900円
		10km 以上　15km 未満	7,100円
		2 km 以上　10km 未満	4,200円
		2 km 未満	（全額課税）
③ 交通機関を利用している人に支給する通勤用定期乗車券			1か月当たりの合理的な運賃等の額 （最高限度　150,000円）
④ 交通機関又は有料道路を利用するほか、交通用具も使用している人に支給する通勤手当や通勤用定期乗車券			1か月当たりの合理的な 運賃等の額と②の金額との合計額 （最高限度　150,000円）

所得税

2 特殊な給与等

区分	取扱い
1. 旅費 （所法9①四、所基通9-3）	給与所得を有する人の次に掲げる旅行に必要な支出に充てるため支給される金品でその旅行について通常必要と認められているものについては、課税されません。 ① 勤務する場所を離れてその職務を遂行するために行う旅行 ② 転任に伴う転居のために行う旅行
2. 宿日直料 （所基通28-1）	宿日直料は、宿日直を本来の職務とする人の宿日直料など一定のものを除き、1回の宿日直について支給される金額のうち4,000円（支給される食事がある場合には、4,000円からその食事の価額を控除した残額）までの部分については、課税されません。
3. 交際費等 （所基通28-4）	交際費や接待費などとして支給されるものは原則として給与等とされますが、使用者の業務のために使用したことの事績の明らかなものについては、課税されません。
4. 結婚祝金品等 （所基通28-5）	雇用契約等に基づいて支給される結婚、出産等の祝金品は、その金額が支給を受ける人の地位などに照らして社会通念上相当と認められるものであれば、課税されません。
5. 葬祭料、香典、見舞金等	葬祭料や香典、災害等の見舞金は、その金額が社会通念上相当と認められるものであれば、課税されません。（所基通9-23）
6. 労働基準法等の規定による各種補償金	労働基準法や船員法の規定により受ける療養の給付や休業補償などについては、課税されません。（所法9①三イ、所令20①、所基通9-1）
7. 学資金等 （所基通9-14、9-15、9-16、36-29の2）	給与に加算される学資金は非課税とされています（所法9①十五）が、使用者から就学中の子弟を有する使用人等に対し学資金の名目で支給される金品や使用者から使用人等に対しその使用人等の学資に充てるため支給される金品は、業務遂行上の必要に基づき技術の習得等をさせるために支給されるものなど一定の範囲内のものを除き、給与等とされます。

③現物給与

区分	取扱い
1. 食事の支給 （所基通36-38の2、所基通36-38、平元直法6-1、平9課法8-1、平26課法9-1、所基通36-24）	• 食事の支給を受ける人がその食事の価額の半額以上を負担すれば、原則として課税されません。ただし、その食事の価額からその人の負担した金額を控除した残額（使用者の負担額）が月額3,500円を超えるときは、その使用者の負担額が給与所得とされます。 • 食事の価額は次によります。 (1)　使用者が調理して支給する食事→食事の材料や調味料等に要した、いわゆる直接費の額（税抜き） (2)　飲食店等から購入して支給する食事→購入価額（税抜き） • 通常の勤務時間外の宿日直又は残業をすることに対し、支給する食事については、課税されません。
2. 制服等の支給 （所法9①六、所令21二、三、所基通9-8）	職務の性質上制服を着用しなければならない人に対して支給又は貸与する制服その他の身の回り品、事務服、作業服等については、課税されません。
3. 社宅等の貸与 （所基通36-40〜36-48、平7課法8-1）	社宅や寮等を貸与することにより使用人等が受ける経済的利益については、使用人等から一定の算式により求めた社宅等の通常支払うべき賃貸料の額以上の賃貸料を徴収していれば課税されませんが、徴収賃貸料が通常賃貸料の額を下回っている場合には、その差額が給与所得とされます。 　なお、役員に貸与している社宅が、いわゆる豪華社宅である場合には、通常の賃貸料の額は実勢価格により評価されます。[P.125参照]
4. レクリエーションの費用の負担 （所基通36-30、昭63直法6-9、平5課法8-1）	レクリエーションのための一般的な会食、旅行、演芸会、運動会等の行事の費用を使用者が負担することにより行事参加者が受ける経済的利益については、自己都合による不参加者に対して金銭を支給する場合や役員だけを対象とする場合を除き、課税されません。 　なお、レクリエーション旅行については、旅行期間が4泊5日（目的地が海外の場合は目的地における滞在日数）以内、全従業員の50%以上が参加しているなど一定の要件を満たしている場合には、原則として課税されません。
5. 永年勤続記念品等の支給 （所基通36-21）	永年勤続者の表彰に当たり、その記念として旅行、観劇等に招待し、又は記念品を支給することによる経済的利益で、その表彰が、おおむね10年以上勤続した人を対象としたものであるなど一定の要件を満たすものについては、課税されません。
6. 創業記念品等の支給 （所基通36-22、平元直法6-1、平9課法8-1）	創業記念、工事完成記念等の記念品で、それが、社会通念上記念品としてふさわしいものであって、その処分見込価額が税抜き1万円以下のものであるなど一定の要件を満たすものについては、建築業者、造船業者等が請負工事又は造船の完成等に際して支給するものでない限り、課税されません。
7. 商品、製品等の値引販売 （所基通36-23）	使用者の取扱商品、製品等（有価証券及び食事を除きます。）を値引販売することによる経済的利益については、値引販売の価額が、使用者の取得価額以上で、かつ、通常他に販売する価額のおおむね70%以上であるなど一定の要件を満たす場合には、課税されません。
8. 金銭の無利息貸付け等 （所基通36-28）	使用者が金銭を無利息又は低い金利で貸付けたことによる経済的利益については、(1)災害、疾病等に基因するものである場合、(2)使用者における借入金の平均調達金利など合理的と認められる貸付利率により利息を徴している場合、又は、(3)その供与される経済的利益の合計額が年間5,000円以下の場合には、課税されません。
9. 福利厚生施設の利用 （所基通36-29）	福利厚生施設の運営費などを使用者が負担することにより利用者が受ける経済的利益については、その額が著しく多額である場合や役員だけを対象としてその経済的利益が供与される場合を除き、課税されません。

●社宅家賃（月額）の計算一覧（所基通36-40～36-48）

計算基準等		
役員社宅	自己所有の社宅（所基通36-40）	$\left\{\begin{array}{l}\text{その年度の}\\\text{家屋の固定}\\\text{資産税の課}\\\text{税標準額}\end{array}\right\}\times12\%\left\{\begin{array}{l}\text{木造家屋}\\\text{以外の家}\\\text{屋につい}\\\text{ては}10\%\end{array}\right\}+\left\{\begin{array}{l}\text{その年度の}\\\text{敷地の固定}\\\text{資産税の課}\\\text{税標準額}\end{array}\right\}\times6\%\right\}\times\dfrac{1}{12}\cdots\mathbf{A}$
	借上げ社宅	上記Aと実際の支払賃借料の50％相当額とのいずれか高い方の額…B
	小規模住宅（自己所有・借上げ）（所基通36-41）	$\left\{\begin{array}{l}\text{その年度}\\\text{の家屋の}\\\text{固定資産}\\\text{税の課税}\\\text{標準額}\end{array}\right\}\times0.2\%+12\text{円}\times\dfrac{\text{その家屋の}総床面積(\text{m}^2)}{3.3(\text{m}^2)}+\left\{\begin{array}{l}\text{その年度の}\\\text{敷地の固定}\\\text{資産税の課}\\\text{税標準額}\end{array}\right\}\times0.22\%\cdots\mathbf{C}$
	• 小規模住宅（マンション等では共用部分を含めて判定します。） 　木造家屋…132m²以下　　非木造家屋…99m²以下 • 床面積が240m²超の豪華な役員社宅にあっては内外装の状況等各種要素を総合勘案して時価（実勢価格）で評価します。 　但し、地方都市のもの、築後相当年数経過のもの、共同娯楽施設等を付帯しているもので特定のもの等は対象外となる場合があります。 • 公的使用部分がある住宅 　（A、B又はCの額）－（公的使用部分の割合又はA、B又はCの額の30％） • その住宅の一部を使用しているとき 　（A、B又はCの額）$\times\dfrac{50\ (\text{m}^2)}{\text{その家屋の総床面積 (m}^2)}$		
従業員社宅	自己所有・借上げ社宅（所基通36-41、45）	$\left\{\begin{array}{l}\text{その年度の}\\\text{家屋の固定}\\\text{資産税の課}\\\text{税標準額}\end{array}\right\}\times0.2\%+12\text{円}\times\dfrac{\text{その家屋の}総床面積(\text{m}^2)}{3.3(\text{m}^2)}+\left\{\begin{array}{l}\text{その年度の敷}\\\text{地の固定資産}\\\text{税の課税標準}\\\text{額}\end{array}\right\}\times0.22\%$
	• 上記計算額の50％相当額以上の賃貸料を徴収しているときは経済的利益はないものとして課税されません。		

所得税

• 固定資産税の課税標準の改訂の場合
① 第1期分の納期限の属する月の翌月分から計算します。
② ただし、従業員社宅の場合には課税標準額が20％以内の増減のときは改訂計算を要しません。（所基通36-46）
（プール計算）　貸与を受けた役員あるいは従業員ごとに、それぞれ、そのすべてから徴収している家賃の額の合計額が、上記の計算による家賃相当額の合計額（従業員の場合はその50％）以上であるときは、そのすべての役員あるいは従業員について経済的利益（現物給与）はないものとします。

6　退職所得

項　　目	説　　　　明
1. 退職所得の範囲とその金額 （所法30①、所令72）	・退職手当・退職一時金・一時恩給、社会保険又は共済の各制度から受ける一時金（退職手当金を年金で受け取る場合は雑所得となります。） ① （その年中の退職手当等の収入金額－退職所得控除額）×$\frac{1}{2}$ ②退職手当等が特定役員退職手当等である場合には、$\frac{1}{2}$課税は不適用です。 　※特定役員とは、勤続年数5年以下の法人の役員等で（イ）法法二十五に規定する役員（P.73参照）、（ロ）国会議員及び地方議会議員、国家公務員及び地方公務員が該当します。 ③**短期退職手当等**（②を除きます）：勤続年数が5年以下の従業員等については、令和4年分所得税から、退職所得控除額の控除後の残額が300万円を超える場合、**150万円＋｛短期退職手当等の収入金額－（300万円＋退職所得控除額）｝** で計算します（$\frac{1}{2}$課税は不適用）。 ・被相続人の死亡によって、死亡後3年以内に支払が確定した退職金が相続人等に支払われた場合、その退職金は所得税の課税対象ではなく相続税が課税されます。
2. 退職所得控除額 （所法30③）	<table><tr><td>勤続年数</td><td>退職所得控除額</td></tr><tr><td>20年以下</td><td>40万円×勤続年数※ （80万円未満（勤続年数2年未満）の場合は80万円）</td></tr><tr><td>20年超</td><td>800万円＋｛70万円×（勤続年数※－20年）｝</td></tr></table> ※1年未満の端数切上げ （注1）障がい者となったことに直接基因して退職した場合 　　　　上記により計算した金額＋100万円 （注2）特定役員退職所得控除額 　　40万円×$\left(\dfrac{特定役員等}{勤続年数}－\dfrac{重複}{勤続年数}\right)＋20万円×\dfrac{重複}{勤続年数}$
3. 退職所得と確定申告 （所法203①②）	分離課税のため、原則として、源泉徴収により納税は終了。「退職所得の受給に関する申告書」を支払者に提出していないため、20％［20.42％］の税率で源泉徴収された人は、確定申告が必要です。

○退職金等の受給と課税の関係

※税法で定められた弔慰金とは、次のようなものをいいます。（相基通3-20）
(1)　業務上の死亡退職によるもの→賞与以外の普通給与の3年分相当額
(2)　上記以外のもの→賞与以外の普通給与の6か月分相当額

7　山林所得

項　　目	説　　　　　明
1. 所得の意義 （所法32①②、 　所令78、78 　の2、所基通 　32-2）	(1)　山林（立木）の伐採又は譲渡による所得。ただし、山林の取得の日から5年以内に伐採又は譲渡することによる所得は、事業所得又は雑所得となります。 (2)　分収造林契約に基づく収益は、その契約当事者がその契約に定める一定の割合で分収する金額を原則として山林所得の収入金額とします。
2. 所得金額の計算 （所法32③④、 　措法25の2① 　②、30、措 　令19の6、措 　規12）	(1)　山林所得の金額 <table><tr><td>原則</td><td>〔総収入金額−必要経費−特別控除（最高50万円）〕</td></tr><tr><td>青色申告者 の場合</td><td>〔総収入金額−必要経費−特別控除（最高50万円） −青色申告特別控除（10万円）〕</td></tr></table> (2)　概算経費控除の方法 　　その年の15年前の年の12月31日（令和6年分は平成21年12月31日）以前から引き続き所有していた山林を伐採又は譲渡した場合の必要経費の金額は、次の算式によることができます。 $$\left\{\left(\begin{array}{c}収入\\金額\end{array}-\begin{array}{c}伐採、譲渡に\\要した費用\end{array}\right)\times\begin{array}{c}概算経費率\\(50\%)\end{array}+\begin{array}{c}伐採、譲渡に\\要した費用\end{array}\right\}$$ 　(注)　災害により山林について生じた損失の金額は、概算経費控除の別枠で控除が認められます。
3. 森林計画特別控除 （措法30の2、 　措令19の7） （措法27の2、 　措令18の3）	平成24年から令和8年までの各年において、森林法に規定する森林経営計画の認定を受けた者が森林施業計画等に基づいて山林の伐採又は譲渡をした場合の山林所得の金額は、次の算式によって計算します。 $$\left[\begin{array}{c}総収入\\金額\end{array}-\begin{array}{c}必要経費\\（又は概算経費控除額）\end{array}-\begin{array}{c}森林計画\\特別控除額\end{array}-\begin{array}{c}特別控除\\(50万円)\end{array}\right]$$ $$=所得金額$$ 　なお、青色申告者の場合には、さらに青色申告特別控除額（10万円）を控除した後の金額が山林所得の金額となります。 　**森林計画特別控除額**は、次の算式により計算した金額のうちいずれか低い金額です。なお、必要経費を概算経費率（50%）によっている場合には、①により計算した金額となります。 ①　（収入金額−譲渡経費）×20%※＝森林計画特別控除額 　※　（収入金額−譲渡経費）が2,000万円を超える場合は、その超える部分は20%を10%として計算します。 ②　$\left(\begin{array}{c}収入\\金額\end{array}-\begin{array}{c}譲渡\\経費\end{array}\right)\times50\%-\left\{\begin{array}{c}必要\\経費\end{array}-\left(\begin{array}{c}譲渡\\経費\end{array}+\begin{array}{c}山林災害\\損失等\end{array}\right)\right\}=\begin{array}{c}森林計画\\特別控除額\end{array}$ ・有限責任事業組合の事業に係る組合員の不動産所得、事業所得又は山林所得の所得の損失の金額があるときは、その損失の金額のうち、その出資の価額を基礎として計算した金額を超える部分の金額は、必要経費に算入しません。
4. 山林所得の税額計算 （所法89）	（課税山林所得金額×$\frac{1}{5}$×税率）×5 ※立木の植林から伐採までは長期間必要であり、山林所得は超過累進税率緩和のため他の所得と区分し五分五乗方式で課税されます。

所得税

8 譲渡所得

項　目	説　　　明
1. 対象資産 （所法33、所令79） （措法37の10、措令25の8）	1　土地建物等以外の有形固定資産…機械、船舶、車両、器具等 　　（土地建物等の譲渡は、分離課税） 2　無形固定資産…鉱業権、特許権、実用新案権、商標権等 3　その他の資産…ゴルフ会員権、電話加入権、書画骨とう等 4　次の有価証券の譲渡 　(1)　事業所得及び雑所得となる有価証券先物取引等、また、土地建物 　　　等の譲渡所得となる特定の株式、出資又は特定信託の受益権の譲渡 　(2)　株式等の譲渡による所得については P.130〜139参照 〔譲渡所得に含まれないもの〕 1．棚卸資産の譲渡による所得…（事業所得） 2．不動産所得・山林所得又は雑所得を生ずべき業務に係る棚卸資産に準ずる資産の譲渡による所得…（不動産所得、山林所得又は雑所得） 3．減価償却資産で使用可能期間が1年未満であるもの及び取得価額が10万円未満であるもの（業務の性質上基本的に重要なものを除きます。）の譲渡による所得…（事業所得、山林所得、不動産所得又は雑所得） 4．営利を目的として継続的に行われる資産の譲渡による所得…（事業所得又は雑所得） 5．山林の伐採又は譲渡による所得…（山林所得、事業所得又は雑所得）
2. 短期譲渡と長期譲渡（総合課税） （所法33）	1　短期譲渡所得…資産をその取得の日以後5年以内に譲渡した所得 　　⇨資産の取得の日は P.150参照 2　長期譲渡所得…1以外の譲渡所得（但し、自己の研究成果である特許権・実用新案権等は5年以内譲渡でも長期となります。） 　　⇨土地・建物等の譲渡に係る税率は P.142参照 3　土地・建物等の譲渡（分離課税）…P.142参照 4　株式等の譲渡（分離課税）…P.130参照
3. 資産の贈与・低額譲渡 （所法59、措法40の3の2） （措法40の3の2）	・譲渡には、売買のほか、借地権の設定行為、交換、競売、公売、収用、物納、法人に対する現物出資を含みます。 ・次の者への資産の贈与・低額譲渡は、時価で収入金額を計上します。 　(1)　法人への資産の贈与 　(2)　法人に対するもの及び個人に対する包括遺贈で限定承認された資産の遺贈 　(3)　限定承認に係るものに限る相続 　(4)　法人に対する時価の$\frac{1}{2}$未満の価額での譲渡 ・資産を個人に対して時価の$\frac{1}{2}$未満の対価により譲渡した場合において、（「その対価の額」＜「取得費＋譲渡費用の額」）となるときは、その不足額は譲渡所得の計算上なかったものとみなされます。 　上記以外の贈与等については、みなし譲渡課税が行われません。 　⇨贈与等により資産を取得した者は贈与者等の取得費を引継ぎます。 　なお、平成25年4月1日から令和7年3月31日までの間に、中小企業者に該当する内国法人の取締役等である個人で、その内国法人の保証人であるものが、現にその内国法人の事業の用に供されている資産（有価証券を除きます。）で、その個人が所有していたものを、その内国法人に係る一般に公表された一定の要件を満たす債務処理計画に基づいて贈与した場合は、みなし譲渡課税がされません。

4. 取得費 （所法38、所令85）	**（原則）** 譲渡資産の取得費＋設備費＋改良費＝取得費 ※建物や機械器具などの減価償却資産の場合には償却費相当額を差し引きます。

<table>
<tr><td rowspan="4">償却費相当額</td><td>業務用資産</td><td>業務の用に供していた期間内に必要経費に算入される償却費の額の累計額</td></tr>
<tr><td rowspan="3">非業務用資産</td><td>取得費×0.9×償却率^(注1)×経過年数^(注2)</td></tr>
<tr><td>（注1）同種減価償却資産の耐用年数×1.5の耐用年数の旧定額法の年償却率（1年未満の端数は切捨てます。）</td></tr>
<tr><td>（注2）6月以上は1年とし、6月未満の端数は切捨てます。</td></tr>
</table>

（所法61、所令172）	※（昭和27年12月31日以前に取得した資産） ・「昭和28年1月1日の相続税評価額」＋「同日以後支出した設備費等」－「償却費＋減価の額」 （注）ただし、相続税評価額より実際の取得価額及び同日前に支出した設備費等の合計額が高いことを納税者が証明した場合は、その証明額によることができます。
（措通31の4-1）	※（**概算取得費**）実際の取得費よりも収入金額の5％相当額の方が多い場合には収入金額の5％を取得費とできます。
・相続財産を譲渡した場合の取得費の特例（措法39、措令25の16）	・相続や遺贈により取得した財産を相続開始のあった日の翌日から相続税の申告書の提出期限の翌日以後3年以内に譲渡した場合は、次の金額を取得費に加算することができます。 $$\left(\begin{array}{c}\text{その者の納}\\\text{付すべき相}\\\text{続税額}\end{array}\right) \times \dfrac{\left(\begin{array}{c}\text{その者の相続税の課税価格の計算の}\\\text{基礎とされたその譲渡した財産の価額}\end{array}\right)}{\text{（その者の相続税の課税価格（債務控除前））}}$$
5. 特別控除額 （所法33）	・譲渡益50万円未満のとき⇨その譲渡益 ・譲渡益50万円以上のとき⇨50万円 （注）特別控除の順序は、短期譲渡部分から控除します。（P.151参照）
6. 特別な損失の控除 （所法62、64、所令178、180）	(1) 生活に通常必要でない資産（書画骨とう、別荘、競走馬、ゴルフ会員権等）の災害、盗難、横領により生じた損失 ➡その年及びその翌年分の譲渡所得から控除 ⇨短期譲渡所得からまず控除します。 (2) 譲渡代金の回収不能、保証債務の履行のために資産を譲渡した場合で、求償権の行使不能などによる損失…①回収不能額、②貸倒れ直前に確定している貸倒年分の総所得金額等、③貸倒れに係る②の計算基礎となった譲渡所得の金額、のうち最も低い金額が譲渡所得の計算上なかったものとされます。

所得税

●株式等に係る譲渡所得等

項　　目	説　　　　　明
1.有価証券譲渡益課税 （措法32、37の10、37の15）	有価証券を譲渡した場合の所得は、原則として申告分離課税の対象とされます。 (1)　**申告分離課税** 　①　**上場株式等** $$\left(\begin{array}{l}\text{上場株式等に係る}\\\text{譲渡所得等の金額}\end{array}\right) \times 20.315\% \left(\begin{array}{l}\text{所得税率15.315\%、}\\\text{住民税率5\%}\end{array}\right)$$ 　　(i)　譲渡価額－（取得費＋委託手数料等）＝$\begin{array}{l}\text{上場株式等に係る}\\\text{譲渡所得等の金額}\end{array}$
（措法37の12の2①）	(ii)　**上場株式等に係る譲渡損失の損益通算** 　　　　その年分の上場株式等に係る譲渡損失がある場合は、申告分離課税を選択した上場株式等に係る配当所得等の金額とだけ損益通算できます。
（措法37の11②）	※**上場株式等**とは、株式等のうち次に掲げるものをいいます。

<table>
<tr><td>1</td><td>以下の株式等
　a　金融商品取引所に上場されている株式等
　b　店頭売買登録銘柄として登録された株式等
　c　店頭転換社債型新株予約権付社債（新株予約権付社債（転換特定社債及び新優先出資引受権付特定社債を含む。）で、認可金融商品取引業協会が、その売買価格を発表し、かつ、発行法人に関する資料を公表するものとして指定したものをいいます。）
　d　店頭管理銘柄として認可金融商品取引業協会が指定した株式等
　e　登録銘柄として認可金融商品取引業協会に備える登録原簿に登録された日本銀行出資証券
　f　外国金融商品市場において売買されている株式等</td></tr>
<tr><td>2</td><td>公募の投資信託の受益権（特定株式投資信託の受益権は1に含まれます。）
　(注)　株式等証券投資信託、公社債投資信託、公社債等運用投資信託及び非公社債等投資信託の受益権で公募のものがこれに該当します。</td></tr>
<tr><td>3</td><td>特定投資法人の投資口</td></tr>
<tr><td>4</td><td>公募の特定受益証券発行信託の受益権</td></tr>
<tr><td>5</td><td>公募の特定目的信託の社債的受益権</td></tr>
<tr><td>6</td><td>国債及び地方債</td></tr>
<tr><td>7</td><td>外国又はその地方公共団体が発行し又は保証する債券</td></tr>
<tr><td>8</td><td>会社以外の法人が特別の法律により発行する債券（外国法人に係るもの並びに投資法人債・短期投資法人債、特定社債・特定短期社債を除きます。）</td></tr>
<tr><td>9</td><td>募集が一定の取得勧誘により行われた公社債</td></tr>
<tr><td>10</td><td>その発行の日前9月以内（外国法人にあっては、12月以内）に有価証券報告書等を提出している法人が発行する社債</td></tr>
<tr><td>11</td><td>金融商品取引所又は外国金融商品取引所において公表された公社債情報に基づいて発行する公社債</td></tr>
<tr><td>12</td><td>国外において発行された公社債で、次に掲げるもの（取得後引き続き保管の委託がされているものに限ります。）
　a　国内において多数の者に対して売出しがされたもの（売出し公社債）
　b　国内における売出しに応じて取得した日前9月以内（外国法人にあっては、12月以内）に有価証券報告書等を提出している法人が発行するもの</td></tr>
</table>

	13	次に掲げる外国法人等が発行し又は保証する債券 　a　出資金額等の2分の1以上が外国の政府により出資等がされている外国法人 　b　外国の特別の法令に基づいて設立された外国法人で、その業務がその外国の政府の管理の下で運営されているもの 　c　国際間の取極めに基づき設立された国際機関が発行し又は保証する債券
	14	国内又は国外の法令に基づいて銀行業又は金融商品取引業を行う法人又はそれらの100%子会社等が発行した債券
	15	平成27年12月31日以前に発行された公社債（その発行のときにおいて同族会社に該当する会社が発行した社債は除かれます。）

（措法37の10
①、37の11
①）

② **一般株式等**（上場株式等以外の株式等）

$$\left(\begin{array}{c}\text{一般株式等に係る}\\\text{譲渡所得等の金額}\end{array}\right)\times 20.315\%\begin{array}{l}\text{（所得税率15.315\%、}\\\text{住民税率5\%）}\end{array}$$

(i)　譲渡価額－（取得費＋委託手数料等）＝ 一般株式等に係る
　　　　　　　　　　　　　　　　　　　　　譲渡所得等の金額

(ii)　一般株式等に係る譲渡損失の金額については、他の所得との損益通算及び繰越控除はできません。上場株式等に係る譲渡損失との損益通算はできません。

※**一般株式等**とは、下記の株式等のうち上場株式等以外の株式等をいいます。

1	株式（投資口を含みます。）、株主又は投資主となる権利、株式の割当てを受ける権利、新株予約権（新投資口予約権を含みます。）及び新株予約権の割当てを受ける権利
2	特別の法律により設立された法人の出資者の持分、合名会社、合資会社又は合同会社の社員の持分、協同組合等の組合員又は会員の持分その他法人の出資者の持分（3に掲げるものを除きます。）
3	協同組織金融機関の優先出資に関する法律に規定する優先出資（優先出資者となる権利及び優先出資の割当てを受ける権利を含みます。）及び資産の流動化に関する法律に規定する優先出資（優先出資社員となる権利及び同法に規定する引受権を含みます。）
4	投資信託の受益権
5	特定受益証券発行信託の受益権
6	社債的受益権
7	公社債（預金保険法に規定する長期信用銀行債等、農水産業協同組合貯金保険法に規定する農林債及び償還差益について発行時に源泉徴収がされた割引債を除きます。）

(2)　**総合課税**

総合課税の対象となる有価証券譲渡益

（措法37の10
①）

（措法37の10
②、措令25
の8②）

（所法41の2）

1	有価証券先物取引（金商法第28条第8項第3号イに掲げる取引の方法により行うもの）による所得（有価証券の受渡しが行われることとなるものに限ります。）
2	株式形態等によるゴルフ会員権の譲渡による所得
3	発行法人から与えられた新株予約権等をその発行法人に譲渡したことによる所得

①　他の所得と合算し、累進税率が適用されます。

②　譲渡者及び内容により、事業所得、雑所得、又は譲渡所得に区分

所得税

され、雑所得とされるものを除き、他の所得との損益通算可能です。

③　譲渡所得とされるものは、50万円特別控除、保有期間5年超のものは2分の1課税が適用されます。

(措法37の15、措令25の14の3)

(3)　非課税となる有価証券譲渡益

次に掲げるものを譲渡した場合の譲渡所得については非課税とされています。

1	割引の方法により発行される公社債（措令26の15①に掲げるものに限ります。）で次のイからハまで以外のもの 　イ　外貨公債の発行に関する法律第1条第1項又は第3項の規定により発行される同法第1条第1項に規定する外貨債 　ロ　特別の法令により設立された法人がその法令の規定により発行する債券のうち一定のもの 　ハ　平成28年1月1日以後に発行された公社債（次の（ⅱ）及び（ⅳ）に掲げるものを除きます。）
2	預金保険法第2条第2項第5号に規定する長期信用銀行債等
3	貸付信託の受益権
4	農林水産業協同組合貯金保険法第2条第2項第4号に規定する農林債

(措法32②、措令21③)

(4)　分離短期譲渡所得課税

次の株式又は出資の譲渡で事業譲渡類似に該当する場合の所得は、分離短期譲渡所得として課税されます。

1	その有する資産の時価総額に占める短期所有（5年以下）土地等の時価の合計額が70％以上である法人の株式等
2	その有する資産の時価総額に占める土地等の時価の合計額が70％以上である法人の株式等で、所有期間が5年以下のもの

※事業譲渡類似の譲渡とは、次のものをいいます。

(措令21④一)　(ⅰ)　譲渡をした年以前3年内のいずれかの時において、その法人の発行済株式等の30％以上がその法人の特殊関係株主等によって所有されており、かつ、その株式等の譲渡をした者が、その法人の特殊関係株主等であること。

(措令21④二)　(ⅱ)　その年に、その株式等の譲渡をした者を含む(ⅰ)の発行法人の特殊関係株主等がその発行法人の発行済株式等の総数又は総額の5％以上に相当する数又は金額の株式等の譲渡をし、かつ、その年以前3年内にその発行法人の発行済株式等の総数又は総額の15％以上に相当する数又は金額の株式等の譲渡をしたこと。

(措令21⑤)　なお、次の譲渡は(ⅱ)から除かれます。

1）上場株式の取引所金融商品市場（取引所有価証券市場）においてする譲渡

2）店頭売買登録銘柄の株式で、金融商品取引業者（証券会社又は外国証券会社の支店）の媒介、取次ぎ又は代理によって行われる譲渡

3）株式の公開の方法により行う株式の譲渡（特殊関係株主等が発行済株式総数の10％以上譲渡した場合を除く。）

4）店頭売買登録銘柄の新規登録に際し株式の売出しの方法により行う譲渡（特殊関係株主等が発行済株式総数の10％以上譲渡した場合を除く。）

・株式等の取得価額	(1) 複数回同一銘柄を購入した場合

・雑所得・譲渡所得となる場合→総平均法に準ずる方法によります。
（※事業所得の場合は総平均法）
・総平均法に準ずる方法とは、株式等をその種類及び銘柄の異なるごとに区分して、その種類等の同じものについて次の算式により計算する方法をいいます。
$(A＋B)÷(C＋D)＝1$ 単位当たりの価額（1円未満切上げ）
　A＝最初に購入した時（その後譲渡した場合は直前の譲渡の時）の購入価額の総額
　B＝最初に購入した後（その後譲渡した場合は直前の譲渡の後）から今回の譲渡までの購入価額の総額
　C＝Aに係る株式等の総数　　D＝Bに係る株式等の総数

(2) 購入や払込み以外で取得した場合

① 相続・贈与による取得株式	・原則として被相続人（贈与者）の取得価額を引継ぎます。 ・相続税の申告期限から3年以内に譲渡した場合は、被相続人の取得価額に相続税額のうち譲渡した株式に対応する相続税額を加算した額となります。
② 特定譲渡制限付株式又は承継譲渡制限付株式	・その特定譲渡制限付株式等の譲渡についての制限が解除された日における価額。ただし、特定譲渡制限付株式等の交付を受けた個人がその制限が解除される前に死亡した場合において、その個人の死亡の時に発行法人等が無償で取得しないことが確定しているものについては、その個人が死亡の日における価額となります。
③ 発行法人から与えられた次に掲げる権利の行使により取得した株式等（いわゆる税制適格ストックオプションの行使により取得する特定権利行使株式を除きます。）	イ　平成17年法律第87号による改正前の商法に規定する新株予約権→その権利の行使の日における価額 ロ　会社法第238条第2項の決議等に基づき発行された新株予約権（新株予約権を引き受ける者に特に有利な条件、金額であるとされるもの又は役務の提供による対価であるとされるものに限ります。）→その権利の行使の日における価額 ハ　株式と引換えに払い込むべき金額が有利な金銭である場合におけるその株式を取得する権利（イ及びロに該当するものを除きます。）→その権利に基づく払込み又は給付の期日（払込み又は給付の期間の定めがある場合には、その払込み又は給付をした日）における価額
④ 発行法人の株主等として与えられた新たな払込みや給付を要しないで取得した株式又は新株予約権	・零
⑤ ①から④以外の方法により取得した株式	・その取得の時におけるその株式等の取得のために通常要する価額

所得税

	(3) 取得費がわからない場合など • 譲渡した株式等の購入した時期が古いなどのため取得費が分からない場合には、同一銘柄の株式等ごとに、取得費の額を売却代金の５％相当額とすることが認められます。実際の取得費が売却代金の５％相当額を下回る場合にも、同様に認められます。
2. 上場株式等の配当等を受けた場合の課税関係	• 上場株式等の配当等（持株割合３％以上の大口株主等が支払を受けるものを除きます。以下同じです。）については、その支払の際に**20.315**％（所得税15.315％、住民税５％）の税率による**源泉徴収**がされます。 • なお、１回に支払を受けるべき上場株式等の配当等の額ごとに申告しないこと（**申告不要**）を選択することができます（源泉徴収口座内の上場株式等の配当等については、口座ごとに選択する必要があります。）。 • また、申告する場合は、上場株式等の配当等に係る配当所得について、**総合課税と申告分離課税のいずれか**を選択することができます。（上場株式等の配当等のうち、特定目的信託（その信託契約の締結時において原委託者が有する社債的受益権の募集が公募により行われたものに限ります。）の社債的受益権の剰余金の配当など一定のものに係る配当所得は総合課税を選択することはできません。）この場合、申告する上場株式等の配当等に係る配当所得の全てについて、総合課税と申告分離課税のいずれかを選択する必要があります。

3. 上場株式等の譲渡損失に係る損益通算及び繰越控除 （措法37の12の2）	• 上場株式等を金融商品取引業者等を通じて譲渡したことにより生じた譲渡損失の金額は、確定申告により、その年分の上場株式等に係る配当所得等の金額（上場株式等の配当等に係る配当所得については、申告分離課税を選択したものに限ります。以下同じです。）と損益通算することができます。（上場株式等に係る譲渡損失の金額を一般株式等に係る譲渡所得等の金額から控除することはできません。） • また、損益通算してもなお控除しきれない譲渡損失の金額については、翌年以後３年間にわたり、確定申告により上場株式等に係る譲渡所得等の金額及び上場株式等に係る配当所得等の金額から繰越控除することができます。

連続して確定申告書を提出
（上場株式等の譲渡がなかった年も、譲渡損失を翌年へ繰り越すための申告が必要です。）

所得税

4. 特定口座制度
（措法37の11
の3、37の11
の6）

　特定口座には、簡易申告口座と源泉徴収口座の2種類があり、金融商品取引業者等に特定口座を開設した場合、その特定口座内における上場株式等の譲渡による所得については、他の上場株式等の譲渡による所得と区分して計算します。なお、この計算は金融商品取引業者等が行います。

特定口座の開設
（1金融商品取引業
者等につき、1口座）
→ 簡易申告口座 → 年間取引報告書 → 申告
→ 源泉徴収口座 → 年間取引報告書 → 申告不要
（特定口座外の譲渡所得と区分して計算）

(1) 簡易申告口座
　簡易申告口座とは、金融商品取引業者等から送られてくる特定口座年間取引報告書により、簡便に申告を行うことができる口座のことをいいます。

(2) 源泉徴収口座
- 源泉徴収口座とは、特定口座内で生じる所得に対して源泉徴収（20.315％（所得税15.315％、住民税5％））することを選択することにより、その特定口座内における上場株式等の譲渡による所得を申告不要とすることができる口座のことをいいます。
- なお、金融商品取引業者等を通じて支払を受ける上場株式等の配当等については、その金融商品取引業者等に開設している源泉徴収口座に受け入れることができます。
- また、上場株式等の配当等を受け入れた源泉徴収口座内に上場株式等を譲渡したことにより生じた譲渡損失の金額があるときは、上場株式等の配当等の額の総額からその上場株式等を譲渡したことにより生じた譲渡損失の金額を控除（損益通算）した金額を基に源泉徴収税額が計算されます。

(3) 源泉徴収口座における留意点
　(i) 源泉徴収口座における上場株式等の譲渡による所得又はその源泉

徴収口座に受け入れた上場株式等の配当等に係る配当所得等を申告するかどうかは口座ごとに選択できます（1回の譲渡ごと、1回に支払を受ける上場株式等の配当等ごとの選択はできません。）。

(ii) 源泉徴収口座における上場株式等の譲渡による所得とその源泉徴収口座に受け入れた上場株式等の配当等に係る配当所得等のいずれかのみを申告することができます。ただし、源泉徴収口座における上場株式等を譲渡したことにより生じた譲渡損失の金額を申告する場合には、その源泉徴収口座に受け入れた上場株式等の配当等に係る配当所得等も併せて申告しなければなりません。

(iii) 源泉徴収口座における上場株式等の譲渡による所得又は上場株式等の配当等に係る配当所得等を申告した後に、その源泉徴収口座における上場株式等の譲渡による所得又は上場株式等の配当等に係る配当所得等を申告しないこととする変更はできません。また、源泉徴収口座における上場株式等の譲渡による所得の金額又は上場株式等の配当等に係る配当所得等の金額を含めないで申告した後に、その源泉徴収口座における上場株式等の譲渡による所得又は上場株式等の配当等に係る配当所得等を申告することとする変更もできません。

5.個人に係る金融証券税制	・利子・配当と株式等の譲渡損失の損益通算が可能です。 ・上場株式等の譲渡損失について3年間の繰越控除が可能です。 ・特定口座に、利子・配当を受け入れることが可能です。 ・特定口座のうち源泉徴収口座については申告不要とすることができます。

●令和6年からの新しいNISAの概要

　NISAとは、Nippon Individual Savings Accountの愛称であり、非課税口座内の少額上場株式等に係る配当所得及び譲渡所得等の非課税措置のことです。

項　　目	説　　　　　　明	
NISAの概要	NISAは、その年1月1日現在18歳以上の居住者等が金融機関に開設している非課税口座で取得した一定の投資対象商品について、その配当等やその投資対象商品を売却したことにより生じた譲渡益が非課税となる制度です。	
・配当の受取方式と非課税	・上場株式の配当金の受取方式は次の4つがあります。	
	①配当金領収証方式	上場会社から送付された配当金領収証をゆうちょ銀行などの窓口に持参し、現金で受け取る方法
	②単純取次ぎ方式（個別銘柄指定方式）	銘柄ごとに、事前に指定した銀行預金口座への振込みにより受け取る方法
	③登録配当金受領口座方式	事前に指定した1つの預金口座への振込みにより、すべての銘柄の配当金を受け取る方法
	④株式数比例配分方式	証券会社の口座の株数に応じて、配当金を証券会社口座への振込みにより受け取る方法
	・NISA枠での配当を非課税にするためには、上記④の株式数比例配分方式を選ぶ必要があり、①②③では株式の譲渡益だけは非課税になりますが、配当金は非課税となりません。 ・なお、株式数比例配分方式を選択すると、NISA口座以外を含めてすべての配当金の受取方式が一本化されます。現金又は銀行振込で配当金を受け取る場合には、配当は非課税となりません。	
・譲渡損失の取扱い	非課税口座で取得した上場株式等を売却したことにより生じた損失はないものとみなされます。したがって、その上場株式等を売却したことにより生じた損失については、非課税口座以外の他の保管口座（特定口座や一般口座）で保有する上場株式等の配当等との損益通算、非課税口座以外の他の保管口座で保有する上場株式等を売却したことにより生じた譲渡益からの控除及び繰越控除をすることはできません。	
・NISA口座からの移管	非課税口座で取得した上場株式等を特定口座又は一般口座に移管する場合は、その移管時の価額で取得したものとみなされて移管がされます。	

・全体イメージ

	つみたて投資枠	成長投資枠
対象者	18歳以上の居住者等	
年間投資上限額	120万円	240万円
非課税保有期間	制限なし	
生涯非課税限度額	1,800万円（うち、成長投資枠は1,200万円まで）（簿価残高方式で管理）	
口座開設可能期間	恒久化	
投資対象商品	一定の公募等株式投資信託等	上場株式・公募株式投資信託等 **（高レバレッジ投資信託などは除外）**
投資方法	契約に基づく定期かつ継続的な方法	制限なし

（表上部）━━━ 併用可 ━━━

所得税

• 新NISAの はじめ方	金融機関に、「非課税口座開設届出書」の提出をして非課税口座を開設することで、「つみたて投資枠」及び「成長投資枠」が設定されます。 　なお、その開設の際、その金融機関に本人確認書類（住民票の写し、マイナンバーカードなど）の提示等をして、氏名、生年月日、住所及びマイナンバーを告知する必要があります。
• 投資対象商 品	「つみたて投資枠」と「成長投資枠」では、投資することができる金融商品が異なります。

金融商品	つみたて 投資枠[※1]	成長 投資枠[※2]
上場株式	×	○
上場投資信託の受益権（ETF）	○	○
公募株式投資信託の受益権	○	○
上場不動産投資法人の投資口（REIT）	×	○
国債・地方債などの特定公社債	×	×
公募公社債投資信託の受益権	×	×

※1　「つみたて投資枠」において投資することができる金融商品は、積立・分散投資に適した一定の公募等株式投資信託で、商品性について内閣総理大臣が告示で定める次の要件等を満たしたものに限ります。
　　①信託契約期間を定めないこと又は20年以上の信託契約期間が定められていること
　　②信託財産は、一定の目的により投資する場合を除き、デリバティブ取引に係る権利に対する投資として運用を行わないこと
　　③収益の分配は、1月以下の期間ごとに行わないこと、かつ、信託の計算期間ごとに行うこと
※2　「成長投資枠」において投資することができる金融商品からは、上場株式等のうち次に掲げるもの等が除かれています。
　　①整理銘柄・監理銘柄に指定された上場株式等
　　②公社債投資信託以外の証券投資信託の受益権等で、デリバティブ取引に係る権利に対する投資（一定の目的によるものを除きます。）として運用を行うこととされているもの
　　③公社債投資信託以外の証券投資信託の受益権で、上記※1の①及び③の定めがあるもの以外のもの

• 非課税保有 期間	令和5年までのNISAでは非課税投資期間が定められており、非課税期間の期限ごとに売却して換金するかロールオーバーという継続手続きが必要でしたが、新NISA制度は恒久化され非課税保有期間の制限がなくなりました。
• 年間投資上 限額	新NISAでは、つみたて投資枠が年間120万円、成長投資枠が年間240万円、さらにつみたて投資枠と成長投資枠は同時利用可能ですので年間投資上限は360万円となります。
• 生涯非課税 限度額	新NISAでは、1人あたり1,800万円の非課税限度額が設定され、生涯利用可能です。ただし、1,800万円のうち成長投資枠の非課税限度額は1,200万円までとされています。 　非課税限度額は簿価残高方式で管理されますので、NISA口座で購入した金融商品を売却した場合には、その購入時の簿価相当額の非課税限度額を翌年に再利用できます。

（例）

簿価	B株式　80万円		80万円分非課税枠復活
	A株式　100万円	A株式　100万円	A株式　　　　　100万円
	〈令和6年〉 購入	〈令和7年〉 B株式を 150万円で売却	〈令和8年〉 売却価額と関係なくB株式の 簿価相当の非課税枠が復活

- 非課税枠が復活しても、年間投資上限額（計360万円）が増えるわけではありません。

●令和5年末までのNISA（少額投資非課税制度）の概略

所得税

項　　目	説　　　　　　　明	
1.NISA （非課税口座内 の少額上場株式 等に係る配当所 得及び譲渡所得 等の非課税措 置） 　（措法9の8、 　37の14）	居住者等が証券会社、銀行、郵便局等に一定の非課税口座を開設した場合には、譲渡益、配当金、分配金は非課税とされます。	
	非課税対象	非課税口座内の少額上場株式等の配当等、譲渡益
	開設者（対象者）	口座開設の年の1月1日において18歳以上の居住者等
	口座開設可能期間	平26.1.1～令5.12.31までの10年間
	口座開設数	各年分ごとに1非課税管理勘定（一定の条件・手続の下で、年分ごとに金融機関の変更可）
	非課税投資額	1非課税管理勘定におけるその年中の新規投資額は120万円が上限（平成26、27年は100万円）。 未使用枠は翌年以後繰越不可
	非課税期間	最長5年間、途中売却可（売却部分の枠の再利用不可）
	非課税投資総額	最大600万円（120万円×5年間）
	• NISA又はジュニアNISAの口座内で取得した上場株式等を譲渡したことにより生じた損失は、原則としてないものとみなされます。	
2. 積立NISA （非課税累積投 資契約に係る非 課税措置） 　（措法9の8、 　37の14）	上記1.のNISAと選択して適用できます。	
	• 投資対象商品は、長期の積立・分散投資に適した一定の公募株式投資信託等とされ、契約に基づき定期かつ継続的な方法で投資をします。	
	非課税対象	上記1.に同じ
	開設者（対象者）	上記1.に同じ
	口座開設可能期間	平30.1.1～令5.12.31まで
	口座開設数	上記1.に同じ
	非課税投資額	40万円が上限（累積投資のみでロールオーバーなし）
	非課税期間	最長20年間、途中売却可（売却部分の枠の再利用不可）
	非課税投資総額	最大800万円（40万円×20年間）
3. ジュニアNISA （未成年者口座 内の少額上場株 式等に係る配当 所得及び譲渡所 得等の非課税措 置） 　（措法9の9、 　37の14の2）	• 親権者等の代理又は同意の下で投資。その年の3月31日において18歳である年の前年12月31日までは、原則として払出し不可	
	非課税対象	未成年者口座内の少額上場株式等の配当等、譲渡益
	開設者（対象者）	口座開設の年の1月1日において18歳未満はその年に出生した居住者等
	口座開設可能期間	平28.4.1～令5.12.31までの8年間 ※令6.1.1以後は、課税未成年者口座及び未成年者口座内の上場株式等及び金銭の全額について源泉徴収を行わずに払い出しができます。
	口座開設数	1人につき1口座のみ（変更不可）
	非課税投資額	1非課税管理勘定におけるその年中の新規投資額は80万円が上限（未使用枠は翌年以後繰越不可）
	非課税期間	最長5年間、途中売却可（売却部分の枠の再利用不可）
	非課税投資総額	最大400万円（80万円×5年間）

●国外転出をする場合の譲渡所得等の特例

項　　目	説　　　　　明
1. 適用対象者 （所法60の2 ⑤）	• 国外転出する居住者のうち、次のいずれにも該当する者 ① 1億円以上の有価証券などの対象資産を所有等している者 ② 国外転出の日前10年以内に国内に5年超住所又は居所を有していた者
2. 対象資産 （所法60の2① ～③）	• 一定の有価証券（株式や投資信託等。ただし、その行使による所得の全部又は一部が国内源泉所得となるストックオプション等を除きます。）、匿名組合契約の出資の持分、未決済の信用取引・発行日取引及び未決済のデリバティブ取引（先物取引・オプション取引など）
3. 課税所得の計算 （所法60の2① ②③）	国外転出時に、それぞれ次に定める金額により対象資産の譲渡又は決済をしたものとみなして、所得の金額を計算します。 確定申告書の提出　① 国外転出後　国外転出の時の対象資産の金額 ② 国外転出前　国外転出予定日から起算して3か月前の日（同日後に取得又は契約したものはその取得又は契約の時）における対象資産の金額
4. 申告納税手続等	
5. 5年以内に帰国した場合の課税の取消し （所法60の2 ⑥、153の2）	国外転出課税を受けた者が、国外転出の日から5年（納税猶予の期限延長届出書を提出している場合は10年）を経過する日までに帰国した場合において、その国外転出時から継続して有しているものについては、その国外転出課税をなかったものとすることができます。 　なお、この取消しを行う場合は、帰国日から4月を経過する日までに、更正の請求をする必要があります。
6. 納税猶予 （所法60の2 ⑦、137の2）	国外転出をした年分の確定申告書に納税猶予を受けようとする旨の記載をし、その提出期限までに担保（非上場株式や持分会社の持分の場合は、担保提供を約する書類等の提出で可）を供し、かつ、納税管理人の届出をした場合には、国外転出課税に係る所得税額を国外転出の日から5年4月（延長の申請をした場合には10年4月）を経過する日又は帰国等の日のいずれか早い日まで納税が猶予されます。 　なお、納税猶予を受ける者は、各年の12月31日における対象資産の所有又は契約に関する届出書を、翌年3月15日までに納税地の所轄税務署長に提出しなければなりません。
7. 納税猶予期間中の有価証券等の譲渡等	納税猶予期間中に対象資産の譲渡又は決済等をした場合には、その納税猶予に係る所得税のうち、譲渡又は決済等をした部分の所得税については、納税猶予期間が解除されることとなります。（所法60の2⑧）
8. 二重課税の調整 （所法95の2）	納税猶予期間中に対象資産の譲渡又は決済をした場合において、その所得に係る外国税額を納付することとなるときは、その外国税額を納税することとなる日から4月を経過する日までに、更正の請求をすることにより、その者が国外転出をした年において外国税額を納付するものとみなして、外国税額控除の適用を受けることができます。
9. 非居住者への有価証券等の贈与等による移転 （所法60の3）	1. ①②に該当する居住者が有する対象資産を、贈与、相続又は遺贈により非居住者に移転した場合には、その贈与等の時に対象資産を譲渡又は決済をしたものとみなして算出した利益の額若しくは損失の額により、課税所得を計算します。

●低額譲渡の課税関係（所法9、59、157）

譲渡者	譲受者	譲渡価額	譲渡者に対する課税関係		譲受者に対する課税関係	
				譲渡損の通算		取得価額等
個人	個人	時価の$\frac{1}{2}$以上	通常の譲渡所得計算（みなし譲渡課税なし）	○	その物件の譲受時における通常の取引価額に相当する金額を下まわる価額で譲受けた場合はみなし贈与（相法7、平1直資2-204）	実際の譲受価額
		時価の$\frac{1}{2}$未満	同上	×（所法59②）	同上	実際の譲受価額。ただし、譲渡損の場合には、譲渡者の取得価額及び取得時期を引継ぐ（所法60①二）
個人	法人	時価の$\frac{1}{2}$以上	通常の譲渡所得計算（注1）	○	譲受価額と時価の差額は受贈益（注2）	時価
		時価の$\frac{1}{2}$未満	みなし譲渡課税（所法59①二、所令169）	○	同上（注2）	時価
法人	個人	時価未満	時価と譲渡価額の差額は寄附金（法法37⑧）（譲受人が役員等である場合には給与）（法基通9-2-9(2))		一時所得（所基通34-1(5)）（譲受人が役員等である場合には給与所得）（所法28、所基通36-15)	時価
法人	法人	時価未満	時価と譲渡価額の差額は寄附金（法法37⑧）		譲受価額と時価の差額は受贈益	時価

（注1）所得税法第157条（同族会社等の行為又は計算の否認）の規定に該当する場合には、税務署長の認めるところにより譲渡資産の時価に相当する金額により譲渡所得の計算が行われることがあります（所基通59-3）。

（注2）譲受価額が相続税評価額に満たない場合、同族会社の譲渡者以外の株主等の有する株式等の価額が増加したときには、譲渡者からの増加した部分に相当する金額を贈与により取得したものと取り扱われます（相法9、相基通9-2）。

所得税

●土地・建物等の課税の特例

項　目	説　明
1. 分離課税 （措法31①③ 二、32①②）	土地若しくは土地の上に存する権利又は建物及びその附属設備若しくは構築物に係る譲渡所得については他の所得と分離して所得税が課税されますので、土地・建物等の譲渡損失は他の所得との損益通算及び翌年以降の繰越控除は適用されません。

2. 適用税率

区分	税目	所得税等	住民税	合計
①長期一般		15.315%	5 %	20.315%
②長期特定	2,000万円以下の場合	10.21%	4 %	14.21%
	2,000万円超の場合	15.315%－102.1万円	5 %－20万円	20.315%－122.1万円
③長期軽課	6,000万円以下の場合	10.21%	4 %	14.21%
	6,000万円超の場合	15.315%－306.3万円	5 %－60万円	20.315%－366.3万円
④短期一般		30.63%	9 %	39.63%
⑤短期軽減		15.315%	5 %	20.315%

(注) 平成25年から令和19年までは、復興特別所得税として所得税額の2.1%を併せて申告・納付することとなります。

（措法31①）　①**長期一般**：土地建物等の譲渡で、譲渡のあった年の１月１日における所有期間が５年を超えるものを譲渡した場合

（措法31の2①）　②**長期特定**：譲渡のあった年の１月１日における所有期間が５年を超える土地等の譲渡のうち、優良住宅地等のための譲渡に該当する場合（令和７年12月31日までに行われるもの）

　　　　　　　※優良住宅地等のための譲渡

　　　　　　　　→国等に対する譲渡、収用交換等による譲渡（措法33、33の2、33の4の規定の適用を受けた場合を除きます。）、優良住宅建設・宅地造成のための譲渡、所有者不明土地等の一定の事業者への譲渡

（措法31の3）　③**長期軽課**：譲渡した年の１月１日で所有期間が10年超の土地建物等で居住用財産に該当するものを譲渡（特別関係者に対する譲渡等を除きます。）した場合

　　　　　　　※その年の前年又は前々年にこの特例の適用を受けていない場合のみ

（措法32①）　④**短期一般**：土地建物等の譲渡で、譲渡のあった年の１月１日における所有期間が５年以下のものを譲渡した場合

（措法32③）　⑤**短期軽減**：譲渡のあった年の１月１日における所有期間が５年以下の土地建物等を譲渡した場合で、国等に対する譲渡、収用交換等による譲渡、独立行政法人都市再生機構等の行う住宅建設の用に供するための譲渡である場合

3. 特別控除　土地建物等の譲渡所得については次の特別控除ができます。

（措法33の4）　1　資産が土地収用法等によって買取りの申出から６か月以内に収用交換等された場合 ………………………………………………………… **5,000万円**

　　　　　　添付書類　「譲渡所得の主な特例等の添付書類」(4)(5)P.147参照

（措法35）　2　居住用財産を譲渡した場合 [4. 参照] ……………………………… **3,000万円**

　　　　　　添付書類　「譲渡所得の主な特例等の添付書類」(6)P.147参照

（措法34）　3　特定土地区画整理事業のために土地等を譲渡した場合 …… **2,000万円**

　　　　　　添付書類　特定土地区画整理事業等の内容ごとのその証明書

（措法34の2）　4　特定住宅地造成事業等のために土地等を譲渡した場合 …… **1,500万円**

　　　　　　添付書類　特定住宅地造成事業等の内容ごとのその証明書

（措法35の2）	5　平成21年・22年取得の土地等を譲渡した場合 ……………… **1,000万円** **添付書類**　譲渡した土地等が平成21年又は平成22年に取得されたものであることを明らかにする書類
（措法34の3） （措法35の3）	6　農地保有の合理化等のために農地等を譲渡した場合 ……… **800万円** 7　低未利用土地等を譲渡した場合 ………………………………… **100万円** 　令和2年7月1日から令和7年12月31日までの間に所有期間5年超の低未利用土地等を譲渡（譲渡対価が建物込みで500万円以下（令和5年1月1日以後、一定の区域にある場合は800万円以下）に限ります。）した場合、100万円の特別控除があります。
（措法36） （措法34、34の2）	**(注)**　(1)　この特別控除は短期譲渡についても適用できます（7を除く）。 　(2)　1～7の特別控除は同一人について年間（暦年）5,000万円を最高限度とします。 　(3)　3又は4の土地等の譲渡が、同一事業の用地として二以上の年にわたって行われたときは、これらの課税のうち、最初の譲渡が行われた年以外の譲渡については、これらの特別控除の適用はありません。
4.居住用財産の譲渡所得の課税の特例 （措法31の3、35、措通31の3-15、35-5） **・空き家特例** （措法35③）	1　譲渡資産が次に該当するもの（**6.**の買換え（交換）の適用を受けるものを除きます。）には、**3,000万円特別控除**の適用があります。さらに、譲渡した年の1月1日に所有期間が10年を超える場合は**2.**の③の税率が適用されます。 (1)　自己の居住の用に供している家屋 (2)　(1)の家屋で居住の用に供されなくなったもの（自己の居住の用に供されなくなった日から同日以後3年を経過する年の12月31日までの間に譲渡されるもの。） (3)　(1)又は(2)の家屋及びその家屋の敷地の用に供されている土地等 (4)　(1)の家屋が災害で滅失した場合で、その災害のあった日から同日以後3年を経過する年の12月31日までの間に譲渡されるもの。 (5)　相続により取得した被相続人の居住の用に供されていた家屋と敷地について、平成28年4月1日から令和9年12月31日までの間に家屋を耐震リフォームするか、家屋を取壊すかのどちらかをして敷地等を譲渡（譲渡の対価が1億円を超えるものを除きます。）した場合にも適用があります。また、平31.4.1以後は要介護認定等を受け、かつ相続開始の直前まで老人ホーム等に入所をしていた場合等や、令6.1.1以後は買主が譲渡の年の翌年2月15日までに耐震改修又はその全部を取り壊した場合も、この特例が適用されます。 ※令6.1.1以後、相続人の数が3人以上の場合、特別控除額が2,000万円となります。 2　譲渡者の配偶者その他の特別関係者に対する譲渡、収用交換等による譲渡、特定の事業用資産の買換え（交換）の特例、特定居住財産の譲渡損失の金額が生じた年の翌年以後3年内の各年分のうち合計所得金額が3,000万円を超える年分、贈与・交換・現物出資等による譲渡は適用がありません。

所得税

5. 特定の居住用財産の買換えの場合の長期譲渡所得の課税の特例 （措法36の2）	1　要件 ①　譲渡資産は、譲渡した年の1月1日において所有期間が10年を超えるもの、譲渡者の居住期間が10年以上であるもので譲渡資産の対価が1億円以下で、かつ、買換資産のうち建物の床面積が50m²以上（既存住宅である耐火建築物の場合は、築後経過年数25年以下（一定の耐震基準を満たす耐火建築物を除く））かつ、土地面積が500m²以下のもの（令和6年1月1日以後に建築確認を受ける住宅等は、一定の省エネ基準が必要です。）。 ②　令和7年12月31日までの譲渡分について、譲渡した日の属する年の前年1月1日から譲渡した日の属する年の12月31日までの間に買換資産を取得し、かつ、譲渡の日の年の翌年12月31日までに取得資産を自己の居住の用に供する見込みであるとき。 2　適用除外：4.の2に同じ ※　居住用財産の買換えの特例の対象となる譲渡資産（「交換譲渡資産」）と、居住用財産の買換えの特例の対象となる買換資産（「交換取得資産」）との交換をした場合、又は交換譲渡資産と交換取得資産以外の資産との交換をし、かつ、交換差金を取得した場合（「他資産との交換」といいます。） (1)　交換譲渡資産（他資産との交換の場合にあっては、交換差金に対応する部分に限ります。）は、その交換の日におけるその交換譲渡資産の価額に相当する金額をもって、居住用財産の買換えの特例の適用対象となる資産の譲渡があったものとみなされます。 (2)　交換取得資産は、その交換の日におけるその交換取得資産の価額に相当する金額をもって、居住用財産の買換えの特例の適用対象となる買換資産の取得があったものとみなされます。 添付書類 「譲渡所得の主な特例等の添付書類」(7)（P.147参照）
6. 居住用財産の買換え等の場合の譲渡損失の損益通算及び繰越控除 （措法41の5） （買換資産の取得要件） （適用除外） （措法41の5④ただし書） （措法41の5⑦一）	・個人が令和7年12月31日までに、所有期間5年超の特定の居住用財産の譲渡をし、その個人の居住の用に供する一定の買換資産を取得した場合は、翌年以後3年間（合計所得金額が3,000万円以下である年に限ります。）にわたって、その居住用財産の譲渡により生じた損失（居住用家屋の敷地である土地等の面積が500m²を超える部分の損失は除きます。）について繰越控除されます。（控除する年の12月31日において買換資産に係る住宅借入金等の金額を有する場合に限ります。） □買換資産の取得期間➡譲渡年の翌年の12月31日まで □居住供用➡取得日から取得年の翌年の12月31日まで（居住の用に供する見込みの場合を含みます。） □買換資産である居住用家屋の床面積基準➡50m²以上 (1)　贈与による居住用財産の取得については適用がありません。 (2)　特別な関係がある者（親子、生計一親族、同族会社等）との譲渡・取得については適用がありません。 (3)　繰越控除の特例の適用に当たって、その個人のその年の合計所得金額が3,000万円を超える年については、繰越控除の特例の適用を受けることはできません。 （注）損益通算の特例には、上記の所得要件はありません。 (4)　他の居住用財産の譲渡の特例と重複不適用 イ　譲渡資産の特定譲渡をした年の前年又は前々年における資産の譲渡について次に掲げる特例の適用を受けている場合には居住用財産の譲

	渡損失の金額の対象から除外され、この損益通算及び繰越控除の特例の適用を受けることはできません。
（措法31の3） （措法35） （措法36の2） （措法36の5）	① 居住用財産を譲渡した場合の長期譲渡所得の軽減税率の特例 ② 居住用財産の譲渡所得の3,000万円特別控除 ③ 特定の居住用財産の買換えの場合の長期譲渡所得の課税の特例 ④ 特定の居住用財産を交換した場合の長期譲渡所得の課税の特例 ロ 譲渡資産の特定譲渡をした年又はその年の前年以前3年内における譲渡損失 特定居住用財産の譲渡損失の損益通算の特例の適用を受けている場合はイと同様、この損益通算及び繰越控除の特例の適用を受けることはできません。
7. 特定居住用財産の譲渡損失の繰越控除等 （住宅ローンの残債以下での居住用財産の譲渡） （措法41の5の2）	• 個人が令和7年12月31日までにその有する家屋又は土地等でその年1月1日において所有期間が5年を超えるものの当該個人の居住の用に供しているもの（以下「譲渡資産」という。）の譲渡（親族等に対するものを除きます。）をした場合（当該個人が当該譲渡に係る契約を締結した日の前日において当該譲渡資産に係る一定の住宅借入金等の金額を有する場合に限ります。）において、当該譲渡の日の属する年に当該譲渡資産に係る譲渡損失の金額があるときは、一定の要件の下で、その譲渡損失の金額についてその年の翌年以後3年内の各年分（合計所得金額が3,000万円以下である年分に限ります。）の総所得金額等の計算上控除されます。 （注）1.「譲渡資産に係る譲渡損失の金額」⇨譲渡資産に係る譲渡所得の金額の計算上生じた損失の金額（当該譲渡資産に係る一定の住宅借入金等の金額から当該譲渡資産の譲渡の対価の額を控除した残額を限度とします。）のうち損益通算をしてもなお控除しきれない部分の金額。 　　　2. この特例については、譲渡資産に係る譲渡損失の金額があるときは、当該譲渡資産の譲渡による所得以外の所得との通算及び翌年以降に繰越しできます。また、純損失の繰越控除制度及び純損失の繰戻し還付制度の金額には、当該譲渡資産に係る譲渡損失の金額は含めません。
8. 国等に対して重要文化財を譲渡した場合の譲渡所得の非課税 （措法40の2）	個人がその所有する資産（土地を除きます。）で、重要文化財として指定されたものを国、独立行政法人国立文化財機構、独立行政法人国立美術館、独立行政法人国立科学博物館、地方公共団体、地方独立行政法人又は一定の文化財保存活用支援団体に譲渡した場合に係る譲渡所得については所得税が課税されません。
9. その他の課税の繰延べ （措法33、33の2） （措法37） （措法37の5） （所法58）	P.83（圧縮記帳）を参照してください。 1 土地収用法等による収用交換等をされ、譲渡資産と同種の代替資産を取得した場合 2 特定の事業用資産を買換えた場合（P.83〜85参照） 3 既成市街地等内にある土地等の地上階数3以上の中高層耐火共同住宅の建設のために買換えた場合 4 同種の固定資産を交換した場合

所得税

●土地等譲渡所得チャート

（※1）買換え物件を取得している場合には、買換えの特例（措法36の2等）の特例を選択することもできます（有利不利の判断については、※4を参照）。
（※2）通常は、住宅借入金等特別控除を併用することになります。
（※3）【譲渡所得の内訳書】を記載して、申告不要であることを確認します。ただし、減価償却の計算をしないでも明らかに損失であるような場合は「譲渡所得の申告等についての回答」（資6-335）を記載します。
（※4）5,000万円控除のほかに、代替資産の取得に要した金額について、譲渡がなかったものとします。「代替資産の特例（措法33条）」。5,000万円以上の利益が算出され、5,000万円以上の代替資産を取得している場合には、「代替資産の特例」の方がその年分は有利になります。ただし、取得価額の引継が行われますから、その後の年分の減価償却費や、その物件を売ったときの取得費の計算では不利になります。
（※5）5,000万円控除の場合は、通常3種類の証明書が発行されています。この証明書が1枚しかない場合は、2,000万円・1,500万円・800万円控除の可能性があります。
（※6）従前住宅を居住の用に供しなくなった年の3年後に譲渡した場合、従前住宅について譲渡特例の適用を受けたときは、新規住宅について住宅ローン控除の適用は受けられません。

●譲渡所得の主な特例等の添付書類

特　　例	添　付　書　類	備　　考
(1)　固定資産の交換の特例 　　　　　　　　（所法58）	譲渡所得計算明細書（所規37）	
(2)　保証債務履行のための資産の譲渡の特例 　　　　　　　（所法64②）	保証債務の履行のための資産の譲渡に関する明細書 　　　　　　　　　（所規38）	
(3)　居住用財産を譲渡した場合の長期譲渡所得の課税の特例[※] 　　　　　（措法31の3）	(1)　譲渡所得計算明細書 (2)　譲渡した土地建物等の登記事項証明書等 (3)　戸籍の附票の写し等（譲渡契約締結日の前日において、住民票の記載住所と所在地とが異なる場合などに限ります。） 　　　　　　　（措規13の4）	
(4)　収用の特例Ⅰ[※] 　　　（代替資産を取得した場合） 　　　　　　　　（措法33）	(1)　譲渡所得計算明細書 (2)　収用等の証明書 (3)　代替資産を取得した旨を証する書類（登記事項証明書等）　　　（措規14）	確定申告時までに代替資産を取得できないときは、左記(3)に代えて「買換（代替）資産の明細書」を添付
(5)　収用の特例Ⅱ 　　　（特別控除を受ける場合） 　　　　　　　（措法33の4）	(1)　譲渡所得計算明細書 (2)　公共事業用資産の買取り等の申出証明書 (3)　公共事業用資産の買取り等の証明書 (4)　収用等の証明書　　　（措規15）	確定申告義務のない者は左記の手続は不要 　（措法33の4④）
(6)　居住用財産の特別控除 　　　　　　　　（措法35）	(1)　譲渡所得計算明細書 (2)　上掲(3)欄の(3)に同じです。（措規18の2）	
(7)　特定の居住用財産の買換えの場合の長期譲渡所得の特例[※] 　　　　　（措法36の2）	(1)　譲渡所得計算明細書 (2)　譲渡した土地建物等の登記事項証明書等 (3)　上掲(3)欄の(3)の戸籍の附票の写し等 (4)　取得した土地建物等の登記事項証明書等 (5)　譲渡した土地建物等の売買契約書の写し (6)　取得した建物が中古住宅である場合には耐震基準適合証明書等　（措規18の4）	確定申告時までに買換資産を取得できないときは左記(4)、(6)に代えて「買換（代替）資産の明細書」を添付
(8)　特定の事業用資産の買換えの特例[※] 　　　　　　　　（措法37）	(1)　譲渡所得計算明細書 (2)　買換資産を取得した旨を証する書類（登記事項証明書等）　　　（措規18の5） (3)　適用号により、それぞれ一定の書類	確定申告時までに買換資産を取得できないときは、左記(2)に代えて「買換（代替）資産の明細書」を添付
(9)　既成市街地等内にある土地等の中高層耐火建築物等の建設のための買換え及び交換の特例[※] 　　　　　（措法37の5）	特定民間再開発事業の場合 (1)　譲渡所得計算明細書 (2)　一定の要件を満たす事業であることについて都道府県知事が認定をした旨を証する書類（特定民間再開発事業認定済証） (3)　買換資産を取得した旨を証する書類（登記事項証明書等）	確定申告時までに買換資産を取得できないときは、左記(3)に代えて「買換（代替）資産の明細書」を添付

所得税

	上記以外の場合 (1) 譲渡所得計算明細書 (2) 譲渡資産の所在地を管轄する市町村長のその譲渡資産の所在地が既成市街地等内である旨を証する書類 (3) 買換資産に該当する中高層の耐火共同住宅に係る建築基準法第7条第5項に規定する検査済証の写し (4) その中高層の耐火共同住宅に係る事業概要書又は各階平面図その他の書類でその中高層の耐火共同住宅が特例要件に該当するものであることを明らかにする書類 (5) 買換資産を取得した旨を証する書類(登記事項証明書等)(措規18の6)	東京都の特別区、武蔵野市、大阪市に所在する場合は左記(2)は不要 確定申告時までに買換資産を取得できないときは、左記(5)に代えて「買換(代替)資産の明細書」を添付

※「譲渡所得の特例の適用を受ける場合の不動産に係る不動産番号等の明細書」の提出により、登記事項証明書の添付を省略することができます。

○居住用財産売却の特例チャート

(注) AとBは、いずれか選択適用となります。
※買換資産は、令和6年1月1日以後に入居又は入居見込みの建築後使用されたことのない住宅で、令和5年12月31日以前の建築確認又は令和6年6月30日以前の建築のものに該当しないものである場合には、一定の省エネ基準を満たすものであることが必要です。

●補償金の区分と税務上の取扱い

区分	種類	摘要
対価補償（譲渡所得・山林所得）	土地譲渡	
	土地の上の権利消滅	借地権、耕作権等
	建物の取壊し又は除去	
	立木等の伐採消滅	土地に定着する物件（立木、工作物等）
	漁業権消滅	入漁権を含みます。
	借地権等設定	設定直前の時価50％超のとき
	空間、地下の使用	送電線高架施設、地下鉄など（時価の25％超のとき）
	漁業権等の制限	工作物の設置で漁獲量の減少等（権利の価値の減少）
	鉱業権等の制限	一部について鉱業権行使不可能等（権利の価値の減少）
	残地	土地の一部を収用された残地の価値の低下
	借家人補償	転居先の建物の賃借に要する権利金等
	移設困難な機械等	事業廃止等に伴い転用不能で処分売却損を含みます。
	○この欄の補償金について収用等の特例が適用されます。 ○ただし、上記のうち棚卸資産に係る対価は、収益補償の対象となります。 ●借家人補償は分離課税の対象となりません。	
収益補償（事業所得・不動産所得・雑所得）	建物の使用	
	漁業権等制限	一時的な立入制限
	鉱業権等制限	同上
	事業の休廃業	所得に対する補償（商品等の売却補償を含みます。）
	家賃減収	不動産所得の減少
	養殖物	移殖に伴う減収・移殖不可能な場合
	立木	
	借地権等の設定	時価の50％以下
	空間、地下の使用	時価の25％以下
	■特例適用はありません。ただし、対価補償金として取り扱うことができる場合があります。（措通33-11）	
移転補償（一時所得）	建物移転	取壊しの場合は対価補償（措通33-14）
	動産移転	
	仮住居	仮住居の権利金、賃借料
	立木等	移植
	墳墓移転	遺体等の改葬は精神補償
	養殖物	移殖に要する経費
	●特例適用はありません。（交付の目的に従って支出した部分は非課税です。）（所法44）	
経費補償（不動産所得・雑所得・事業所得・）	店舗移転	移転に伴う広告費や通常生ずる損失
	公課	休業期間中の営業用資産に対する公租公課
	仮店舗設置	仮店舗の設置に関連した費用の補償
	解雇手当	従業員を解雇するために必要な解雇手当相当額
	休業手当	転業準備期間中の従業員の休業手当相当額
	■特例適用はありません。ただし、対価補償金として取り扱うことができる場合があります。	
非課税	祭し料	
	改葬料	遺体、遺骨の掘り起こしや再埋葬

所得税

●資産の取得の日

項目		取得時期	根拠法令
他から取得した資産（所法33③）		原則＝資産の引渡しを受けた日 選択＝契約効力の発生日 （農地＝転用許可等の日）	所基通33-9(1)
自ら建設等をした資産（所法33③）		当該建設等が完了の日	所基通33-9(2)
他に請け負わせて建設等をした資産（所法33③）		当該資産の引渡しを受けた日	所基通33-9(3)
固定資産の交換（所法58）		譲渡資産の取得日	所令168
収用等に伴い代替取得した資産（措法33）			措法33の6① 措通31・32共-5(1)
交換処分等に伴い取得した資産（措法33の2）			
換地処分等に伴い取得した資産（措法33の3）			
農住組合の行う交換分合により取得した土地等（措法37の6①）			措法37の6④ 措通31・32共-5(1)
特定の居住用財産の買換えにより取得した資産（措法36の2、措法41の5）		実際の取得日	措通31・32共-5(2)
特定の居住用財産の交換により取得した資産（措法36の5）			
特定の事業用資産の買換えにより取得した資産（措法37）			
特定の事業用資産の交換により取得した資産（措法37の4）			
既成市街地等内での中高層建築物の買換え及び交換により取得した資産（措法37の5）			
特定普通財産とその隣接地等の交換により取得した資産（措法37の8）			
土地建物について改良・改造等の資本的支出をした資産（措法31②）		改良・改造等にかかわらず当該土地・建物等の取得をした日	措通31・32共-6
区画形質の変更に伴う土地の交換分合により取得した土地		譲渡がなかったとされる土地の取得日	所基通33-6の6（注）1
宅地造成契約に基づく土地の交換等により取得した土地		従前の土地の取得日	所基通33-6の7（注）2
借地権者等が取得した底地等		借地権と底地を区分して判定	所基通33-10
離婚等による財産分与により取得した資産（民法768、所基通33-1の4）		その分与を受けた時	所基通38-6
代償分割による債務の履行として取得した資産		代償債務履行の時	所基通38-7(2)
贈与者等に譲渡所得課税が行われない場合	贈与、相続（限定承認を除く）又は遺贈（包括遺贈のうち限定承認を除く）により取得した資産	贈与者、被相続人又は遺贈者がそれぞれ取得した日	所法60
	個人からの低額譲渡（時価の$\frac{1}{2}$未満での個人に対する譲渡で、譲渡損がなかったものとみなされた場合に限る）により取得した資産	低額譲渡した人が取得した日	
相続（限定承認に限る）又は遺贈（包括遺贈のうち限定承認に限る）により取得した資産		相続又は遺贈を受けた日	

●譲渡損益の相殺順序

譲渡所得の計算上損失が生じた場合は、まず譲渡所得内で特別控除前の金額により相殺することになります。

この場合の通算は次の通りです。(所令198三、措令20⑥、21⑦、措通31・32共-2,3)

[土地建物等の譲渡損益の相殺順序]

譲渡益＼譲渡損		短期		長期		
		一般	軽減	一般	特定	軽課
短期	一般		②		⑨	
	軽減	①			⑩	
長期	一般		⑥		③	
	特定		⑦	④		④
	軽課		⑧	⑤		

※次の譲渡損失は損益通算ができません。
  ①譲渡所得が課税されない資産の譲渡損失（所法9②）
  ②低額譲渡による損失（所法59②）
  ③生活に通常必要でない資産の譲渡損失（所法69②）
  ④土地・建物等の長期譲渡所得の金額又は短期譲渡所得（措法31、32）

所得税

●特別控除の適用順位（措令24、措通36-1）

譲渡の年中に特別控除の規定に該当する2以上の土地等の譲渡があった場合は、1人1年間（暦年）は全体を通じて最高5,000万円となります。（措法36）

この場合、特別控除の適用順位は次の通りです。

		分離課税		総合課税		山林	分離課税		
		短期		短期	長期		長期		
		一般	軽減				一般	特定	軽課
収用交換等の場合の5,000万円控除	措法33の4①	①	②	③	④	⑤	⑥	⑦	⑧
居住用財産を譲渡した場合の3,000万円控除	措法35①	⑨	⑩				⑪	⑫	⑬
特定土地区画整理事業等の場合の2,000万円控除	措法34①	⑭	⑮				⑯	⑰	⑱
特定住宅地造成事業等の場合の1,500万円控除	措法34の2①	⑲	⑳				㉑	㉒	㉓
特定期間に取得をした土地等を譲渡した場合の長期譲渡所得の1,000万円控除	措法35の2①						㉔	㉕	㉖
農地保有の合理化等の場合の800万円控除	措法34の3①	㉗	㉘				㉙	㉚	
低未利用土地等を譲渡した場合の長期譲渡所得の100万円控除	措法35の3①						㉛	㉜	㉝

9 一時所得 10 雑所得

項　目	説　明
1. 一時所得 （所法34①、 　所令183②） （措法29の3 　他） （具体例（所基 通34-1）は次 ページ参照）	(1) 利子、配当、不動産、事業、給与、退職、山林及び譲渡の各所得以外の所得で、営利を目的とする継続的な行為から生じた所得以外の所得のうち、労務その他の役務の対価である性質をもっていないもの。 (2) 勤労者が勤労者財形給付金契約等に基づいて一時金として支給を受ける財形給付金等で、7年ごとに支払を受けるもの、中途支払理由のうち役員への昇任、疾病、災害時やむを得ない理由により支払を受けるもの並びに特定事由の支出等に充てるための財形貯蓄の払出をした場合に、事業主から支払を受ける財形貯蓄活用給付金。 (3) 一時所得の金額　　　　　　　　　　　　　　　　（特別控除額） 　　（総収入金額）−（その収入を得るために支出した金額）−最高50万円 (4) 総所得金額の計算の場合、(3)の金額×$\frac{1}{2}$が他の所得と総合されます。
2. 雑所得 （所法35①）	利子、配当、不動産、事業、給与、退職、山林、譲渡、及び一時の各所得のいずれにも該当しない所得をいいます。（具体例は次ページ参照） 所得金額＝（総収入金額）−（必要経費）
3. 公的年金等の 雑所得の計算 （所法35②～ 　④） ※　年齢は、その年の12月31日（その者が年の中途で死亡し又は出国した場合には、その死亡又は出国の日）によります。 （参考） 65歳未満→ ・令和5年分 　（昭34.1.2 　　以後生） ・令和6年分 　（昭35.1.2 　　以後生） （所法121③） （所令183）	（表は下記参照） なお、給与所得控除後の給与等の金額（10万円限度）と公的年金等に係る雑所得の金額との合計額が10万円を超える場合、給与所得で控除額が調整されます。（P.120参照） (注)　その年中の源泉徴収対象の公的年金等の収入金額が400万円以下であり、その年分の公的年金等に係る雑所得以外の所得金額が20万円以下であるものは、確定申告の提出を要しません。 ・公的年金等以外の年金の雑所得の計算

年末の年齢	公的年金等の収入金額の合計額（A）	公的年金等控除額（令和2年分以降）		
		公的年金等に係る雑所得以外の所得に係る合計所得金額		
		1,000万円以下	1,000万円超 2,000万円以下	2,000万円超
65歳未満	130万円未満	60万円	50万円	40万円
	130万円以上 410万円未満	A×25%＋ 27.5万円	A×25%＋ 17.5万円	A×25%＋ 7.5万円
	410万円以上 770万円未満	A×15%＋ 68.5万円	A×15%＋ 58.5万円	A×15%＋ 48.5万円
	770万円以上 1,000万円以下	A× 5%＋145.5万円	A× 5%＋135.5万円	A× 5%＋125.5万円
	1,000万円超	195.5万円（上限）	185.5万円（上限）	175.5万円（上限）
65歳以上	330万円未満	110万円	100万円	90万円
	330万円以上 410万円未満	A×25%＋ 27.5万円	A×25%＋ 17.5万円	A×25%＋ 7.5万円
	410万円以上 770万円未満	A×15%＋ 68.5万円	A×15%＋ 58.5万円	A×15%＋ 48.5万円
	770万円以上 1,000万円以下	A× 5%＋145.5万円	A× 5%＋135.5万円	A× 5%＋125.5万円
	1,000万円超	195.5万円（上限）	185.5万円（上限）	175.5万円（上限）

$$\left(\begin{array}{c}\text{公的年金等以外の}\\\text{年金の収入金額}\\+\\\text{剰余金・割戻金}\end{array}\right) - \left(\begin{array}{c}\text{公的年金等}\\\text{以外の年金の}\\\text{収入金額}\end{array} \times \frac{\text{保険料又は}\text{掛金の総額}}{\text{年金の支払総額}\text{又は支払総額見込額}}\right) = \text{雑所得の金額}$$

（収入金額）　　　　　　　　（必要経費）

●一時所得と雑所得の具体例

一時所得となるもの（所基通34-1、34-2ほか）	雑所得となるもの（所基通35-1、35-2ほか）
① 懸賞の賞金品、福引の当選金品など（業務に関して受けるものは除かれます。）	① 法人の役員などの勤務先預け金の利子で利子所得とならないもの
② 競馬の馬券の払戻金、競輪の車券の払戻金など（営利を目的とする継続的行為から生じたものを除きます。）	② いわゆる学校債、組合債などの利子
③ 法人からの贈与により取得する金品（業務に関して受けるもの及び継続的に受けるものを除きます。）・ふるさと納税に係る地方公共団体から受ける返礼品	③ 定期積金又は相互掛金の給付補てん金
	④ 国税又は地方税の還付加算金
	⑤ 土地収用法に規定する加算金及び過怠金
④ 人格のない社団などの解散によりその構成員が受けるいわゆる清算分配金など	⑥ 人格のない社団などの構成員が、その社団などから受ける収益の分配金（いわゆる清算分配金を除きます。）
⑤ 遺失物拾得者等が受ける報労金	⑦ 株主優待乗車券、株主優待入場券などの配当所得とならない経済的利益
⑥ 遺失物の拾得又は埋蔵物の発見により新たに所有権を取得する資産	⑧ 生命保険契約などに基づく年金（給与などとみなす年金及び地方公共団体が心身障がい者に支給する特定の年金を除きます。）
⑦ 株主等としての地位に基づかないで発行法人から有利な発行価額で新株等を取得する権利を与えられた場合の所得（給与等又は退職手当等の支給に代えて与えられた場合を除きます。）	⑨ 役務の提供の対価が給与等とされる者への契約金
⑧ 労働基準法の規定による解雇の予告手当、休業手当、時間外・休日・深夜労働の割増賃金の規定に違反した者及び年次有給休暇に対し平均賃金の支払をしなかった者から同法第114条（付加金の支払）の規定により支払を受ける付加金	⑩ 就職に伴う転居のための旅行の費用で通常必要と認められる範囲を超えるもの
	⑪ 従業員（役員を含みます。）が自己の職務に関連して雇用主の取引先などから受けるリベートなど
⑨ 生命保険契約などに基づく一時金で、保険料又は掛金を自分で負担した生命保険契約若しくは生命共済に係る契約に基づいて支払を受ける一時金（業務に関して受けるものを除きます。）又は損害保険契約等に基づく満期返戻金など	⑫ 次に掲げるような所得のうち、事業から生じたと認められるもの以外のもの（P.118参照）
	イ 動産の貸付けによる所得
	ロ 工業所有権の使用料に係る所得
	ハ 温泉を利用する権利の設定による所得
⑩ 借家人が家屋の立退きに際して受ける立退料（借家権の譲渡による部分及び収益補償の部分を除きます。）	ニ 原稿、挿絵、作曲、レコードの吹き込み若しくはデザインの報酬、放送謝金、著作権の使用料又は講演料などに係る所得
⑪ 売買契約等が解除された場合に取得する手付金、償還金（業務に関して受けるものを除きます。）	ホ 採石権、鉱業権の貸付けによる所得
	ヘ 金銭の貸付けによる所得
	ト 営利を目的として継続的に行う資産の譲渡による所得
⑫ 事務や作業の合理化、製品の品質改善、経費の節約等に寄与する工夫や考案をした者が勤務先から受ける報償金のうち、その工夫や考案等がその者の職務の範囲外であるもの	チ 保有期間5年以内の山林の伐採又は譲渡による所得
	⑬ 給与所得者等が副収入を得た次のようなもの
	イ インターネットのオークションサイトなどでの個人取引による所得
⑬ 国庫補助金（所法42、43）又は移転等の支出に充てるための交付金（所法44）で総収入金額不算入の特例が適用されなかったもの	ロ 暗号資産の売却等による所得
	ハ 民泊による所得
⑭ 地方税法の規定に基づいて受ける住民税及び固定資産税の前納報奨金（業務用固定資産に係るものを除きます。）	※雑所得の申告手続 →雑所得の収入金額が年300万円以下（現金主義適用可）、年300万円～1,000万円以下（関係書類5年間保存義務）、年1,000万円超（収支内訳書を確定申告書に添付する義務）

所得税

■主な年金等の課税関係

課税区分／各種年金	課税	非課税
恩給法等に基づき支給を受けるもの	• 普通恩給 （傷病賜金又は傷病年金に併給される普通恩給を含みます。） ………… 雑所得（公的年金等） • 一時恩給 （傷病賜金又は傷病年金に併給される一時恩給を含みます。） ……… 退職所得（所法30、35）	• 増加恩給 （併給される普通恩給を含みます。） • 傷病賜金 • 傷病年金 • 遺族の受ける恩給 （所法9①三、所令20）
遺族の受ける年金	右記以外のもの ………… 雑所得（所法35）	死亡した者の勤務に基づいて支給されるもの（所法9①三ロ）
過去の勤務に基づいて使用者であった者から受ける年金	雑所得（公的年金等）（所法35）	
国民年金法に基づき支給を受けるもの	老齢基礎年金、付加年金 ………… 雑所得（公的年金等） （所法35）	障がい基礎年金、寡婦年金、死亡一時金、遺族基礎年金 （国民年金法25）
厚生年金保険法に基づき支給を受けるもの	• 老齢厚生年金 ………… 雑所得（公的年金等） • 脱退手当金 ………… 退職所得（所法31、35）	障がい厚生年金、障がい手当金、遺族厚生年金基金の死亡一時金 （厚生年金保険法41②）
国民健康保険法に基づき支給を受けるもの		療養費、助産費、傷病手当金等 （国民健康保険法68）
健康保険法に基づき支給を受けるもの		療養費、高額療養費、傷病手当金、分娩費、配偶者分娩費、出産手当金、育児手当金、家族療養費、家族高額療養費等 （健康保険法62）
国家公務員共済組合法 地方公務員等共済組合法 私立学校教職員共済法 独立行政法人農業者年金基金法 に基づき支給を受けるもの	• 退職共済年金、退職年金 ………… 雑所得（公的年金等） • 脱退一時金 ………… 退職所得（所法31、35）	療養費、高額療養費、家族療養費、出産費、育児手当金、出産手当金、傷病手当金、配偶者出産費、休業手当金（組合員等の災害等により受けるもの） 障がい共済年金、障がい一時金、遺族共済年金、公務傷病年金、遺族一時金、遺族年金 （所法9①十八、所令30、所基通9-24、28-5、国家公務員共済組合法49、地方公務員等共済組合法52、私立学校教職員共済法5、独立行政法人農業者年金基金法27）

雇用保険法に基づき支給を受けるもの		基本手当、技能習得手当、寄宿手当、傷病手当、常用就職支度金等（雇用保険法12）
児童手当法、児童扶養手当法に基づき支給を受けるもの		児童手当、児童扶養手当（旧児童手当法16、児童扶養手当法25）
適格退職年金契約に基づき支給を受けるもの	・退職年金 ………(原則) 雑所得 　　　　　　　　(公的年金等) ・所令82の2③に該当するもの 　…………………………… 雑所得 ・退職一時金 …(原則) 退職所得 （所法31、35、所令76、82の2）	
商工会、市町村、商工会議所、公益法人等、特定退職金共済団体が行う退職金共済制度に基づき支給を受けるもの	■退職給付金（年金）……… 原則 □雑所得（公的年金等） 　所令82の2③に 　該当するもの………… 雑所得 □退職一時金 ……… 退職所得 □退職所得とならない 　一時金 …………… 一時所得 （所法31、34、35、所令72、73、76、82の2）	
・ゆうちょ年金 ・生命保険契約に基づく年金 ・任意の年金制度に基づく年金	**雑所得**（所法35、所令183） 1　相続等に係る生命保険契約等に基づく年金に係る雑所得の金額の計算方法（所令185） (1)　居住者が支払を受ける平成22年改正前の相続税法の対象となる年金（以下「旧相続税法対象年金」といいます。）に係る総収入金額又は必要経費の算入額 　・[当該旧相続税法対象年金については、その支払開始日における残存期間年数又は余命年数と当該年金の支払総額又は支払総額見込額を基に計算した支払金額対応額の合計額]－[当該生命保険契約等に係る支払保険料のうち、当該総収入金額算入額に対応する部分] (2)　旧相続税法対象年金以外の年金に係る総収入金額又は必要経費の算入額 　・[当該年金については、当該年金に係る相続税評価割合と当該年金の支払総額又は支払総額見込額を基に計算した支払金額対応額の合計額]－[(1)の必要経費に準じた額] 2　相続等に係る損害保険契約等に基づく年金に係る雑所得の金額の計算方法（所令186） (1)　旧相続税法対象年金については、上記1(1)の例により計算した金額に限り、その年分の雑所得に係る総収入金額又は必要経費に算入 (2)　旧相続税法対象年金以外の年金については、上記1(2)の例により計算した金額に限り、その年分の雑所得に係る総収入金額又は必要経費に算入	

所得税

■損益の通算 (所法69)

1. 損益通算のできる損失	① 不動産所得の金額、事業所得の金額、山林所得の金額又は譲渡所得の金額の計算上生じた損失の金額（**2.** の損失を除きます。） ② 居住用財産の買換え等、特定の居住用財産の譲渡所得の金額の計算上生じた損失
2. 損益通算のできない損失 (所令200) (措法41の4) (措法37の10、37の11、措令25の8) (措法27の2、31①、32①、41の5、41の5の2)	① 利子所得、配当所得、給与所得、一時所得、退職所得、雑所得、個人に対する資産の低額譲渡による損失 ② 不動産所得又は譲渡所得の金額の計算上生じた損失の金額のうち、生活に通常必要でない資産に係る所得の計算上生じた損失の金額は、原則としてなかったものとみなされます。但し、競走馬（事業用のものを除きます。）の譲渡の計算上生じた損失の金額は、競走馬の保有に係る雑所得の金額に限って損益通算できます。 ③ 不動産所得の金額の計算上生じた損失のうち土地等を取得するために要した負債の利子に相当する部分の金額及び民法組合等の特定組合員の組合事業から生じた不動産所得の損失は、なかったものとされ、他の各種所得の金額とは損益通算できません。 ④ 分離課税とされる株式等の譲渡による事業所得、譲渡所得又は雑所得の金額の計算上生じた損失の金額は、他の各種所得の金額とは損益通算できません。 ⑤ 土地・建物等の譲渡損失は他の所得との損益通算はできません。 ⑥ 有限責任事業組合の事業から生ずる不動産所得、事業所得又は山林所得の損失のうち調整出資金額を超える部分の金額
3. 損失の控除順序 (所令198)	①内部通算 （総合課税）　　　　　　　（分離課税） 短期譲渡　長期譲渡　　短期譲渡　長期譲渡 （通算後の赤字は0） ②損益通算

黒字の所得	第一グループ	第二グループ			山林所得	退職所得
赤字の所得	経常所得※	譲渡所得 短期 総合	長期 総合	一時所得		
不動産所得 事業所得	①	③	④	⑤	⑦	⑧
譲渡所得	⑥		②	⑨	⑩	
山林所得	⑪	⑫	⑬	⑭		⑮

※**経常所得の金額**とは、利子所得の金額、配当所得の金額、不動産所得の金額、事業所得の金額、給与所得の金額及び雑所得の金額をいいます。
　不動産所得、事業所得及び山林所得のうちに、(1)変動所得の損失(2)被災事業用資産の損失(3)その他の損失、の2以上の損失があるときは、(3)→(2)→(1)の損失の順序で控除します。

■損失の繰越し、繰戻し

項　目	説　明
1. 純損失・雑損失の繰越控除 （所法70、70の2、71、71の2、72）	不動産・事業・山林・譲渡の所得に損失の金額があり損益通算を適用してもなお控除しきれない部分の金額（**純損失の金額**）、又は次ページの雑損控除の金額がその年分の総所得金額等から分離課税の譲渡所得に係る特別控除額を差し引いた残額を超える場合にはその超える金額（**雑損失の金額**）を繰り越して、翌年以降3年間（特定非常災害に係る損失については5年間）の各年分の所得金額から差し引くことができます。
2. 繰越控除の条件等	前年以前3年間に生じた純損失や雑損失で前年までに引き切れなかった金額があるときは、次に掲げる区分に応じた金額を、損益通算後の所得金額から、一定の順序で差し引きます。

区分	差し引くことのできる損失の金額	差し引くための条件
青色申告者	①雑損失の金額 ②純損失の金額	損失の生じた年に青色申告書を提出し、かつ、その後において連続して確定申告書を提出していること
白色申告者	①雑損失の金額 ②純損失の金額のうち、変動所得の損失と被災事業用資産の損失	損失の生じた年に確定申告書を提出し、かつ、その後において連続して確定申告書を提出していること

3. 繰越控除の順序（所令201、204）

①2以上の年分に生じた損失の金額…古い年分から順に控除
②同じ年に雑損失の金額と純損失の金額がある場合…純損失の金額を先に控除
③純損失・雑損失の金額の控除順序は、次表の通りです。

		その年分の所得		
		総所得金額	山林所得金額	退職所得金額
純損失（所令201）	総所得金額の計算上生じた損失	①	③	④
	山林所得の金額の計算上生じた損失	⑤	②	⑥

	その年分の所得					
	総所得金額	分離短期譲渡		分離長期譲渡		
		（一般）	（軽減）	（一般）	（特定）	（軽課）
雑損失（措通31・32共-4）	①	②	③	④	⑤	⑥

	その年分の所得					
	分離上場配当等	一般株式等譲渡	上場株式等譲渡	分離先物取引	山林所得金額	退職所得金額
雑損失（措通31・32共-4）	⑦	⑧	⑨	⑩	⑪	⑫

※④～⑩の順序は任意

4. 純損失の繰戻しによる還付の請求 （所法140、141）	その年において生じた純損失の金額がある場合、次の算式によって計算した金額に相当する所得税の額について還付請求することができます（前年分について青色申告書を提出している場合※で、その年分の申告書と還付請求書を期限内に提出する必要があります）。

$$\left(\begin{array}{c}\text{前年分の}\\\text{税額控除前}\\\text{所得税額}\end{array}\right) - \left(\begin{array}{c}\text{前年分の}\\\text{課税所得金額}\end{array} - \begin{array}{c}\text{純損失の}\\\text{金額}\end{array}\right) \times \begin{array}{c}\text{前年分の税率を}\\\text{適用して算出した}\\\text{税額控除前の所得税額}\end{array}$$

※事業の廃止等で前年分の純損失を前々年分に繰戻す場合、前年分・前々年分について青色申告書を提出している必要があります。

所得税

■令和6年分の所得控除一覧表

項　目	説　明
1. 雑損控除 （所法72）	○対象となる損失の範囲 　災害又は盗難若しくは横領により住宅家財等（本人又は生計一親族（総所得金額等48万円以下の人に限ります。）が所有するもの）に損害を受けた場合の損失をいいます。したがって、詐欺、強迫、紛失等による損失や書画骨とう・貴金属など（1個又は1組30万円超のもの）、別荘等の生活に通常必要でない資産の損失は対象になりません。 $$\left(\begin{array}{c}差引\\損失額\end{array}=\begin{array}{c}損害\\金額\end{array}+\begin{array}{c}災害等に関連した\\やむを得ない支出の金額\end{array}-\begin{array}{c}保険金等で\\補てんされる金額\end{array}\right)$$ ○雑損控除額＝ いずれか多い方の金額 $\left\{\begin{array}{l}\text{・差引損失額－総所得金額等の合計額×10\%}\\\text{・差引損失額のうち災害関連支出の金額－5万円}\end{array}\right\}$ ※ 合計所得金額……次の①から⑦までの金額の合計額をいいます（源泉分離課税のものは含まれません。）。 　① 純損失又は雑損失の繰越控除、居住用財産の買換え等の場合の譲渡損失の繰越控除及び特定居住用財産の譲渡損失の繰越控除を適用しないで計算した総所得金額 　② 分離課税の土地建物等の譲渡所得の金額（特別控除前） 　③ 分離課税の上場株式等に係る配当所得等の金額（上場株式等に係る譲渡損失の繰越控除の適用がある場合には、その適用前の金額） 　④ 分離課税の一般株式等及び上場株式等に係る譲渡所得等の金額（上場株式等に係る譲渡損失の繰越控除又は特定中小会社が発行した株式に係る譲渡損失の繰越控除の適用がある場合には、その適用前の金額） 　⑤ 分離課税の先物取引に係る雑所得等の金額（先物取引の差金等決済に係る損失の繰越控除の適用がある場合には、その適用前の金額） 　⑥ 退職所得金額 　⑦ 山林所得金額 ※ 総所得金額等の合計額……合計所得金額に純損失・雑損失の繰越控除、居住用財産の買換え等の場合の譲渡損失の繰越控除及び特定居住用財産の譲渡損失の繰越控除を適用して計算した金額（上場株式等に係る譲渡損失の繰越控除、特定中小会社が発行した株式に係る譲渡損失の繰越控除及び先物取引の差金等決済に係る損失の繰越控除の適用がある場合は、その適用後の金額）をいいます。
2. 医療費控除 （所法73） ・**医療費控除の特例** （セルフメディケーション税制） （措法41の17、措令26の27の2）	$\left(\begin{array}{c}支払った自己又\\は生計一親族\\の医療費の額\end{array}-\begin{array}{c}保険金等で\\補てんさ\\れる金額\end{array}\right)-\begin{array}{c}10万円\\総所得金額等×5\%\end{array}$ いずれか少ない方 $\left(\begin{array}{c}限度額\\200万円\end{array}\right)$ 医療費控除の明細書の作成・添付が必要です。 　その居住者が健康の保持増進及び疾病の予防の一定の取組みを行っているときは、その者の選択により、その年中に支払った特定一般用医薬品等購入費の金額（保険金、損害賠償金等により補塡される部分の金額を除きます。）の合計額が1万2千円を超えるときは、その超える部分の金額（8万8千円を限度）を、その居住者のその年分の総所得金額等から控除できます。 (注) この特例の適用を受ける場合には、所法73の医療費控除の適用を受けることはできません。

		① 医師、歯科医師に支払った診療費、治療費（不妊治療や人工授精の費用、子供の歯列矯正費用など）
●医療費に	該当するもの	② 治療、療養のための医薬品の購入費 ③ 通院費用、入院中の部屋代や食事代の費用で通常必要なもの ④ 治療のために、あん摩マッサージ指圧師、はり師、きゅう師、柔道整復師に支払った施術費 ⑤ 保健師や看護師、その他療養上の世話を受けるため特別に依頼した人に支払った費用 ⑥ 助産師による分べんの介助を受けるために支払った費用 ⑦ 痔ろう治療のための漢方薬等（薬事法第2条に該当する「医薬品」に限ります。）の購入費 ⑧ 介護保険法に規定する指定介護老人福祉施設及び指定地域密着型介護老人福祉施設の入所費用のうち同施設におけるサービスの提供に応じた一定の部分 ⑨ 介護福祉士等が診療の補助として行う喀痰吸引等に係る費用の自己負担分
●医療費に	該当しないもの	① 容姿を美化し、容ぼうを変えるなどの目的で支払った整形手術の費用 ② 健康増進や疾病予防のための医薬品の購入費 ③ 人間ドックなどの健康診断のための費用（ただし、健康診断の結果、重大な疾病が発見され、引き続き治療を受けた場合や特定健康診査を行った医師の指示に基づき一定の特定保健指導を受けた場合のこの費用は医療費に含まれます。） ④ 親族に支払う療養上の世話の費用 ⑤ 治療を受けるために直接必要としない近視、遠視のための眼鏡や補聴器等の購入費（ただし、治療を受けるために直接必要とする「治療用メガネ（医師の処方せんがあるもの）」等の費用は医療費に含まれます。） ⑥ 紙おむつ、寝具類の費用及び医師等に支払った謝礼金（紙おむつについては医師の「おむつ使用証明書」（2年目以降は市区町村が発行する確認書、又は主治医意見書の写しでも可）が発行された場合に限り、医療費に含まれます。） ⑦ 通院に自家用車を使用した場合の駐車場代やガソリン代など ⑧ カツラの購入費 ⑨ 出産のため実家に里帰りするための交通費

所得税

●介護保険制度と医療費控除

〔施設サービス〕

取扱い		施設名	
施設サービスの対価（介護費、食費及び居住費）として支払った額の2分の1が医療費控除の対象	①	指定介護老人福祉施設	地域密着型介護老人福祉施設
施設サービスの対価（同上）として支払った額が医療費控除の対象	②	介護老人保健施設	
	③	介護療養型医療施設	

※支払った金額のうち、①日常生活費及び②特別なサービス費用は医療費控除の対象になりません。

〔居宅サービス〕

取扱い	居宅サービスの種類	
医療費控除の対象	訪問看護	介護予防訪問看護
	訪問リハビリテーション	介護予防訪問リハビリテーション
	居宅療養管理指導	介護予防居宅療養管理指導
	通所リハビリテーション	介護予防通所リハビリテーション
	短期入所療養介護	介護予防短期入所療養介護
上記のサービスと併せて利用する場合のみ医療費控除の対象	訪問介護（生活援助中心型を除く）	介護予防訪問介護
	夜間対応型訪問介護	地域密着型通所介護
	訪問入浴介護	介護予防訪問入浴介護
	通所介護	介護予防通所介護
	認知症対応型通所介護	介護予防認知症対応型通所介護
	小規模多機能型居宅介護	介護予防小規模多機能型居宅介護
	短期入所生活介護	介護予防短期入所生活介護
医療費控除の対象外	認知症対応型共同生活介護	介護予防認知症対応型共同生活介護
	特定施設入居者生活介護	介護予防特定施設入居者生活介護
	地域密着型特定施設入居者生活介護	介護予防地域密着型特定施設入居者生活介護
	福祉用具貸与	介護予防福祉用具貸与

3. 社会保険料控除 (所法74)	その年にその者が支払った健康保険料（介護保険料を含みます。）、厚生年金保険料、雇用保険、国民年金基金、厚生年金基金、共済組合の掛金等の社会保険料の額で、自己又は生計を一にする配偶者その他の親族が負担すべきものをいいます。（配偶者の年金から差し引かれている介護保険料などを、自分の社会保険料控除とはできません。）
4. 小規模企業共済等掛金控除 (所法75)	その年に支払った小規模企業共済掛金、心身障がい者扶養共済掛金、確定拠出年金の企業型年金掛金又は個人型年金掛金の合計額
5. 生命保険料控除 (所法76)	

[最高12万円]

新生命保険料控除 (最高4万円) (遺族保障等)	新個人年金保険料控除 (最高4万円) (老後保障等)	介護医療保険料控除 (最高4万円) (介護保障、医療保障)

新契約と旧契約の両方について控除の適用を受ける場合は合計で最高4万円

旧生命保険料控除 (最高5万円) (遺族保障、介護保障、医療保障等)	旧個人年金保険料控除 (最高5万円) (老後保障等)

＊一般の生命保険料・個人年金保険料につき、新契約と旧契約の双方がある場合
　旧契約の支払保険料＞60,000円…（2）旧契約の表で計算した金額（最高50,000円）
　旧契約の支払保険料≦60,000円…（（1）新契約の表で計算した金額＋（2）旧契約の表で計算した金額）（最高40,000円）

(1) 新契約　(平成24年1月1日以後に締結した保険契約等分)

新契約に基づく新生命保険料、介護医療保険料、新個人年金保険料の控除額はそれぞれ次の表により計算します（それぞれの控除額は最高4万円までです。）。

〈所得税〉

年間の支払保険料等		控除額
	20,000円以下	支払保険料等の全額
20,000円超	40,000円以下	支払保険料等×½＋10,000円
40,000円超	80,000円以下	支払保険料等×¼＋20,000円
80,000円超		一律40,000円

〈住民税〉

年間の支払保険料等		控除額
	12,000円以下	支払保険料等の全額
12,000円超	32,000円以下	支払保険料等×½＋6,000円
32,000円超	56,000円以下	支払保険料等×¼＋14,000円
56,000円超		一律28,000円

(2) 旧契約　(平成23年12月31日以前に締結した保険契約分)

旧契約に基づく旧生命保険料と旧個人年金保険料の控除額はそれぞれ次の表により計算します（それぞれの控除額は最高5万円までです。）。

〈所得税〉

年間の支払保険料等		控除額
	25,000円以下	支払保険料等の全額
25,000円超	50,000円以下	支払保険料等×½＋12,500円
50,000円超	100,000円以下	支払保険料等×¼＋25,000円
100,000円超		一律50,000円

〈住民税〉	年間の支払保険料等		控除額
		15,000円以下	支払保険料等の全額
	15,000円超	40,000円以下	支払保険料等×$\frac{1}{2}$＋ 7,500円
	40,000円超	70,000円以下	支払保険料等×$\frac{1}{2}$＋17,500円
	70,000円超		一律35,000円

6.地震保険料控除 〈所得税〉 （所法77、所 基通77-7）	①地震保険料		支払保険料全額（限度額50,000円）	
	②旧長期損 害保険料	10,000円以下	支払保険料全額	
		10,000円超 20,000円以下	支払保険料等×$\frac{1}{2}$＋5,000円	
		20,000円超	15,000円	
	①②の両方がある場合		①＋②（限度額50,000円）	
〈住民税〉	①地震保険料		支払保険料×$\frac{1}{2}$（限度額25,000円）	
	②旧長期損 害保険料	5,000円以下	支払保険料全額	
		5,000円超 15,000円以下	支払保険料×$\frac{1}{2}$＋2,500円	
		15,000円超	10,000円	
	①②の両方がある場合		①＋②（限度額25,000円）	

一の損害保険契約等又は長期損害保険契約等が地震保険料控除の対象となる損害保険契約等と長期損害保険契約等のいずれにも該当する場合は、いずれか一の契約のみに該当するものとして控除額を計算します。

項　　目	所得税（令和6年分）	住民税（令和7年度分）
7.寄附金控除 （所法78、所 基通78-4）	・国等に対する特定寄 　附金の支出金額（注） ⎫ 　　　　　　　　　　　⎬ いずれか ・総所得金額等×40% ⎭ 低い方の－2,000円 　　　　　　　　　　　　　　金額 ※政党等及び認定NPO法人等に対する寄附金について は、税額控除のP.168 3.4.を参照	
（措法41の19）	特定新規中小会社が発行した株式を発行の際に、払込みにより取得した場合の、株式の取得に要した金額（800万円が限度）について、寄附金控除が適用できます。	

（注） **特定寄附金**とは、①国又は地方公共団体に対する寄附金、②民法上の公益法人等に対する指定寄附金、③特定公益増進法人に対する寄附金、④認定特定非営利活動法人に対する寄附金、⑤政治活動に関する寄附金（特定の政治献金）をいいます。政党等寄附金特別控除額は、別途「政党等寄附金特別控除額の計算明細書」により計算します。（措法41の18）

寄附金については、各自治体での取扱いを確認する必要があり、例えば、大阪府・大阪市の場合には、次ページのような取扱いの差異があります。

●ふるさと納税

・都道府県・市区町村に対する寄附金（ふるさと納税）のうち2千円を超える部分については、一定の上限まで、原則として次の通り所得税・個人住民税から全額控除されます。

① 所得税…（寄附金－2千円）を所得控除（所得控除額×所得税率（0〜45%（※））が軽減）

② 個人住民税（基本分）…（寄附金－2千円）×10%を税額控除

③　個人住民税（特例分）…（寄附金－２千円）×（100％－10％（基本分）－所得税率（０～45％（※）））

→①②により控除できなかった寄附金額を、③により全額控除（所得割額の２割を限度）

（※）平成26年度から令和20年度は、復興特別所得税を加算した率となります。

- ふるさと納税ワンストップ特例制度

　　確定申告が不要な給与所得者等は、寄附先の地方公共団体に特例の申請をすることにより、上記の控除を受けることができます。（寄附先が５団体以内の場合に限る。）

- ふるさと納税の控除上限額は、次の算式の通りです。

$$\frac{\text{個人住民税所得割額×20\%}}{100\%-\begin{pmatrix}\text{住民税の}\\\text{税率(10\%)}\end{pmatrix}-\left(\begin{array}{c}\text{その者に適用される}\\\text{限界所得税率}\end{array}\times\begin{array}{c}\text{復興税率}\\(1.021)\end{array}\right)}+2{,}000\text{円}$$

→ P.166参照

□寄附金控除対象の所得税と個人市・府民税の違い

区分		所得税	個人市・府民税（大阪市）	
			市民税	府民税
控除対象寄附金の範囲	国に対する寄附	○	×	×
	都道府県・市区町村に対する寄附（ふるさと寄附金）	○	○	○
	一定要件を満たす公益社団法人・公益財団法人等に対する寄附（＊１）	○	大阪市市税条例で指定した寄附金（＊２）又は大阪府共同募金会・日本赤十字社大阪府支部に限る	大阪府税条例で指定した寄附金（＊２）又は大阪府共同募金会・日本赤十字社大阪府支部に限る
	特定公益増進法人に対する寄附（独立行政法人・社会福祉法人・学校法人など）（＊１）	○	大阪市市税条例で指定した寄附金に限る（＊２）	大阪府税条例で指定した寄附金に限る（＊２）
	一定要件を満たす特定公益信託の信託財産とするための支出（＊１）	○	大阪市市税条例で指定した寄附金に限る（＊２）	大阪府税条例で指定した寄附金に限る（＊２）
	NPO法人に対する寄附　①所得税の控除対象として認定されたNPO法人	○	大阪市市税条例で指定した寄附金に限る（＊２）	大阪府税条例で指定した寄附金に限る（＊２）
	②①以外で都道府県・市区町村が条例指定した法人	×	×	大阪府税条例で指定した寄附金に限る（＊２）
	③上記①②以外の法人	×	×	×
	一定要件を満たす特定新規中小会社に対する出資（＊１）	○	×	×
	政党・政治資金団体等に対する寄附（＊１）	○	×	×
控除対象寄附金の上限		総所得金額等の40％	総所得金額等の30％	
控除の適用方法		所得控除又は税額控除	税額控除	

＊１　控除対象となる寄附金の範囲の詳細については、国税庁HP「一定の寄附金を支払ったとき（寄附金控除）」参照。

＊２　大阪市市税条例・大阪府税条例で指定している寄附金については、大阪府HP参照。

項　　目	所得税(令和6年分)	住民税(令和7年度分)
8. 障がい者控除 （所法79）	(1)障がい者1名につき **270,000円** (2)特別障がい者1名につき **400,000円** (3)同一生計配偶者又は扶養親族のうち同居特別障がい者1名につき **750,000円**	(1)障がい者1名につき **260,000円** (2)特別障がい者1名につき **300,000円** **530,000円**
9. 寡婦控除 （所法80）	**270,000円**	**260,000円**

本人が、下記ひとり親に該当せず、夫と離婚後婚姻をしていない者のうち、合計所得金額が500万円以下で、住民票に事実婚の記載がなく、扶養親族を有する場合の控除（死別の場合には、扶養親族を有さなくても控除可）

10. ひとり親控除 （所法81）	**350,000円**	**300,000円**

ひとり親とは、現に婚姻をしていない者又は配偶者の生死の明らかでない者で、**合計所得金額が500万円以下**で住民票に事実婚の記載がなく、生計を一にする子（総所得金額等が48万円以下であること）がいる者をいいます。

☐…寡婦控除　　▨…ひとり親控除

（万円）

本人が女性	配偶関係		死別		離別		未婚
	本人所得		～500	500～	～500	500～	～500
	扶養親族	有 子	35 (30)	—	35 (30)	—	35 (30)
		有 子以外	27 (26)	—	27 (26)	—	—
		無	27 (26)	—	—	—	—

本人が男性	配偶関係		死別		離別		未婚
	本人所得		～500	500～	～500	500～	～500
	扶養親族	有 子	35 (30)	—	35 (30)	—	35 (30)
		有 子以外	—	—	—	—	—
		無	—	—	—	—	—

（　）は住民税

11. 勤労学生控除 （所法82）	**270,000円**	**260,000円**

※一定の学生は在学証明書等添付又は提示

（注）　自己の勤労による給与所得等の合計所得金額が75万円以下である特定の学校の学生等（在学証明書等添付の必要があります。）である場合に適用されます。

12. 配偶者控除・配偶者特別控除　（所法83、83の2）

○配偶者控除

- 控除対象配偶者…自己の妻又は夫で12月31日現在で同一生計配偶者である人（合計所得金額が1,000万円以下である納税者の配偶者に限ります。）

 （注）同一生計配偶者…生計を一にする配偶者のうち合計所得金額が48万円以下の者（青色事業専従者等に該当する者を除きます。）

- 老人控除対象配偶者…控除対象配偶者のうち、12月31日現在で70歳以上の人

○配偶者特別控除

- 対象は自己の妻又は夫で12月31日現在生計を一にする人で、①～④のいずれにも該当しない人です。

 ①上記の控除対象配偶者

 ②他の人の扶養親族とされている人

 ③青色事業専従者で専従者給与の支払を受けている人

所得税

④白色事業専従者

〈配偶者特別控除を受けることができない場合〉

ア．納税者本人の合計所得金額が1,000万円を超える場合

イ．配偶者側で配偶者特別控除を受けている場合

ウ．配偶者自身が、源泉控除対象配偶者があるものとして給与等又は公的年金等に係る源泉徴収の規定の適用を受けている場合

（注）源泉控除対象配偶者とは、合計所得金額が900万円以下の所得者と生計を一にする配偶者（青色事業専従者給与の支払を受ける人及び白色事業専従者に該当する人を除きます。）で合計所得金額が95万円以下の者

(万円)

	配偶者の合計所得金額			納税者本人の合計所得金額		
				～900以下	900超950以下	950超1,000以下
配偶者控除	48以下	控除対象配偶者	70歳未満	38（33）	26（22）	13（11）
			70歳以上	48（38）	32（26）	16（13）
配偶者特別控除	95以下	配偶者控除なし		38（33）	26（22）	13（11）
	100以下			36（33）	24（22）	12（11）
	105以下			31（31）	21（21）	11（11）
	110以下			26（26）	18（18）	9（9）
	115以下			21（21）	14（14）	7（7）
	120以下			16（16）	11（11）	6（6）
	125以下			11（11）	8（8）	4（4）
	130以下			6（6）	4（4）	2（2）
	133以下			3（3）	2（2）	1（1）
	133超			—	—	—

（※）納税者本人の合計所得金額が1,000万円を超える場合には、配偶者控除も配偶者特別控除も受けられません。 　　　　（ ）は住民税

13. 扶養控除
（所法84）

扶養親族		
納税者本人と生計を一にする人（青色事業専従者給与の支払を受ける人及び白色事業専従者を除きます。）		
配偶者以外の親族	いわゆる里子（18歳未満）	いわゆる養護老人（65歳以上）
合計所得金額が48万円以下である人		

※令和5年1月から扶養控除の対象となる国外居住親族は一定の者に限られています。

16歳未満	16歳以上				
	控除対象扶養親族				
	16歳以上19歳未満（一般）	19歳以上23歳未満（特定扶養親族）	23歳以上70歳未満（成年）	70歳以上（老人扶養親族）	
					同居老親等
控除額（住民税）	38万円（33万円）	63万円（45万円）	38万円（33万円）	48万円（38万円）	58万円（45万円）

14. 基礎控除
（所法86）

本人の合計所得金額		所得税	住民税
	2,400万円以下	48万円	43万円
2,400万円超	2,450万円以下	32万円	29万円
2,450万円超	2,500万円以下	16万円	15万円
2,500万円超		0円	0円

●令和6年分の扶養控除の態様別適用一覧

所得税

区分				控除額	令和6年分
年少扶養親族	（0歳~15歳）[平21.1.2以後生]	通常		0	扶控(0)
		障がい者		27	扶控(0) ＋ 障控(27万円)
		特別障がい者	非同居	40	扶控(0) ＋ 特障控(40万円)
			同居	75	扶控(0) ＋ 同特障控(75万円)
控除対象扶養親族	一般の扶養親族 （16歳~18歳）[平18.1.2~平21.1.1生]	通常		38	扶控(38万円)
		障がい者		65	扶控(38万円) ＋ 障控(27万円)
		特別障がい者	非同居	78	扶控(38万円) ＋ 特障控(40万円)
			同居	113	扶控(38万円) ＋ 同特障控(75万円)
	特定扶養親族 （19歳~22歳）[平14.1.2~平18.1.1生]	通常		63	特扶控(63万円)
		障がい者		90	特扶控(63万円) ＋ 障控(27万円)
		特別障がい者	非同居	103	特扶控(63万円) ＋ 特障控(40万円)
			同居	138	特扶控(63万円) ＋ 同特障控(75万円)
	成年扶養親族 （23歳~69歳）[昭30.1.2~平14.1.1生]	通常		38	扶控(38万円)
		障がい者		65	扶控(38万円) ＋ 障控(27万円)
		特別障がい者	非同居	78	扶控(38万円) ＋ 特障控(40万円)
			同居	113	扶控(38万円) ＋ 同特障控(75万円)
	老人扶養親族 （70歳以上）[昭30.1.1以前生]	通常	一般	48	老扶控(48万円)
			同居老親等	58	老扶控(48万円) ＋ 同老親控(10万円)
		障がい者	一般	75	老扶控(48万円) ＋ 障控(27万円)
			同居老親等	85	老扶控(48万円) ＋ 同老親控(10万円) ＋ 障控(27万円)
		特別障がい者	非同居	88	老扶控(48万円) ＋ 特障控(40万円)
			同居	123	老扶控(48万円) ＋ 同特障控(75万円)
			同居老親等	133	老扶控(48万円) ＋ 同老親控(10万円) ＋ 同特障控(75万円)

※扶控…扶養控除、特扶控…特定扶養控除、老扶控…老人扶養控除、障控…障がい者控除、特障控…特別障がい者控除、同特障控…同居特別障がい者控除、同老親控…同居老親等控除

■所得税額速算表 (平成27年分以後)

課税総所得金額		税率	控除額
超	以下		
	195万円	5 ％	一 円
195万円	330万円	10	97,500
330万円	695万円	20	427,500
695万円	900万円	23	636,000
900万円	1,800万円	33	1,536,000
1,800万円	4,000万円	40	2,796,000
4,000万円		45	4,796,000

(注) 令和7年分以後、所得が極めて高い水準の場合の追加税負担（新措法41の19）
　①配当や上場株式等の譲渡による所得に申告不要制度を適用しないで計算した合計所得金額（Ⓐ）に係る通常の所得税額
　②（Ⓐ－特別控除3.3億円）×22.5％
　③①＜②の場合、②－①を申告納税

〔参考〕個人の住民税
　市町村民税・道府県民税均等割（標準税率）及び個人住民税（道府県民税・市町村民税）所得割税速算表（標準税率）については、P.265、266を参照してください。

■復興特別所得税 (平成25年から令和19年までの各年分)

区分	課税額
(1) 非永住者以外の居住者→総ての所得に対する所得税の額	［その年分の基準所得税額］× $\frac{2.1}{100}$
(2) 非永住者→国内源泉所得及び国外源泉所得のうち国内払のもの又は国内に送金されたものに対する所得税の額	［源泉徴収すべき所得税及び復興特別所得税の合計税率］
(3) 非居住者→国内源泉所得に対する所得税の額	**所得税率×102.1％＝合計税率**

■平均課税

変動所得・臨時所得の平均課税		年々の所得が大幅に変動する所得や、数年分の収入が一括して支払われる所得について、累進課税による税負担を調整するため、五分五乗方式による税額計算が認められています。
(所法90) (所法2①二十三、二十四、所令7の2、8)	変動所得	• 漁獲・のりの採取から生ずる所得 • はまち、まだい、ひらめ等の養殖から生ずる所得 • 原稿料、作曲報酬（さし絵やイラストによる報酬、講演料は含まれません。） • 著作権の使用料（印税） ※当年の変動所得の金額が、前年分と前々年分の変動所得の金額の平均額を超えている場合に、平均課税の適用があります。
(所基通2-37) ※確定申告では「平均課税の計算書」を使用	臨時所得	①プロ野球選手等の契約金など専属契約期間3年以上で報酬年額の2倍以上のもの ②不動産等の3年以上の貸付による権利金等で使用料年額の2倍以上のもの ③3年以上の期間に対する休業補償金等 ④業務用資産の被害による3年以上の期間の所得補償金等 ⑤3年以上の期間にわたる不動産賃料総額の一括支払いなど
		• 当年の変動所得又は臨時所得の金額が、総所得金額の20％以上の場合に、平均課税の適用があります。（計算方法など省略）

■税額控除一覧表

項　目	説　　　明
1. 配当控除 （所法92、措 法9） （配当控除額） （控除率）	剰余金の配当などの配当所得があるときには、配当控除が受けられます（確定申告で**総合課税の適用を受けた配当所得**に限ります）。 ※次の配当などは配当控除の対象になりません。 　①外国法人から受ける配当等 　②基金利息 　③特定受益証券発行信託の収益の分配 　④オープン型証券投資信託の収益の分配のうち、信託財産の元本の払戻し相当部分 　⑤公募公社債等運用投資信託以外の公社債等運用投資信託の収益の分配 　⑥国外私募公社債等運用投資信託等の配当等 　⑦外国株価指数連動型特定株式投資信託の収益の分配に係る配当等 　⑧特定外貨建等証券投資信託の収益の分配に係る配当等 　⑨適格機関投資家私募による投資信託から支払を受けるべき配当等 　⑩特定目的信託から支払を受けるべき配当等 　⑪特定目的会社から支払を受けるべき配当等 　⑫投資法人から支払を受けるべき配当等 　⑬申告分離課税を選択した上場株式等の配当等 　⑭確定申告不要制度を選択したもの ・**課税総所得金額等**^{※1}が１千万円以下の場合…(A)×控除率 ・**課税総所得金額等**^{※1}が１千万円超の場合…(A)×控除率＋(B)×控除率

配当所得の金額　　配当所得の内容	１千万円以下の部分 (A)		１千万円超の部分 (B)	
	所得税	住民税	所得税	住民税
剰余金・利益の配当等、特定株式投資信託の収益の分配	10%	2.8%	5％	1.4%
一般外貨建等証券投資信託^{※2}以外の証券投資信託の収益分配	5％	1.4%	2.5%	0.7%
一般外貨建等証券投資信託の収益分配	2.5%	0.7%	1.25%	0.35%

※１　課税総所得金額等とは、課税総所得金額、課税短期譲渡所得金額、課税長期譲渡所得金額、一般株式等に係る課税譲渡所得等の金額、上場株式等に係る課税譲渡所得等の金額、申告分離課税の上場株式等に係る課税配当所得等の金額及び先物取引に係る課税雑所得等の金額の合計額をいいます。

※２　一般外貨建等証券投資信託とは、特定外貨建等証券投資信託以外の外貨建等証券投資信託（①～⑭のものなどを除きます）をいいます。

項　目	説　　　明
2. 外国税額控除 （所法95、所 令221～226） ※　（　）内は 指定都市に住 所を有する者 の個人住民税	[所得税] (1)　その年の所得税額のうち、国外に源泉のある所得に対応する額を限度とします。（復興特別所得税に関しても同様です。） (2)　繰越控除限度額及び繰越外国税額の繰越期間は３年です。 (3)　外国税額控除を受けないで、事業所得の計算上必要経費に算入することもできます。 [住民税（道府県民税・市町村民税）] 　所得税額及び復興特別所得税額から控除されなかった額について、所得税の外国税額控除限度額に、道府県民税12％（６％）と市町村民税18％（24％）をそれぞれ乗じて得た額を限度として控除します。

所得税

3. 政党等寄附金特別控除 （措法41の18、 措令26の27 の2） （所得税額の 25％が限度）	令和11年12月31日までの間に行った政治活動等に関する一定の寄附金のうち政党・政治資金団体に対する政治活動に関する寄附金で、政治資金規制法第12条又は第17条による報告がされているもの $\left\{\begin{array}{l}\textbf{政党等に対する寄附金}\\ \text{（総所得金額等の40％が限度}^{※1}\text{）}\end{array} -2,000円^{※2}\right\} ×30\%$（100円未満切て） ※1 特定寄附金等の額がある場合で、政党等に関する寄附金の額の合計額にその特定寄附金の額の合計額を加算した金額がその年分の総所得金額等の40％相当額を超えるときは、その40％相当額からその特定寄附金等の額の合計額を控除した残額とされます。 ※2 特定寄附金等の額がある場合には、2,000円から特定寄附金の額の合計額を控除した金額とされます。 「政党等寄附金特別控除額の計算明細書」により計算します。
4. 認定NPO法人等に対する寄附金特別控除 （措法41の18 の2） （所得税額の 25％が限度）	認定特定非営利活動法人（「認定NPO法人」）等に対して寄附をした場合、認定NPO法人が行う特定非営利活動に係る事業に関連する寄附金については、下記により計算した金額がその年分の所得税の額から控除されます。（寄附金控除（所得控除）との選択） $\left\{\begin{array}{l}\textbf{その年中に支出した寄附金の額の合計額}\\ \text{（総所得金額等の40％相当額が限度）}\end{array} -2,000円\right\} ×40\%$（100円未満切て） ※1 控除対象寄附金額（総所得金額等の40％相当額）及び控除対象下限額（2,000円）は、寄附金控除（所得控除）並びに5.公益社団法人等寄附金特別控除の対象となる寄附金の額がある場合には、これらの寄附金の額の合計額を控除した残額とされます。 ※2 税額控除限度額（所得税額の25％相当額）は、5.の額と合わせて判定します。 　なお、3.政党等寄附金特別控除の税額控除限度額は、これとは別枠で判定します。 ※3 この税額控除の適用を受けようとするときは、寄附金の明細書並びに寄附金を受領した旨、寄附金が認定NPO法人の主たる目的である業務に関連するものである旨、寄附金の額及び受領年月日を証する書類を確定申告書に添付します。
5. 公益社団法人等への寄附金の特別控除 （措法41の18 の3） （所得税額の 25％が限度）	特定寄附金のうち、①公益社団法人及び公益財団法人②学校法人等③社会福祉法人④更生保護法人（いずれもその運営組織及び事業活動が適正であること並びに市民から支援を受けていることにつき一定の要件を満たすものに限ります。）に対する税額控除対象寄附金については、下記により計算した金額がその年分の所得税の額から控除されます。（寄附金控除（所得控除）との選択） $\left\{\begin{array}{l}\textbf{その年中に支出した寄附金の額の合計額}\\ \text{（総所得金額等の40％相当額が限度）}\end{array} -2,000円\right\} ×40\%$（100円未満切て） ※1 控除対象寄附金額（総所得金額の40％相当額）及び控除対象下限額（2,000円）は、寄附金控除（所得控除）の対象となる寄附金の額がある場合には、この寄附金の額の合計額を控除した残額とされます。 ※2 税額控除限度額（所得税額の25％相当額）は4.の額と合わせて判定します。 ※3 この税額控除の適用を受けようとするときは、寄附金の明細書及び次の書類を確定申告書に添付します。 ① 寄附金を受領した旨、寄附金がその法人の主たる目的である業務に関連する寄附金である旨、寄附金の額及び受領年月日を証する書類 ② 所轄庁のその法人が税額控除対象法人であることを証する書類の写し
6. 寄附金税額控除 （地法37の2、 314の7） 〔**住民税（道府県民税・市町村民**〕	所得税の控除対象寄附金のうち地方公共団体が条例により指定したもののほか都道府県又は市町村、共同募金会、日本赤十字社に対する寄附金（寄附金支出の合計額が2千円を超えるもの）は都道府県が指定したものは都道府県民税から、市町村が指定したものは市町村民税からそれぞれ控除されます。 〔寄附金控除（各自治体の条例で定められます。）〕

税）〕	$\left[\begin{array}{c}\text{寄附金}\\\text{（総所得金額等の30%が限度）}\end{array} -2,000円\right] ×10\%^※$

※控除割合：都道府県民税４％（２％）、市町村民税６％（８％）
（　）内は指定都市に住所を有する者の個人住民税

7. 住宅借入金を有する場合の所得税額の特別控除 （措法41、41の2、41の2の2、41の3、41の3の2、措令26、26の4）	① 　個人が、家屋の床面積又は区分所有部分の床面積が**50m²以上**（令和６年以前の建築確認分は、合計所得金額1,000万円以下の者に限り、40m²以上）で床面積の$\frac{1}{2}$**以上が居住用**であることのほか一定の要件を満たす居住用家屋の**新築**、新築住宅若しくは既存住宅（昭和57年以降に建築されたもの及び要耐震改修住宅に限ります。）の**取得**又はその者の居住用家屋の**工事費用100万円超**などの増改築等をして、これらの家屋を**令和７年12月31日までの間に自己の居住の用に供した場合**（住宅の取得等の日から６月以内に自己の居住の用に供した場合に限ります。）において、その者が住宅借入金等の金額を有するときは、居住年以後一定の控除期間（その年の12月31日まで引き続き居住している年に限ります。）にわたって、**住宅借入金等の年末残高**（借入限度額を超える場合には、借入限度額）と居住年に応じた**控除率**との組み合わせにより計算した金額を、その者の各年の**所得税額から控除**することができます。

② 〔控除対象借入金等の範囲〕
　控除対象借入金等は償還期間又は賦払期間が**10年以上**（特定増改築等の場合５年以上、又は死亡時に一括償還の方法で支払うもの（住宅金融支援機構からの借入れによる一定のバリアフリー改修工事等に限ります））の次のものが該当します。
　㈑　住宅の新築、取得のための銀行など金融機関等からの借入金等
　㈻　住宅とともに取得する敷地の取得のための借入金等
　㈺　一定の増改築等のための借入金（自己の居住の用に供する増改築の範囲に、地震に対する安全上必要な構造方法に関する技術的基準又はこれに準ずるものに適合する一定の修繕又は模様替え、一定のバリアフリー改修工事、一定の省エネ改修工事等が含まれます。）

所得税

〔借入金等で対象外となるもの〕
　㋑　勤務先などからの使用人である地位に基づいた年0.2％未満の利率の借入金等であるもの
　㋺　勤務先などから利子補給金を受けているため、実質的に負担する利息が年0.2％未満となるもの
　㋩　勤務先などから譲り受けた住宅の代金がその住宅の時価の50％未満であるもの
③　〔特別控除の不適用〕
　㋑　〔所得要件〕その年の合計所得金額が2,000万円（令和4年改正前は3,000万円）を超える場合
　㋺　他の特例との併用
　　　居住の用に供した年とその前2年、後3年の6年間に、居住用財産を譲渡した場合の長期譲渡所得の課税の特例など（措法31の3、35、36の2、36の5もしくは37の5又は旧措法37の9の2）の適用を受けている場合は適用がありません。

添付書類　住宅借入金等を有する場合の添付書類については、P.172参照。

○住宅借入金等特別控除（居住年に応じた控除率及び控除限度額）

控除額（100円未満切捨て）＝住宅借入金等の年末残高の合計額×控除率

入居年	控除年		住宅借入金等の年末残高の合計額	控除率	控除限度額
平25.1.1〜平26.3.31	本則	10年間	2,000万円以下の部分	1.0％	20万円
	認定住宅	10年間	3,000万円以下の部分	1.0％	30万円
平26.4.1〜令3.12.31※2	本則　特定取得※1	10年間	4,000万円以下の部分	1.0％	40万円
	本則　上記以外	10年間	2,000万円以下の部分	1.0％	20万円
	認定住宅　特定取得※1	10年間	5,000万円以下の部分	1.0％	50万円
	認定住宅　上記以外	10年間	3,000万円以下の部分	1.0％	30万円

※1　特定取得とは、住宅の対価の額に含まれる消費税額等が、8％又は10％である場合における住宅の取得等をいいます。

※2　**特別控除の特例**
- 消費税率10％が適用される住宅の取得等をして、令和元年10月1日から令和2年12月31日までの間に自己の居住の用に供した場合（住宅の取得等の日から6か月以内）には、控除期間が13年間となり、11年目以降の3年間は、建物購入価格×$\frac{2}{3}$％と40万円のいずれか少ない金額が控除限度額となります（措法41⑮）。
- 令和3年度改正にて、上記、控除期間13年の特例が延長され、注文住宅は令和2年10月から令和3年9月末まで、分譲住宅などは令和2年12月から令和3年11月末までに契約した場合、令和4年末までの入居者が対象とされます。
　また、この延長分に限り、床面積が40m²以上50m²未満である住宅の用に供する家屋についても適用できます。ただし、合計所得金額が1,000万円を超える年については、適用がありません。

入居年	控除年			住宅借入金等の年末残高の合計額	控除率	控除限度額
令4.1.1〜令5.12.31	新築・買取再販	認定住宅	13年間	5,000万円	0.7%	35万円
		特定エネルギー消費性能向上	13年間	4,500万円	0.7%	31.5万円
		エネルギー消費性能向上	13年間	4,000万円	0.7%	28万円
		上記以外	13年間	3,000万円	0.7%	21万円
	既存住宅	認定住宅・特定エネルギー消費性能向上・エネルギー消費性能向上	10年	3,000万円	0.7%	21万円
		上記以外	10年	2,000万円	0.7%	14万円
令6.1.1〜令7.12.31	新築・買取再販	認定住宅	13年間	4,500万円	0.7%	31.5万円
				子育て特例5,000万円※3	0.7%	35万円
		特定エネルギー消費性能向上	13年間	3,500万円	0.7%	24.5万円
				子育て特例4,500万円※3	0.7%	31.5万円
		エネルギー消費性能向上	13年間	3,000万円	0.7%	21万円
				子育て特例4,000万円※3	0.7%	28万円
		上記以外	10年間	2,000万円※4	0.7%	14万円
	既存住宅	認定住宅・特定エネルギー消費性能向上・エネルギー消費性能向上	10年間	3,000万円	0.7%	21万円
		上記以外	10年間	2,000万円	0.7%	14万円

所得税

※3　子育て特例対象個人（夫婦のどちらかが40歳未満又は19歳未満の扶養親族を有する者）が認定住宅等の新築等をして令和6年1月1日から令和6年12月31日までの間に居住の用に供した場合には、住宅借入金等の年末残高の限度額が増額されます。（令6改正）

※4　令和6年1月1日以後に建築確認を受ける住宅の用に供する家屋（登記簿上の建築日付が同年6月30日以前のものを除きます。）又は建築確認を受けない住宅の用に供する家屋で登記簿上の建築日付が同年7月1日以降のもののうち、一定の省エネ基準を満たさないものの新築又はその家屋で建築後使用されたことのないものの取得については、適用対象外となります。

8. 特定増改築等 住宅借入金特 別控除 （措法41の3の 2） ・居住日は令和 3年12月31日 まで ・所得要件は合 計所得金額 3,000万円以 下	個人が、自己所有の居住用家屋について増改築等（下記①～③のいずれかを含むもの）をして、令和3年12月31日までの間に自己の居住の用に供した場合（増改築等の日から6月以内に自己の居住の用に供した場合に限ります。）で、増改築等住宅借入金等（償還期間が5年以上の一定の借入金）を有するときは、住宅借入金特別控除との選択により、居住年以後5年間（その年の12月31日まで引き続き居住の用に供している年に限ります。）の各年において次の算式により計算した金額を、その者の各年の所得税額から控除することができます。 **特別控除額（控除期間5年間）** 　ア．増改築等住宅借入金等の年末残高の合計額（最高1,000万円） 　イ．アのうち特定増改築等住宅借入金等の年末残高の合計額（最高250万円）※ 　**ウ．特別控除額（年間最高12.5万円）＝イ×2％＋（アーイ）×1％** ※特定増改築等住宅借入金等の年末残高の合計額とは、下記①～③に要した費用の額（それぞれ50万円を超えるもの）の合計額をいいます。 ①高齢者等居住改修工事等（措法41の3の2①） ②断熱改修工事等（措法41の3の2⑤） ③多世帯同居改修工事等（措法41の3の2⑧） 　（注）①～③と併せて行う一定の修繕・模様替えの工事等も含みます。

| | 宅用家屋証明書
④特定エネルギー
消費性能向上住
宅・エネルギー
消費性能向上住
宅証明書 | 保険契約の申込書の写し
及び既存住宅売買瑕疵
担保責任保険契約が締
結されていることを証す
る書類、請負契約書の写
しのいずれか | | ①土地の登記事項
証明書
②土地の売買契約
書の写しや分譲
契約書の写し |

▷留意事項

※土地、建物に係る登記事項証明書は、不動産番号を記載することにより添付を省略することができます。（以下、措法41の19の2、41の19の3、41の19の4においても同様）

① 居住年、居住年の前年又は前々年分の所得税について、次の特例を受けている場合は適用できません。

措法31の3	居住用財産を譲渡した場合の長期譲渡所得の課税の特例
措法35	居住用財産の譲渡所得の特別控除の特例
措法36の2	特定の居住用財産の買換えの場合の長期譲渡所得の課税の特例
措法36の5	特定の居住用財産を交換した場合の長期譲渡所得の課税の特例
措法37の5	既成市街地等内にある土地等の中高層耐火建築物等の建設のための買換え及び交換の場合の譲渡所得の課税の特例

② 住宅借入金等特別控除の適用対象となる家屋に入居した年の翌年又は翌々年中に、その家屋（その家屋の敷地等を含む。）以外の資産（旧居住用資産）の譲渡をした場合において上記①の特例の適用を受ける場合は、〔特定増改築等〕住宅借入金等特別控除の適用はされません。（既に適用を受けている年分については修正申告書の提出）

③ その年の12月31日（死亡、災害についてはその日）まで引き続き自己の居住の用に供していない年分以後は適用ありません。ただし転勤、転地療養その他のやむを得ない事情により居住の用に供しなくなった場合で生計を一にする親族が引き続き居住する場合には適用されます。

（注） 転勤命令等に基づいて転居をした場合で、③により住宅借入金等特別控除の適用を受けられなくなった後、その家屋を再び居住の用に供した場合には、一定の要件のもとで、再適用されます。

④ 居住用財産の譲渡損失の金額について繰越控除の特例（措法41の5）を受ける場合において、その適用に係る買換え資産については、住宅借入金等特別控除の適用があります。

⑤ 新築の日前2年以内に取得した土地等の先行取得に係る金融機関からの借入金については、取得する家屋を目的とする抵当権の設定がない場合は適用がありません。

⑥ 他の者（例えば父）が所有する家屋（登記事項証明書により所有権を確認します。）について、本人が金融機関から借入れを行い増改築を行った場合は適用がありません。

⑦ 床面積の要件の判定は、登記事項証明書により確認します。

| 9.認定住宅等の新築等をした場合の特別税額控除
（措法41の19の4、措令26の28の6） | ・認定住宅等とは長期優良住宅法に規定する認定長期優良住宅、認定低炭素住宅、特定エネルギー消費性能向上住宅に該当する家屋で一定のものをいいます。
・令和4年から令和7年に認定住宅等の新築又は建築後使用されたことのない認定住宅等の取得をして居住の用に供した場合の税額控除額の上限額は「標準的な性能強化費用」（650万円が限度）の10%で、その年分の所得税の額から控除します。その年分の所得税の額から控除しきれない金額については、翌年分の所得税の額から控除します。 |

※借入金がない場合でも、適用できます。

（注1）「標準的な性能強化費用」とは、認定住宅等の構造の区分にかかわらず、1平方メートル当たり定められた金額（国土交通省告示（参考：令和4年分は45,300円））に、その認定住宅等の床面積を乗じて計算した金額をいいます。

（注2）その年分の合計所得金額が2,000万円（令和4年及び令和5年は3,000万円）を超える場合には適用されません。

〔重複適用の禁止〕
（措法41㉖）

この制度は、住宅借入金等を有する場合の所得税額の特別控除との選択適用とされますので、適用される控除額等を踏まえた上で、選択する必要があります。

※控除限度額の詳細については、P.170、171参照

区分		最大控除額	住民税での適用
住宅ローン減税（選択）	新築・買取再販	控除限度額※×13年	所得税で控除しきれない部分については、個人住民税から控除されます。
	既存住宅	控除限度額※×10年	
性能強化費用に係る特別控除	• 認定住宅 • 特定エネルギー消費性能向上住宅	65万円	（適用なし）

（措法41の19の4⑫～⑭）

また、居住用財産の買換え等の特例との重複適用が可能です。

添付書類
（措法41の19の4⑥⑦）

この税額控除は、確定申告書に、当該控除に関する明細書並びに当該計画の認定書の写し及び登記事項証明書等の一定の書類の添付がある場合に適用されます。

10. 既存住宅の耐震改修をした場合の所得税額の特別控除
（措法41の19の2）

平成26年4月1日から令和7年12月31日までの間に、その者の居住の用に供する家屋で、旧耐震基準（昭和56年5月31日以前）によって建築された家屋を、現行耐震基準に適合させるための耐震改修工事をした場合には、次の金額及びP.177(6)の金額がその年分の所得税額から控除されます。

$$\begin{pmatrix} \text{住宅耐震改修に係る耐震工事の標} \\ \text{準的な費用の額（国・地方公共団} \\ \text{体から交付される補助金等はその} \\ \text{額を控除します。）} \end{pmatrix} \times 10\% = \begin{pmatrix} \text{所得税の特別控} \\ \text{除（最高25万円、} \\ \text{100円未満の端} \\ \text{数切捨て）} \end{pmatrix}$$

（令和4年及び令和5年については、工事限度額は250万円）

添付書類等

① 住宅耐震改修特別控除額の計算明細書

② 住宅耐震改修証明書（注）

③ 耐震改修をした家屋の登記事項証明書など、対象となる家屋が昭和56年5月31日以前に建築されたものであることを明らかにする書類

（注）控除の対象となる住宅耐震改修をした場合、申請により地方公共団体の長、登録住宅性能評価機関、指定確認検査機関、建築士又は住宅瑕疵担保責任保険法人から「住宅耐震改修証明書」が発行されます。

11. 既存住宅に係る特定の改修工事をした場合の所得税額の特別控除
(1)省エネ改修工事

個人が、その者の所有する居住用の家屋について一定の省エネ改修工事を行った場合において、当該家屋を平成26年4月1日から令和7年12月31日までの間にその者の居住の用に供したときは、一定の要件の下で、一般省エネ改修工事の標準的な費用の額（250万円を限度とします。ただし、太陽光発電装置を設置する場合は、350万円を限度とします。）の10％に相当する金額及びP.177(6)の金額をその年分の所得税額から控除

(措法41の19の3②)	できます。（借入要件はなく、自己資金の場合も可能です。）

(注1)　「一般省エネ改修工事」とは、次のものであって、その工事費用の額が50万円を超えること等一定の要件を満たすものをいいます。

工事の範囲の要件（次のいずれか）			
(1)	①窓の断熱改修工事		改修部位の省エネ性能がいずれも平成28年基準以上となる工事
	①の工事と併せて行う	②床の断熱改修工事 ③天井の断熱改修工事 ④壁の断熱改修工事	
(2)	居室の窓の改修工事、又はその工事と併せて行う②～④の工事で、その改修部位の省エネ性能又は断熱性能がいずれも平成28年基準以上となり、また、改修後の住宅全体の断熱等性能等級が現状から一段階以上上がり、改修後の住宅全体の省エネ性能が断熱性能等級4又は一次エネルギー消費量等級3となる工事		
(3)	(1)又は(2)の工事が行われる構造又は設備と一体となって効用を果たす⑤エネルギー使用合理化設備の取替・取付工事		
(4)	(1)又は(2)の工事と併せて行う⑥一定の太陽光発電装置設備等の取替・取付工事		
(注)	②～⑥の単独の工事は対象となりません。		

(注2)　一定の省エネ改修工事の証明は、住宅の品質確保の促進等に関する法律に基づく登録住宅性能評価機関、建築基準法に基づく指定確認検査機関又は建築士法に基づく建築士事務所に所属する建築士が行うものとされます。

(注3)　「標準的な工事費用相当額」とは、省エネ改修工事の改修部位ごとに単位当たりの標準的な工事費用の額として定められた金額に当該省エネ改修工事を行った床面積等を乗じて計算した金額をいいます。

(注4)　工事後の住宅の床面積が50m²以上で、その$\frac{1}{2}$以上が居住用であること、工事費用の$\frac{1}{2}$以上が居住用部分の費用であることが条件です。

(注5)　その年分の合計所得金額が2,000万円（令和5年分までは3,000万円）を超える場合には適用できません。

(2)バリアフリー改修工事 （措法41の19の3①、措令26の28の5）	一定の個人※が、その者の所有する居住用の家屋について廊下の拡張、階段の勾配の緩和等、一定のバリアフリー改修工事を行った場合において、当該家屋を平成26年4月1日から令和7年12月31日までの間にその者の居住の用に供したときは、一定の要件の下で、バリアフリー改修工事の標準的な費用の額（最高200万円）の10%に相当する金額及びP.177(6)の金額がその年分の所得税額から控除されます。（借入要件はなく、自己資金の場合も可能です）

(※)「一定の個人」とは、次のいずれかに該当する者とされます。

①	50歳以上の者
②	介護保険法の要介護又は要支援の認定を受けている者
③	障がい者である者
④	居住者の親族のうち上記②若しくは③に該当する者又は65歳以上の者のいずれかと同居している者

(注1)　「一定のバリアフリー改修工事」とは、廊下の拡幅、階段の勾配の緩和、浴室改良、便所改良、手すりの設置、屋内の段差の解消、引き戸への取替え又は床表面の滑り止め化を行う工事であって、その工事費用の額（補助金等をもって充てる部分を除きます。）が50万円を超えること等一定の要件を満たすものをいいます。

(注2)　一定のバリアフリー改修工事の証明は、住宅の品質確保の促進等に関する法律に基づく登録住宅性能評価機関、建築基準法に基づく指定確認検査機関又は建築士法に基づく建築士事務所に所属する建築

士が行うものとされます。

(注3)「標準的な工事費用相当額」とは、バリアフリー改修工事の種類ごとに単位当たりの標準的な工事費用の額として定められた金額に当該バリアフリー改修工事を行った床面積等を乗じて計算した金額をいいます。

(注4)その年分の合計所得金額が2,000万円（令和5年分までは3,000万円）を超える場合には、本税額控除は適用されません。

(3)多世帯同居改修工事等 （措法41の19の3③、措令26の28の5）	• 個人が、その者の所有する居住用の家屋について他の世帯と同居をするのに必要な設備の数を増加させるための一定の改修工事（「多世帯同居改修工事等」といいます。）をして、当該居住用の家屋を平成28年4月1日から令和7年12月31日までの間にその者の居住の用に供した場合が、既存住宅に係る特定の改修工事をした場合の所得税額の特別控除の適用対象に追加され、その多世帯同居改修工事等に係る標準的な工事費用相当額（250万円を限度）の10%に相当する金額及びP.177(6)の金額がその年分の所得税の額から控除されます。 (注)上記の「標準的な工事費用相当額」とは、多世帯同居改修工事等の改修部位ごとに標準的な工事費用の額として定められた金額にその多世帯同居改修工事等を行った箇所数を乗じて計算した金額をいいます。 (注)その年の前年以前3年内の各年分において本税額控除の適用を受けた者は、その年分においては本税額控除の適用を受けることはできません。 (注)その年分の合計所得金額が2,000万円（令和5年分までは3,000万円）を超える場合には、本税額控除は適用されません。 • この税額控除は、確定申告書に、その控除に関する明細書、多世帯同居改修工事等が行われた家屋である旨を証する書類及び登記事項証明書その他の書類の添付がある場合に適用されます。 • この税額控除は、住宅借入金等を有する場合の所得税額の特別控除又は特定の増改築等に係る住宅借入金等を有する場合の所得税額の特別控除の控除額に係る特例の適用を受ける場合には、適用されません。
(4)特定耐久性向上改修工事 （措法41の19の3④～⑥）	• 耐震改修工事又は省エネ改修工事と併せて、特定耐久性向上改修工事を行った場合において、その家屋を平成29年4月1日から令和7年12月31日までの間にその者の居住の用に供したときに、下記①～③いずれかの金額及びP.177(6)の金額がその年分の所得税額から控除されます。 (注)その年分の合計所得金額が2,000万円（令和5年分までは3,000万円）を超える場合には、本税額控除は適用されません。

特定耐久性向上改修工事
小屋裏、外壁、浴室、脱衣室、土台、軸組等、床下、基礎若しくは地盤に関する劣化対策工事又は給排水管若しくは給湯管に関する維持管理若しくは更新を容易にするための工事で次の要件を満たすものをいいます。 　㋑認定を受けた長期優良住宅建築等計画に基づくものであること。 　㋺改修部位の劣化対策並びに維持管理及び更新の容易性が、いずれも増改築による長期優良住宅の認定基準に新たに適合することとなること。 　㋩工事に係る標準的な工事費用相当額（補助金等の交付がある場合には、その補助金等の額を控除した後の金額）が50万円を超えること。

①住宅耐震改修と併せて耐久性向上改修工事をした場合
　耐震改修工事の標準的な費用の額及び耐久性向上改修工事の標準的な費用の額の合計額（250万円を限度）の10%
②一般省エネ改修工事と併せて耐久性向上改修工事をした場合
　一般省エネ改修工事の標準的な費用の額及び耐久性向上改修工事の標準的な費用の額の合計額（250万円（太陽光発電設備設置工事が含ま

れる場合は350万円）を限度）の10％
③住宅耐震改修及び一般省エネ改修工事と併せて耐久性向上改修工事をした場合

耐震改修工事の標準的な費用の額、一般省エネ改修工事の標準的な費用の額及び耐久性向上改修工事の標準的な費用の額の合計額（500万円（太陽光発電設備設置工事が含まれる場合は600万円）を限度）の10％

(5)子育て対応改修工事 （措法41の19の3⑦）	子育て特例対象個人（P.171参照）が一定の子育て対応改修工事をして、その居住用の家屋を令和6年4月1日から令和6年12月31日までの間に居住の用に供した場合、その子育て対応改修工事に係る標準的な工事費用相当額（250万円を限度）の10％に相当する金額及び(6)の金額がその年分の所得税の額から控除されます。 （注）その年分の合計所得金額が2,000万円を超える場合には適用されません。 （注）その他の要件は既存住宅に係る特定の改修工事の特別控除と同様です。
(6)その他工事等特別税額控除 （措法41の19の3⑧）	個人が、自分の所有する居住用家屋について、10.又は11.(1)～(5)の特定の改修工事をして、その家屋を令和4年1月1日から令和7年12月31日までの間（工事の日から6か月以内に限ります。）にその者の居住の用に供した場合には、前記の特別控除の規定の適用を受ける場合に限り、一定の要件の下で、その個人の居住年分の所得税の額から、（イ）（ロ）に掲げる金額の合計額の5％に相当する金額が控除されます。 （イ）その工事に係る標準的な工事費用相当額（控除対象限度額を超える部分に限ります。）の合計額 （ロ）その工事と併せて行うその他の一定の工事に要した費用の額（補助金等の交付がある場合には補助金等控除後の金額）の合計額 ※　（イ）（ロ）の合計額は、次のいずれか低い金額が限度とされます。 　•その工事に係る標準的費用相当額の合計額 　•1,000万円からその標準的費用相当額の合計額（その標準的費用合計額が上記控除対象限度額を超える場合には、その控除対象限度額）を控除した金額 ※なお、標準的な工事費用相当額とは、住宅耐震改修又は対象工事の種類等ごとに標準的な工事費用の額として定められた金額にその工事を行った床面積等を乗じて計算した金額（補助金等の交付がある場合にはその補助金等控除後の金額）をいいます。
12.令和6年・定額減税 （措法41の3の3～41の3の10、地法附則5の8～5の13） ※改正P.17参照	•居住者（令和6年分の所得税に係る合計所得金額が1,805万円以下の場合に限ります。）の令和6年分の所得税額から次の金額の合計額（その者の所得税額を限度とします。）を特別控除します。 ①本人…3万円 ②同一生計配偶者又は扶養親族…1人につき3万円 •納税義務者（令和6年度分の個人住民税に係る合計所得金額が1,805万円以下の場合に限ります。）の令和6年度分の個人住民税の所得割の額から次の金額の合計額（その者の所得割の額を限度とします。）を特別控除します。 ①本人…1万円 ②控除対象配偶者又は扶養親族…1人につき1万円 （控除対象配偶者を除く同一生計配偶者については令和7年度分の所得割の額から1万円を控除する。）

所得税

■所得税額の計算関係図（令和6年分）

（注）マイホームを買換えた場合の譲渡損失については、一定の要件を満たすものに限り、他の所得との損益通算ができます。

■財産債務調書・国外財産調書

項　目	説　明
1. 提出義務者	
・財産債務調書 （国外送金法6 の2）	所得税等の確定申告書を提出しなければならない者で、次の①及び②を満たす場合のほか、令和5年分以後は③に該当する場合も、その財産の種類、数量及び価額並びに債務の金額その他必要な事項を記載した財産債務調書を、その年の翌年の6月30日まで（令和4年分以前は、翌年の3月15日まで）に、所得税の納税地の所轄税務署長に提出しなければなりません。 ①その年分の退職所得を除く各種所得金額の合計額が2,000万円を超える場合 ②その年の12月31日において、(i)その価額の合計額が3億円以上の財産又は(ii)その価額の合計額が1億円以上の国外転出特例対象財産を有する場合 ③その年の12月31日において、総資産10億円以上（所得基準なし）の場合（令和5年分以後） ※国外財産調書に記載した国外財産については、財産債務調書にその財産の価額以外の記載事項についての記載を要しないこととされています。
・国外財産調書 （国外送金法 5）	その年の12月31日において**5,000万円を超える国外財産**を有する居住者は、翌年6月30日（令和4年分以前は翌年3月15日）までに氏名及び住所等のほか、国外財産の種類、数量、価額及び所在その他必要な事項を記載した「国外財産調書」に「国外財産調書合計表」を添付して、所轄税務署長に提出しなければなりません。
2. 過少申告加算税等の加減措置等	

	国外財産調書	財産債務調書
軽減措置	調書を提出期限内に提出した場合には、その調書に記載がある財産等に対する所得税等又は相続税の申告漏れが生じた場合であっても、その財産等に関する申告漏れに係る部分の過少申告加算税等は5％軽減されます。	
加重措置	調書が提出期限内に提出されない場合又は提出期限内に提出された調書に記載すべき財産等の記載がない場合（重要事項の記載が不十分と認められる場合を含みます。）若しくは相続国外財産に対する相続税に関し修正申告等があった場合に、その財産等に対する所得税等の申告漏れ（死亡した者に係るものを除きます。）が生じた場合、その財産等に関する申告漏れに係る部分の過少申告加算税等は5％加重されます。	
罰則	偽りの記載をして提出した場合又は正当な理由がなく提出期限内に提出しなかった場合には、1年以下の懲役又は50万円以下の罰金 （ただし提出期限内に提出しなかった場合については、情状によりその刑を免除可能とされています。）	規定なし

別表第三 （国外送金等調書規則15） 財産債務調書の記載事項

区分		記載事項	備考
財産	（一） 土地	用途別及び所在別の地所数、面積及び価額	(1) 庭園その他土地に附設したものを含む。 (2) 用途別は、一般用及び事業用の別とする。
	（二） 建物	用途別及び所在別の戸数、床面積及び価額	(1) 附属設備を含む。 (2) 用途別は、一般用及び事業用の別とする。
	（三） 山林	用途別及び所在別の面積及び価額	(1) 林地は、土地に含ませる。 (2) 用途別は、一般用及び事業用の別とする。
	（四） 現金	用途別及び所在別の価額	用途別は、一般用及び事業用の別とする。
	（五） 預貯金	種類別、用途別及び所在別の価額	(1) 種類別は、当座預金、普通預金、定期預金等の別とする。 (2) 用途別は、一般用及び事業用の別とする。
	（六） 有価証券	種類別、用途別及び所在別の数量及び価額並びに取得価額	(1) 種類別は、株式、公社債、投資信託、特定受益証券発行信託、貸付信託等の別及び銘柄の別とする。 (2) 用途別は、一般用及び事業用の別とする。
	（七） 匿名組合契約の出資の持分	種類別、用途別及び所在別の数量及び価額並びに取得価額	(1) 種類別は、匿名組合の別とする。 (2) 用途別は、一般用及び事業用の別とする。
	（八） 未決済信用取引等に係る権利	種類別、用途別及び所在別の数量及び価額並びに取得価額	(1) 種類別は、信用取引及び発行日取引の別並びに銘柄の別とする。 (2) 用途別は、一般用及び事業用の別とする。
	（九） 未決済デリバティブ取引に係る権利	種類別、用途別及び所在別の数量及び価額並びに取得価額	(1) 種類別は、先物取引、オプション取引、スワップ取引等の別及び銘柄の別とする。 (2) 用途別は、一般用及び事業用の別とする。
	（十） 貸付金	用途別及び所在別の価額	用途別は、一般用及び事業用の別とする。
	（十一） 未収入金（受取手形を含む。）	用途別及び所在別の価額	用途別は、一般用及び事業用の別とする。
	（十二） 書画骨とう及び美術工芸品	種類別、用途別及び所在別の数量及び価額（一点十万円未満のものを除く。）	(1) 種類別は、書画、骨とう及び美術工芸品の別とする。 (2) 用途別は、一般用及び事業用の別とする。
	（十三） 貴金属類	種類別、用途別及び所在別の数量及び価額	(1) 種類別は、金、白金、ダイヤモンド等の別とする。 (2) 用途別は、一般用及び事業用の別とする。
	（十四） （四）、（十二）及び（十三）に掲げる財産以外の動産	種類別、用途別及び所在別の数量及び価額（一個又は一組の価額が十万円未満のものを除く。）	(1) 種類別は、（四）、（十二）及び（十三）に掲げる財産以外の動産について、適宜に設けた区分とする。 (2) 用途別は、一般用及び事業用の別とする。
	（十五） その他の財産	種類別、用途別及び所在別の数量及び価額	(1) 種類別は、（一）から（十四）までに掲げる財産以外の財産について、預託金、保険の契約に関する権利等の適宜に設けた区分とする。 (2) 用途別は、一般用及び事業用の別とする。
債務	（十六） 借入金	用途別及び所在別の金額	用途別は、一般用及び事業用の別とする。
	（十七） 未払金（支払手形を含む。）	用途別及び所在別の金額	用途別は、一般用及び事業用の別とする。
	（十八） その他の債務	種類別、用途別及び所在別の数量及び金額	(1) 種類別は、（十六）及び（十七）に掲げる債務以外の債務について、前受金、預り金等の適宜に設けた区分とする。 (2) 用途別は、一般用及び事業用の別とする。

備考　一　この表に規定する「事業用」とはその者の不動産所得、事業所得又は山林所得を生ずべき事業又は業務の用に供することをいい、「一般用」とは当該事業又は業務以外の用に供することをいいます。
　　　二　この表に規定する「預貯金」、「有価証券」、「公社債」、「投資信託」、「特定受益証券発行信託」又は「貸付信託」とは、所得税法第二条第一項に規定する預貯金、有価証券、公社債、投資信託、特定受益証券発行信託又は貸付信託をいいます。
　　　三　この表に規定する「匿名組合契約の出資の持分」とは所得税法第六十条の二第一項に規定する匿名組合契約の出資の持分をいい、「未決済信用取引等」とは同条第二項に規定する未決済信用取引等をいい、「未決済デリバティブ取引」とは同条第三項に規定する未決済デリバティブ取引をいいます。

■源泉徴収

　源泉徴収の対象とされる所得の範囲は、その支払を受ける者の区分（居住者、非居住者、内国法人、外国法人）により異なります。また、源泉徴収義務を負わない者から支払われるものについては、源泉徴収の対象となりません。

●居住者に対して支払う所得の源泉徴収

所得の種類	範囲
利子等	①　公社債及び預貯金の利子 ②　合同運用信託、公社債投資信託及び公募公社債等運用投資信託の収益の分配 ③　勤労者財産形成貯蓄保険契約等に基づく差益 ④　国外公社債等の利子など
配当等	①　法人から受ける剰余金の配当、利益の配当、剰余金の分配、金銭の分配 ②　基金利息 ③　投資信託（利子等に該当するものを除きます。）及び特定受益証券発行信託の収益の分配など
給与等	俸給、給料、賃金、歳費、賞与その他これらの性質を有するもの
公的年金等	①　国民年金法、厚生年金保険法等に基づく年金 ②　恩給（一時恩給を除きます。）及び過去の勤務に基づき使用者であった者から支給される年金 ③　確定給付企業年金法の規定に基づいて支給を受ける年金など
退職手当等	①　退職手当、一時恩給その他これらの性質を有するもの ②　社会保険制度等に基づく一時金など
報酬・料金等 （税額の計算については、P.182参照）	①　原稿料、デザイン科、講演料、放送謝金、工業所有権の使用料等 ②　弁護士、公認会計士、税理士、建築士等の報酬・料金 ③　社会保険診療報酬支払基金から支払われる診療報酬 ④　外交員、集金人、電力量計の検針人、プロ野球の選手、プロサッカーの選手等の報酬・料金 ⑤　芸能、ラジオ放送及びテレビジョン放送の出演、演出等の報酬・料金並びに芸能人の役務提供事業を行う者が支払を受けるその役務の提供に関する報酬・料金 ⑥　バー、キャバレー等のホステス、バンケットホステス、コンパニオン等の報酬・料金 ⑦　役務の提供を約することにより一時に取得する契約金 ⑧　事業の広告宣伝のための賞金及び馬主が受ける競馬の賞金
定期積金の給付補填金等	①　定期積金の給付補填金 ②　銀行法第2条第4項の契約に基づく給付補填金 ③　抵当証券の利息 ④　貴金属等の売戻し条件付売買による利益 ⑤　外貨建預貯金等の為替差益 ⑥　一時払養老保険や一時払損害保険等の差益
保険業法に規定する生命保険会社、損害保険会社等と締結した保険契約等に基づく年金	—
匿名組合契約等に基づく利益の分配	—
特定口座内保管上場株式等の譲渡による所得等	—
懸賞金付預貯金等の懸賞金等	—
割引債の償還差益	—
割引債の償還金に係る差益金額	—

所得税

●居住者に対して支払う報酬・料金等の源泉徴収

(所法204、205、所令320、321、322、措法41の20、復興財源確保法28、31)

源泉徴収の対象となる報酬・料金等	税額の計算方法
1　弁護士、税理士などの業務に関する報酬・料金 　　弁護士（外国法事務弁護士を含みます。）、公認会計士、税理士、計理士、会計士補、社会保険労務士、弁理士、企業診断員、測量士、測量士補、建築士、建築代理士、不動産鑑定士、不動産鑑定士補、技術士、技術士補、火災損害鑑定人、自動車等損害鑑定人の業務に関する報酬・料金	支払金額×10％［10.21％］ ※税率は本則［復興税加算］ 　ただし、同一人に対して1回に支払う金額が100万円を超える場合には、その100万円を超える部分については、20％［20.42％］
2　司法書士、土地家屋調査士、海事代理士の業務に関する報酬・料金	（支払金額−1万円）×10％［10.21％］
3　外交員、集金人、電力量計の検針人の業務に関する報酬・料金	$\left\{その月中の支払金額 - \left(12万円 - その月中の給与等の額\right)\right\} \times \dfrac{10\%}{[10.21\%]}$
4　原稿料、講演料など 　　原稿料、挿絵料、作曲料、レコードやテープの吹込料、デザイン料、放送謝金、著作権の使用料、著作隣接権の使用料、講演料、技芸・スポーツ・知識等の教授・指導料、投資助言業務に係る報酬・料金、脚本料、脚色料、翻訳料、通訳料、校正料、書籍の装丁料、速記料、版下の報酬など	支払金額×10％［10.21％］ 　ただし、同一人に対して1回に支払う金額が100万円を超える場合には、その100万円を超える部分については、20％［20.42％］
5　次に掲げる職業運動家等の業務に関する報酬・料金 　　職業野球の選手、プロサッカーの選手、プロテニスの選手、プロレスラー、プロゴルファー、プロボウラー、自動車のレーサー、競馬の騎手、モデルなど	
6　芸能人などに支払う出演料等 (注)　一般の人に支払うラジオやテレビ放送の出演料も含まれます。	
7　芸能人の役務の提供を内容とする事業の報酬・料金	
8　プロボクサーの業務に関する報酬・料金	（支払金額−5万円）×10％［10.21％］
9　バー・キャバレー等のホステス、バンケットホステス・コンパニオン等の業務に関する報酬・料金	（支払金額−控除額）×10％［10.21％］ (注)　控除額＝（5,000円×支払金額の計算期間の日数）−その計算期間の給与等の額
10　役務の提供を約すること等により一時に支払う契約金 (注)　例えば、技術者を採用する際に支払う支度金など	支払金額×10％［10.21％］ 　ただし、同一人に対して1回に支払う金額が100万円を超える場合には、その100万円を超える部分については、20％［20.42％］
11　事業の広告宣伝のための賞金	（支払金額−50万円）×10％［10.21％］
12　社会保険診療報酬支払基金が支払う診療報酬	（その月中の支払金額−20万円）×10％［10.21％］
13　馬主に支払う競馬の賞金	$\{支払金額-(支払金額×20\%+60万円)\} \times \dfrac{10\%}{[10.21\%]}$

(注)　1　報酬・料金等の名目であってもその内容が給与等又は退職手当等に該当する場合は、給与等又は退職手当等として源泉徴収をします（所法183、199、204②一）。
　　　2　報酬・料金等には、物品その他の経済的利益により支払うものも含まれます。
　　　3　報酬・料金等の金額の中に消費税及び地方消費税の額が含まれている場合であっても、消費税及び地方消費税の額を含めた金額が源泉徴収の対象となる報酬・料金等の金額となります。ただし、報酬・料金等の支払を受ける者からの請求書等において、報酬・料金等の額と消費税及び地方消費税の額とが明確に区分されている場合には、その報酬・料金等の額のみを源泉徴収の対象とする金額として差し支えありません（平元直法6-1、最終改正平26課法9-1）。
　　　4　報酬・料金の支払者が、その支払を受ける人の旅行、宿泊等の費用を負担する場合も源泉徴収の対象となりますが、その費用を報酬・料金の支払を受ける人に支払わず、交通機関やホテルなどに直接支払い、かつ、その金額がその費用として通常必要であると認められる範囲内であれば、源泉徴収をしなくて差し支えありません（所基通204-4）。

●内国法人に対して支払う所得の源泉徴収

所得の種類・範囲			源泉徴収の税率
利子等	① 公社債及び預貯金の利子 ② 合同運用信託、公社債投資信託及び公募公社債等運用投資信託の収益の分配 ③ 国外公社債等の利子等 ④ 利子等とみなされる勤労者財産形成貯蓄保険契約等に基づき支払を受ける差益		15%（15.315%）
配当等	法人（公益法人等及び人格のない社団等を除く。）から受ける次のもの ① 剰余金の配当、利益の配当、剰余金の分配及び金銭の分配 （令和5年10月1日以後、完全子法人株式等、関連法人株式等に係る配当等については、源泉徴収が不要。） ② 基金利息 ③ 投資信託（公社債投資信託及び公募公社債等運用投資信託を除く。）の収益の分配 ④ 特定受益証券発行信託の収益の分配（適格現物分配を除く。）	イ 上場株式等 ロ 公募証券投資信託の収益の分配 ハ 特定投資法人の投資口の配当等	15%（15.315%）
		イ・ロ・ハ以外の配当等	20%（20.42%）
		・私募公社債等運用投資信託の収益の分配 ・特定目的信託の社債的受益権の剰余金の配当	15%（15.315%）
匿名組合契約等に基づく利益の分配			20%（20.42%）
馬主に支払う競馬の賞金			（支払金額－（支払金額×20％＋60万円）） ×10%（10.21%）
・定期積金の給付補填金 ・銀行法第2条第4項の契約に基づく給付補填金 ・抵当証券の利息 ・貴金属等の売戻し条件付売買による利益 ・外貨建預貯金等の為替差益 ・一定の保険契約等のうち、保険期間等が5年以下のもの及び5年以内に解約されたものに基づく差益			15%（15.315%）
割引債の償還差益			（券面金額－発行価額）×18%（18.378%）
割引債の償還金に係る差益金額			差益金額×15%（15.315%）
懸賞金付預貯金等の懸賞金等			15%（15.315%）

所得税

●非居住者又は外国法人に支払う所得の源泉徴収

源泉徴収の対象となる国内源泉所得の種類	源泉徴収の税率
① 組合契約（注1）に基づいて恒久的施設を通じて行う事業から生ずる利益の配分（所法161①四）	20% [20.42%]
② 国内にある土地、土地の上に存する権利、建物及びその附属設備又は構築物の譲渡による対価（所法161①五） ※ 譲渡対価の金額が1億円以下で、かつ、その土地等を自己又はその親族の居住の用に供するために譲り受けた個人が支払うものを除きます。	10% [10.21%]
③ 国内において行う人的役務の提供を主たる内容とする事業で、次に掲げる者の役務提供の対価（所法161①六） イ 映画や演劇の俳優、音楽家などの芸能人、職業運動家 ロ 弁護士、公認会計士、建築士などの自由職業者 ハ 科学技術、経営管理などの分野に関する専門的知識や特別の技能のある人	20% [20.42%]
④ 国内にある不動産、不動産の上に存する権利又は採石権の貸付け、租鉱権の設定、居住者や内国法人に対する船舶や航空機の貸付けによる対価（所法161①七） ※ 土地家屋等の貸付けによる対価で、その土地家屋等を自己又はその親族の居住の用に供するために借り受けた個人が支払うものを除きます。	20% [20.42%]
⑤ 日本国の国債、地方債又は内国法人の発行する債券の利子、外国法人の発行する債券の利子のうちその外国法人の恒久的施設を通じて行う事業に係るもの、国内にある営業所等に預け入れられた預貯金の利子等（所法161①八）	15% [15.315%] （注2）
⑥ 内国法人から受ける剰余金の配当、利益の配当、剰余金の分配、金銭の分配又は基金利息、国内にある営業所に信託された投資信託（公社債投資信託及び公募公社債等運用投資信託を除きます。）又は特定受益証券発行信託の収益の分配（所法161①九）	20% [20.42%]
⑦ 国内において業務を行う者に対するその国内業務に係る貸付金の利子（所法161①十）	20% [20.42%]
⑧ 国内において業務を行う者から受ける次の使用料又は対価でその国内業務に係るもの（所法161①十一） イ 工業所有権などの技術に関する権利、特別の技術による生産方式、ノーハウなどの使用料又はその譲渡による対価 ロ 著作権、著作隣接権、出版権などの使用料又はこれらの権利の譲渡による対価 ハ 機械、装置、車両、運搬具、工具、器具及び備品の使用料 ニ 上記ロ又はハの資産で居住者又は内国法人の業務の用に供される船舶又は航空機において使用されるものの使用料	20% [20.42%]
⑨ 給与その他人的役務の提供に対する報酬のうち国内において行う勤務等に基因するもの、公的年金等のうち一定のもの、退職手当等のうち受給者が居住者であった期間に行った勤務等に基因するもの（非居住者のみ）（所法161①十二）	20% [20.42%]
⑩ 国内において行う事業の広告宣伝のための賞金品（所法161①十三）	20% [20.42%]
⑪ 国内にある営業所等を通じて保険業法に規定する生命保険会社や損害保険会社と締結した保険契約等に基づいて受ける年金等（所法161①十四）	20% [20.42%]
⑫ 国内にある営業所が受け入れた定期積金の給付補塡金等（所法161①十五）	15% [15.315%]
⑬ 国内において事業を行う者に対する出資につき、匿名組合契約等に基づいて受ける利益の分配（所法161①十六）	20% [20.42%]

(注) 1 「組合契約」とは、所得税法第161条①四に規定する組合契約をいいます。

2 振替国債の利子、振替地方債の利子及び一定の振替社債等の利子については、一定の要件の下に、源泉徴収が免除されます（措法5の2、5の3）。

［参考］以下の国内源泉所得については、次の税率とされています。

源泉徴収の対象となる国内源泉所得の種類	源泉徴収の税率
① 次に掲げる収益の分配等（所法24、措法8の2） 　イ　公社債等運用投資信託（公募のものを除きます。）の受益権の収益の分配 　ロ　特定目的信託（公募のものを除きます。）の社債的受益権の収益の分配	15% [15.315%]
② 上場株式等の配当等（措法9の3、9の3の2） 　※　発行済株式又は出資の総数又は総額の3％以上に相当する数又は金額の株式又は出資を有する個人が支払を受ける配当等を除きます。	15% [15.315%]
③ 源泉徴収を選択した特定口座内保管上場株式等の譲渡による所得等（措法37の11の4） 　※　恒久的施設を有する非居住者が支払を受ける場合に限ります。	15% [15.315%]
④ 国内において預入等をした懸賞金付預貯金等の懸賞金等（措法41の9）	15% [15.315%]
⑤ 割引債の償還差益（措法41の12） 　※　平成27年12月31日以前に発行されたもの	18% [18.378%] (特定のものは16% [16.336%])
⑥ 割引債の償還金に係る差益金額（措法41の12の2）	15% [15.315%]^(注)

（注）振替割引債の償還金に係る差益金額については、一定の要件の下に、源泉徴収が免除されます（措法41の13の3）。

所得税

■予定納税

項　目	説　　　　明
・予定納税	・その年の5月15日現在において確定している**予定納税基準額が15万円以上**である場合、その年の所得税及び復興特別所得税の一部をあらかじめ納付する制度をいいます。
・予定納税基準額の計算	［前年分の課税総所得金額及び分離課税の上場株式等に係る課税配当所得の金額に係る所得税額※］－［左記に係る源泉徴収税額］＋［当該金額の復興特別所得税額］ ※山林、退職所得等の分離課税の所得及び譲渡、一時、雑、及び臨時所得を除いて計算します。
・納付額及び納付期間	<table><tr><th>区分</th><th>納期</th><th>予定納税額</th></tr><tr><td>第1期</td><td>7月1日～7月31日※</td><td>予定納税基準額×1/3</td></tr><tr><td>第2期</td><td>11月1日～11月30日</td><td>予定納税基準額×1/3</td></tr></table> ※令和6年分に限り7月1日～9月30日
・減額申請	・その年の6月30日の状況で申告納税見積額＜予定納税基準額 　…7月15日（令和6年分に限り、7月31日）までに予定納税の減額申請書を提出、承認により減額 ・その年の10月31日の状況で申告納税見積額＜予定納税基準額 　…11月15日までに予定納税の減額申請書を提出、承認により減額

消　費　税

■消費税導入後の変遷

施行時期	税率			事業者免税点	簡易課税			仕入税額控除	限界控除適用上限
	消費税	地方消費税	計		適用上限	みなし仕入率			
平元.4	3.0% ※平3.9まで住宅貸付けは課税	—	3.0%	3,000万円	5億円	卸売90% その他80%		帳簿方式	6,000万円
平3.10					4億円	製造業など70% その他60% 追加			5,000万円
平9.4	4.0%	1.0%	5.0%		2億円	第五種追加 不動産業 運輸・通信業 サービス業 }50%		請求書等保存方式	廃止
平16.4				1,000万円	5,000万円				
平26.4	6.3%	1.7%	8.0%						
平27.4						第五種 (金融 保険) 50%			
						第六種 (不動産業) 40%			
令元.10	7.8% (6.24%)	2.2% (1.76%)	10.0% (8.0%)			食用の農林水産物生産を第二種80%		区分記載請求書等保存方式	
令5.10								適格請求書等保存方式	

■課税の対象

項　目	説　　明
1. 課税の対象と取引の関係 （消法2①八、4①） ※特定仕入れを除きます。	・消費税の課税対象は、「事業者が行う国内取引」と「輸入取引」に限られます。 ・事業者が行う国内取引のうち課税対象となるのは、国内において事業者が事業として対価を得て行う資産の譲渡、資産の貸付け及び役務の提供です。

	内容	判定場所
	ⓐ船舶、航空機	船籍又は航空機の登録をした機関の所在地
	ⓑ鉱業権、租鉱権、採石権	鉱区又は租鉱区等の所在地
	ⓒ営業権、漁業権、入漁権	権利に係る事業を行う者の住所地
	ⓓ特許権、実用新案権、意匠権、商標権等	登録機関の所在地（2以上の国で登録している場合は譲渡又は貸付けをする者の所在地）
	ⓔ著作権、出版権、著作隣接権等	著作権等の譲渡又は貸付けを行う者の住所地
	ⓕ利子を対価とする金銭の貸付け（償還差益を対価とする国債等の取得を含む）	預貯金の預入・手形の割引等、これらの行為を行う者のこれらの行為に係る事務所等の所在地
	ⓖ国際運輸	出発地・発送地若しくは到着地
	ⓗ国際通信	発信地又は受信地
	ⓘ保険	保険に係る事務を営む者の保険契約の締結に係る事務所等の所在地
	ⓙ専門的な科学技術に関する知識を必要とする調査、企画、立案等に係る役務の提供で、建物、鉱工業生産施設等の建設又は製造に関するもの	その建設又は製造に必要な資材の大部分が調達される場所
	ⓚ上記以外の役務の提供で国内及び国内以外の地域にわたって行われる役務の提供その他の役務の提供が行われた場所が明らかでないもの	役務の提供を行う者の役務に係る事務所等の所在地
	ⓛ電気通信利用役務の提供	役務の提供を受ける者の所在地
	ⓜ特定仕入れ	他の者から受けた役務の提供につきⓖ～ⓛの場所

（左欄：2.国内取引であること（消法4③、消令6③、消基通5-7-2～10）●国内取引の判定）

資産の譲渡、貸付けの判定はその譲渡、貸付け時のその資産の所在場所で、役務の提供の判定は役務提供が行われた場所で判定します。

3. 事業者が事業として行うものであること（消法2①三四、4①、消基通5-1-1）

事業者とは事業を行う個人及び法人が該当します。「事業として」とは同種の行為を反復、継続、独立して行われることをいい、法人の行う行為はすべて「事業として」に該当します。

（注）所得税法上の事業所得より範囲は広く、不動産所得も含みます。〔消費のための『家計』は含みません。〕

・「事業者」以外の給与所得者の人件費、給与所得者間の取引は不課税取引です。

・事業者が非業務用資産を譲渡しても不課税取引です。

■事業活動の一環として、又はこれに関連して行われる次のようなものは課税対象です。

〔付随行為〕（消基通5-1-7）

①職業運動家、作家、映画・演劇等の出演者等で事業者に該当するものが対価を得て行う他の事業者の広告宣伝のための役務の提供

②職業運動家、作家等で事業者に該当するものが対価を得て行う催物への参加又はラジオ放送若しくはテレビ放送等に係る出演その他これらに類するもののための役務の提供

	③事業の用に供している建物、機械等の売却
	④利子を対価とする事業資金の預入れ
	⑤事業の遂行のための取引先又は使用人に対する利子を対価とする金銭等の貸付け
	⑥新聞販売店における折込広告
	⑦浴場業、飲食業における広告の掲示
4.対価を得て行うものであること （消法2①八、消基通5-1-2）	「対価を得て行われる」とは、資産の譲渡及び貸付け並びに役務の提供に対して反対給付を受けることをいいます。代物弁済、負担付贈与による資産の譲渡、現物出資のほか、貸付金等の金銭債権の譲受けその他の承継や収用の場合の対価補償金等が含まれます。 ・贈与等の無償取引や配当金、給与等対価性のないものは不課税取引です。例外〔みなし譲渡（6.参照）〕
5.資産の譲渡、貸付け、役務の提供であること （消法2①八、消基通5-2-1、5-2-2） （役務の提供） （消基通5-5-1）	資産の譲渡、貸付けには、商品販売以外に不要資産等の下取りやスクラップの売却も含みます。また、無形資産である特許権等を売ったり、使用料を得た場合の他、代物弁済、負担付き贈与、交換等も含みます。 （注）・寄附、受贈益、低額譲渡の差額等は不課税取引。 　　　・固定資産については売却代金が対象となります。 ○土木工事、修繕、運送、保管、印刷、広告、仲介、興行、宿泊、飲食、技術援助、情報の提供、便益、出演、著述その他のサービスを提供することをいい、弁護士、公認会計士、税理士、作家、スポーツ選手、映画監督、棋士等によるその専門的知識、技術等に基づく役務の提供もこれに含まれます。
6.みなし譲渡等 ① 個人事業者の自家消費（消法4⑤、28） ② 法人の役員への低額譲渡（消基通10-1-2） ③ 役員に対する無償譲渡等（消基通5-3-5）	次のような場合は時価（棚卸資産については、販売価額の50％と仕入価額のいずれか大きい金額）で課税されます。 ・個人事業者が棚卸資産を家事のために消費し、又は棚卸資産以外の事業用資産を家事のために使用した場合 ・法人がその役員に対して資産を時価の50％未満で譲渡した場合（役員及び使用人の全部につき、一律又は合理的な基準による値引率に基づく場合を除きます。） ※なお、法人がその役員に対し無償で行った資産の貸付け又は役務の提供は、不課税となります。
7.特定課税仕入れ （消法2①八の3～5、4①、5①）	・国内事業者が国外事業者から受ける事業者向け電気通信利用役務の提供（電子書籍・音楽・広告の配信など）、特定役務の提供（国外事業者が行う演劇など）は課税対象となります。 ただし、電話やインターネット回線の利用は該当せず、国外事業者が不特定かつ多数の者に行う役務の提供を除きます。
8.輸入貨物 （消法4②、消基通5-6-2）	・保税地域から引き取られる外国貨物は課税対象となります。 ・「輸入取引」は、無償や、事業者以外の者が輸入した場合も課税対象となります。 （注）個人輸入やおみやげ等も課税。ただし、関税の課税価格の合計額が1万円以下の携行輸入品等関税で免税とされる場合には、消費税も免除。

■主な不課税取引

	項目	基通番号	不課税の理由	備　考
資産の譲渡	1 会報・機関紙（誌）の発行	5-2-3	通常の業務運営の一環として発行され、その構成員に配布される場合は不課税。	
	2 保険金、共済金等	5-2-4	一定の事故契約	
	3 損害賠償金	5-2-5	心身又は資産に加えられた損害	ただし、資産の譲渡代金、使用料、賃貸料に相当する損害賠償金を除きます。
	4 容器保証金等	5-2-6	預り金的性格	返却されないときは当事者間の処理によります。
	5 立退料	5-2-7	賃貸借の権利の消滅への補償	賃借権の第三者への譲渡は資産の譲渡等。
	6 剰余金の配当等	5-2-8	株主又は出資者たる地位に基づく	
	7 自己株式	5-2-9	株式の払戻しと同様	
	8 対価補償金等	5-2-10	収益補償金、移転補償金、経費補償金	対価補償金は課税対象。
	9 寄附金、祝金、見舞金等	5-2-14	反対給付の対価ではない	実質的な資産の譲渡の対価を除きます。
	10 補助金、奨励金、助成金等	5-2-15	特定の政策目的の実現を図る給付金	
役務の提供	11 キャンセル料	5-5-2	逸失利益等に対する損害賠償金	手数料は役務の提供の対価
	12 会費、組合費等	5-5-3	団体の通常運用のための費用負担金	実質的利用料金を除きます。
			判定が困難なものについて、継続して、団体等が資産の譲渡等の対価に該当しないものとし、かつ支払者が課税仕入れ非該当としている場合は不課税。	会費名目であっても、実質的に出版物の購読料等と認められるときは課税。
	13 入会金	5-5-4	社交団体、同業者団体等の入会金は12に準じて取り扱われます。	ゴルフクラブなどの施設利用、入会金を除きます。（5-5-5）
	14 公共施設の負担金等	5-5-6	実質判定（国等が、課税仕入れに該当しないとしている場合は不課税）	
	15 共同行事に係る負担金等	5-5-7	主宰者の仮勘定経理は不課税	負担金収受は課税。
	16 賞金等	5-5-8	個別に判定	プロ等に対する賞金を除きます。
	17 出向先の給与負担金	5-5-10	給与	経営指導料名義を含みます。

消費税

■非課税取引

項　目	説　　明
非課税取引 （消法6①、消法別表一）	(1)　非課税に係る取引について支払者の側では、課税仕入れには含まれず控除対象に該当しません。 (2)　非課税取引は、資産の譲渡等に該当し、〔仕入れに係る消費税額の控除計算〕に関係します。 **非課税取引** **性格上課税対象とならないもの** 1　土地の譲渡、貸付け 2　有価証券等の譲渡、支払手段の譲渡 3　利子、保証料、保険料など 4　郵便切手、印紙などの譲渡 5　商品券、プリペイドカードなどの譲渡 6　住民票、戸籍抄本等の行政手数料など 7　外国為替 **社会政策的配慮に基づくもの** 1　社会保険診療など 2　介護保険サービス、第一種・第二種社会福祉事業など 3　助産費用 4　埋葬料、火葬料 5　一定の身体障がい者用物品の譲渡、貸付けなど 6　一定の学校の授業料、入学検定料・入学金、施設設備費など 7　教科用図書の譲渡 8　住宅の貸付け（特定のものを除きます。）
1. 土地（土地の上に存する権利を含みます。）**の譲渡及び貸付け** （消法別表第一1、消令8） （消基通6-1-4） （消基通6-1-5） （消基通6-1-7） （消基通6-1-3） （消基通6-1-6）	その土地が宅地である場合には、庭木、石垣、庭園等宅地と一体として譲渡するものを含みます。 　また「土地の上に存する権利」とは地上権、土地の賃借権等土地の使用収益に関する権利をいい、鉱業権、土石採取権、温泉利用権等は含まれません。（消基通6-1-1、6-1-2） ①土地の貸付け期間が1か月に満たない場合、駐車場その他の施設の利用に付随して土地が利用される場合は課税。 (注)　土地の貸付けに係る期間が1か月に満たないかどうかは、当該貸付けに係る契約において定められた貸付期間によって判定します。 ②建物（一定の住宅を除きます）又は野球場等の施設の利用は課税。 (注)　建物（一定の住宅を除きます）の貸付けに伴って土地を使用させた場合において、建物部分と土地部分の対価を区別しているときであっても、その対価の額の合計額がその建物の貸付けに係る対価の額となります。 ③公有水面使用料、道路占用料又は河川占用料は非課税。 ④借地権に係る更新料、名義書換料は非課税。 ⑤土地等の譲渡又は貸付けに係る仲介料は課税。
2. 有価証券等及び支払手段の譲渡 （消法別表第一2）	非課税となる譲渡は有価証券など、次表の通りであり、ゴルフ会員権、収集用・販売用紙幣、コインは課税されます。また、船荷証券、倉荷証券又は複合運送証券は有価証券には該当しません。 　また外国株式の売買で、①国内委託取引、②外国取引、③国内店頭取引はいずれも、外国株式の株券が日本に持ち込まれないので、国外取引となり不課税です。 　なお、暗号資産（仮想通貨）の譲渡は非課税となります。

	金融商品取引法に規定するもの	有価証券に類するもの
■非課税となる主な有価証券等 (消基通6-2-1)	①国債証券、地方債証券、社債券（相互会社の社債券を含む。）、農林債券、その他特別の法律により法人の発行する債券 ②国債証券利札、地方債利札及び社債利札 ③SPC法に規定する特定社債券及び優先出資証券 ④優先出資法に規定する優先出資証券等 ⑤日本銀行その他の特別の法律により設立された法人の発行する出資証券 ⑥株券 ⑦証券投資信託又は外国証券投資信託の受益証券 ⑧貸付信託の受益証券 ⑨抵当証券 ⑩外国または外国法人の発行する有価証券で①～⑨の性質を有するもの ⑪学校債の証券	①株券の発行がない株式、株式の引受けによる権利、新株引受権、新投資口予約権 ②合名会社、合資会社又は合同会社の社員の持分、協同組合等の組合員または会員の持分その他法人の出資者の持分 ③株主又は投資主となる権利、優先出資者となる権利など ④貸付金、預金、売掛金その他の金銭債権 (①④については、電子決済手段を除きます)

3. 貸付金利子と保険料等 (消法別表第一3) (消基通6-3-1)	利子、保険料、信託報酬など、次表に掲げたものは非課税です。 (注)・保険代理店報酬や損害調査手数料等は課税です。 　　・売掛金等又は買掛金等の支払期日前に支払いを受け又は支払いをしたことに基因して授受する売上割引又は仕入割引は、売上げに係る対価の返還等又は仕入れに係る対価の返還等に該当します。

利子・保険料等の非課税範囲	○国債、地方債、社債、預金、貯金、貸付金の利子 ○集団投資信託、法人課税信託等の収益の分配金 ○相互掛金又は定期積金の給付補填金及び無尽契約の掛金差益 ○国債等の償還差益 ○有価証券（登録国債等の範囲に規定する登録国債等を含みゴルフ場利用株式等を除きます。）の賃貸料 ○信用の保証料 ○合同運用信託又は公社債投資信託（株式又は出資に対する投資として運用しないものに限ります。）等の信託報酬 ○金銭債権の買取り等に係る差益、割引債の償還差益、抵当証券の利息 ○保険料 ○手形の割引料 ○物上保証料 ○共済掛金 ○割賦販売法第2条第1項に規定する割賦販売、同法第2条第2項に規定するローン提携販売及び同条第3項に規定する包括信用購入あっせん又は同条第4項に規定する個別信用購入あっせんの手数料（契約においてその額が明示されているものに限ります。） ○割賦販売等に準ずる方法により行う資産の譲渡等を行う場合の利子又は保険料相当額（契約においてその額が明示されているものに限ります。） ○動産又は不動産の貸付けを行う信託で、貸付期間の終了時に未償却残額で譲渡する旨の特約が付されたものの利子又は保険料相当額（契約においてその額が明示されている部分に限ります。） ○ファイナンス・リースのリース料のうち、利子又は保険料相当額（契約においてその額が明示されている部分に限ります。）

消費税

4. 郵便切手、印紙、証紙及び物品切手等の譲渡 （消法別表第一4、消基通6-4-1） 〔物品切手等〕 （消基通6-4-3、6-4-4、6-4-5）	非課税とされる郵便切手類又は印紙の譲渡は、郵便局等特定の場所における譲渡に限られ、郵便局等以外が行う郵便切手類の譲渡は課税対象になります。 イ　物品切手等とは請求権を表彰する証書をいい、証書の所持人に対してその作成者等がこれと引換えに物品又はサービスを給付することを約する証書をいいます。（商品券、旅行券、ビール券、図書カード、プリペイドカードなど） ロ　物品切手等に該当するかどうかの判定は、次のいずれにも該当する証書を物品切手等として取り扱います。 　(イ)　一定の物品との引換え給付又はサービスの提供若しくは物品の貸付けを約するものであること 　(ロ)　給付請求権者が当該証書と引換えに一定の物品又は特定のサービス給付等を受けたことによって、当該物品又はサービスの代金支払債務を負担しないものであること ハ　自動販売機等による物品（乗車券を含む）の譲渡又はサービスの給付を受けるためのカード（クオカードなどのプリペイドカードを含む）その他これに類するもの（数回にわたって任意の金額部分だけの給付を受けるものを含む）は、物品切手等に該当します。 ニ　デパートが商品券を発行して売るなど、物品切手等を発行する行為自体は、資産の譲渡等とはいえないので不課税です。
5. 国、地方公共団体、公共法人、公益法人等が徴収する手数料に係る役務の提供 （消法別表第一5、消令12、消基通6-5-1） （消基通6-5-2）	・非課税となる行政手数料等の範囲 　主として国、地方公共団体が取扱うもので、住民票交付手数料のように条例に基づく手数料で民間企業と競合しないものや執行官、公証人の手数料など、次の要件のすべてを満たすものとされています。 <table><tr><td>事務の主体</td><td>国、地方公共団体、公共法人、公益法人等その他、国や地方公共団体の委託又は指定を受けた者</td></tr><tr><td>事務の内容</td><td>(イ)　登記、登録、特許、免許、許可、認可、承認、認定、確認及び指定 (ロ)　検査、検定、試験、審査、証明及び講習 (ハ)　公文書の交付（再交付及び書換交付を含みます）、更新、訂正、閲覧及び謄写 (ニ)　裁判その他の紛争の処理　等</td></tr><tr><td>要件</td><td>(イ)　手数料の徴収が法令に基づくもの (ロ)　民間企業と競合しないこと</td></tr></table>※法令にその事務が定められていない手数料等は非課税とはなりません。
6. 外国為替業務に係る役務の提供 （消基通6-5-3）	非課税とされる外国為替業務に係る役務の提供は、次に掲げる業務に係るもの（その業務の周辺業務として行われる役務の提供を除きます。）とされています。 　①外国為替取引 　②対外支払手段の発行 　③対外支払手段の売買又は債権の売買（円で支払われる債権の居住者間の売買を除きます。） 　なお、居住者による非居住者からの証券の取得又は居住者による非居住者に対する証券の譲渡に係る媒介、取次ぎ又は代理については、非課税とされる外国為替業務に係る役務の提供から除かれています。

7. 社会保険医療 に係る非課税 （消法別表第 一6、消基通 6-6-1）	健康保険法等の医療保険各法、高齢者の医療の確保に関する法律、生活保護法、公害健康被害の補償等に関する法律等に基づいて行われる医療の給付等の非課税は、次表のようになります。

医療等の範囲	非課税	(1) 社会保険医療（①保険医療機関が自ら行う医療サービス、②施設療養） (2) 高齢者の医療の確保に関する法律による医療 (3) 精神保健及び精神障がい者福祉に関する法律、生活保護法、原子爆弾被爆者の医療等に関する法律等の公費負担医療 (4) 公害医療、労災医療、自賠責 (5) (1)〜(4)に類する医療で一定のもの
	課税	自由診療、差額ベッド、金歯、任意の人間ドック、美容整形など

8. 介護サービス・ 社会福祉事業 等に係る非課 税（消法別表 第一7、消基通 6-7-1〜6-7-10）	社会福祉事業に基づく資産の譲渡等は非課税となります。

社会福祉事業・介護サービス	第1種社会福祉事業
	第2種社会福祉事業
	更生保護事業に規定する更生保護事業
	社会福祉事業等として行われる資産の譲渡等に類するもの
	一定の介護サービス等

9. 学校教育に係 る非課税 （消法別表第 一11、消基 通6-11-1〜 6）	学校教育法第1条の学校、専修学校、各種学校（修業期間が1年以上のもの）及び各省の設置基準による職業訓練校の授業料又は入学検定料は非課税となります。

10. 住宅の貸付 け （消法別表第 一13、消令 16の2）	• 居住用家屋又は家屋のうち居住用部分の貸付けは、契約により、居住用として使用することが明らかにされている場合（令和2年4月1日以後に行われる貸付けについて、契約上、貸付け用途が明らかにされていない場合であっても、実態として人の居住の用に供されていることが明らかな場合を含みます。）に限って非課税です。 • 住宅の貸付けであっても、その契約において定められた貸付期間が1か月未満である場合には、非課税となりません。 • 共益費は、家賃の一部として判断します。 • 一戸当たり1台分以上の駐車スペースが確保されており、かつ、自動車の保有の有無に関わらず駐車場が割り当てられる等の場合で、家賃とは別に駐車場使用料等を収受していないときには、その駐車場の貸付けは住宅貸付けの一部として非課税となります。

■輸出免税

項　　目	説　　　　明	
1.輸出取引の範囲 (消法7、消基通7-1-1、7-2-1)	輸出免税は非課税と異なり、一旦は課税資産の譲渡等に算入され税額が計算されますが、消費税率を0とすることです。課税仕入れに係る消費税は申告により還付されます。 　輸出免税等として消費税が免除されるものは、課税事業者が国内において行う課税資産の譲渡等のうち、おおむね次のものが該当します。 ①　輸出として行われる資産の譲渡又は貸付け ②　外国貨物の譲渡又は貸付け ③　国内及び国外にわたって行われる旅客若しくは貨物の輸送（国際輸送といいます。） ④　専ら③に規定する輸送の用に供される船舶又は航空機の譲渡若しくは貸付け又は一定の修理 ⑤　専ら国内及び国内以外の地域にわたって又は国内以外の地域の間で行われる貨物の輸送の用に供されるコンテナーの譲渡又は貸付けで船舶運航事業者等に対するもの等 ⑥　外航船舶等の水先等、入出港等の補助又は入出港等のための施設の提供に係る役務の提供等で船舶運航事業者等に対するもの ⑦　外国貨物の荷役等外国貨物に係る役務の提供 ⑧　国内及び国内以外の地域にわたって行われる通信又は郵便若しくは信書便 ⑨　非居住者に対する鉱業権、工業所有権（ノウハウを含む）、著作権、営業権等の無体財産権の譲渡又は貸付け ⑩　非居住者に対して行われる役務の提供で、国内に所在する資産に係る運送又は保管、国内における飲食又は宿泊など、国内において直接便益を享受するもの以外のもの	
・パック旅行 (消基通7-2-6)	旅行業者が主催する海外パック旅行に係る役務の提供の国内・国外の区分	

国内における役務	国内輸送又はパスポート交付申請等の事務代行等は輸出免税適用なし（課税）
国外における役務	国内から国外、国外から国外、国外から国内への移動に伴う輸送、国外におけるホテルの宿泊並びに国外での旅行案内等は国内における資産の譲渡等に該当しない（不課税）

・その他 (措法85、86)	(1)　外航船等に積み込まれる船用品又は機用品の譲渡は、免税。 (2)　外国公館等及び大使等に対する課税資産の譲渡等は、免税。

2.輸出物品販売場（免税ショップ）の免税
(消法8、消令18、消基通8-1-1)

　輸出物品販売場において、免税購入対象者が携帯して輸出する物品を所定の方法で販売する場合は免税。（事業用に購入するものは対象外）

免税対象物品	一般物品（消耗品以外で、金又は白金の地金を除きます。）	食品類、飲料類、薬品類、化粧品類、その他の消耗品
購入者	免税購入対象者（外国人旅行者）	
販売者	免税ショップを経営する事業者（「免税手続カウンター」を営む事業者に免税販売手続を代理させることができます。）	
対象金額	5千円以上	5千円以上50万円以下
購入方法	購入者誓約書（100万円を超える場合には旅券等の写しも必要）を作成	購入者誓約書（一定の包装方法により封印されることが必要）を作成
保存期間	購入者誓約書を7年間保存	

■納税義務者と納税義務の免除の特例

項　目	説　　　明
1.納税義務者 （消法5）	(1)　国内取引……課税資産の譲渡等を行った事業者 　　　　　　　　（個人間での住宅の売買などは課税対象外） 　　　　　　　　特定課税仕入れを行った事業者 (2)　外国貨物……課税貨物を保税地域から引き取る者

○納税義務の判定

仕入税額控除が認められず還付はありません。

2.納税義務の免 除の特例 （消法9①④⑥ ⑦、9の2、 12の2、12の 3、12の4、 消令25の4） ・基準期間	(注1)　基準期間とは		
	個人事業者	その年の前々年	
	法人	その事業年度の前々事業年度 前々事業年度が1年未満の 場合には、その事業年度開 始の日の2年前の日の前日 から同日以後1年を経過す る日までの間に開始した各 事業年度を合わせた期間	基準期間における課税売 上高が、**1,000万円以下** の事業者は納税義務があ りません。

消費税

・課税売上高	(注2)	**課税売上高とは**、課税資産の譲渡等の対価の額から、売上げに係る対価の返還等を控除した金額（税抜き純売上高）をいいます。		

基準期間が1年未満の場合	個人事業者	1年換算しません（消基通1-4-9）。
	法人	1年換算します。 基準期間の課税売上高 $\times \dfrac{12}{\text{基準期間の月数}}$（1か月未満切上げ）
基準期間が免税事業者であった場合		税込金額で課税売上高を計算します。

・課税事業者の選択	(注3)	基準期間における課税売上高が1,000万円以下の免税事業者であっても、適用を受けようとする課税期間の初日の前日までに「**消費税課税事業者選択届出書**」を税務署長に提出することにより課税事業者となることができます。 なお、課税選択によって納税義務者となってから2年間は「消費税課税事業者選択不適用届出書」を提出することはできません。

・特定期間	(注4)	**特定期間とは**

個人事業者	その年の前年1月1日から6月30日までの期間	
法人	その事業年度の前事業年度が短期事業年度に該当しない場合	その事業年度の前事業年度開始の日から6か月の期間
	その事業年度の前事業年度が短期事業年度に該当する場合	その事業年度の前々事業年度開始の日から6か月の期間（前々事業年度がその事業年度の基準期間に含まれるなどの場合、特定期間はないこととなり、この特例の適用はありません。）

- 上表の短期事業年度とは、①その事業年度の前事業年度で7か月以下であるもの、または、②その事業年度の前事業年度（7か月超）で、前事業年度開始の日以後6か月の期間の末日の翌日から前事業年度終了の日までの期間が2か月未満であるものをいいます。
- 特定期間における課税売上高または給与等支払額のいずれの基準を採用するかは事業者の選択によります。（なお、国外事業者については、給与等支払額基準による判定はできません（令6.10.1以後開始課税期間）。）なお、給与等支払額とは、特定期間中に支払った所得税の課税対象とされる給与・賞与等の合計額をいい、非課税とされる通勤手当を除き、退職給与や未払給与等は含みません。
- 特定期間の判定により課税事業者となる場合は、「消費税課税事業者届出書（特定期間用）」を税務署長に提出します。

・相続	(注5)	**相続があった場合** ① 免税事業者である相続人が、基準期間における課税売上高1,000万円超の被相続人の事業を承継したとき、相続開始の翌日からその年末までの間の納税義務は免除されません。 ② 相続開始の翌年、翌々年については相続人の基準期間の課税売上高と被相続人の基準期間の課税売上高の合計額で判定します。 ③ 相続開始の日において相続人、被相続人が共に免税事業者であるときは、相続のあった年は免税事業者になります。
・合併	(注6)	**合併があった場合**

① 合併があった日の属する事業年度

　合併法人のその事業年度の基準期間に対応する期間における被合併法人の課税売上高で判定します。

② 合併があった日の事業年度の翌事業年度及び翌々事業年度

- 吸収合併の場合は、合併法人の基準期間における課税売上高と被合併法人の基準期間に対応する期間における課税売上高との合計額で判定します。
- 新設合併の場合は、被合併法人の基準期間に対応する期間における課税売上高で判定します。

・会社分割　（注7）　**会社分割があった場合**

① 基準期間における課税売上高が1,000万円を超える法人が会社分割した場合、分割子法人は、免税事業者となりません。

② 分割があった事業年度の翌々事業年度以後の各事業年度については、親法人の基準期間における課税売上高と子法人の基準期間における課税売上高の合計額で判定します。

・新設法人　（注8）　**新設法人の場合**

　基準期間がない法人（社会福祉法人を除きます。）のうち、その事業年度開始の日の資本金の額又は出資金の額が1,000万円以上である法人については、その基準期間がない事業年度の納税義務は免除されません。（外国法人については、基準期間を有する場合であっても日本における事業開始日で納税義務を判定します（令和6年10月1日以後開始課税期間）。）

・特定新規設立　（注9）　**特定新規設立法人の場合**
法人

　その事業年度の基準期間がない法人で、その事業年度開始の日における資本金の額又は出資の金額が1,000万円未満の法人（新規設立法人）のうち、次の①、②のいずれにも該当するもの（特定新規設立法人）については、その特定新規設立法人の設立当初2年間は、納税義務が免除されません。

① 新設開始日において、他の者によりその新規設立法人の株式等の50％超を直接又は間接に保有される場合など、他の者によりその新規設立法人が支配されていること。

② 上記①の特定要件に該当するかどうかの判定の基礎となった他の者及び他の者と一定の特殊な関係にある法人のうちいずれかの者（判定対象者）のその新規設立法人のその新設開始日の属する事業年度の基準期間に相当する期間における課税売上高が5億円を超えていること又は令和6年10月1日以後開始事業年度において、国外分を含む収入金額が50億円超である者が直接又は間接に支配していること。

・高額特定資産　（注10）　**高額特定資産を取得等した場合**

- 課税事業者が、簡易課税制度の適用を受けない課税期間中に、高額特定資産（一取引単位につき、税抜き1,000万円以上（令6.4.1以後、金又は白金の地金等については、課税期間中の仕入れ等の合計額200万円以上）の棚卸資産又は調整対象固定資産（P.205参照）をいいます。）を取得した場合には、その取得があった課税期間の初日以後3年を経過する日の属する課税期間までの3年間は、納税義務が免除されません。
- 自己建設高額特定資産で、その建設等に要した仕入れ等の支

消費税

	払対価の額（税抜き）の累計額が1,000万円以上となった日の属する課税期間の翌課税期間から、その建設等が完了した日の属する課税期間の初日以後3年を経過する日の属する課税期間までの3年間は、納税義務が免除されません。 • 令和2年4月1日以後に高額特定資産である棚卸資産が納税義務の免除を受けないこととなった場合等の棚卸資産に係る消費税額の調整措置の適用を受けた場合には、その調整の適用は高額特定資産の仕入れに該当するものとされます。
• 調整対象固定資産	(注11) **調整対象固定資産を取得した場合** 次の期間（簡易課税制度の適用を受ける課税期間を除きます。）中に、調整対象固定資産を取得した場合には、その取得があった課税期間を含む3年間は引き続き納税義務が免除されません。 ① 課税事業者選択届出書の提出により、課税事業者となった事業者の当該選択の強制適用期間（2年間） ② 資本金1,000万円以上の新設法人につき、課税事業者となった設立当初の期間（2年間） ③ 特定新規設立法人につき、課税事業者となった設立当初の期間（2年間） ※上記（注10）（注11）の免税事業者になることができない課税期間については、簡易課税制度も適用できません。
• インボイス制度	(注12) 適格請求書発行事業者に登録すると、基準期間の課税売上高が1,000万円以下であっても免税事業者とはなりません。

■資産の譲渡等の時期

項　　目	説　　　　明
1. 資産の譲渡等の時期の原則 〔具体的な判定〕 (消基通9-1-1、9-1-2) (消基通9-1-5) (消基通9-1-11) (消基通9-1-13) (消基通9-1-17)	譲渡等の時期は原則として、その引渡しのあった日です。 • 国内取引⇨課税資産の譲渡等を行った時 • 輸入貨物⇨保税地域からの引取り時 資産の譲渡等の時期は、法人税法・所得税法の取扱いに準じます。 <table><tr><td>①棚卸資産</td><td>その引渡しのあった日（出荷基準、検収基準等合理的であると認められる日）</td></tr><tr><td>②請負に係る譲渡</td><td>物の引渡しをする請負の場合は、その目的物の全部を完成して引き渡した日、物の引渡しをしないものは、その約した役務の全部を完了した日</td></tr><tr><td>③人的役務の提供</td><td>その人的役務の提供を完了した日</td></tr><tr><td>④固定資産</td><td>その引渡しのあった日。ただし、土地建物等は契約の効力発生の日とすることができます。</td></tr><tr><td>⑤有価証券</td><td>その引渡しのあった日</td></tr></table>
2. リース譲渡に係る特例 (消法16)	消費税は原則として引渡基準によります。所得税、法人税と同様にリース譲渡を適用した場合には特例があります。⇨購入者側は引渡基準で税額控除の対象
3. 現金主義の適用 (消法18、消令40、所令195)	小規模事業者等（前々年分の不動産所得及び事業所得の金額の合計額が300万円以下、雑所得の場合は収入金額が300万円以下）でいわゆる現金主義の適用を受ける者⇨資産の譲渡等及び課税仕入れを行った時期について、その資産の譲渡等に係る対価の額を収入した日及びその課税仕入れに係る対価の額を支出した日とすることができます。

4. 国等の時期の特例 （消法60②、 消令73、74）	国、地方公共団体、公共法人等が行った資産の譲渡等及び課税仕入れ等については、その対価を収納すべき又はその費用を支払うべき会計年度の末日に、それぞれ行われたとすることができます。

■課税期間・納税地

項　　目	説　　　　明
1. 課税期間 （消法19）	(1)　**個人事業者の課税期間**……1月1日から12月31日 　個人が新たに事業を開始したとき⇨最初の課税期間の開始の日は、その年の1月1日 (2)　**法人の課税期間**……事業年度 　法人の設立後最初の課税期間の開始の日⇨法人の設立の日 　法人が組織変更をした場合⇨その法人の課税期間は、組織変更前の期間と組織変更後の期間とを区分しません。 (3)　**課税期間の短縮** 　課税期間の短縮等の届出は第13号様式（消費税課税期間特例選択・変更届出書）で行い、届出書を提出した翌期間から適用することができます。 　なお、これを届出た事業者は2年間継続する必要があります。 表 ※最後に3月又は1月未満の期間が生じたときは、その期間 (4)　**課税期間の特例の選択不適用** 　課税期間の特例を選択した法人が、その後この特例の適用をやめようとするとき又は事業を廃止したときは、「消費税課税期間特例選択不適用届出書」を所轄税務署長に提出します。 　なお、この不適用届出書を提出した場合、提出した日の属する課税期間の末日の翌日以後、不適用となります。
2. 納税地 （消法20、21、 22、26）	①　個人事業者 　個人納税者の住所地が納税地となります。 　居所地、事務所等の所在地とすることもできます。 ②　法人 　本店又は主たる事務所の所在地が納税地となります。 ③　輸入取引 　輸入貨物の引取りに係る保税地域の所在地が納税地となります。

表（課税期間の短縮）：

	3月ごとに短縮	1月ごとに短縮
個人事業者	1～3月、4～6月、7～9月、10～12月までの各期間	1月1日以後1月ごとに区分した各期間
法人	その事業年度を3月ごとに区分した各期間※	その事業年度をその開始の日以後1月に区分した各期間※

消費税

■課税標準

項　　目	説　　　　　明
1. 国内取引 　**課税資産の譲渡** **（原則）** 　（消法28①、 　消基通10-1 　-11）	課税標準は、課税資産の譲渡等の対価の額（対価として収受し、又は収受すべき一切の金銭又は金銭以外の物若しくは権利その他経済的な利益の額とし、課税資産の譲渡等について課税されるべき消費税額（個別消費税のうち、軽油引取税、ゴルフ場利用税及び入湯税）及びその消費税額を課税標準として課されるべき地方消費税額に相当する額は含みません。（但し、税額相当額が明確に区分されていない場合は対価に含みます。））
（消基通10-1 　-6、消法別 　表第1ニ、消 　令9①四）	・中古車販売業における未経過自動車税・自賠責保険料相当額は資産の譲渡対価となります。なお、リサイクル預託金相当額については、「金銭債権の譲渡」として非課税です。 　対価の額は、その譲渡等に係る当事者間で授受することとしている対価の額をいい、有償取引に限ります。
（例外） 　（消法28③） **・総額表示** 　（消法63）	①　個人事業者の家事消費は、消費又は使用の時の時価。 ②　法人の役員への贈与又は低額譲渡したときも①と同様に贈与等のときの時価。 ・事業者がその相手先である消費者に対し商品の販売、役務の提供等の取引を行うに際し、その取引価格を表示する場合には、その商品や役務に係る消費税等の額を含めた総額を明らかにしなければなりません。
〔**具体的取扱い**〕 　（消基通10-1 　-15）	・課税資産とその他の資産を一括譲渡した場合は合理的に区分します。 ・当初の売上額から返品額、値引額又は割戻額を控除し、その控除後の金額を売上げに係る対価の額とする経理処理を継続して行っているとき⇨その控除後の金額が売上高。
（消基通10-1 　-18）	・棚卸資産を自家消費等した場合の対価については、その課税仕入の金額及び通常他への販売価額のおおむね50％以上の金額であれば認められます。
（消基通10-1 　-2）	また、法人が役員に対して低額譲渡したとき⇨その資産の譲渡が、役員及び使用人の全部について一律に又は合理的な範囲の格差の値引率で行われた場合は、みなし課税の適用はされません。
（消基通10-1 　-20）	・課税期間の末日までにその対価の額が確定しないとき⇨末日の現況より見積計上。その後確定額と見積額が異なるときは、調整します。 ・消費税の課税標準は原則として他の租税の控除前の金額で計算します。ただし、特別徴収方式の個別消費税は算入しません。また、次の取引をしたときはそれぞれ次のものが対価となります。 　代物弁済⇨消滅する債務、交換⇨取得資産の時価、負担付贈与⇨負担額
（消基通10-1 　-4）	・印紙税、手数料等に充てられるために受け取る金銭等は、課税資産の譲渡の金額から控除することはできません。ただし、登録免許税等は含まれません。
（消基通10-1 　-7）	・外貨建取引に係る対価の額は、所得税（所基通57の3-1〜57の3-7）又は法人税（法基通13の2-1-1〜13の2-2-18）の課税所得の計算において売上金額その他の収入金額について円換算して計上すべきこととされている金額によります。
特定課税仕入れ 　（消法28②）	課税標準は、国内において国外事業者から受けた特定課税仕入れに係る支払対価の額（対価として支払い、又は支払うべき一切の金銭又は金銭以外の物若しくは権利その他経済的な利益の額をいう。）とします。
2. 輸入取引 　（消法28④）	課税貨物に係る課税標準は、関税価格（通常は CIF 価格）、関税額及び消費税以外の個別消費税額の合計とします。

■課税仕入れに係る消費税額（消法30⑥）

項　目	説　　　明
1. 課税仕入れ （消基通11-1 -1） （消基通11-1 -3） （消基通11-1 -7）	• 課税仕入れとは、事業者が、事業として資産を譲り受け、若しくは借り受け、又は役務の提供を受けることをいいます。個人事業者が家事消費又は家事使用をするために資産を譲り受け、若しくは借り受け、又は役務の提供を受けることは、事業として行われるものではありませんので、課税仕入れに該当しません。 なお、課税仕入れの相手方は、課税事業者及び免税事業者のほか、消費者を含みます。 • 仕入れに係る消費税額の控除の適用があるのは、課税事業者に限られます。
2. 課税仕入れの範囲 ○出張旅費、宿泊料、日当等 （消基通11-2 -1） ○通勤手当 （消基通11-2 -2） ○外交員等の報酬 （消基通11-2-5） ○会費・組合費等 （消基通11-2 -6） ○ゴルフクラブ等の入会金 （消基通11-2 -7） ○保険金等による資産の譲受け等 （消基通11-2 -10） ○公共的施設の負担金等 （消基通11-2 -8）	• 仕入れに係る消費税額の対象となる課税仕入れの範囲は、具体的には次のようになります。 　使用人等が勤務する場所を離れてその職務を遂行するため等の旅行について、通常必要であると認められる部分の金額（所基通9-3　P.123②1. 2. 参照）は、課税仕入れに係る支払対価に該当します。ただし、海外出張のためのものは、原則として非該当です。 　事業者が通勤者である使用人等に支給する通勤手当（定期券等の支給など現物による支給を含みます。）のうち、その通勤者がその通勤に必要な交通機関の利用又は交通用具の使用のために支出する費用に充てるものとした場合に、その通勤に通常必要であると認められる部分の金額は、課税仕入れに係る支払対価として取り扱われます。 　外交員、その他これに類する者に対して支払う報酬又は料金のうち所基通204-22の例によって、給与所得に該当する部分については、課税仕入れに係る支払対価とはなりません。 　事業者がその同業者団体、組合等に対して支払った会費又は組合費等について、その同業者団体、組合等において、団体としての通常の業務運営のために経常的に要する費用を賄い、それによって団体の存立を図るものとして資産の譲渡等の対価に該当しないとしているときは、その会費等は課税仕入れに該当しないこととなります。なお、同業者団体、組合等に支払う入会金についても、同様です。 　事業者が支払う入会金のうち、ゴルフクラブ、宿泊施設、体育施設、遊戯施設その他レジャー施設の利用又は一定の割引率で商品等を販売するなど会員に対する役務の提供を目的とする団体の会員資格を得るためのもので脱退等に際し返還されないものは、課税仕入れに係る支払対象に該当します。 　資産の譲受け等のために支出した金銭の源泉は問われませんので、保険金、補助金、損害賠償金等を資産の譲受け等に充てた場合であっても、その資産の譲受け等が課税仕入れに該当するときは、仕入税額控除の適用があります。 　公共的施設又は共同的施設の設置又は改良のため、国等又は同業者団体等がこれらの施設の利用者又は受益者から受ける負担金、賦課金等で、その国等又は同業者団体等において、資産の譲渡等の対価に該当しないこととしているものについては、その負担金、賦課金等を支払う事業者においても、課税仕入れに係る支払対価に該当しないこととなります。なお、負担金等が例えば専用側線利用権、電気ガス供給施設利用権等の権利の設定等に対する対価と認められる等の場合には、その負担金等は、それを支払う事業者において課税仕入れに係る支払対価に該当します。

消費税

■仕入税額控除等

項　　目	説　　　　　明
1. 仕入れに係る控除税額の計算 （消法30①②、37①）	(1) 事業者が、国内において課税仕入れを行った場合には、当該課税仕入れを行った日の属する課税標準額に対する消費税額から、当該課税期間中において行った課税仕入れに係る消費税額（当該課税仕入れに係る**支払対価の額に7.8／110**（軽減対象分は**6.24／108**）を乗じて算出した額）を控除します。 (2) 95％ルール（**課税売上割合が95％以上**の場合に課税仕入れ等の税額の全額を仕入税額控除すること）は、その課税期間における**課税売上高が5億円**（その課税期間が1年未満の場合は（12／当該課税期間の月数）で換算します。）以下の事業者にしか適用されません。 (3) 令和6年4月1日以後、外国人旅行者向け消費税免税制度により免税購入された物品と知りながら行った課税仕入れについては、仕入税額控除制度の適用はありません。
（仕入税額控除の図示）	
（居住用賃貸建物） （消法30⑩）	• 令和2年10月1日以後に行う居住用賃貸建物の仕入れ（令和2年3月31日までの契約に基づくものを除きます。）については、仕入税額控除の適用がありません。また、仕入税額控除の適用が認められなかった居住用賃貸建物について、3年以内に住宅の貸付け以外の貸付けの用に供した場合又は譲渡した場合には、一定の計算を行った上、仕入控除税額に加算して調整します。 • 居住用賃貸建物とは、住宅の貸付けの用に供しないことが明らかな建物以外の建物であって高額特定資産又は調整対象自己建設高額資産に該当するものをいいます。
2. 仕入税額の按分計算（課税売上割合が95％未満又は課税売上高が5億円超の場合）	
(1) 個別対応方式 （消法30②一、③）	○その課税期間中の課税仕入れ及び課税貨物について、次の①～③の区別が明らかにされている場合 　① 課税資産の譲渡等にのみ要するもの〔課税売上対応〕 　② 課税資産の譲渡等以外の資産の譲渡等のみに要するもの〔非課税売上対応〕 　③ 課税資産の譲渡等とその他の資産の譲渡等に共通して要するもの〔共通対応〕 次の算式により計算した金額 仕入れに係る消費税額＝①に係る税額＋③に係る税額×課税売上割合※(3)参照

	③に係る税額は、**課税売上割合に準ずる割合**で合理的な基準により算出したものとして税務署長の承認を受けた場合は、その割合で配分する方法も認められます。②部分はすべて控除対象外になります。
（個別対応方式の適用方法） （消基通11-2-18）	○個別対応方式により仕入れに係る消費税額を計算する場合には、その課税期間中において行った個々の課税仕入れ等について、必ず①②③に区分しなければなりません。したがって、例えば、課税仕入れ等の中から課税資産の譲渡等にのみ要するものを抽出し、それ以外のものをすべて課税資産の譲渡等とその他の資産の譲渡等に共通して要するものに該当するものとして区分することは認められません。
（課税資産の譲渡等にのみ要するもの） （消基通11-2-12、11-2-14）	○個別対応方式における課税資産の譲渡等にのみ要するものとは、課税資産の譲渡等（その課税期間の譲渡等の有無は問いません。）を行うためにのみ必要な課税仕入れ等である次のようなものが該当します。 • そのまま他に譲渡される課税対象資産 • 課税対象資産の製造用のみに消費し、又は使用される原材料、容器、包紙、機械及び装置、工具、器具、備品等 • 課税対象資産に係る倉庫料、運送料、広告宣伝費、支払手数料又は支払加工賃等 • 課税資産の譲渡等のための販売促進用試供品、試作品等
（課税資産の譲渡等以外の資産の譲渡等にのみ要するもの） （消基通11-2-15）	○個別対応方式による仕入税額控除の「その他の資産の譲渡等にのみ要するもの」とは、非課税資産の譲渡等を行うためにのみ必要な課税仕入れ等をいいます。例えば、販売用の土地の造成に係る課税仕入れ、賃貸用住宅の建築に係る課税仕入れがこれに該当します。
（共通用課税仕入れ等） （消基通11-2-19）	○課税資産の譲渡等とその他の資産の譲渡等に共通して要する課税仕入れ等（例えば原材料、包装材料等）は、生産実績その他合理的な基準により、課税売上用と非課税売上用とに区分することができます。
（国外支店が受けた電気通信役務の提供） （消法4④ただし書き、消基通11-2-13の2）	○電気通信利用役務の提供については、その法人の本店又は主たる事務所の所在地が国内にあるかどうかにより判定するのであるから、例えば、国外支店が受けた電気通信利用役務の提供であっても、原則として国内において行った課税仕入れに該当します。ただし、国外支店が受けた電気通信利用役務の提供のうち、国内以外の地域において行う資産の譲渡等にのみ要するものは、国内以外の地域で行われたものとします。
(2) 一括比例配分方式 （消法30②二、④）	○次の算式により計算した金額 $$仕入れに係る消費税額＝\left(\begin{array}{l}当該課税期間中の課税仕入れ及び\\課税貨物に係る税額の合計額\end{array}\right)×課税売上割合$$ なお、個別対応方式により控除税額を計算できる事業者は、選択により一括比例配分方式による計算もできます。 ※一括比例配分方式を選択した場合は、2年間継続して適用しなければ個別対応方式に変更することはできません。
(3) 課税売上割合 （消法30⑥、消令48①） （消基通11-5-6）	課税売上割合＝ $$\dfrac{\left(\begin{array}{l}税抜き\\課税売上高\end{array}-\begin{array}{l}税抜き\\対価の返還等の金額\end{array}\right)+免税売上高}{\left(\begin{array}{l}税抜き\\課税売上高\end{array}-\begin{array}{l}税抜き\\対価の返還等の金額\end{array}\right)+免税売上高+非課税売上高}$$ ※免税事業者であった課税期間の課税売上げに係る対価の返還等は税抜き処理をしません。 課税売上割合は原則として端数処理しませんが、切捨てはできます。

消費税

（分母に含めないもの）（消令48②）	① 通貨、小切手等の支払手段又は暗号資産（仮想通貨）の譲渡 ② 資産の譲渡等の対価として取得した金銭債権の譲渡 ③ 現先取引債券等の売現先による譲渡
（調整のうえ分母に含めるもの）（消令48③⑤⑥）	① 現先取引債券等を１年に満たない期間内にあらかじめ約定した価格で売り戻すことを約して購入し、かつ、その約定に基づき売り戻した場合⇨売戻しの対価から、当初の購入の対価を控除した金額を含めます。 **（注）**控除しきれない場合は、資産の譲渡等の対価の額から控除。 ② 非課税規定に該当する有価証券並びに国債、地方債及び社債又は金銭債権を譲渡した場合（現先取引に該当するものを除く）→譲渡額の**５％**。 ③ 国債等について償還差損が生ずる場合には課税売上割合の計算上のその償還差損は資産の譲渡等の対価の額から控除。
（分母・分子の両方に含めるもの）（消法31）	① 輸出取引等に係る対価の額 ② 国外における資産の譲渡等又は自己の使用のため行った資産の輸出 　ただし、①、②いずれの場合も有価証券、支払手段、貸付金、預金、売掛金その他の金銭債権の輸出は除きます。
3.適用要件（消法30⑦～⑨）、消令49、50）	控除の対象とされる課税仕入れの内容を帳簿に記帳し、かつ、当該帳簿を保存すること及び控除の対象とされる課税仕入れに係る請求書、納品書等（インボイス）を保存することが要件となります。

・帳簿の記載事項

区分	帳簿への記載事項
国内取引	①課税仕入れの相手方の氏名又は名称　②課税仕入れを行った年月日　③課税仕入れに係る資産又は役務の内容（軽減対象資産にはその旨）　④課税仕入れに係る支払対価の額（注）支払対価は税込金額です
特定課税仕入れ	①特定課税仕入れの相手方の氏名又は名称　②特定課税仕入れを行った年月日　③特定課税仕入れの内容　④特定課税仕入れに係る支払対価の額　⑤特定課税仕入れである旨
輸入	①課税貨物を保税地域から引き取った年月日　②課税貨物の内容　③課税貨物に係る消費税の課税標準である金額及びその課税貨物の引取りに係る消費税額

・適格請求書等の記載事項

区分	適格請求書等への記載事項
取引相手から交付を受ける請求書・納品書等(注1)	①書類作成者の氏名又は名称及び登録番号　②取引年月日　③取引内容（軽減対象資産にはその旨）　④税率ごとに区分して合計した税込対価（又は税抜対価）の額及び適用税率　⑤税率ごとに区分した消費税額等　⑥書類の交付を受ける事業者の氏名又は名称
仕入を行った者自ら作成する仕入明細書等(注2)	上記②～⑤、「書類作成者の氏名又は名称」「相手方の氏名又は名称及び登録番号」
保税地域の所在地を所轄する税関長から交付を受ける輸入許可書等	①保税地域の所轄税関長　②引取可能年月日　③課税貨物の内容　④課税標準の金額並びに輸入消費税額及び輸入地方消費税額　⑤書類の交付を受ける事業者の氏名又は名称

（注１）小売業、飲食店業、タクシー等を営む事業者が交付する書類は、④の適用税率又は⑤、⑥を省略することができます。
（注２）記載事項について相手方の確認を受けているものに限ります。
　適格請求書等は、課税期間の範囲内で一定期間内の取引をまとめて記載する方法が認められています。

4. 仕入れに係る対価の返還等を受けた場合 (1)全額控除の場合 （消法32①一）	仕入れに係る対価の返還等とは、返品等をいい、いわゆる飛び越しリベートや海運業者から受ける早出料、仕入割引なども含みます。債務免除益は該当しません。(消法32①) $\boxed{\begin{array}{c}\text{控除対象}\\\text{仕入税額}\end{array}}=$課税仕入れに係る消費税額−仕入対価の返還等の税額 　控除しきれない金額があるときは、課税標準額に対する消費税額に加算します。
(2)課税売上割合が95％未満又は課税売上高が5億円超の場合 （消法32①二、三）	・個別対応方式の場合 　①課税売上対応分の課税仕入れの消費税額−その仕入対価の返還等の税額 　②共通対応分の課税仕入れの消費税額×課税売上割合−その仕入対価の返還等の税額×課税売上割合 　③控除対象仕入税額＝①＋② ・一括比例配分方式の場合 　控除対象仕入税額＝課税仕入れに係る消費税額×課税売上割合−その仕入対価の返還等の税額×課税売上割合
5. 棚卸資産に係る消費税額の調整 (消法36、消令54)	免税事業者が課税事業者になった場合において、課税事業者となった課税期間の初日の前日において課税仕入れ等に係る棚卸資産を有しているときは、その棚卸資産に係る消費税額をその課税期間の仕入れに係る消費税額とみなします。
6. 調整対象固定資産の調整 (消令5、消基通12-2-1、2) ・課税売上割合の著しい変動（調整を要するとき） （消法33）	固定資産の取得時の課税売上割合が、以降3年間の通算課税売上割合と比較して著しく異なるときは、控除対象仕入税額の調整を行います。（仕入れ時又は調整時に、免税事業者である場合又は簡易課税制度の適用がある場合には調整しません。） 　**調整対象固定資産**⇨建物及び附属設備、構築物、機械及び装置、船舶、航空機、車両及び運搬具、工具、器具及び備品、鉱業権その他の資産で購入価額が**100万円以上**のものをいいます。 ・調整要件 ①取得時に比例配分法により計算 ②第3年度の課税期間の末日において調整対象固定資産を有している ③課税売上割合が著しく変動（次のいずれにも該当） 　・変動差（仕入時の課税売上割合と通算課税売上割合との差)≧5％ 　・変動率（変動差÷仕入時の課税売上割合)≧50％ ※通算課税売上割合＝$\dfrac{\text{3年間の国内における課税資産の譲渡等の対価の合計額}}{\text{3年間の資産の譲渡等の対価の合計額}}$

7. 調整対象固定 資産の転用 （消法34、35）	調整対象固定資産を転用した場合には、その転用をした課税期間において次の調整が必要です。

転用	処理
課税業務用→ 非課税業務用	控除対象仕入税額から調整税額を控除※2
非課税業務用→ 課税業務用	控除対象仕入税額に調整税額を加算

転用の日	調整税額
仕入れの日から 1年以内	※1 調整対象税額の全額
1年超2年以内	調整対象税額×$\frac{2}{3}$
2年超3年以内	調整対象税額×$\frac{1}{3}$

※1 調整対象税額…その調整対象固定資産の仕入対価に係る税額。
※2 控除しきれない金額は控除過大調整税額として、課税標準額に対する消費税額に加算します。

■貸倒れに係る消費税額の控除

項目	説明
1. 貸倒れ （消法39①、消令59）	売掛金につき貸倒れにより、課税資産の譲渡等の税込価格の全部又は一部を領収することができなくなったときには、その領収することができないこととなった日の属する課税期間の課税標準額に対する消費税額から、その領収することができなくなった課税資産に係る消費税額を控除します。 売掛債権が対象であり、貸付金の貸倒損失については控除対象外です。
2. 貸倒れ処理債権の回収 （消法39③）	貸倒処理をした金額を後日領収した場合には、その領収額に係る消費税額をその領収をした日の属する課税期間の課税標準に対する消費税額に加算します。

■売上げに係る対価の返還等をした場合

項目	説明
• 値引きや返品等の場合 （消法38①、消基通6-3-4、旧取扱通達11-5-1）	課税事業者が、その行った課税資産の譲渡等につき値引きや返品等により対価の一部又は全部の返還等をした場合には、その返還等をした日の属する課税期間の課税標準額に対する消費税額から、その課税期間において行った返還等の金額に係る消費税額を控除します。控除しきれない金額があるときは還付されます。 ※ 対価の返還等とは、返品、値引き若しくは割戻し並びに売上割引のほかいわゆる飛び越しリベート、船舶の早出料、販売促進の目的で支払いをした金銭等をいいます。

■簡易課税制度(中小事業者の仕入れに係る税額の控除の特例)

項　目	説　明
• 簡易課税制度の内容 (消法37、消令57、消基通13-2-4)	事業者(令和6年10月1日以後開始課税期間については、恒久的施設を有しない国外事業者を除きます。)が、その課税期間の基準期間における課税売上高が**5,000万円**以下である課税期間について、簡易課税制度選択届出書を提出した場合は、その提出日の属する課税期間の**翌課税期間以後**、控除すべき課税仕入れの税額は、課税標準額に対する税額から売上に係る対価の返還等をした金額に係る消費税額及び貸倒回収額に係る消費税額を控除した残額に次の**みなし仕入率**を乗じた金額とします。(高額特定資産(P.197参照)を取得等した場合には、その取得等をした課税期間から3年間は簡易課税制度の適用はできません。) ※簡易課税制度には仕入税額の還付が生じる余地がありません。他方、仕入れについて区分経理や帳簿及び請求書等の保存が不要となります。 この制度を選択した場合には、**2年間は変更が認められません。** 変更する場合、簡易課税適用開始の課税期間の初日から2年経過日の属する課税期間の初日以後に、簡易課税制度選択不適用届出書を提出します。

■みなし仕入率

区分		みなし仕入率
①第一種事業	卸売業	90%
②第二種事業	小売業・飲食料品の譲渡を行う農林水産業	80%
③第三種事業	製造業、建設業、鉱業、農林水産業等	70%
④第四種事業	飲食店業等①②③⑤⑥に該当しない事業	60%
⑤第五種事業	金融・保険業、運輸通信業及びサービス業(飲食店業を除く。)	50%
⑥第六種事業	不動産業	40%

消費税

項目	内容
• 1種類の事業だけの場合	$\text{控除対象仕入税額} = \left(\begin{array}{c}\text{課税標準額に}\\\text{対する消費税額}\end{array} - \begin{array}{c}\text{返還等対価}\\\text{に係る税額}\end{array}\right) \times \begin{array}{c}\text{みなし}\\\text{仕入率}\end{array}$
• 2種類以上の事業の場合	(1) **原則** $\text{控除対象仕入税額} = \left(\begin{array}{c}\text{課税標準額に}\\\text{対する消費税額}\end{array} - \begin{array}{c}\text{返還等対価}\\\text{に係る税額}\end{array}\right)$ $\times \dfrac{\begin{array}{c}\text{第一種}\\\text{消費税}\\\times 90\%\end{array} + \begin{array}{c}\text{第二種}\\\text{消費税}\\\times 80\%\end{array} + \begin{array}{c}\text{第三種}\\\text{消費税}\\\times 70\%\end{array} + \begin{array}{c}\text{第四種}\\\text{消費税}\\\times 60\%\end{array} + \begin{array}{c}\text{第五種}\\\text{消費税}\\\times 50\%\end{array} + \begin{array}{c}\text{第六種}\\\text{消費税}\\\times 40\%\end{array}}{\text{第一種から第六種までのすべてに係る消費税額}}$
(75%ルール)	(2) **特例** ① **2種類以上の事業を営む事業者で、1種類の事業の課税売上高が全体の課税売上高の75%以上を占める場合** →その75%以上を占める事業のみなし仕入率を全体の課税売上高に対して適用することができます。 ② **3種類以上の事業を営む事業者で、特定の2種類の事業の課税売上高の合計額が全体の課税売上高の75%以上を占める場合** →その2種類の事業のうちみなし仕入率の高い方の事業に係る課税売上高については、そのみなし仕入率を適用し、それ以外の課税売上高については、その2種類の事業のうち低い方のみなし仕入率をその事業以外の課税売上高に対して適用することができます。
• 事業区分をしていない場合の取扱い	2種類以上の事業を営む事業者が課税売上高を事業ごとに区分していない場合 →区分していない部分については、その区分していない事業のうち一番低いみなし仕入率を適用して仕入控除税額を計算します。

■事業区分のフローチャート

■軽減税率制度

項　　目	説　　　　　明		
1. 税率	令和元年10月１日からの消費税等の税率は、軽減税率（8％）と標準税率（10％）の複数税率となります。		

	～令元.9.30	令元.10.1～	
		軽減税率	標準税率
消費税率	6.3%	6.24%	7.8%
地方消費税率	1.7%	1.76%	2.2%
合計	8.0%	8.0 %	10.0%

項　　目	説　　　　　明
2. 軽減税率の対象品目 ①飲食料品	• 食品表示法に規定する食品（酒類を除きます。）をいい、一定の一体資産を含みます。なお、外食やケータリング等は対象に含まれません。 (注) 一体資産とは、例えばおもちゃ付きのお菓子のように、（イ）食品と食品以外の資産があらかじめ一の資産を形成・構成しているもので、（ロ）一の資産の価格のみが提示されているものをいい、原則として軽減税率の対象ではありません。ただし、その資産の税抜き対価の額が１万円以下であって、食品部分の価額の割合（事業者が合理的に計算した割合であれば、可）が $\frac{2}{3}$ 以上のものは軽減税率の対象となります。 • 外食は軽減税率の対象にはなりません。

外食とは、飲食店業等の事業を営む者が行う食事の提供で、次のいずれの要件も満たすものをいいます。
（イ）テーブル等の飲食設備のある場所において（場所要件）
（ロ）飲食料品を飲食させる役務の提供（サービス要件）

- ケータリング、出張料理等は軽減税率の対象にはなりません。
　ケータリングとは、相手方が指定した場所において行う加熱、調理又は給仕等の役務を伴う飲食料品の提供をいいます。

	軽減税率	標準税率（外食）
ファーストフード店	テイクアウト	店内飲食
そば・ピザ・すし	出前・宅配・持ち帰り	店内飲食
屋台	飲食設備なし・持ち帰り	飲食設備で飲食
コンビニ	持ち帰り前提の弁当等	イートインスペースでの食事
列車内	ワゴン販売	食堂車での飲食
学校	給食	学生食堂
食事の提供	老人ホーム等	ケータリング、料理代行サービス

②新聞

- ○○新聞など一定の題号を用い、政治、経済、文化等に関する一般社会的事実を掲載する週2回以上発行されるもの（定期購読契約に基づくもの）をいいます。
- スポーツ新聞や業界紙、英字新聞等も週2回以上発行されていれば軽減税率の対象となります。
- 電子版の新聞は「電気通信利用役務の提供」に該当し「新聞の譲渡」ではないので、軽減税率の対象とはなりません。

③飲食料品の輸入取引

- 保税地域から引き取られる課税貨物のうち、飲食料品に該当するものは、軽減税率が適用されます。

○インボイス制度と経過措置のスケジュール

令元.10.1（軽減税率スタート）　令5.10.1　令8.10.1　令11.10.1

- 区分記載請求書等保存方式 → 適格請求書等保存方式
- 中小事業者の税額計算の特例
  - ①小売等軽減仕入割合の特例
  - ②軽減売上割合の特例(10営業日特例)
  - ③上記①②の計算が困難な場合(50%特例)
- 免税事業者等からの仕入れの経過措置(P.214参照)
  - 8割控除　5割控除
  - 区分記載請求書等と同様の請求書等の保存などが必要
- 2割特例(P.214参照)
  - 納付税額が売上税額の2割相当額に
  - ※2割特例は、令8.9.30までの日の属する課税期間
- 少額特例(P.215参照)
  - 税込1万円未満の課税仕入れはインボイスの保存不要

3. 区分記載請求書等保存方式
（令元.10.1～令5.9.30）

- 課税仕入れの相手方、年月日、資産又は役務の内容、支払対価の額（消費税等相当額を含みます。）が記載された帳簿及び請求書等の保存が、仕入税額控除の適用の要件とされていました（請求書等保存方式）。
- 令和元年10月1日から令和5年9月30日までの間は、上記に加え、軽減税率対象資産の譲渡等に係るものである場合には「軽減対象資産の

消費税

①帳簿の記載	譲渡等に係るものである旨」の記載が必要とされます。 　申告時に請求書等を個々に確認することなく、軽減税率の対象となる ものか、それ以外のものであるかを明確にし、帳簿に基づいて、税率ご とに仕入控除税額を計算できる程度の記載で差し支えありません。また、 一定期間まとめて請求書等が交付される場合は、それをまとめて帳簿に 記載することもできます。(例. 軽減対象食料品10月分×××円)
②区分記載請 　求書等の記 　載	軽減税率対象品目に係る課税仕入れの場合には、請求書等の記載事項 に、「軽減対象資産の譲渡等である旨」及び「税率ごとに区分して合計 した課税資産の譲渡等の対価の額(税込み)」が追加されます。 　なお、これらの記載がない請求書等の交付を受けた事業者は、上記の 項目を自ら追記することができます。 • 免税事業者も区分記載請求書等を交付することができ、仕入税額控除 　の対象になります。
③税額計算	イ　課税売上げに係る消費税額 $((i)+(ii))$ (i)軽減税率分＝ $\dfrac{\text{軽減対象の}}{\text{課税売上げの合計額(税込み)}} \times \dfrac{100}{108} \times \dfrac{6.24}{100}$ (ii)標準税率分＝ $\dfrac{\text{標準税率対象の}}{\text{課税売上げの合計額(税込み)}} \times \dfrac{100}{110} \times \dfrac{7.8}{100}$ ロ　課税仕入れ等に係る消費税額 $((i)+(ii)+(iii))$ (i)国内における軽減対象分の 　課税仕入れの合計額(税込み) $\times \dfrac{6.24}{108}$ (ii)国内における標準税率対象分の 　課税仕入れの合計額(税込み) $\times \dfrac{7.8}{110}$ (iii)外国貨物の引取りに係る消費税額
4. 中小事業者の 　税額計算の特 　例	課税売上げ(税込み)又は課税仕入れ等(税込み)を税率の異なるご とに区分して合計することにつき困難な事情がある中小事業者については、 令和元年10月1日から一定の間、計算の特例が設けられています。 • 中小事業者とは、**基準期間における課税売上高が5,000万円以下である** 　**事業者**をいいます。 •「困難な事情」とは、課税売上げ又は課税仕入れ等につき、税率ごと 　の管理が行えなかった場合等をいい、困難の度合いを問いません。
売上税額の 計算の特例	(1)小売等軽減仕入割合の特例 (令元.10.1~令5.9.30まで) (イ) 対象事業者は次の要件を満たす中小事業者 　i. 軽減対象資産の譲渡等を行う、卸売業又は小売業を営む事業者 　ii. この特例の適用を受けようとする課税期間中に簡易課税制度の適 　　用を受けない事業者 　iii. 課税仕入れ等(税込み)について、税率の異なるごとに区分経理 　　できる事業者 (ロ) 小売等軽減仕入割合 　$\dfrac{\text{分母のうち、軽減対象の売上げにのみ要するものの金額(税込み)}}{\text{卸売業及び小売業にのみ要する課税仕入れ等の合計額(税込み)}}$ (ハ) 売上げの区分 　i. $\dfrac{\text{卸売業又は小売業分の}}{\text{課税売上げの合計額(税込み)}} \times \dfrac{\text{小売等軽減}}{\text{仕入割合等}} = \dfrac{\text{軽減対象課税}}{\text{売上げ(税込み)}}$ 　ii. $\dfrac{\text{卸売業又は小売業分の}}{\text{課税売上げの合計額(税込み)}} - i = \dfrac{\text{標準税率対象の}}{\text{課税売上げ(税込み)}}$

（ニ）課税標準額の計算

$$軽減対象課税売上げ（税込み）\times \frac{100}{108}＝軽減対象分の課税標準$$

$$\begin{matrix}標準税率対象の\\課税売上げ（税込み）\end{matrix}\times \frac{100}{110}＝標準税率分の課税標準$$

⑵ 軽減売上割合の特例（10営業日特例）（令元.10.1〜**令5.9.30**まで）

（イ）軽減対象資産の譲渡を行う中小事業者であれば業種に関係なく適用することができます。

（ロ）**軽減売上割合**

$$\frac{分母のうち、軽減対象の課税売上げの合計額（税込み）}{\begin{matrix}通常の事業を行う連続する10営業日に\\おける課税売上げの合計額（税込み）\end{matrix}}$$

（※）任意の連続する10営業日についてのみ軽減対象売上げとそれ以外の売上げを区分して集計します。

（ハ）売上げの区分

ⅰ．$\begin{matrix}課税売上げの\\合計額（税込み）\end{matrix}\times 軽減売上割合＝軽減対象課税売上げ（税込み）$

ⅱ．$\begin{matrix}課税売上げの\\合計額（税込み）\end{matrix}- ⅰ＝標準税率対象の課税売上げ（税込み）$

（ニ）課税標準額の計算　上記⑴の（ニ）と同じ

（50％特例）　上記⑴⑵において、主として軽減対象資産の譲渡等を行う事業者で、軽減売上割合を算出することが困難な場合は、小売等軽減仕入割合もしくは軽減売上割合を50％とすることができます。

⑶ 複数の事業を営む場合の特例の適用関係

- 複数の事業を営む中小事業者が、課税売上げ（税込み）を事業ごとに区分しているときは、その事業ごとに小売等軽減仕入割合の特例又は軽減売上割合の特例を適用することができます。なお、一の中小事業者が両特例を併用することはできません。

製造業	軽減売上割合	合計して軽減売上割合	本来の計算	本来の計算	軽減売上割合
小売業	軽減売上割合		小売等軽減仕入割合		小売等軽減仕入割合
可否	○	○	○	○	×

⑷ 売上返品・値引き、割戻し等があった場合

- 売上対価の返還等を行った場合には、その対価の返還等の対象となった課税資産の譲渡等の事実に基づき、標準税率又は軽減税率を適用して売上対価の返還等の金額に係る消費税額を計算します。
- ただし、その売上対価の返還等の金額を税率の異なるごとに区分することが困難な場合には、その対価の返還等の金額に、適用した特例の割合（「小売等軽減仕入割合」、「軽減売上割合」又は「50％」）を乗じて計算した金額とすることができます。
- 貸倒れに係る消費税額についても同様です。

消費税

■適格請求書等保存方式（インボイス制度）（令5.10.1〜）

項　　目	説　　　　明
1. 制度概要	適格請求書等保存方式では、帳簿及び税務署長に申請して登録を受けた課税事業者である「適格請求書発行事業者」が交付する「適格請求書」などの請求書等の保存が仕入税額控除の要件とされます。 • 適格請求書を交付できるのは、適格請求書発行事業者に限られます。 • 適格請求書発行事業者となるためには、税務署長に登録申請書を提出し、登録を受ける必要があります。なお、課税事業者でなければ登録を受けることはできません。 • 適格請求書発行事業者は、国税庁のホームページに公表されます。
2. 課税売上げに 　 係る消費税額	(1) 原則（割戻し計算） ①軽減税率の対象となる 　課税売上げの合計額（税込み）$\times \dfrac{100}{108} \times \dfrac{6.24}{100}$ ②標準税率の対象となる 　課税売上げの合計額（税込み）$\times \dfrac{100}{110} \times \dfrac{7.8}{100}$ ③　①＋②＝課税売上げに係る消費税額 (2) 特例（積上げ計算） 　相手方に交付した適格請求書等の写しを保存している場合には次の計算によることができます。 　適格請求書等に記載した 　消費税額等の合計額$\times \dfrac{78}{100}＝$課税売上げに係る消費税額 　なお、積上げ計算により計算した場合、課税仕入れに係る消費税額の計算では割戻し計算を適用することはできません。 (注) 適格簡易請求書に適用税率のみを記載して交付する場合、積上げ計算を行うことはできません。
3. 課税仕入れに 　 係る消費税額	(1) 原則（積上げ計算） 　相手方から交付を受けた適格請求書 　等に記載された消費税額等のうち課$\times \dfrac{78}{100}＝$課税仕入れに係る 　税仕入れに係る部分の金額の合計額　　　　　消費税額 　また、これ以外の方法として、課税仕入れの都度[注]、課税仕入れに係る支払対価の額に$\dfrac{10}{110}$（軽減税率の対象となる場合は$\dfrac{8}{108}$）を乗じて算出した金額（1円未満の端数が生じたときは、端数を切り捨て又は四捨五入します。）を仮払消費税額等などとし、帳簿に記載（計上）している場合は、その金額の合計額に$\dfrac{78}{100}$を掛けて算出する方法も認められます（帳簿積上げ計算）。 (注) 例えば、月まとめで請求書等を交付される場合には、請求書等を交付された都度、月まとめで帳簿に仮払消費税額等として計上することも認められます。 (2) 特例（割戻し計算） ①軽減税率の対象となる 　課税仕入れの合計額（税込み）$\times \dfrac{6.24}{108}$ ②標準税率の対象となる 　課税仕入れの合計額（税込み）$\times \dfrac{7.8}{110}$ ③　①＋②＝課税仕入れに係る消費税額の合計額

4. 計算方法の選択	**売上税額**			**仕入税額**
	割戻し計算	選択		割戻し計算
	積上げ計算 （適格請求書発行事業者のみ）			積上げ計算

5. 免税事業者の登録申請手続き	• 免税事業者は、原則として課税事業者選択届出書を提出し、その翌課税期間から課税事業者になるとともに適格請求書発行事業者に登録することになりますが、令和5年10月1日から令和11年9月30日の属する課税期間においては課税事業者選択届出書を提出しなくても、登録申請書の提出によって課税事業者となり、課税期間の中途においても登録することができます。 　なお、その登録日の属する課税期間の翌課税期間からその登録日以後2年を経過する日の属する課税期間までについては、事業者免税点制度は適用されません（その登録日が令和5年10月1日を含む課税期間である場合を除きます。）。

○登録申請書の提出期限等	①免税事業者が適格請求書発行事業者の登録申請書を提出し、課税期間の初日から登録を受けようとする場合	課税期間の初日から起算して15日前の日までに登録申請書を提出しなければなりません。この場合において、その課税期間の初日後に登録がされたときは、その初日に登録を受けたものとみなされます。
	②適格請求書発行事業者が登録の取消しを求める届出書を提出し、その提出があった課税期間の翌課税期間の初日から登録を取り消そうとする場合	翌課税期間の初日から起算して15日前の日までに届出書を提出しなければなりません。
	③適格請求書発行事業者の登録等に関する経過措置の適用により、令和5年10月1日後に適格請求書発行事業者の登録を受けようとする免税事業者は、その登録申請書に、提出する日から15日を経過する日以後の日を登録希望日として記載します。 　その登録希望日後に登録が完了した場合でも、その登録希望日に登録を受けたものとみなされます。	

6. インボイス（適格請求書）の記載事項	①売手（インボイス発行事業者）の氏名又は名称及び登録番号 ②取引年月日（月次の請求書等は、その期間） ③取引内容（軽減税率の対象品目である場合には、その旨） ④税率ごとに合計した対価の額（税抜き又は税込み）及び適用税率 ⑤消費税額等（端数処理は一請求書当たり、税率ごとに1回ずつ） ⑥買手（書類の交付を受ける事業者）の氏名又は名称
7. 適格簡易請求書（簡易インボイス）	**小売業、飲食店業、写真業、旅行業、タクシー業等又は駐車場業等**の不特定かつ多数の者に課税資産の譲渡等を行う一定の事業を行う場合には、適格簡易請求書を交付することができます。 　適格簡易請求書では、「適用税率」又は「適用税率ごとの消費税額等」のいずれかを記載すればよく、上記⑥の事業者の氏名又は名称も省略することができます。

消費税

8. 簡易課税制度を選択する場合の届出書の提出時期の特例	・免税事業者が令和5年10月1日から令和11年9月30日までの日の属する課税期間に適格請求書発行事業者の登録を受け、登録を受けた日から課税事業者となる場合、その課税期間から簡易課税制度の適用を受ける旨を記載した消費税簡易課税制度選択届出書をその課税期間中に提出すれば、その課税期間から簡易課税制度を適用することができます。
9. 相続人を適格請求書発行事業者とみなす措置	・相続により適格請求書発行事業者の事業を継承した相続人は、被相続人の相続のあった日の翌日から、①その相続人が適格請求書発行事業者の登録を受けた日の前日又は②その被相続人が死亡した日の翌日から4月を経過する日のいずれか早い日までの期間については、相続人を適格請求書発行事業者とみなす措置が設けられており、この場合、被相続人の登録番号を相続人の登録番号とみなすこととされています。

10. 免税事業者等からの課税仕入れに係る経過措置 　8割・5割控除	適格請求書等保存方式の導入後は、免税事業者や消費者など、適格請求書発行事業者以外の者から行った仕入れについては、仕入税額控除のために保存が必要な請求書等の交付を受けることができないことから、仕入税額控除を行うことはできません。 ただし、区分記載請求書等と同様の事項が記載された請求書等（電磁的記録の提供を受けたものを含みます。）を保存し、帳簿にこの経過措置の規定の適用を受ける旨が記載されている場合には、次の表のとおり、一定の期間は、仕入税額相当額の一定割合を仕入税額として控除できる経過措置が設けられています。 <table><tr><td align="center">期間</td><td align="center">割合</td></tr><tr><td align="center">令5.10.1から令8.9.30まで</td><td align="center">仕入税額相当額の80%</td></tr><tr><td align="center">令8.10.1から令11.9.30まで</td><td align="center">仕入税額相当額の50%</td></tr></table> ※この経過措置は、一のインボイス発行事業者以外の者からの課税仕入れの合計額がその課税期間で10億円を超える場合にはその超える部分について適用はありません。（令和6年10月1日以後の課税期間から適用）

11. 適格請求書発行事業者となる小規模事業者に係る税額控除に関する経過措置 　2割特例	適用となる課税期間	適格請求書発行事業者の**令和5年10月1日から令和8年9月30日までの日**の属する各課税期間
	対象事業者	免税事業者が適格請求書発行事業者となったこと又は課税事業者選択届出書を提出したことにより事業者免税点制度の適用を受けられないこととなる場合 **（→2割特例の対象はインボイス発行事業者の登録をしなければ課税事業者にならなかった者）**
	特例の内容	その課税期間における課税標準額に対する消費税額から控除する金額を、その課税標準額に対する消費税額に8割を乗じた額（→（課税標準額に対する消費税額－返還等対価に係る税額）×80%）とすることにより、**納付税額を課税標準額に対する消費税額の2割とすること**ができます。

※留意点：基準期間の課税売上高が1,000万円超の場合は課税事業者となるので2割特例は適用できません。（2割特例から簡易課税制度に移行する場合については、③参照）
※令和6年10月1日以後開始課税期間において、恒久的施設を有しない国外事業者には2割特例の適用はありません。
①　2割特例は、課税期間の特例の適用を受ける課税期間（3か月ごと又は1か月ごとに短縮された課税期間）及び令和5年10月1日前

から課税事業者選択届出書の提出により引き続き事業者免税点制度の適用を受けられないこととなる課税期間（従前から課税事業者を選択していた事業者）については、適用されません。

　一方、課税事業者選択届出書を提出したことにより令和5年10月1日の属する課税期間から事業者免税点制度の適用を受けられないこととなる適格請求書発行事業者が、その課税期間中に課税事業者選択不適用届出書を提出したときは、その課税期間からその課税事業者選択届出書は効力を失い、2割特例が適用できます。

② 　適格請求書発行事業者が2割特例の適用を受けようとする場合には、確定申告書にその旨を付記するものとされていますので、事前の届出は不要です。また、継続適用もありません。

　したがって、申告時に、本則課税か2割特例のいずれか、又は簡易課税か2割特例のいずれかの選択適用が可能です。

③ 　2割特例の適用を受けた適格請求書発行事業者が、その適用を受けた課税期間の翌課税期間中に、簡易課税制度の適用を受ける旨の届出書を納税地を所轄する税務署長に提出したときは、その提出した日の属する課税期間から簡易課税制度の適用を認めることとされます。

　本来、簡易課税の適用を受けるためには課税期間開始の前日までに届出書の提出が必要ですが、2割特例の適用を受けた事業者が免税事業者ではなくなった場合等を考慮し、課税期間末日までの簡易課税選択届出書の提出が認められています。

消費税

12. 一定規模以下の事業者に対する事務負担の軽減措置 少額特例	適用時期	○令和5年10月1日から令和11年9月30日までの間に国内において行う課税仕入れについて適用（→上記期間は免税事業者等からの課税仕入れに係る経過措置（課税仕入れの8割控除・5割控除）が適用）
	対象事業者	①基準期間（前々年又は前々事業年度）における課税売上高が1億円以下の事業者②特定期間（前年1～6月又は前事業年度開始の日以後6か月の期間）における課税売上高が5,000万円以下である事業者
	インボイスの保存不要	○課税仕入れに係る支払対価の額が税込1万円未満である場合には、一定の事項が記載された帳簿のみの保存による仕入税額控除が認められます。○1万円未満かどうかは1回の取引に係る金額で判定。（1商品ごとや1決済ごとではありません。）
13. 少額な返還インボイスの交付義務の免除（恒久的措置）	適用時期	○令和5年10月1日以後の課税資産の譲渡等につき行う売上げに係る対価の返還等について適用されます。
	内　容	○売上げに係る対価の返還等に係る税込価額が1万円未満である場合には、その適格返還請求書の交付義務が免除されます。（すべての事業者が対象）○売上げに係る対価の返還等とは、返品又は値引き若しくは割戻しなどをいいます。

■申告・納付

1. 確定申告・納付 （消法45①、45の2、46、49） ※大法人の電子申告の義務化はP.106参照	① 事業者は、その課税期間ごとにその課税期間の末日の翌日から2か月以内に、その課税期間の課税標準額に対する消費税額、仕入れに係る消費税額、中間納付額、納付すべき税額等を記載した確定申告書を提出し、当該消費税額に相当する消費税を納付します。 ② 法人税の申告期限の延長の特例の適用を受ける法人について、消費税の申告期限を1月延長する特例があります。 ③ 簡易課税制度を選択していない課税事業者は、課税資産の譲渡等がない課税期間においても、還付のための申告書の提出ができます。 ※個人事業者の確定申告については、その期限が翌年3月31日になります。
2. 中間申告と納付 （消法42①～⑪）、消基通15-1-9(1)他） （消法43） 中間申告は、仮決算により実額で申告、納付することができます。	○ 中間申告の回数、期限、納付税額は次表のようになります。 （A）は、直前課税期間の確定消費税額（国税部分）

（A）	中間申告回数	申告期限	納付税額
4,800万円超	年11回 一月中間申告	毎月末日の翌日から2か月以内 （1目目は3か月以内）	$(A) \times \dfrac{1}{12}$
4,800万円以下 400万円超	年3回 三月中間申告	三月中間申告対象期間の末日の翌日から2か月以内	$(A) \times \dfrac{3}{12}$
400万円以下 48万円超	年1回 六月中間申告	六月中間申告対象期間の末日の翌日から2か月以内	$(A) \times \dfrac{6}{12}$
48万円以下	任意の中間申告 （年1回）が可能		

（消法42⑧）	①中間申告義務のない事業者が、任意の中間申告書を提出する旨の届出書を納税地の所轄税務署長に提出した場合には、その届出書を提出した日以後にその末日が最初に到来する6月中間申告対象期間から、自主的に中間申告・納付することができます。
（消法42⑪）	②中間申告書をその提出期限までに提出しなかった場合には、6月中間申告対象期間の末日に、任意の中間申告制度の適用をやめようとする旨を記載した届出書の提出があったものとみなされます。

○申告期限と納期限一覧

■消費税申告書・届出書等一覧表（抜粋）

様式番号	様式名（根拠法令及び通達）	届出期限等
第1号様式	消費税課税事業者選択届出書 （消法9④、消令20、20の2、消規11①）	• 課税期間の開始する日前 （新設法人は設立事業年度末日）
	免税事業者は消費税の還付が受けられません。届出後2年間は継続しなければなりません。	
第2号様式	消費税課税事業者選択不適用届出書　（消法9⑤⑥⑦、消規11②③）	• 適用をやめようとする課税期間の開始する日前
	(注) 第1号様式を提出した事業者は、事業廃止のときを除き納税義務者となった初めての課税期間の初日から2年を経過する日の課税期間の初日以後でなければ提出できません。	
第3-(1)、3-(2)号様式	消費税課税事業者届出書（基準期間用（3-(1)))（特定期間用（3-(2)))　（消法57①一、消規26①一）相続・合併・分割があったことにより課税事業者となる場合は付表を添付します。（消規26②③④）	• 速やかに提出 (注) 課税事業者選択届出書（第1号様式）を提出した事業者は不要（消基通17-1-1）
第5号様式	消費税の納税義務者でなくなった旨の届出書 （消法57①二、消規26①二）	• 速やかに提出
第5-(2)号様式	高額特定資産の取得に係る課税事業者である旨の届出書 （消法57①二の2、消規26①三）	• 速やかに提出
第6号様式	事業廃止届出書 （消法57①三、消規26①四）	• 速やかに提出
	既に第2号様式、第14号様式、第25号様式又は第26-(3)号様式により廃止した旨の届出書を提出しているときは不要（消基通1-4-15）	
第7号様式	個人事業者の死亡届出書 （消法57①四、消規26①五）	• 速やかに提出
第10-(2)号様式	消費税の新設法人に該当する旨の届出書　（消法57②、消規26⑤）	• 速やかに提出（法人設立届出書にその旨を記載したときは不要。）
第11号様式	法人の消費税異動届出書 （消法25、消規14）	• 納税地の異動後遅滞なく提出 （令5.1.1以後、個人事業者は提出不要）
第13号様式	消費税課税期間特例選択（変更）届出書 （消法19①②、消令41、消規13①②）	• 課税期間の開始する日前 （新設法人は設立事業年度末日）
	(注) 届出後2年間は継続して適用 • 還付を受けるため1か月又は3か月ごとに課税期間を短縮するときなどに提出します。	
第14号様式	消費税課税期間特例選択不適用届出書 （消法19③、消規13③④⑤）	• 上記の適用をやめようとする課税期間の開始する日前 (注) 消法19②⑤、消令41
第22号様式	消費税課税売上割合に準ずる割合の適用承認申請書 （消法30③二、消令47、消規15）	• 適用を受けようとする課税期間の末日までに承認必要※（消令附13）
	(注) 一括比例配分方式を選択している場合は不適用 (参考) 課税売上割合95％未満の判定には、「準ずる割合」は使用できません。	

消費税

様式番号	様式名（根拠法令及び通達）	届出期限等
第22号様式	※令和3年4月1日以後に終了する課税期間からは、適用を受けようとする課税期間の末日までに申請書を提出し、同日の翌日から同日以後1月を経過する日までに承認があったときは、その課税期間の末日において承認があったものとみなされます。	
第23号様式	消費税課税売上割合に準ずる割合の不適用届出書 （消法30③但し書き）	• 上記の適用をやめようとする課税期間末日（2年間継続適用なし）
インボイス第9号様式	消費税簡易課税制度選択届出書 （消法37①、消令55、56、消規17①）	• 適用課税期間開始の前日（新設法人は設立事業年度末日）
	（注）届出後2年間は継続して適用します。	
第25号様式	消費税簡易課税制度選択不適用届出書　　（消法37⑤、消規17②③）	• 上記の適用をやめようとする課税期間の開始する日前
	簡易課税のままでは消費税の還付が受けられません。	
	（注）第24号様式を提出した事業者は原則2年間は簡易課税制度の適用後でなければ提出できません。	
第26号様式	消費税中間申告書 （消法42①～⑦、消規20）	• 課税期間開始の日以後6か月を経過した日から2か月以内
	前課税期間の確定税額が4,800万円超のときは毎月（1か月目は3か月以内）になります。400万円超4,800万円以下のときは年3回、48万円以下のときは原則として中間申告は不要です。（任意の中間申告が可能です。） • 第13号様式を提出している事業者は不要	
第27-(1)号様式 第27-(2)号様式	消費税（確定、中間（仮決算）、還付、修正）申告書（一般用） 同上（簡易課税用） （消法43、45、46、消令63、消規22、23）	• 法人：課税期間終了後2か月以内 • 個人：3月31日
第27-(3)号様式	特定課税仕入れがある場合の課税標準額等の内訳書	一般課税により申告する課税売上割合が95%未満の事業者が、特定課税仕入れを行った場合には、申告書に添付します。
第28-(14)号様式	消費税申告期限延長届出書 （消法45の2②①②、消規23の2①）	• 特例の適用を受けようとする事業年度終了の日の属する課税期間の末日
第28-(15)号様式	消費税申告期限延長不適用届出書 （消法45の2③、消規23の2②）	• 消費税の確定申告の期限の延長特例の適用をやめようとする事業年度終了の日の属する課税期間の末日
インボイス第1-(3)号様式	適格請求書発行事業者の登録申請書（国内事業者用）（消法57の2②）	• 免税事業者は、登録希望日（提出日から15日以降の日）を記載して提出
	（注）令11.9.30までの日の属する課税期間においては、課税事業者選択届出書を提出せず、登録申請の提出により課税期間の途中においてもインボイス発行事業者となることができます。（消基通21-1-1）	
インボイス第3号様式	適格請求書発行事業者の登録の取消しを求める旨の届出書 （消令57の2⑩一）	• 登録の取消しを求める課税期間の翌課税期間の初日から起算して15日前の日まで

相続税・贈与税・その他の国税

■相続税

1. 納税義務者
（相法1の3）

被相続人＼相続人		国内に住所 あり		国内に住所 なし		
		一時居住者以外	一時居住者	日本国籍 あり 10年以内に住所あり	日本国籍 あり 10年以内に住所なし	日本国籍 なし
国内に住所あり	外国人被相続人	①	③	②	④	④
国内に住所あり	日本国籍 あり／なし	①	①	②	②	②
国内に住所なし	10年以内に住所あり 日本国籍 あり／なし	①	①	②	②	②
国内に住所なし	非居住被相続人	①	③	②	④	④

- **一時居住者**とは、相続開始の時において在留資格を有する者であって、その相続開始前15年以内において国内に住所を有していた期間の合計が10年以下であるものをいいます。
- **外国人被相続人**とは、相続開始の時において、在留資格を有し、かつ、国内に住所を有していたその相続に係る被相続人をいいます。
- **非居住被相続人**とは、相続開始の時において、国内に住所を有していなかったその相続に係る被相続人であって、(ア)その相続開始前10年以内のいずれかの時において国内に住所を有していたことがあるもののうち、そのいずれの時においても日本国籍を有していなかったもの、又は、(イ)その相続開始前10年以内のいずれの時においても国内に住所を有していたことがないもの、をいいます。

課税財産	相続人の住所が国内	相続人の住所が国外
国内・国外財産	①居住無制限納税義務者	②非居住無制限納税義務者
国内財産だけ	③居住制限納税義務者	④非居住制限納税義務者

（注）相続等により財産を取得した時において日本国内を離れている場合でも、国外出張、国外興行等により一時的に日本国内を離れているにすぎない者については、その者の住所は日本国内にあることになります。

- 贈与により相続時精算課税制度の適用を受ける財産を取得した個人（上記①〜④に該当する者を除きます。）を**特定納税義務者**といい、課税財産の範囲は相続時精算課税適用財産のみとなります。

（納税義務者の相続税法の適用関係）

（相法19の2）
（相法19の3）
（相法19の4）
（相法20の2）
（相法62）

納税義務者	①居住無制限	②非居住無制限	③居住制限	④非居住制限
債務控除（相法13）	相法13①各号に定めるものの金額のうち、その者の負担に属する部分		相法13②各号に定めるものの金額のうち、その者の負担に属する部分	
配偶者控除	○	○	○	○
未成年者控除	○	○	×	×
障がい者控除	○	×	×	×
外国税額控除	○	○	×	×
納税地	住所地※	相法62②適用有※	住所地※	相法62②適用有

※相法附則（昭和25年法律第73号）第3項の適用がある場合を除きます。

相続・贈与税

2. 課税財産（法2）

種類	細目	利用区分等
土地 （土地の上に存する 権利を含みます。）	田・畑	自用地、貸付地、賃借権（耕作権）、永小作権
	宅地	自用地（事業用、居住用、その他）、貸宅地、貸家建付地、借地権（事業用、居住用、その他）など
	山林	普通山林、保安林など
	その他の土地	原野、牧場、池沼、鉱泉地、雑種地（又はこれらに対する地上権、賃借権、温泉権又は引湯権）
建物	家屋 構築物	自用家屋、貸家 駐車場、養魚池、広告塔など
事業（農業）用財産	機械、器具、農機具、その他の減価償却資産	機械・器具、農機具、自動車、船舶など 牛馬等（農耕用、乳牛など） 果樹 営業権
	商品、製品、半製品、原材料、農産物等	商品、製品、半製品、原材料、農産物等の別にそれらの明細を記載する
	売掛金	
	その他の財産	受取手形その他
有価証券	特定同族会社株式、出資	配当還元方式によるもの その他の方式によるもの
	上記以外の株式出資	上場株式、気配相場のある株式
	公債、社債	国債、地方債、社債、外国公債
	受益証券	証券投資信託、貸付信託の受益証券
現金、預貯金等	現金	金銭、小切手
	預金、貯金、その他	普通預金、当座預金、定期預金、通常郵便貯金、定期積金、金銭信託など
家庭用財産	生活用具	家具、什器
その他の財産	みなし相続財産	生命保険金等、退職手当金等、その他のみなし相続財産（保険契約に関する権利、利益の享受等）
	立木	主要樹種（杉及びひのき）、主要樹種以外
	その他	特許権、著作権、貸付金（※）、未収配当金、未収家賃、貴金属、宝石、競走馬、ゴルフ会員権、ヨット、書画・骨とう、事業用でない自動車等など

（※）同族会社への貸付債権の評価額を零とする納税者の主張は、判決等ではほぼ退けられています。

3. 非課税財産（法12、措法70）

①皇室経済法の規定によって皇位とともに皇嗣が受けた物（法12①）

②墓地、霊廟、仏壇、仏具など（法12①）※庭内神しの敷地及び附属設備も含みます。

③公益事業を行う者が、相続や遺贈によって取得した財産で、その公益事業の用に供することが確実なもの（公益事業用財産）（法12①）

④心身障がい者扶養共済制度に基づく給付金の受給権（法12①）

⑤相続人が受け取った生命保険金などのうち、一定の金額（法12①）

⑥相続人が受け取った退職手当金などのうち、一定の金額（法12①）

⑦相続財産などを申告期限までに国などに寄附をした場合におけるその寄附財産（措法70①）

⑧相続財産である金銭を申告期限までに特定公益信託に支出した場合におけるその金銭（措法70③、措令40の4②）

4. 相続又は遺贈によって取得したとみなされる財産
（相法3）
	相続又は遺贈により取得したものとみなされて相続税が課される財産は次の通りです。
	1．生命保険金契約の保険金（共済金を含みます。）・損害保険契約の保険金（偶然な事故に基因する死亡に伴い支払われるものに限ります。）
	  ・**生命保険金の非課税範囲額**
	$$\left(500万円 \times 法定相続人の数\right) \times \frac{その相続人の取得金額}{各相続人の取得金額の合計額}$$
	2．退職手当金（被相続人の死亡後3年以内に支給が確定したもの。）
	  ・**退職金（小規模企業共済等の死亡一時金を含みます。）の非課税範囲額**
	$$\left(500万円 \times 法定相続人の数\right) \times \frac{その相続人の取得金額}{各相続人の取得金額の合計額}$$
	3．生命保険契約に関する権利
	4．定期金・保証期間付定期金・契約に基づかない定期金に関する権利
	5．相続財産法人からの分与財産
	6．低額譲渡（被相続人の遺言によるもの）
	7．債務の免除等
	8．その他の利益の享受
	9．信託に関する権利

5. 債務控除 （相法13、14）	**1 債 務**……被相続人の確定した債務で、相続開始のときに存在する確実なもの（相続開始当時の現況で確実と認められる範囲のもの）をいいます。 **2 公租公課**……被相続人に係る未納の所得税、住民税、固定資産税等の税額です。(注) この場合、相続人の責に帰すべき事由による延滞税等は含まれません。申告等の後に公租公課に異動があったときは更正手続が必要です。 債務控除の範囲

<table>
<tr><td>居住無制限納税義務者</td><td rowspan="2">被相続人の債務で、相続開始の時現に存するもの（公租公課を含みます。）</td></tr>
<tr><td>非居住無制限納税義務者</td></tr>
<tr><td>制限納税義務者</td><td>㋑ 取得財産に係る公租公課（固定資産税等）
㋺ その財産を目的とする留置権、特別の先取特権、質権又は抵当権で担保されている債務
㋩ その財産の取得、維持又は管理のために生じた債務
㊁ その財産に関する贈与の義務
㋭ ㋑～㊁のほか、被相続人が死亡の時日本国内に営業所又は事業所を有していた場合においては、その営業所又は事業所に係る営業上又は事業上の債務</td></tr>
</table>

3 葬式費用となるもの

①仮葬式・本葬式に要した費用
②葬式に際して施与した金品で、被相続人の職業等に照らして相当のもの
③ ①②のほか通常葬式の前後に生じた通常葬式に伴う出費

（相基通13 -10）	(注) 被相続人生存中に購入した墓碑代金の未払分は控除されません。また、死亡した相続時精算課税適用者の債務は、債務控除の適用はなく、その特定贈与者の債務・葬式費用は、その相続人又は包括受

相続・贈与税

贈与の時期	加算対象期間
令和5年12月31日まで	前3年間
令6.1.1〜令和8.12.31	前3年間
令9.1.1〜令12.12.31	令6.1.1〜相続開始日
令13.1.1〜	前7年間

100万円控除
—
—
令6.1.1〜令12.12.31までの贈与財産のうち相続開始前3年以内贈与財産以外の贈与財産から100万円控除
7年前から4年前までの贈与財産から100万円控除

7. 遺産に係る基礎控除額 （相法15） （相法15②） （相法63）	基礎控除額…… ［3,000万円＋（600万円×法定相続人の数）］ （注）　法定相続人の中に相続を放棄したものがあるときは、その放棄がなかったものとした場合の相続人の数とします。 　①被相続人に実子がいるとき、この算式での法定相続人数には養子のうち１人まで、実子がいないときは養子のうち２人までを加えます。 　なお、被相続人の特別養子（配偶者の特別養子であった人で被相続人の養子となった人を含みます。）、連れ子、代襲相続人となった者の直系卑属である者は実子とみなしこの制限は受けません。 　②①のように養子の数を法定相続人の数に含めることが、相続税の負担を不当に減少させる結果となるときは、その養子の数に算入されません。
8. 相続税額の計算 （相法16）	（相続時精算課税のない場合）
9. 相続税額の2割加算 （相法18）	相続又は遺贈により財産を取得した相続税の納税義務者が当該相続又は遺贈に係る**被相続人の１親等の血族（直系卑属である代襲相続人を含みます。）及び配偶者以外の者**である場合においては、その者に係る相続税額は、算出した金額にその20%に相当する金額を加算した金額とされます。 　一親等の血族には、被相続人の直系卑属が当該被相続人の養子となっている場合は含まれません。**（孫養子には２割加算あり）** ただし、当該被相続人の直系卑属の代襲相続人は含みます。なお、推定相続人でない孫が相続時精算課税制度（P.237参照）を適用した財産については、その後贈与者（祖父母）に相続が発生した場合には、この２割加算の対象となります。
10. 贈与税額控除 （相法19）	**1　相続開始前７年以内の贈与財産と贈与税額控除**（相法19） 　相続開始前７年以内に被相続人から贈与により財産を取得している場合は、その財産の価額（前４年から前７年の４年間の贈与については、100万円を控除）を相続税の課税価格に加算し、課された贈与税額は相続税額から控除します。 **2　相続税額から控除する贈与税額** 被相続人から贈与を受けた年分の贈与税額 × $\dfrac{\text{相続税の課税価格に加算された贈与財産の価額}}{\text{被相続人から贈与を受けた年分の贈与税の課税価格}}$ （注）贈与を受けた年が複数ある場合は、各年分につき上記算式により計算した金額の合計額を控除額とします。（算出相続税額を限度とします。）
11. 配偶者の税額軽減 (1)適用要件 （相法19の2）	・**婚姻の届出**（民法739①）**をした被相続人の配偶者であること。** ①配偶者が制限納税義務者であっても適用があります。 ②配偶者が相続放棄しても、遺贈による財産取得の場合には適用。 ③事実婚の配偶者は含まれません。

相続・贈与税

（相基通19の2 -1、19の2 -2、19の2 -3）	
(2)申告要件 （相規1の6）	①相続税の申告書（期限後申告書、修正申告書を含みます。）又は更正請求書に適用を受ける旨、計算に関する明細（申告書第5表）を記載すること。 ②①の申告書又は更正請求書に次の書類を添付すること。
	<table><tr><td rowspan="1">添付書類</td><td>(i)戸籍の謄本（相続の開始の日から10日を経過した日以後作成のもの）又は、実子又は養子の別が記載された図形式の法定相続情報一覧図の写し（いずれもコピーしたものを含みます。） (ii)配偶者が財産を取得したことを証する次の書類 　①遺言書の写し 　ⅱ遺産分割協議書（その相続に係るすべての共同相続人及び包括受遺者が自署し、自己の印を押しているものに限ります。）の写し（印鑑証明書添付） 　ⅲその他、財産の取得の状況を証する書類 　（調停又は審判により分割されていれば、調停調書又は審判書の謄本） 　（生命保険金等が相続又は遺贈により取得したものとみなされるものである場合は、支払通知書等）</td></tr></table>
(3)配偶者の税額 軽減額	
    （相基通19の2 -4） **(4)未分割の場合** （相法19の2②、 相令4の2）	①「配偶者の法定相続分」は、相続の放棄があった場合でも、その放棄がなかったものとした場合の相続分をいいます。 ②「配偶者の実際取得額」には申告期限までに分割されていない財産は含みません。（ただし申告期限後3年以内に分割された場合は含めて計算します。）また、分割を要しない財産（遺贈財産、相続又は遺贈により取得したものとみなされた財産等）で配偶者が取得したもの及び生前贈与加算財産は、配偶者の実際取得額に含みます。 遺産の全部又は一部が未分割の場合、申告期限までに分割されていない財産は配偶者の税額軽減の計算の基礎となる財産から除かれます。 ※「申告期限後3年以内の分割見込書」を相続税の申告書に添付します。
12.その他の税 　額控除 （相法19の3、 19の4、20、 20の2）	**1　未成年者控除**（相法19の3） 　財産の取得者が18歳未満である者の場合、18歳に達するまでの年数各1年に付き10万円。（不足額がある場合はその未成年者の扶養義務者の相続税額から控除できます。） **2　障がい者控除**（相法19の4） 　相続人が障がい者である場合、85歳に達するまでの年数各1年に付き10万円（特別障がい者は20万円）（不足額がある場合はその障がい者の扶養義務者の相続税額から控除できます。） **3　相次相続控除**（相法20） 　被相続人が死亡前10年内に相続により財産を取得している場合は、

	前回の相続税額のうちの一定額に（前の相続から次の相続までの期間を10年から差し引いた年数）×$\frac{1}{10}$を乗じた額 **4 外国税額控除**（相法20の2） 相続財産が外国にあり、外国の法令により相続税に相当する税が課税された場合、相続税からその税額を控除

13.税率(相法16)
（平成27年1月1日以後の相続又は遺贈分）

〔相続税の速算表〕

各相続人が取得する金額		税率	控除額
	1,000万円以下	10%	―
1,000万円超	3,000万円以下	15%	50万円
3,000万円超	5,000万円以下	20%	200万円
5,000万円超	1億円以下	30%	700万円
1億円超	2億円以下	40%	1,700万円
2億円超	3億円以下	45%	2,700万円
3億円超	6億円以下	50%	4,200万円
6億円超		55%	7,200万円

14.相続税額の早見表

（法定相続分通りに財産を取得した場合の税額軽減後の相続税額）

（単位：万円）

相続人 課税価格	1人の場合 基礎控除3,600万円 子1人	2人の場合 基礎控除4,200万円 子2人	 配偶者と子1人	3人の場合 基礎控除4,800万円 子3人	 配偶者と子2人	4人の場合 基礎控除5,400万円 子4人	 配偶者と子3人
5,000	160	80	40	20	10	0	0
6,000	310	180	90	120	60	60	30
8,000	680	470	235	330	175	260	138
10,000	1,220	770	385	630	315	490	263
15,000	2,860	1,840	920	1,440	748	1,240	665
20,000	4,860	3,340	1,670	2,460	1,350	2,120	1,218
25,000	6,930	4,920	2,460	3,960	1,985	3,120	1,800
30,000	9,180	6,920	3,460	5,460	2,860	4,580	2,540
40,000	14,000	10,920	5,460	8,980	4,610	7,580	4,155
50,000	19,000	15,210	7,605	12,980	6,555	11,040	5,963
70,000	29,320	24,500	12,250	21,240	10,870	19,040	9,885
80,000	34,820	29,500	14,750	25,740	13,120	23,040	12,135
100,000	45,820	39,500	19,750	35,000	17,810	31,770	16,635
120,000	56,820	49,500	24,750	45,000	22,560	40,770	21,135
150,000	73,320	65,790	32,895	60,000	30,315	55,500	28,500
200,000	100,820	93,290	46,645	85,760	43,440	80,500	41,183

相続・贈与税

15.評価の原則
（相法22）

• 取得した財産の価額は取得時の時価により、財産の価額から控除する金額はその時の現況により評価するとし、相続税法では、次の**16.17.18.**だけが定められており、それ以外の財産の具体的な評価方法は「財産評価基本通達」に示されています。

16. 地上権・永小 作権 (相法23)	自用地価額×残存期間に応ずる地上権割合			
	残存期間	地上権割合	残存期間	地上権割合
	～10年以下	5 %	30年超　35年以下	50%
	10年超　15年以下	10%	35年超　40年以下	60%
	15年超　20年以下	20%	40年超　45年以下	70%
	20年超　25年以下	30%	45年超　50年以下	80%
	25年超　30年以下 存続期間の定めなし	40%	50年超～	90%

17. 配偶者居住 権等の評価 (相法23の2)	**1．配偶者居住権** $$\text{建物の}\atop\text{評価額} - \text{建物の}\atop\text{評価額} \times \frac{\left(\text{残存}\atop\text{耐用年数} - \text{存続}\atop\text{年数}\right)}{\text{残存耐用年数}} \times \text{存続年数に応じた}\atop\text{民法の法定利率}\atop\text{による複利現価率}$$ **2．配偶者居住権に基づく敷地利用権** $$\text{土地等の評価額} - \text{土地等の評価額} \times \text{存続年数に応じた民法の}\atop\text{法定利率による複利現価率}$$

18. 定期金 (相法24、25)	**1．給付事由（被保険者の死亡等）が発生しているもの**

(1)有期定期金⇨ 次の①～③のい ずれか多い額	①解約返戻金相当額 ②(定期金に代えて一時金の給付を受けられる場合)一時金相当額 ③1年間に受けるべき金額の平均額×予定利率の複利年金現価 　率（残存期間に応ずるもの）
(2)無期定期金⇨ 次の①～③のい ずれか多い額	①解約返戻金相当額 ②定期金に代えて受取る一時金相当額 ③1年間に受けるべき金額の平均額÷予定利率
(3)終身定期金⇨ 次の①～③のい ずれか多い額	①解約返戻金相当額 ②定期金に代えて受取る一時金相当額 ③1年間に受けるべき金額の平均額×平均余命に応ずる予定利 　率の複利年金現価率

2．給付事由（被保険者の死亡等）が発生していないもの
(1)解約返戻金を支払う旨の定めのあるもの…解約返戻金相当額
(2)解約返戻金を支払う旨の定めのないもの
　①保険料が一時払いの場合
　　一時払保険料×経過期間に応じる複利終価率×0.9
　②①以外の場合
　　$\text{払込保険料の}\atop\text{年平均額} \times \text{経過期間に応ずる予定利率の}\atop\text{複利年金終価率} \times 0.9$

19. 申告期限 (相法27)	相続の開始を知った日の翌日から**10か月以内**に被相続人の死亡時の住 所地の所轄税務署長に申告します。

20. 連帯納付義 務 (相法34、相 令10の2)	• 同一の被相続人から相続又は遺贈により財産を取得した全ての者は、 その相続税について、その相続又は遺贈により受けた利益の価額に相 当する金額を限度として、互いに連帯納付責任があります。 　ただし、次の場合には連帯納付義務を負いません。 ①申告期限から5年を経過する日までに、税務署長が連帯納付義務者 　に対して連帯納付に係る納付通知書を発していない場合 ②本来の納税義務者が延納の許可を受けた相続税額に係る相続税 ③本来の納税義務者が納税猶予（農地等、山林、非上場株式等など） 　の適用を受けた場合の納税が猶予された相続税額に係る相続税

21. 延納 (相法38)	• 延納ができる要件 ①　納付すべき相続税額が10万円を超えること

② 金銭で一時に納付することを困難とする金額を限度とすること

③ 必要な担保の提供があること

④ 納期限までに延納申請書を提出すること

(相法38④ただし書)

(注) 延納税額が100万円以下で、かつ、その延納期間が3年以下である場合には、担保の提供を要しません。

(相法38②)

• **延納方法**

年賦延納で、延納年割額は延納税額を延納期間に相当する年数で除して得た金額。

ただし、その計算した金額が10万円未満である場合には、最終年割額を除き10万円を下ることはできません。

● 延納期間と利子率
（相法51の2、
措法70の10
〜11、93②）

区分			延納期間 （最長）	本則利子 税割合	特例割合（令6） 延納特例基準割合 0.9%
相続税	① 不動産等の 割合が75% 以上の場合	イ 動産等に係る延納相続税額	10年	5.4%	0.6%
		ロ 不動産等に係る延納相続税額	20年	3.6%	0.4%
		ハ 森林計画立木の割合が20%以上の場合の森林計画立木に係る延納相続税額	20年	1.2%	0.1%
	② 不動産等の 割合が50% 以上75%未 満の場合	イ 動産等に係る延納相続税額	10年	5.4%	0.6%
		ロ 不動産等に係る延納相続税額	15年	3.6%	0.4%
		ハ 森林計画立木の割合が20%以上の場合の森林計画立木に係る延納相続税額	20年	1.2%	0.1%
	③ 不動産等の 割合が50% 未満の場合	イ 一般の延納相続税額（ロ、ハ及びニを除く）	5年	6.0%	0.7%
		ロ 立木の割合が30%を超える場合の立木に係る延納相続税額	5年	4.8%	0.5%
		ハ 特別緑地保全地区等内の土地に係る延納相続税額	5年	4.2%	0.5%
		ニ 森林計画立木の割合が20%以上50%未満の場合の森林計画立木に係る延納相続税額	5年	1.2%	0.1%
贈与税		延納贈与税額	5年	6.6%	0.8%

(注) 1. 不動産等とは、不動産、不動産の上に存する権利、立木、事業用減価償却資産、特定同族会社の株式・出資をいいます。

2. ［特例割合］は $\left[延納利子税割合 \times \dfrac{延納特例基準割合^{※}}{7.3\%} \right]$

(0.1％未満は切捨てます。)

※平成26年1月1日から令和2年12月31日までは、特例基準割合として（短期貸付の平均利率＋1％）となります。

※令和3年1月1日以後は、延納特例基準割合として（平均貸付割合＋0.5%）となります。（平均貸付割合は前年11月30日までに財務大臣が告示）

相続・贈与税

22. 物納 〔物納制度の概要〕	

※1　補完通知：書類の提出や記載の不備の訂正を求める通知
※2　措置通知：廃棄物の撤去等収納のために必要な措置を求める通知

・物納の要件 　（相法41①）	・物納申請は以下の要件を満たす場合には、納付を困難とする金額を限度として物納が認められます。 　（金銭一時納付→延納で金銭納付→物納） 　①納付すべき相続税額を延納によっても金銭で納付することを困難とする事由があること。②納税義務者が申請し税務署長の許可を受けること。
・物納財産 　（相法41②）	・物納に充てることができる財産は、課税価格の計算の基礎となった財産又はその財産により取得した財産のうち次にあげる財産（物納順位は①→②→③） 　①不動産・船舶、国債・地方債、上場株式等、社債、証券投資信託等の受益証券、投資証券等 　②非上場株式等、社債、証券投資信託又は貸付信託の受益証券（※取引相場のない株式の物納について、物納の要件及びその取扱いが、別に定められています。（相基通41-14他）） 　③動産
・収納価額 　（相法43①、 　46）	・原則として課税価格の計算の基礎となったその財産の相続税評価額です。（小規模宅地等の適用を受けた土地は、特例適用後の価額が収納価額となります。） 　ただし、その財産が収納の時までに当該財産の状況に著しい変化が生じたときは収納時の現況によります。
・収納時期 　（相法43②、 　46）	・物納財産の引き渡し、所有権の移転の登記等第三者に対抗することができる要件を充足したとき物納があったものとされます。
・特定物納制度 　（相法48の2、 　52、相令12 　～15、措法 　70の10、70 　の11）	・延納から物納への変更 　延納の許可を受けた納税者が、その後の資力の変化等により、延納条件の変更を行ったとしても延納を継続することが困難になった場合には、申告期限から10年以内の申請により、分納期限が未到来の税額部分について、延納から物納への変更を行うことができます。このときの物納に係る財産の収納価額は、特定物納申請時の価額となります。

● （参考）民法における相続に関する規定

項　目	説　明
1. 相続の開始 （民法882、 883）	相続は、人の死亡によって開始します。普通失踪の失踪宣告を受けた者も失踪期間（７年間）満了の時、危難失踪のときは危難が去った時に死亡したものとみなされ（民法31）、相続開始の原因となります。 　相続開始の場所は、被相続人の死亡当時の住所地です。
2. 相続人 （民法887、 889、890、 886）	相続人は被相続人と一定の身分関係のある者、即ちその配偶者（内縁関係にある者は除きます。）、子、直系尊属、兄弟姉妹で、相続開始時において生存している者です。 ※配偶者又は血縁関係にある者であっても、(1)相続開始以前に死亡している者、(2)推定相続人から廃除されている者、(3)相続人の欠格事由に該当している者、(4)相続の放棄をしている者は相続人となることができません。 　相続開始の時に相続人となる者が死亡しているときは代襲相続になります。 　胎児は、相続の場合は、すでに生まれたものとみなして相続権があります。 （注）　相続税においては、胎児が申告書提出時までに出生していないときは、いないものとして相続税の計算をします。生まれたときは更正の請求をします。
3. 相続人の法定順位 （民法887、 889、890）	相続人の相続順位は次の通りです。 　　第1順位　**配偶者と子**（代襲相続人（再代襲あり）） 　　第2順位　**配偶者と直系尊属** 　　第3順位　**配偶者と兄弟姉妹**（代襲相続人（**再代襲なし**））
4. 法定相続分 （民法900、 901）	相続分の指定がないときの共同相続人の相続分は次の通りです。

相続人の組合せ	配偶者	子	直系尊属	兄弟姉妹
配偶者のみ	全額			
配偶者と子	$\frac{1}{2}$	$\frac{1}{2}$ (注)		
子のみ		全額 (注)		
配偶者と直系尊属	$\frac{2}{3}$		$\frac{1}{3}$ (注)	
直系尊属のみ			全額 (注)	
配偶者と兄弟姉妹	$\frac{3}{4}$			$\frac{1}{4}$ (注)
兄弟姉妹のみ				全額 (注)

（注）　複数人いる場合は、各自均分

※寄与分制度
　被相続人の財産形成に特別の寄与をした相続人又は相続人の親族（令元.7.1以後）に対し、寄与の方法・程度に応じ、遺産分割において相当額の財産を取得できるようにする制度です。
※非嫡出子の相続分も嫡出子と同じです。（平25.9.4最高裁決定）
※代襲相続人は、その親の相続分を均分します。
※養子がいる場合、すべての養子が民法上の法定相続人となりますが、相続税法では法定相続人の数に算入されない場合があります。

※遺留分に関する民法の特例
「中小企業経営承継円滑化法」により、中小企業の株式等については、一定の手続きを経て「①贈与株式等を遺留分算定基礎財産から除外できる②贈与株式等の評価額を予め固定化できる」という遺留分に関する民法の特例があります。

5. 相続の承認・放棄 (民法915、924、938)	相続人は相続開始の時から被相続人に属した財産上の一切の権利義務を承継します（民法896）が、相続人には相続の承認又は放棄を選択する権利が与えられています。

(1)相続の承認

単純承認 (民法920)	相続財産・債務を全面的に承継します。 （相続財産をもって相続債務を弁済しきれない場合、相続人の個人財産により弁済しなければなりません。）
限定承認 (民法922)	相続財産の範囲において債務及び遺贈の義務を負担します。 相続人が複数いるときには、全員の共同が必要です（民法923）。

(2)相続の放棄
(民法939)

- 相続の放棄とは、自己のために開始した不確定の相続の効力を確定的に消滅させることを目的とする意思表示をいい、家庭裁判所に申述書を提出しなければなりません（遺産分割により相続財産を何も取得しないこと、いわゆる財産放棄のことではありません。）。
- 相続の放棄により、はじめから相続人とならなかったものとみなされます（相続放棄の場合には代襲相続もありません。）。
- また、相続の放棄により同一順位の相続人がいなくなったときは、次の順位の者が相続人になります（例えば、第1順位の相続人が放棄すると第2順位の人が相続人となります。）。

●親族表
(民法725)

親族とは6親等内の血族（1～6）、配偶者、3親等内の姻族（①～③）をいいます。（「中心的な同族株主」（評基通188）の判定の基礎になる同族株主はアミカケ部分です。）

■贈与税

項　　目	説　　　　　明

1. 納税義務者・課税財産
（相法1の4・2の2）

贈与者 ＼ 受贈者		国内に住所あり^(注)	国内に住所なし		
			日本国籍あり		日本国籍なし
			国外居住10年以下	国外居住10年超	
国内に住所あり（注）		①国内・国外財産ともに課税	②国内・国外財産ともに課税		
国内に住所なし	国外居住10年以下^(注)				
	国外居住10年超^(注)			③国内財産のみに課税	

（注）一時居住者、外国人贈与者、非居住贈与者、短期非居住贈与者の場合の取扱い及び①居住無制限納税義務者、②非居住無制限納税義務者、③居住制限納税義務者、④非居住制限納税義務者の課税財産の範囲については相続税の場合と同様です。（P.219参照）

贈与による財産の取得時期
（相基通1の3・1の4共8～11）

①口頭による贈与→贈与の履行の時 ②書面による贈与→贈与契約の効力が生じた時 　（公正証書による不動産の贈与の時期は、公正証書作成の時ではありません。） ③停止条件付贈与→条件が成就した時	贈与の日が明確でない場合 所有権等の登記又は登録の目的となる財産→登記又は登録をした日
④農地等の贈与→農地法による許可又は届出の効力が生じた日	許可又は届出の効力が申請書等提出日の属する年の翌年の1/1～3/15までに生じた場合には申請書提出日に贈与があったとして申告してもよい

2. 非課税財産

次に掲げる財産は、贈与税が課税されません。

（相法21の3①）
（相基通21の3-3、3-4、3-5、3-6）

①法人からの贈与により取得した財産
個人が法人から受けた贈与財産は、所得税（**一時所得**）が課税されます。

②扶養義務者相互間において、生活費又は教育費に充てるために贈与した財産で通常必要と認められるもの。
- **「生活費」**とは、通常の日常生活を営むのに必要な費用で、治療費、養育費などを含みます。
- **「教育費」**とは、教養上通常必要と認められる学費、教材費、文具費等をいいます。
- **「生活費又は教育費に充てるため」**とは、必要な都度直接これらに充てることをいいます。
したがって、生活費・教育費という名目であっても一括して贈与されて預金したり、株式、車、不動産等の購入に充てられたものは、贈与税が課税されます。

（相令4の5）
（昭和39.6.9直審（資）24）

③宗教、慈善、学術その他公益を目的とする事業を行う者で一定の要件に該当するものが贈与により取得した財産で、その公益を目的とする事業の用に供されることが確実なもの。
- 公益事業用財産の非課税に関する取扱いは、相令4の5及び昭和39.6.9直審（資）24において定められています。
- 贈与により取得した財産を取得後2年を経過しても、その事業の用に供していないときはその財産に対して贈与税が課税されます。

④特定公益信託（所得税法第78条第3項）で学術に関する貢献・研究に対して交付される財務大臣指定のもの又は学資の支給を行うことを目的とする特定公益信託から交付される金品

	⑤精神又は身体に障がいのある者又はその者を扶養する者が、条例の規定により地方公共団体が実施する心身障がい者共済制度（所得税法施行令第20条第2項）に基づいて支給される給付金を受ける権利
	⑥公職選挙の候補者が選挙運動に関し、個人から贈与により取得した金銭等で公職選挙法の規定により報告されたもの
（相法21の4） （相令4の11）	⑦特定障がい者が、特定障がい者扶養信託契約に基づく信託受益権の贈与を受けた場合で、「障がい者非課税信託申告書」を提出したときにおける、信託受益権の価額のうち6,000万円（特定障がい者のうち特別障がい者以外の者は3,000万円）までの金額 • 過去に「障がい者非課税信託申告書」を提出している場合には、非課税額となる金額は既にこの規定の適用を受けた金額を控除します。
（相基通21の3 －9）	⑧個人から受ける香典、花輪代、年末年始の贈答、祝物又は見舞い等のための金品で、社交上の必要によるもので社会通念上相当と認められるもの
（相法21の2 ④）	⑨相続又は遺贈により財産を取得した者が、その相続開始の年に、被相続人から贈与により取得した財産 • 被相続人から贈与を受けた場合であっても、相続又は遺贈により財産を取得していない場合は、贈与税が課税されます。
3. 直系尊属からの住宅取得等資金の贈与の特例 （措法70の2）	• 令和4年1月1日から令和8年12月31日までの間に、その直系尊属から贈与により取得した住宅用家屋の新築・取得又は増改築に充てるための金銭（「住宅取得等資金」といいます。）の取得をした**特定受贈者**（直系尊属から贈与を受けた18歳以上（その年の1月1日現在）の者（制限納税義務者を除きます。）で、合計所得金額2,000万円以下のもの）が、住宅用家屋の新築等について一定の要件を満たすときは、非課税限度額までの金額について贈与税の課税価格に算入されません。 　なお、この非課税制度は暦年課税の基礎控除額（相法21の5、措法70の2の4）、相続時精算課税の特別控除（相法21の12）又は特定の贈与者からの住宅取得等資金の贈与を受けた場合の相続時精算課税の特例（措法70の3）と併せて適用ができます。 ※対象となる住宅用家屋の床面積要件は50m²以上240m²以下（ただし、令和3年1月1日以後は、受贈者の贈与年分の合計所得金額が1,000万円以下である場合に限り、40m²以上240m²以下） ※相続時精算課税制度についてはP.238参照
●**非課税限度額**	<table><tr><td>贈与日</td><td>耐震性能・省エネ性能・バリアフリー性能のいずれか有する住宅</td><td>左記以外の住宅</td></tr><tr><td>令6.1.1～令8.12.31</td><td>1,000万円</td><td>500万円</td></tr></table>＊令和4年1月1日以後贈与から、既存住宅は昭和57年以後に建築された住宅又は新耐震基準に適合していることが必要。 ＊原則として贈与を受けた年の翌年3月15日までに住宅を取得する必要。
4. 農地等の贈与税・相続税の納税猶予 （措法70の4、70の6）	• 農業を営んでいる者が、その農業を引き継ぐ推定相続人の1人に農地等の生前一括贈与をした場合には、その受贈者に課税される贈与税については、その贈与を受けた農地等について受贈者が農業を営んでいる限り、その納税が猶予されます。 • 農業を営んでいた被相続人から農業相続人が農地等を相続又は遺贈により取得して農業を営む場合には、その取得した農地等の価額のうち農業投資価額を超える部分に対応する相続税額は、その農地等について農業を継続して行っている場合に限り、その納税が猶予されます。

5. 山林について の相続税の納 税猶予 （措法70の6の 4）	林業経営相続人が、相続又は遺贈により、特定森林経営計画が定められている区域内に存する山林（立木又は土地をいいます。）について当該特定森林経営計画に従って施業を行ってきた被相続人からその山林を一括して取得した場合において、その林業経営相続人が当該特定森林経営計画に基づいて引き続き施業を継続していくときは、その林業経営相続人が納付すべき相続税額のうち、当該相続又は遺贈により取得した山林で一定の要件を満たすものに係る課税価格の80％に対応する相続税額については、その林業経営相続人の死亡の日までその納税が猶予されます。
6. 贈与税の配偶 者控除 （相法21の6） （相令4の6） （相規1の5）	贈与の日において**婚姻期間が20年以上である配偶者**から、**居住用不動産又は居住用不動産を取得するための金銭の贈与**を受けた場合、贈与税の課税価格から**最高2,000万円まで控除**されます。 $$\left[\begin{array}{l}\text{その年分の贈与税}\\\text{の課税価格}\end{array} - \boxed{\begin{array}{c}\text{贈 与 税 の 配}\\\text{偶者控除額}^{※}\end{array}} - 110\text{万円}\right] \times 税率 = 贈与税額$$ ※次のいずれか少ない金額 　イ　2,000万円 　ロ　居住用不動産の価額＋居住用不動産の取得に充てられた金銭 ①婚姻期間が20年以上であること。 　• 婚姻の届出の日から居住用不動産の贈与の日までの期間によって計算します。（1年未満の端数切捨て） 　• 同一配偶者間においては一生に一回しか適用できません。 ②贈与を受けた年の翌年3月15日までに居住用不動産を居住の用に供し（又は贈与を受けた金銭で居住用不動産を取得し、かつ居住の用に供し）、その後も引き続き居住の用に供する見込みであること。
• 手続き （相規9）	①贈与税の申告書又は更正請求書（(i)適用を受ける旨及びその控除額の明細(ii)前年以前に同一の配偶者からの贈与につき配偶者控除の適用を受けていない旨を記載）の提出 ②添付書類 <table><tr><td>(i)戸籍の謄本または抄本 戸籍の附票の写し</td><td>贈与を受けた日から10日を経過した日以後に作成されたもの</td></tr><tr><td colspan="2">(ii)居住用不動産を取得したことを証する書類</td></tr></table> ③贈与税の配偶者控除の適用によって贈与税額が算出されない場合であっても、贈与税の申告書の提出が必要です。
7. 外国税額控除 （相法21の8） （相基通21の 8-2）	• 在外財産を贈与により取得した場合において、その財産について外国の法令により贈与税に相当する税が課税されたときは、その者が贈与により取得した財産全体に対する贈与税額から、その外国において課税された贈与税相当額を控除することができます。 1．控除額 ①外国で課税された贈与税相当額 ②全体に対する贈与税額 $\times \dfrac{\text{在外財産の価額}}{\text{その年分の贈与税の課税価格}}$ ③①又は②のいずれか少ない額 2．外国税額控除は、暦年課税、相続時精算課税の別に、それぞれ適用します。

相続・贈与税

8. 贈与税の計算 （相法21の5、 　21の7、措法 　70の2の4、 　70の2の5）	$\left(\begin{matrix}\text{その年分の}\\\text{贈与財産の}\\\text{価額の合計額}\end{matrix} - \begin{matrix}\text{配偶者}\\\text{控除額}\\\text{（最高2,000万円）}\end{matrix} - \begin{matrix}\text{基礎}\\\text{控除額}\\\text{（110万円）}\end{matrix}\right) \times \begin{matrix}\text{一般税率}\\\text{又は}\\\text{特例税率}\end{matrix} - \begin{matrix}\text{外国}\\\text{税額}\\\text{控除額}\end{matrix} = \begin{matrix}\text{納付}\\\text{税額}\end{matrix}$

●贈与税（暦年課税）の速算表

基礎控除後の課税価格		18歳以上の者が直系尊属から贈与を受けた場合の税率（特例税率）		左記以外の贈与の税率（一般税率）	
		税率	控除額	税率	控除額
	200万円以下	10%	—	10%	—
200万円超	300万円以下	15%	10万円	15%	10万円
300万円超	400万円以下			20%	25万円
400万円超	600万円以下	20%	30万円	30%	65万円
600万円超	1,000万円以下	30%	90万円	40%	125万円
1,000万円超	1,500万円以下	40%	190万円	45%	175万円
1,500万円超	3,000万円以下	45%	265万円	50%	250万円
3,000万円超	4,500万円以下	50%	415万円	55%	400万円
4,500万円超		55%	640万円		

※特例税率の適用を受けるには、贈与税の申告書にその旨を記載し、課税価格が300万円を超えるときは、戸籍謄本等を添付する必要があります。

※特例贈与財産と一般贈与財産の両方を取得した場合の贈与税額の計算

$$A = \left\{\left(\begin{matrix}\text{合計贈与}\\\text{価額}\end{matrix} - \begin{matrix}\text{基礎}\\\text{控除額}\end{matrix}\right) \times \begin{matrix}\text{特例}\\\text{税率}\end{matrix} - \text{控除額}\right\} \times \left(\frac{\text{特例贈与財産価額}}{\text{合計贈与価額}}\right)$$

$$B = \left\{\left(\begin{matrix}\text{合計贈与}\\\text{価額}\end{matrix} - \begin{matrix}\text{基礎}\\\text{控除額}\end{matrix}\right) \times \begin{matrix}\text{一般}\\\text{税率}\end{matrix} - \text{控除額}\right\} \times \left(\frac{\text{一般贈与財産価額}}{\text{合計贈与価額}}\right)$$

その年分の贈与税額＝A＋B

※特例贈与財産→直系尊属から18歳以上の者への贈与財産（特例税率適用）

※一般贈与財産→特例贈与財産以外の贈与財産（一般税率適用）

（注）贈与税の配偶者控除の適用がある場合には、一般贈与財産価額から控除

9. 申告 （相法28①）	贈与を受けた年の翌年2月1日から3月15日までに、受贈者の所轄税務署へ申告します。
10. 連帯納付義務 （相法34④）	・贈与者の連帯納付義務 　財産の贈与者は、その受贈者の贈与税のうち、その財産に応ずる部分の金額について、その財産の価額に相当する金額を限度として、連帯納付責任があります。 　受贈者が納付困難でないにもかかわらず、連帯納付義務に基づき贈与者が納付した場合には、その贈与税相当額について債務免除等による利益の贈与があったとして贈与税が課税されます。

■生命保険金等を受け取った場合の課税関係

① 満期・返戻金等

区分	契約内容				満期返戻金等		関連法令
	契約者	被保険者	保険料負担者	受取人	納税義務者	課税関係	
①	甲	甲(死亡)	甲	甲	甲	㈠一時金による受取【※1】 $\{$満期返戻金等－支払保険料の総額－50万円（一時所得の特別控除額）$\}\times\frac{1}{2}=$**一時所得** ㈡年金による受取【※2】 その年の年金受取額－$\left($その年の年金受取額$\times\dfrac{支払保険料の総額}{年金受取総額（又は見込額）}\right)=$**雑所得**	所令183①② 所基通34-1 〃 35-1
②	甲	甲(死亡)	甲	乙	乙	甲から乙への**贈与**【※3】 満期返戻金等－110万円$\left(\dfrac{贈与税}{基礎控除額}\right)=$贈与税の課税価格	相法5① 相法21の5
③	甲	丙(死亡)	甲	甲	甲	**一時所得か雑所得**【※1】【※2】に同じ	所令183①② 所基通34-1 〃 35-1
④	甲	丙(死亡)	甲	乙	乙	甲から乙への**贈与**【※3】に同じ	相法5② 相法21の5
⑤	乙	乙	甲(死亡)	甲	甲	**一時所得か雑所得**【※1】【※2】に同じ	所令183①② 所基通34-1 〃 35-1
⑥	乙	乙	甲(死亡)	丙	丙	甲から丙への**贈与**【※3】に同じ	相法5① 相法21の5
⑦	甲	甲(死亡)	甲$\frac{1}{2}$ 乙$\frac{1}{2}$	乙	乙	$\frac{1}{2}$が甲から乙への**贈与**となります【※3】に同じ 満期返戻金×$\frac{1}{2}$－110万円＝贈与税の課税価格 $\frac{1}{2}$が**一時所得か雑所得** 【※1】【※2】に同じ	所令183①② 所基通34-1 〃 35-1 相法5② 相法21の5
⑧	甲	甲(死亡)	甲$\frac{1}{2}$ 丙$\frac{1}{2}$	乙	乙	$\frac{1}{2}$が甲から乙への、$\frac{1}{2}$が丙から乙への**贈与** 【※3】に同じ	相法5② 相法21の5
⑨	A	B(死亡)	A	B	B	**一時所得か雑所得**【※1】【※2】に同じ （支払保険料は、その都度給与）	所令183①② 所基通34-1 〃 35-1
⑩	B	B(死亡)	A	B	B	**一時所得か雑所得**【※1】【※2】に同じ （支払保険料は、その都度給与）	所令183①② 所基通34-1 〃 35-1
⑪	C	B(死亡)	C	C	C	事業所得の収入金額に算入　**事業所得**【※4】 （※資産に計上している部分は必要経費に算入） (注) 満期返戻金のないものについては、支払の都度必要経費。	所法37 所基通34-1
⑫	C	B(死亡)	C	B	B	**一時所得か雑所得**【※1】【※2】に同じ （支払保険料は、その都度給与）	所令183①② 所基通34-1 〃 35-1

甲＝本人　乙＝甲の配偶者　丙＝子供　A＝法人　B＝使用人（従業員）　C＝個人事業主

相続・贈与税

② 死亡保険金等

区分	契約内容				死亡保険金等（被保険者のうち甲、丙又はＢが死亡した場合）		関連法令
	契約者	被保険者	保険料負担者	受取人	納税義務者	課税関係	
①	甲	甲（死亡）	甲	甲	甲の相続人	甲の相続人が法定相続分により取得したこととされます。 **みなし相続財産（生命保険金等）【※5】** 生命保険金等－生命保険金等の非課税額 　（法定相続人1人につき500万円）＝課税相続財産	相法3①一 相法12①五
②	甲	甲（死亡）	甲	乙	乙	**みなし相続財産（生命保険金等）【※5】**に同じ 生命保険金等－生命保険金等の非課税額＝課税相続財産	相法3①一 相法12①五
③	甲	丙（死亡）	甲	甲	甲	㋑一時金による受取り【※1】に同じ（**一時所得**） ㋺年金による受取り【※2】に同じ（**雑所得**）	所令183①② 所基通34-1 〃　35-1
④	甲	丙（死亡）	甲	乙	乙	甲から乙への**贈与【※3】**に同じ 生命保険金等－110万円（贈与税基礎控除額） 　　　　　　　　　　　＝贈与税の課税価格	相法5① 相法21の5
⑤	乙	乙	甲（死亡）	甲	乙	**みなし相続財産（生命保険契約に関する権利）【※6】** 生命保険契約に関する権利 × 被相続人が負担した保険料 / 払込保険料の全額 ＝ 課税相続財産	相法3①三
⑥	乙	乙	甲（死亡）	丙	乙	**みなし相続財産（生命保険契約に関する権利）【※6】**に同じ	相法3①三
⑦	甲	甲（死亡）	甲1/2 乙1/2	乙	乙	$\frac{1}{2}$が**みなし相続財産【※5】**に同じ （生命保険金等×$\frac{1}{2}$）－生命保険金等の非課税額 　　　　　　　　　　　　＝課税相続財産 $\frac{1}{2}$が**一時所得か雑所得【※1】【※2】**に同じ	相法3① 所令183①② 所基通34-1 〃　35-1
⑧	甲	甲（死亡）	甲1/2 丙1/2	乙	乙	$\frac{1}{2}$が**みなし相続財産【※5】**に同じ $\frac{1}{2}$が丙から乙への**贈与** 生命保険金等×$\frac{1}{2}$－110万円＝贈与税の課税価格【※3】に同じ	相法3① 相法5①
⑨	A	B（死亡）	A	B	Bの相続人	**みなし相続財産（生命保険金等）** （給与所得としての課税に関係なく、相続財産）【※5】に同じ ※退職金に充当する旨の定めがあるものについては退職金としてのみなし相続財産 退職手当金等－退職手当金等の非課税額＝課税相続財産	相法3① 相法12①五、六 相基通3-17
⑩	B	B（死亡）	A	B	Bの相続人	同上	相法3① 相法12①五、六 相基通3-17
⑪	C	B（死亡）	C	C	C	受取保険金は**事業所得**の収入金額に算入【※4】に同じ （※資産に計上している部分は必要経費に算入） (注) 満期返戻金のないものについては支払の都度必要経費になります。	所法37 所基通34-1(4)
⑫	C	B（死亡）	C	B	Bの相続人	**みなし相続財産（生命保険金等）** （給与所得としての課税に関係なく、相続財産）【※5】に同じ ※退職金に充当する旨の定めがあるものについては退職金としてのみなし相続財産 退職手当金等－退職手当金等の非課税額＝課税相続財産	相法3① 相法12①五、六 相基通3-17

甲＝本人　乙＝甲の配偶者　丙＝子供　A＝法人　B＝使用人（従業員）　C＝個人事業主

■相続時精算課税

項　目	説　　明
(1)概要 （相法21の9〜18、33の2、49）	相続時精算課税とは、**受贈者の選択により**、贈与時に贈与財産に対する贈与税を支払い、その後の相続時にその贈与財産と相続財産とを合計した価額を基に計算した相続税額から、すでに支払った贈与税を控除することにより贈与税・相続税を通じた納税ができる制度です。
(2)適用対象者 （相法21の9、措法70の2の6、70の2の7、70の2の8）	・贈与者は贈与をした年の1月1日で**60歳以上**（住宅取得等資金の贈与の場合（(7)参照）には特例があります。）**の父母、祖父母** ・受贈者は、贈与を受けた年の1月1日において**18歳以上の推定相続人及び孫である直系卑属**。 ・特例対象受贈非上場株式等を贈与により取得した特例経営承継受贈者が特例贈与者の推定相続人以外の者（その年1月1日において18歳（※）以上である者に限る。）であり、かつ、その特例贈与者が同日において60歳以上の者である場合には、相続時精算課税の適用を受けることができます。
(3)適用手続 （相令5） （措法70の3の2）	・この制度を選択する受贈者は、その選択に係る最初の贈与を受けた年の翌年2月1日から3月15日までの間に贈与を受けた者の所轄税務署長に対して「**相続時精算課税選択届出書**」を贈与を受けた者ごとに贈与税の申告書に添付して行います。この時、受贈者の戸籍謄本等を添付します。 ・この選択は、受贈者である兄弟姉妹が各々、贈与者である父、母、祖父、祖母ごとに選択できます。 （選択の例） ・最初の贈与の際の届出により相続時までこの制度を継続して適用します。相続時精算課税選択届出書を提出しなかった場合には、宥恕規定がなく相続時精算課税の適用を受けられません。また、届出書を提出した場合には、その年分以降すべて相続時精算課税が適用され暦年贈与の適用はありませんが、令和6年1月1日以後は基礎控除として110万円を控除できます。この基礎控除については相続時に相続財産に加えられることはありません。 ・なお、贈与者が年の中途で死亡した場合は、選択届出書を贈与者の死亡に係る相続税の納税地の所轄税務署長に提出します。
(4)相続時精算課税選択届出書の添付書類 （相法21の9②、相令5②、相規11）	受贈者の戸籍の謄本又は抄本その他の書類で、次の内容を証する書類 　イ　受贈者の氏名、生年月日 　ロ　受贈者が贈与者の推定相続人である子又は孫であること ※受贈者が「贈与税の納税猶予及び免除の特例（個人の事業用資産・非上場株式等）」の適用を受ける場合は、受贈者が贈与者からの贈与により特例受贈事業用資産又は特例対象受贈非上場株式等の取得をしたことを証する書類が必要です。
(5)適用対象財産等 （相法21の9）	一般の場合は贈与財産の種類、金額、贈与回数に制限はありません。 　なお、推定相続人でない孫が相続時精算課税制度を適用した財産については、その後贈与者（祖父母）に相続が発生した場合は相続税の2割加算（P.223 **9.**参照）の対象となります。

相続・贈与税

(6)税額の計算 （相法21の11の2、21の12、措法70の3の2）	① 贈与税額の計算 　この制度の選択をした受贈者は、贈与者からの贈与財産について贈与時に申告を行い、他の贈与財産と区分して、その贈与者からの贈与財産の価額の合計額を基に計算した「贈与時の贈与税」を支払います。 　その「贈与時の贈与税」の額は、1年間の贈与財産の価額の合計額（令和6年1月1日以後の贈与については基礎控除110万円を差し引いた金額）から累積2,500万円を控除した後の金額（この特別控除は複数年にわたり利用します。）に一律20％の税率を乗じて算出します。 $$\left(\begin{array}{l}\text{贈与者ごとの}\\\text{課税価格}\end{array} - \begin{array}{c}\text{基礎控除}\\110\text{万円}\\(\text{R6.1.1以後})\end{array} - \begin{array}{c}\text{贈与者ごとの特別控除額2,500万円}\\\left(\begin{array}{l}\text{前年以前に控除した金額が}\\\text{あるときは、その残額}\end{array}\right)\end{array}\right) \times 20\%$$ ② 相続税額の計算 　この制度の選択をした受贈者は、本制度に係る贈与者からの相続時に、それまでの贈与財産（基礎控除を除きます。）と相続財産とを合算して通常の課税方式（法定相続分による遺産取得課税方式）により計算した相続税額から、すでに支払った「贈与時の贈与税」相当額を控除して計算します。その際、相続税額から控除しきれない場合には、「贈与時の贈与税」相当額の還付を受けることができます。 　なお、**相続財産と合算する贈与財産の価額は贈与時の時価**です。
（措法70の3の3）	ただし、土地・建物が令和6年1月1日以後に一定の災害で相当の被害を受けた場合には、被災相当額を控除します。
(7)住宅取得等資金に係る相続時精算課税制度の特例 （措法70の3）	相続時精算課税制度について、平成15年1月1日から令和8年12月31日までの間に、自己の居住の用に供する一定の家屋を取得する資金又は自己の居住の用に供する家屋の一定の増改築のための資金の贈与を受ける場合は、**60歳未満の父母又は祖父母からの贈与についても特別控除2,500万円を適用**することができます。 ※平成27年1月1日から令和8年12月31日までの間に直系尊属から居住用家屋の取得等に充てるために金銭の贈与を受けた場合には、一定の限度額まで贈与税が非課税とされます（P.232参照）。この特例は、精算課税制度の特例の特別控除額とあわせて適用が可能です。
「一定の家屋」 （措法70の3①③）	新築及び一定の新耐震基準を満たす中古住宅又は昭和57年以後に建築された家屋（令和3年12月31日以前贈与は、築後経過年数が20年以内（一定の耐火建築物である場合には、25年以内）の家屋）で床面積が40m²以上（令和2年12月31日以前は50m²以上）であることその他の要件を満たすもの（一定の要耐震改修住宅用家屋を含みます。）
「一定の増改築」 （措法70の3①③）	増築、改築、大規模の修繕、大規模の模様替、省エネ改修、バリアフリー改修、給排水管又は雨水の浸入防止等であって、当該増改築の工事費用が100万円以上であること、当該増改築後の床面積が40m²以上（令和2年12月31日以前は50m²以上）であることその他の要件を満たすもの
・特例適用後の課税関係 （措法70の3②、措通70の3-4） （措法70の2③）	①住宅取得等資金について精算課税の適用を受けた場合、その年分以降の特定贈与者から適用者への贈与は、住宅取得等資金であるか否かを問わず、精算課税の適用を受けます。 ②直系尊属からの住宅取得等資金のうち贈与税が非課税となった金額については、贈与者が死亡したときのその贈与者に係る相続税の計算において、相続税の課税価格に加算されません。

● 令和6年以後の相続時精算課税贈与と暦年課税贈与

・令和6年以後の相続時精算課税のイメージ

$$贈与税 = \left(\begin{array}{c}その年中に特定贈与者から\\贈与を受けた財産の価額\end{array} - \begin{array}{c}基礎控除\\(110万円)\end{array} - \begin{array}{c}特別控除額\\(累積2,500万円)\end{array}\right) \times 20\%$$

〈相続時精算課税を選択できる場合〉※受贈者が贈与者ごとに適用を選択
  ・贈与者⇨60歳以上の父母又は祖父母（住宅取得等資金の贈与の場合には特例あり）
  ・受贈者⇨18歳以上の者のうち、贈与者の直系卑属である推定相続人又は孫

選択届出

一度選択すると、同じ贈与者からの贈与について暦年課税への変更不可

[贈与税]
① 相続時精算課税適用者は、特定贈与者から1年間に贈与により取得した財産の価額の合計額から基礎控除110万円（※）を控除
   （※）同一年中に二人以上の特定贈与者からの贈与により財産を取得した場合には、110万円を特定贈与者ごとの贈与税の課税価格で按分
② 特定贈与者ごとに特別控除2,500万円（前年までに使用した特別控除を差し引いた残額）を控除
③ 基礎控除額と特別控除額を控除した残額に20％の税率を乗じて贈与税額を算出

（相続時）

[相続税]
① 贈与者が亡くなった時の相続税は、相続財産の価額に贈与年分ごとに相続時精算課税を適用した贈与財産の価額（贈与時の価額）から基礎控除額を控除した残額を加算して相続税額を計算
② 相続時精算課税で支払った贈与税相当額は相続税額から控除（控除しきれない金額は還付）
③ ①②は相続又は遺贈により財産を取得しない場合も適用

[贈与税]
① 受贈者ごとに、1年間に贈与により取得した財産の価額の合計額から基礎控除110万円を控除した残額に一般税率又は特別税率の累進税率を適用して、贈与税額を算出

（相続時）

[相続税]
① 贈与者が亡くなった場合で、その贈与者から相続又は遺贈により財産を取得したときは、その相続開始前7年以内（経過措置あり(P.222)）に贈与を受けた財産の価額（相続開始前4年～7年以内の贈与財産については、その合計額から100万円を控除）を相続税の課税価格に加算
② ①の贈与を受けた財産に課された贈与税額はその者の相続税額から控除（控除しきれなくても還付なし）

相続・贈与税

■教育資金の一括贈与に係る贈与税の非課税

項　目	説　明
1. 制度の概要 （措法70の2の 2①②⑰） 平25.4.1から令 8.3.31までに信 託等されたもの に適用	• 受贈者（**30歳未満の者で、前年の合計所得金額が1,000万円以下の受贈者に限ります。**）の「**教育資金**」に充てるためにその直系尊属が金銭等を拠出し、信託銀行、銀行又は金融商品取引業者に信託等をした場合には、信託受益権の価額又は拠出された金銭等の額のうち**受贈者1人につき1,500万円**（学校等以外の者に支払われる金銭については、500万円を限度とします。）までの金額に相当する部分の価額については、贈与税は課されません。 （注）「**教育資金**」とは、文部科学大臣が定める次の金銭をいいます。 　①　学校等に支払われる入学金その他の金銭 　②　学校等以外の者に支払われる金銭のうち一定のもの
2. 申告 (1)申告 （措法70の2の 2③） (2)払出しの確認 等 （措法70の2の 2⑩） (3)終了時 （措法70の2の 2⑯） a. 調書の提出 （措法70の2の ⑲） b. 残額の扱い （措法70の2の 2⑰⑱）	本特例の適用を受ける場合の取扱いは、次の通りとなります。 • 受贈者は、本特例の適用を受けようとする旨等を記載した教育資金非課税申告書を金融機関を経由し、受贈者の納税地の所轄税務署長に提出しなければなりません。 • 受贈者は、払い出した金銭を教育資金の支払いに充当したことを証する書類を金融機関に提出しなければなりません。 • 金融機関は、提出された書類により払い出された金銭が教育資金に充当されたことを確認し、その確認した金額を記録するとともに、当該書類及び記録を受贈者が30歳に達した日の翌年3月15日後6年を経過する日まで保存しなければなりません。 • 教育資金管理契約は、次のうちいずれか早い日に終了されます。 ①　受贈者が30歳に達した場合（令和元年7月1日以後で在学中等の場合には、卒業等により、在学中等に該当しないこととなった年の12月31日又は40歳までのいずれか早い方） ②　受贈者が死亡した場合 ③　信託財産が0になった場合など、金融機関との当該契約が終了する日 　金融機関は、本特例の適用を受けて信託等がされた金銭等の合計金額（以下「非課税拠出額」といいます。）及び契約期間中に教育資金として払い出した金額（上記(2)より記録された金額とします。）の合計金額（学校等以外の者に支払われた金銭のうち500万円を超える部分を除きます。以下「教育資金支出額」といいます。）その他の事項を記載した調書を受贈者の納税地の所轄税務署長に提出しなければなりません。 　非課税拠出額から教育資金支出額を控除した残額については、受贈者が30歳に達した日等に贈与があったものとして贈与税が課されます（令和5年4月1日以後、贈与税は一般税率）。 　ただし、受贈者が死亡した場合、非課税拠出額から教育資金支出額を控除した残額については、贈与税は課されません。
3. 贈与者死亡時 の取扱い	令和3年4月1日以後に信託等により取得する信託受益権等に係る贈与税について、受贈者が23歳未満又は在学中等の場合を除き、相続開始時の残高を相続財産に加算します（令和5年4月1日以後は、贈与者の相続税の課税価格の合計額が5億円超の場合は、受贈者の年齢等に関わらず加算されます。）。また、受贈者が贈与者の孫等の場合には相続税の2割加算の適用があります。

■結婚・子育て資金の一括贈与に係る贈与税の非課税

項　目	説　明
1. 制度の概要 （措法70の2の 3） 平27.4.1から令 7.3.31までに信 託等されたもの に適用	• 受贈者（18歳以上50歳未満の者で、**前年の合計所得金額が1,000万円以下の受贈者に限ります。**）の「結婚・子育て資金」に充てるためにその直系尊属が金銭等を拠出し、信託銀行、銀行等又は金融商品取引業者に信託等をした場合には、信託受益権の価額又は拠出された金銭等の額のうち**受贈者1人につき1,000万円**（結婚に際して支出する費用については、300万円を限度とします。）までの金額に相当する部分の価額については、贈与税は課されません。 （注）「**結婚・子育て資金**」とは、内閣総理大臣が定める次に掲げる費用に充てるための金銭をいいます。 　① 結婚に際して支払う次のような金銭（300万円限度） 　　（i）挙式費用、衣装代等の婚礼（結婚披露）費用（婚姻の日の1年前の日以後に支払われるもの） 　　（ii）一定の期間内に支払われる家賃、敷金等の新居費用、転居費用 　② 妊娠、出産及び育児に要する次のような金銭 　　（i）不妊治療・妊婦健診に要する費用 　　（ii）分べん費等・産後ケアに要する費用 　　（iii）子の医療費、幼稚園・保育所等の保育料など
2. 申告 (1)申告 　（措法70の2の 　3③） (2)払出しの確認 　等 　（措法70の2の 　3⑨⑩） (3)終了時 　（措法70の2の 　3⑬） a. 調書の提出 　（措法70の2の 　3⑯） b. 残額の扱い 　（措法70の2の 　3⑭⑮）	本特例の適用を受ける場合の取扱いは、次の通りとなります。 • 受贈者は、本特例の適用を受ける旨等を記載した非課税申告書を金融機関を経由し、受贈者の納税地の所轄税務署長に提出します。 • 受贈者は、払い出した金銭を結婚・子育て資金の支払いに充当したことを証する書類を金融機関に提出しなければなりません。 • 金融機関は、払い出された金銭が結婚・子育て資金に充当されたことを確認・記録するとともに、当該書類及び記録を結婚・子育て資金管理契約の終了の日の翌年3月15日後6年を経過する日まで保存しなければなりません。 • 結婚・子育て資金管理契約は、次のうちいずれか早い日に終了されます。 　① 受贈者が50歳に達した場合 　② 受贈者が死亡した場合 　③ 信託財産が0になった場合など、金融機関との当該契約が終了する日 　金融機関は、本特例の適用を受けた非課税拠出額及び契約期間中に結婚・子育て資金として払い出した金額の合計金額（結婚・子育て資金支出額）その他の事項を記載した調書を受贈者の納税地の所轄税務署長に提出しなければなりません。 　非課税拠出額から結婚・子育て資金支出額を控除した残額については、管理契約終了の日に贈与があったものとして贈与税が課税されます（令和5年4月1日以後、贈与税は一般税率）。 　ただし、受贈者が死亡した場合、非課税拠出額から結婚・子育て資金支出額を控除した残額については、贈与税は課されません。
3. 贈与者死亡時 　の取扱い	本特例の贈与者が死亡した場合の上記残額については、受贈者が贈与者から相続又は遺贈により取得したものとみなして、相続税の課税価格に加算されます。この場合、令和3年4月1日以後の信託等により取得する信託受益権等については相続税の2割加算の対象となります。

相続
贈与税

■事業承継税制
●非上場株式等についての贈与税の納税猶予制度

項　目	説　明
1. 制度の概要 （措法70の7）	・後継者である経営承継受贈者が、都道府県知事の認定を受ける非上場会社の株式等の全部又は一定以上を贈与により取得し、その会社を経営していく場合には、その後継者が納付すべき贈与税のうち、その株式等（発行済議決権株式等の$\frac{2}{3}$に達するまでの部分に限ります。）に対応する贈与税の全額の納税がその贈与者の死亡の日まで猶予されます。
2. 贈与の納税猶予対象 （措令40の8 ②）	・この納税猶予の適用を受けるためには、贈与により、先代経営者等の贈与者から、全部又は一定以上の非上場株式等を取得する必要があります。 ◆　納税猶予の対象となる非上場株式等の数 　この納税猶予の対象となる非上場株式等の数は、次のa、b、cの数を基に下表の区分の場合に応じた数が限度となります。 「a」…先代経営者等（贈与者）が贈与直前に保有する非上場株式等の数 「b」…後継者が贈与の前から保有する非上場株式等の数 「c」…贈与直前の発行済株式等の総数

	区分	納税猶予の対象となる非上場株式等の限度数
イ	a＋b＜c×2÷3 の場合	先代経営者等が贈与直前に保有する非上場株式等の数（a）
ロ	a＋b≧c×2÷3 の場合	発行済株式等の総数の3分の2から後継者が贈与直前に保有する非上場株式等の数を控除した数（c×2÷3－b）

（措法70の7② 五ロ）	（注1）「非上場株式等」又は「発行済株式等」は、議決権に制限のないものに限ります。 （注2）この納税猶予の対象となる非上場株式等は、議決権に制限のないものに限ります。 （注3）相続時精算課税制度に係る贈与も贈与税の納税猶予制度の適用対象となります。
3. 担保の提供 （措法70の7① ⑥）	贈与の納税猶予の適用を受けるためには、猶予税額に相当する担保を提供しなければなりません。対象受贈非上場株式等のすべてを担保に提供した場合には、その価額がその猶予税額に満たないときであっても、猶予税額に相当する担保が提供されたものとみなされます。
4. 猶予税額の免除 （措法70の7⑮ ⑯）	その経営承継受贈者が対象受贈非上場株式等を死亡の時まで保有し続けた場合またはその贈与者が死亡した場合には、猶予税額の納付が免除されます。 　このほか、経営贈与承継期間（5年間）経過後における猶予税額の納付については、次のように免除されます。 ①　対象受贈非上場株式等に係る会社について、破産手続開始の決定または特別清算開始の命令があった場合➡猶予税額の全額の納付を免除 ②　経営承継受贈者と一定の関係を有する者以外の者へ保有する対象受贈非上場株式等を一括して譲渡した場合において、その譲渡対価または譲渡時の時価のいずれか高い額が猶予税額を下回るとき➡その差額分の猶予税額の納付を免除 　なお、上記①及び②の場合において免除される額のうち、過去5年間に経営承継受贈者及びその者と生計を一にする者に対して支払われた配当等に相当する額は、免除されません。

	また、経営贈与承継期間経過後に、経営承継受贈者が後継者へ対象受贈非上場株式等を贈与した場合において、その後継者が贈与税の納税猶予制度の適用を受けるときは、その適用を受ける対象受贈非上場株式等に係る猶予税額が免除されます。
5. 納税猶予が停止され納付を要するケース （措法70の7③⑤⑪⑫㉒他）	①　経営贈与承継期間（5年間）内に、経営承継受贈者が代表権を有しなくなった、常時使用する従業員の数が贈与日の常時使用する従業員の数の80％（1人に満たない端数があるときは、切捨てます。）に満たなくなった等の当該認定の取消事由に該当する事実が生じた場合➡猶予税額の全額 ②　経営贈与承継期間経過後において、対象受贈非上場株式等の譲渡等をした場合➡譲渡等をした対象受贈非上場株式等の数の割合に応じた猶予税額 ③　継続届出書を税務署長に提出しなかった場合、担保の変更に応じなかった場合等➡猶予税額の全額
6. 利子税の納付 （措法70の7㉗）	上記5.により、猶予税額の全部または一部を納付する場合には、贈与税の法定申告期限からの期間に対応する利子税も納付します。 本則3.6％× $\dfrac{\text{猶予特例基準割合}^※}{7.3\%}$ ※平均貸付割合＋0.5％（令2.12.31以前は短期貸出約定平均金利＋1％）
7. その他 （措法70の7） （措法70の7㉓） （措法70の7⑨）	①　この制度の対象とならない資産保有型会社の判定においては、過去5年間に経営承継受贈者及びその者と一定の関係を有する者に対して支払われた配当等に相当する額が特定資産及び総資産の額に加算されます。（措法70の7②八ハ） ②　贈与前3年以内に経営承継受贈者及びその者と一定の関係を有する者からの現物出資または贈与により取得した資産の合計額の総資産に占める割合が70％以上である会社に係る株式等については、この制度は適用されません。 ③　経営承継受贈者は、経営贈与承継期間内は毎年、その後は3年ごとに継続届出書を税務署長に提出しなければなりません。 ④　平成29年1月1日以後、非上場株式等の贈与者が、贈与税の申告期限の翌日から5年を経過する日の翌日以後に死亡した場合の相続税の納税猶予制度における認定相続承継会社の要件について、中小企業者であること及び当該会社の株式等が非上場株式等に該当することとする要件がなくなりました。

●非上場株式等についての相続税の納税猶予制度
（措法70の7の2、70の7の4、措令40の8の2）

項　目	説　　　　　明
1. 制度の要旨 （措法70の7の2①②）	経営承継相続人が、相続等により、都道府県知事の認定を受けた非上場会社（以下「認定承継会社」といいます。）の議決権株式等を取得した場合には、その経営承継相続人が納付すべき相続税額のうち、その議決権株式等（相続開始前から既に保有していた議決権株式等を含めて、その認定承継会社の発行済議決権株式等の総数等の $\frac{2}{3}$ に達するまでの部分に限ります。以下「対象非上場株式等」といいます。）に係る課税価格の80％に対応する相続税額については、その経営承継相続人の死亡等の日までその納税が猶予されます。 （注1）「経営承継相続人」とは、中小企業における経営の承継の円滑化に関する法律施行規則第6条第1項第7号トに規定する経営承継相続人をいいます。 （注2）認定承継会社には、資産保有型の会社、資産運用型の会社は含まれません。

相続・贈与税

2. 猶予税額の計算 （措法70の7の2②五）	① 相続税の納税猶予の適用がないものとして、通常の相続税額の計算を行い、経営承継相続人の相続税額を算出します。 ② 経営承継相続人以外の相続人の取得財産は不変とした上で、経営承継相続人が、(イ)通常の課税価格による対象非上場株式等のみを相続するものとして計算した場合（その認定承継会社が有する外国会社及び医療法人の株式等の価額がないものとして計算します。）の経営承継相続人の相続税額と、(ロ)課税価格を20％に減額した対象非上場株式等のみを相続するものとして計算した場合（その認定承継会社が有する外国会社及び医療法人の株式等の価額がないものとして計算します。）の経営承継相続人の相続税額の差額（(イ)−(ロ)）が、経営承継相続人の猶予税額となります。 なお、上記①により算出した経営承継相続人の相続税額から②の猶予税額を控除した額が経営承継相続人の納付税額となります。
3. 担保の提供 （措法70の7の2①⑥）	相続税の納税猶予の適用を受けるためには、猶予税額に相当する担保を提供しなければならない。対象非上場株式等のすべてを担保に提供した場合には、その価額がその猶予税額に満たないときであっても、猶予税額に相当する担保が提供されたものとみなされます。
4. 猶予税額の免除 （措法70の7の2⑯⑰）	その経営承継相続人が対象非上場株式等を死亡の時まで保有し続けた場合は、猶予税額の納付が免除されます。このほか、都道府県知事の認定の有効期間（5年間）経過後における猶予税額の納付の免除については次のようになります。 ① 対象非上場株式等に係る会社について、破産手続開始の決定または特別清算開始の命令があった場合⇨猶予税額の全額を免除 ② 贈与税の納税猶予制度の適用を受ける後継者へ対象非上場株式等を贈与した場合⇨その適用を受ける対象非上場株式等に係る相続税の猶予税額を免除 ③ 同族関係者以外の者へ保有する対象非上場株式等を一括して譲渡した場合において、その譲渡対価または譲渡時の時価のいずれか高い額が猶予税額を下回るとき⇨その差額分の猶予税額を免除 なお、上記①、③の場合において免除される額のうち、過去5年間に経営承継相続人及び生計を一にする者に対して支払われた配当及び過大役員給与等に相当する額は免除されません。
5. 納税猶予が停止され納付を要するケース （措法70の7の2③⑤）	① 経営承継期間（5年間）内に、経営承継相続人が代表者でなくなった、常時使用する従業員の数が相続開始時の常時使用する従業員の数の80％（1人に満たない端数があるときは、切捨てます。）に満たなくなった等、当該認定の取消事由に該当する事実が生じた場合⇨猶予税額の全額 ② ①の期間経過後において、対象非上場株式等の譲渡等をした場合⇨譲渡等をした対象非上場株式等の数の割合に応じた猶予税額
6. 利子税の納付 （措法70の7の2㉘）	贈与税の納税猶予の場合と同様です。
7. その他 （措法70の7の2）	① 都道府県知事の認定及び本制度の対象とならない資産保有型会社の判定において、過去5年間に経営承継相続人及びその同族関係者に対して支払われた配当や過大役員給与等に相当する額は特定資産及び総資産の額に加算されます。（措法70の7②八ハ）

(措法70の7の2㉔)	② 相続開始前3年間に経営承継相続人の同族関係者からの現物出資または贈与により取得した資産の合計額の総資産に占める割合が70％以上である会社に係る株式等については、本制度は適用されません。
(措法70の7の2⑩)	③ 経営承継相続人は、経営承継期間（5年間）内は毎年、その後は3年ごとに継続届出書を税務署長に提出しなければなりません。

●特例事業承継税制

項　目	説　　　　　明
○非上場株式等に係る贈与税・相続税の納税猶予の特例 （措法70の7の2、70の7の5～70の7の8、措令40の4の7、40の8の8、措規23の5の7、23の12の2～23の12の5）	・中小企業の代替わりを促進する観点から、平成30年1月1日から令和9年12月31日までの間に贈与等により取得する財産に係る贈与税又は相続税について適用される10年間の特例措置として、事業承継税制が大幅に拡充されています。

	特例措置	一般措置
事前の計画策定等	平成30年4月1日から令和8年3月31日までに特例承継計画を提出	不要
適用期限	平成30年1月1日から令和9年12月31日までの贈与・相続等	なし
対象株式	全株式	総株式数の最大2/3まで
納税猶予割合	贈与：100％、相続：100％	贈与：100％、相続：80％
承継パターン	複数の株主から最大3人の後継者	複数の株主から1人の後継者
雇用確保要件	理由書を提出することにより緩和	承継後5年間は平均8割の雇用維持が必要
事業継続困難事由が生じた場合の免除	あり	なし
相続時精算課税の適用	60歳以上の者から18歳以上の者への贈与	60歳以上の者から18歳以上の推定相続人・孫への贈与

・特例後継者が、特例認定承継会社の代表権を有していた者から、贈与又は相続若しくは遺贈（以下「贈与等」といいます。）によりその特例認定承継会社の非上場株式等を取得した場合には、その取得した全ての非上場株式等に係る課税価格に対応する贈与税又は相続税の全額について、その特例後継者の死亡の日等までその納税を猶予されます。

●個人事業者の事業用資産に係る贈与税・相続税の納税猶予制度

項　目	説　明
1. 個人版事業承継税制の概要 （措法70の6の8、70の6の10）	青色申告（正規の簿記の原則によるものに限ります。）に係る事業（不動産貸付業等を除きます。）を行っていた事業者の後継者（平成31年4月1日から令和8年3月31日までに「個人事業承継計画」を都道府県知事に提出し、確認を受けた者に限ります。）として経営承継円滑化法の認定を受けた者が、平成31年1月1日から令和10年12月31日までの贈与又は相続等により、特定事業用資産を取得した場合は、 ①　その青色申告に係る事業の継続等、一定の要件のもと、その特定事業用資産に係る贈与税・相続税の全額の納付が猶予されます。 ②　後継者の死亡等、一定の事由により、納税が猶予されている贈与税・相続税の納税が免除されます。
2. 特定事業用資産 （措法70の6の8②一、70の6の10②一、措令40の7の8⑥⑦、40の7の10⑥〜⑧）	特定事業用資産とは、先代事業者（贈与者・被相続人）の事業^(注1)の用に供されていた次の資産で、贈与又は相続等の日の属する年の前年分の事業所得に係る青色申告書の貸借対照表に計上されていたものをいいます。 ①　宅地等（納税猶予対象は400m²まで） ②　建物（納税猶予対象は床面積800m²まで） ③　②以外の減価償却資産で次のもの 　(i)　固定資産税の課税対象とされているもの 　(ii)　自動車税・軽自動車税の営業用の標準税率が適用される車両及び乗用自動車（取得価額500万円以下の部分） 　(iii)　その他上記に準ずるもの（貨物運送用など一定の自動車、乳牛・果樹等の生物、特許権等の無形固定資産） （注1）不動産貸付業、駐車場業及び自転車駐車場業を除きます。 （注2）先代事業者等からの相続等により取得した宅地等につき小規模宅地等の特例の適用を受ける者がいる場合には、一定の制限があります。
3. 小規模宅地等の特例との適用関係	・相続・遺贈により財産を取得した者のうちに特定事業用宅地等に係る小規模宅地等の特例の適用を受ける場合には、個人版事業承継税制の適用を受けることができません。 **・小規模宅地等の特例の適用と個人版事業承継税制の制限** | 小規模宅地等の区分	個人版事業承継税制の適用
特定事業用宅地等	適用不可
特定同族会社事業用宅地等	（400m²－特定同族会社事業用宅地等の面積）が事業承継税制適用限度面積
貸付事業用宅地等	400m²－2×（A×200/330＋B×200/400＋C）が事業承継税制適用限度面積 　A→特定居住用宅地等の面積 　B→特定同族会社事業用宅地等の面積 　C→貸付事業用宅地等の面積
特定居住用宅地等	適用制限なし	

■財産評価

項　目	説　　　明
宅地 ○土地評価の 　補正率表	1．市街地及びその周辺の自用地＝路線価方式（自用地の面している街路ごとに付けた1m²当たりの価額に面積を乗じた価額） 2．1.以外の地域の自用地＝倍率方式（固定資産税評価額に国税局長が定める倍率を乗じた価額）

付表1　　　　　　奥行価格補正率表（平成30年分以後用）

奥行距離（メートル）	ビル街地区	高度商業地区	繁華街地区	普通商業・併用住宅地区	普通住宅地区	中小工場地区	大工場地区
4未満	0.80	0.90	0.90	0.90	0.90	0.85	0.85
4以上　　6未満		0.92	0.92	0.92	0.92	0.90	0.90
6〃　　　8〃	0.84	0.94	0.95	0.95	0.95	0.93	0.93
8〃　　　10〃	0.88	0.96	0.97	0.97	0.97	0.95	0.95
10〃　　　12〃	0.90	0.98	0.99	0.99	1.00	0.96	0.96
12〃　　　14〃	0.91	0.99	1.00	1.00		0.97	0.97
14〃　　　16〃	0.92	1.00				0.98	0.98
16〃　　　20〃	0.93					0.99	0.99
20〃　　　24〃	0.94					1.00	1.00
24〃　　　28〃	0.95				0.97		
28〃　　　32〃	0.96		0.98		0.95		
32〃　　　36〃	0.97		0.96	0.97	0.93		
36〃　　　40〃	0.98		0.94	0.95	0.92		
40〃　　　44〃	0.99		0.92	0.93	0.91		
44〃　　　48〃	1.00		0.90	0.91	0.90		
48〃　　　52〃		0.99	0.88	0.89	0.89		
52〃　　　56〃		0.98	0.87	0.88	0.88		
56〃　　　60〃		0.97	0.86	0.87	0.87		
60〃　　　64〃		0.96	0.85	0.86	0.86	0.99	
64〃　　　68〃		0.95	0.84	0.85	0.85	0.98	
68〃　　　72〃		0.94	0.83	0.84	0.84	0.97	
72〃　　　76〃		0.93	0.82	0.83	0.83	0.96	
76〃　　　80〃		0.92	0.81	0.82			
80〃　　　84〃		0.90	0.80	0.81	0.82	0.93	
84〃　　　88〃		0.88		0.80			
88〃　　　92〃		0.86			0.81	0.90	
92〃　　　96〃	0.99	0.84					
96〃　　　100〃	0.97	0.82					
100〃	0.95	0.80			0.80		

付表2　　側方路線影響加算率表

地区区分	加算率	
	角地の場合	準角地の場合
ビル街地区	0.07	0.03
高度商業地区 繁華街地区	0.10	0.05
普通商業・併用住宅地区	0.08	0.04
普通住宅地区 中小工場地区	0.03	0.02
大工場地区	0.02	0.01

付表3　　二方路線影響加算率表

地区区分	加算率
ビル街地区	0.03
高度商業地区 繁華街地区	0.07
普通商業・併用住宅地区	0.05
普通住宅地区 中小工場地区 大工場地区	0.02

相続・贈与税

付表4　　　地積区分表（平11課評2-12外追加・平18課評2-27外改正）

地区区分＼地積区分	A	B	C
高度商業地区	1,000m²未満	1,000m²以上 1,500m²未満	1,500m²以上
繁華街地区	450m²未満	450m²以上 700m²未満	700m²以上
普通商業・併用住宅地区	650m²未満	650m²以上 1,000m²未満	1,000m²以上
普通住宅地区	500m²未満	500m²以上 750m²未満	750m²以上
中小工場地区	3,500m²未満	3,500m²以上 5,000m²未満	5,000m²以上

付表5　　　不整形地補正率表（平11課評2-12外追加・平18課評2-27外改正）

かげ地割合＼地区区分・地積区分	高度商業地区、繁華街地区、普通商業・併用住宅地区、中小工場地区			普通住宅地区		
	A	B	C	A	B	C
10%以上	0.99	0.99	1.00	0.98	0.99	0.99
15% 〃	0.98	0.99	0.99	0.96	0.98	0.99
20% 〃	0.97	0.98	0.99	0.94	0.97	0.98
25% 〃	0.96	0.98	0.99	0.92	0.95	0.97
30% 〃	0.94	0.97	0.98	0.90	0.93	0.96
35% 〃	0.92	0.95	0.98	0.88	0.91	0.94
40% 〃	0.90	0.93	0.97	0.85	0.88	0.92
45% 〃	0.87	0.91	0.95	0.82	0.85	0.90
50% 〃	0.84	0.89	0.93	0.79	0.82	0.87
55% 〃	0.80	0.87	0.90	0.75	0.78	0.83
60% 〃	0.76	0.84	0.86	0.70	0.73	0.78
65% 〃	0.70	0.75	0.80	0.60	0.65	0.70

（※）　1　不整形地の地区区分に応ずる地積区分は、付表4「地積区分表」によります。

　　　2　かげ地割合は次の算式により計算した割合によります。

$$「かげ地割合」＝\frac{想定整形地の地積－不整形地の地積}{想定整形地の地積}$$

　　　3　間口狭小補正率の適用がある場合においては、この表により求めた不整形地補正率に間口狭小補正率を乗じて得た数値を不整形地補正率とします。ただし、その最小値はこの表に定める不整形地補正率の最小値（0.60）とします。

　　　　　また、奥行長大補正率の適用がある場合においては、選択により、不整形地補正率を適用せず、間口狭小補正率に奥行長大補正率を乗じて得た数値によって差し支えありません。

　　　4　大工場地区にある不整形地については、原則として不整形地補正を行わないが、地積がおおむね9,000m²程度のものについては、付表4「地積区分表」及びこの表に掲げる中小工場地区の区分により不整形地としての補正を行って差し支えありません。

付表6 間口狭小補正率表

間口距離 （メートル）	地区区分	ビル街 地区	高度商業 地区	繁華街 地区	普通商業 ・併用住宅 地区	普通住宅 地区	中小工場 地区	大工場 地区
4 未満		—	0.85	0.90	0.90	0.90	0.80	0.80
4 以上	6 未満	—	0.94	1.00	0.97	0.94	0.85	0.85
6 〃	8 〃	—	0.97		1.00	0.97	0.90	0.90
8 〃	10 〃	0.95	1.00			1.00	0.95	0.95
10 〃	16 〃	0.97					1.00	0.97
16 〃	22 〃	0.98						0.98
22 〃	28 〃	0.99						0.99
28 〃		1.00						1.00

付表7 奥行長大補正率表

奥行距離 間口距離	地区区分	ビル街地区	高度商業地区 繁華街地区 普通商業・ 併用住宅地区	普通住宅地区	中小工場地区	大工場地区
2 以上	3 未満	1.00	1.00	0.98	1.00	1.00
3 〃	4 〃		0.99	0.96	0.99	
4 〃	5 〃		0.98	0.94	0.98	
5 〃	6 〃		0.96	0.92	0.96	
6 〃	7 〃		0.94	0.90	0.94	
7 〃	8 〃		0.92		0.92	
8 〃			0.90		0.90	

付表8 がけ地補正率表

がけ地地積 総地積		南斜面	東斜面	西斜面	北斜面
0.10以上	0.20未満	0.96	0.95	0.94	0.93
0.20 〃	0.30 〃	0.92	0.91	0.90	0.88
0.30 〃	0.40 〃	0.88	0.87	0.86	0.83
0.40 〃	0.50 〃	0.85	0.84	0.82	0.78
0.50 〃	0.60 〃	0.82	0.81	0.78	0.73
0.60 〃	0.70 〃	0.79	0.77	0.74	0.68
0.70 〃	0.80 〃	0.76	0.74	0.70	0.63
0.80 〃	0.90 〃	0.73	0.70	0.66	0.58
0.90 〃		0.70	0.65	0.60	0.53

（※） がけ地の方位については、次により判定します。

1　がけ地の方位は、斜面の向きによります。

2　2方位以上のがけ地がある場合は、次の算式により計算した割合をがけ地補正率とします。

$$\frac{\left(\begin{array}{l}\text{総地積に対するがけ地部}\ \text{A方位の}\\ \text{分の全地積の割合に応ず}\times\text{がけ地の}\\ \text{るA方位のがけ地補正率}\ \text{地積}\end{array}\right)+\left(\begin{array}{l}\text{総地積に対するがけ地部}\ \text{B方位の}\\ \text{分の全地積の割合に応ず}\times\text{がけ地の}\\ \text{るB方位のがけ地補正率}\ \text{地積}\end{array}\right)+\cdots}{\text{がけ地部分の全地積}}$$

3　この表に定められた方位に該当しない「東南斜面」などについては、がけ地の方位の東と南に応ずるがけ地補正率を平均して求めることとして差し支えありません。

相続・贈与税

セットバックを 必要とする宅地 （評基通24-6）	建築基準法第42条第2項の道路に面する宅地の価額は、利用制限がないものとした場合の価額（A）から、セットバックが必要な部分について70%を控除します。 $$(A) - (A) \times \dfrac{\text{セットバック部分の地積}}{\text{総地積}} \times 0.7$$
地積規模の大きな宅地 （評基通20-2）	・**地積規模の大きな宅地の判定** ・**地積規模の大きな宅地の評価額** 路線価×奥行価格補正率×不整形地補正率などの各種画地補正率×**規模格差補正率**×地積（㎡） ・**規模格差補正率** $$\text{規模格差補正率} = \dfrac{Ⓐ×Ⓑ+Ⓒ}{\text{地積規模の大きな宅地の地積（Ⓐ）}} \times 0.8$$ （小数点以下第2位未満は切り捨て） 　上記算式中の「Ⓑ」及び「Ⓒ」は、地積規模の大きな宅地の所在する地域に応じて、それぞれ次に掲げる表のとおりです。 (1)三大都市圏に所在する宅地 	地区区分	記号	500㎡以上 1,000㎡未満	1,000㎡以上 3,000㎡未満	3,000㎡以上 5,000㎡未満	5,000㎡以上
---	---	---	---	---	---
普通商業・併用住宅地区、普通住宅地区	Ⓑ	0.95	0.90	0.85	0.80
	Ⓒ	25	75	225	475 | (2)三大都市圏以外の地域に所在する宅地 | 地区区分	記号	1,000㎡以上 3,000㎡未満	3,000㎡以上 5,000㎡未満	5,000㎡以上
---	---	---	---	---
普通商業・併用住宅地区、普通住宅地区	Ⓑ	0.90	0.85	0.80
	Ⓒ	100	250	500	

| 居住用の区分所有財産
（課評2-74、
課資2-16）

※令和6年1月1日以後に相続、遺贈又は贈与により取得した分譲マンションについて適用 | **1. 適用対象**
居住用の区分所有財産（一室の区分所有権等）とは、一棟の区分所有建物（区分所有者が存する家屋で、居住の用に供する専有部分のあるものをいいます。）に存する居住の用に供する専有部分一室に係る区分所有権及び敷地利用権をいい、**3.** のとおり評価します。

2. 適用対象とならないもの
①構造上、主として居住の用途に供することができるもの以外のもの（事業用のテナント物件など）
②区分所有登記がされていないもの（一棟所有の賃貸マンションなど）
③地階を除く階数が2以下のもの（低層の集合住宅など）
④居住用の専有部分一室の数が3以下であって、その全てをその区分所有者又はその親族の居住の用に供するもの（いわゆる二世帯住宅など）
⑤たな卸商品等に該当するもの

3. 評価方法
①評価乖離率の算出 |

A	一棟の区分所有建物の建築から課税時期までの築年数（1年未満端数切上げ）×△0.033
B	一棟の区分所有建物の総階数指数[注]×0.239（小数点以下4位切捨て） （注）地上総階数÷33（小数点以下4位切捨て、1を超える場合は1とする）
C	一室の区分所有権等に係る専有部分の所在階[注]×0.018 （注）専有部分が複数階のとき（メゾネットタイプ）は低い方の階とし、地階の場合の所在階は零階としCの値は0とする
D	一室の区分所有権等に係る敷地持分狭小度[注]×△1.195（小数点以下4位切上げ） （注）一室の区分所有権等に係る敷地利用権の面積÷専有部分の面積 （計算結果を小数点以下4位切上げ）

評価乖離率＝A＋B＋C＋D＋3.220

※評価乖離率が零又はマイナスであるマンション（一室）は評価しません（評価額＝0となります。）。

②区分所有補正率

評価水準 $\left(=\dfrac{1}{評価乖離率}\right)$	1超	区分所有補正率＝評価乖離率
	0.6以上1以下	補正しない（従来の評価額）
	0.6未満	区分所有補正率＝評価乖離率×0.6

（注）区分所有者が一棟の区分所有建物に存する全ての専有部分及び敷地を単独で所有している場合には、区分所有補正率は1を下限とされます。

4. マンション（一室）の評価額

(i)	区分所有権	建物の固定資産税評価額×1.0×区分所有補正率
(ii)	敷地利用権	敷地全体の相続税評価額×敷地権割合×区分所有補正率
(iii)	マンションの相続税評価額＝(i)＋(ii)	

相続・贈与税

借地権	(1)借地権の範囲
	相続税法上の借地権は、借地借家法に規定する建物の所有を目的とする地上権及び賃借権をいいます。所得税・法人税の借地権には、構築物の所有を目的とする地上権や賃借権を含みます。

(2)借地権の評価方法

（評基通27）

相当の地代通達
（個別通達）

土地所有者との契約内容			借地権の評価額
通常の場合			（自用地としての評価額）×（借地権割合）
相当の地代を支払う場合	権利金の支払が0で、相当の地代の支払を維持している場合		借地権＝ゼロ
	上記以外		（自用地としての評価額）×（借地権割合） $\times \left\{ 1 - \dfrac{\left(\begin{array}{c}\text{実際に支払って}\\\text{いる地代の年額}\end{array}\right) - \left(\begin{array}{c}\text{通常の地代}\\\text{の年額}\end{array}\right)}{\left(\begin{array}{c}\text{相当の地代}\\\text{の年額}\end{array}\right) - \left(\begin{array}{c}\text{通常の地代}\\\text{の年額}\end{array}\right)} \right\}$
		（注1）	「実際に支払っている地代の年額」≧「相当の地代の年額」のときは｛　｝の中を0とし、「実際に支払っている地代の年額」＜「通常の地代の年額」のときは｛　｝の中を1とします。
		（注2）	相当の地代＝$\left(\begin{array}{c}\text{自用地としての評価額}\\\text{の過去3年間の平均額}\end{array}\right)\times 6\%$
		（注3）	通常の地代＝相当の地代×（1－借地権割合）
更地のまま一時利用する場合等			借地権＝ゼロ
借地権の取引慣行がない地域の場合			
「無償返還の届出」を提出している場合※			

※被相続人が同族会社の株式を所有している場合
　借地権者である同族会社の株式の評価上20%の借地権価額を純資産価額に加算します。

(3)借地権の目的となっている宅地の評価方法

（評基通25）
（昭43直資3-22）

土地所有者との契約内容				借地権の目的となっている宅地の評価額
通常の場合				$\left(\begin{array}{c}\text{自用地として}\\\text{の評価額}\end{array}\right) - \left(\begin{array}{c}\text{自用地として}\\\text{の評価額}\end{array}\right) \times \left(\begin{array}{c}\text{借地権}\\\text{割　合}\end{array}\right)$
相当の地代を支払う場合	権利金の支払が0で、相当の地代の支払を維持している場合			（自用地としての評価額）×80%
	上記以外	いずれか低い方	①②のうち	① $\left(\begin{array}{c}\text{自用地として}\\\text{の評価額}\end{array}\right) - \left(\begin{array}{c}\text{自用地として}\\\text{の評価額}\end{array}\right) \times \left(\begin{array}{c}\text{借地権}\\\text{割　合}\end{array}\right)$ $\times \left\{ 1 - \dfrac{\left(\begin{array}{c}\text{実際に支払って}\\\text{いる地代の年額}\end{array}\right) - \left(\begin{array}{c}\text{通常の地代}\\\text{の年額}\end{array}\right)}{\left(\begin{array}{c}\text{相当の地代}\\\text{の年額}\end{array}\right) - \left(\begin{array}{c}\text{通常の地代}\\\text{の年額}\end{array}\right)} \right\}$ ② （自用地としての評価額）×80%
更地のまま一時利用する場合				（自用地としての評価額）
借地権の取引慣行がない地域の場合				（自用地としての評価額）×80%
「無償返還の届出」を提出している場合（使用貸借を除きます。）				

貸宅地	自用地の評価額－（自用地の評価額×借地権割合）
貸家建付地	自用地の評価額－｛（（自用地の評価額×借地権割合） 　　　×借家権割合）×賃貸割合｝ （注）区分地上権等の目的となっている貸家建付地の評価（評基通26-2） 　　｛自用地の評価×（1－区分地上権割合）｝×｛1－（借地権割合×借家権割合）｝
貸家建付借地	借地権の価額－（借地権の価額×借家権割合×賃貸割合）

農地	1　**純農地**と**中間農地**＝固定資産評価額の倍率方式 2　**市街地農地**＝比準方式（その農地が宅地であるとした場合の価額から造成費として国税局長が定める金額を控除した価額） 3　**市街地周辺農地**＝市街地農地の80％に相当する価額
不動産（土地・建物）の相続登記の義務化	・令和6年4月1日以降、相続又は遺贈により不動産を取得した相続人は、その所有権の取得を知った日から3年以内に相続登記の申請をしなければなりません。 ・遺産分割が成立した場合には、これによって不動産を取得した相続人は、遺産分割が成立した日から3年以内に相続登記をしなければなりません。 ・令和6年4月1日より前に相続した不動産は、令和9年3月31日までに相続登記をしなければなりません。 ・上記について正当な理由なく義務に違反した場合は、10万円以下の過料の対象になります。 ・早期に遺産分割をすることが困難な場合に、相続人が登記申請義務を簡易に履行できるようにする観点から、新たな登記（相続人申告登記）が設けられています。（登記名義人の相続開始と、自らがその相続人であることを申し出ることで、登記簿に相続人の氏名、住所が記載されます。）
小規模宅地等の課税価格の特例 （措法69の4） ※評価減をしているのではありません。	小規模宅地等である被相続人のⒶ**特定事業用宅地**（①イ、ロに該当するもの）、**特定同族会社事業用宅地**（③イ）については400m²までの部分、又はⒷ**居住用**に供されていた宅地等で330m²までの部分、Ⓒ被相続人等が**不動産貸付けの用**に供されていた部分で相続税申告期限において不動産の貸付けを継続しているものについては200m²までの部分は課税価格の計算にあたって、下に示した表の減額割合を乗じて計算します。なお、特例の対象として選択する宅地等の全てがⒶ特定事業用宅地等及びⒷ特定居住用宅地等である場合には、それぞれの適用対象面積まで適用可能となります。 　なお、貸付事業用宅地等を選択する場合における適用対象面積の計算については、調整を行います。 　次の算式で調整します。 （算式）$Ⓐ×\frac{200}{400}+Ⓑ×\frac{200}{330}+Ⓒ≦200m^2$ 　なお、一棟の建物の敷地の用に供されていた宅地等のうちに特定居住用宅地等の要件に該当する部分とその他の部分があるときは、部分ごとに按分して軽減割合を計算します。 　また、一の宅地等について共同相続があった場合には、取得した者ごとに適用要件を判定します。 ［小規模宅地等の特例］ ① **特定事業用宅地等**（不動産貸付等の宅地等を除きます。） (注)平成31年4月1日以後は、相続開始前3年以内に新たに事業の用に供された宅地等が除外されています。（同日前から事業の用に供されている宅地等を除きます。） イ．被相続人が営んでいた事業を申告期限まで引き続き営んでいる場合　80％ ロ．被相続人と生計を一にしていた親族が相続開始前から申告期限まで自己の事業の用に供している場合　80％ ② **特定居住用宅地等** 　要介護認定又は要支援認定を受けていた被相続人が養護老人ホーム等に入居していた、又は障がい支援区分の認定を受けていた被相続人が支援施設に入居していたことにより、被相続人の居住の用に供されていなかった場合の直前まで居住の用に供されていた宅地等は居住用に含みます。

イ．配偶者が取得した場合		80%
ロ．被相続人と同居していた親族が申告期限まで引き続き所有し、かつその一棟の建物に居住している場合 (ⅰ) その一棟の建物が建物の区分所有等に関する法律1条の規定に該当する建物である場合には、被相続人の居住の用に供されていた部分 (ⅱ) (ⅰ)以外（いわゆる二世帯住宅）の場合には、被相続人又は被相続人の親族の居住の用に供されていた部分		80%
ハ．別居親族で次のすべてに該当する場合 (ⅰ) 配偶者のいない被相続人と同居していた法定相続人がいない (ⅱ) 相続開始前3年以内に自己又は自己の配偶者、自己の三親等内の親族又はその親族と特別の関係のある法人が所有する家屋に居住したことがない (ⅲ) 相続開始時に自己の居住している家屋を過去に所有していたことがない		80%
ニ．被相続人と生計を一にしていた親族が相続開始前から申告期限まで自己の居住の用に供している場合		80%
③ **特定の同族会社の事業用宅地等**		
イ．申告期限まで引き続き同族会社の事業の用に供される場合		80%
④ **不動産貸付等の用に供されていた宅地等**		50%

　この特例の適用を受けるためには、相続税の申告書に、この特例の適用を受けようとする旨を記載するとともに、小規模宅地等に係る計算の明細書や遺産分割協議書の写しなど一定の書類を添付する必要があります。
　また、原則として相続税の申告期限までに相続人等により分割されていることが必要ですが、次のいずれかに該当することとなった場合は特例を適用することができます。
　㈜申告期限から3年以内に分割された場合
　㈑申告期限後3年以内に分割されなかったことについてやむを得ない事情がある場合で納税地の所轄税務署長の承認を受け、一定期間内に分割された場合

自用家屋	固定資産税評価額×1.0
附属設備等	門、塀等の再建築価額から経過年数に応ずる減価額を控除した額を基とし、家屋の価額との均衡を考慮して評価。庭園設備は課税時期の調達価額の70％相当額
貸家	家屋の固定資産税評価額−借家権の価額×賃貸割合
借家権	家屋の固定資産税評価額×借家権割合×賃借割合
生産緑地 （評基通40-3）	●課税時期において市町村に対し買取りの申立をすることができない生産緑地➡生産緑地でないとした価額Ⓐ×（1−控除割合） ※**生産緑地に係る控除割合**

課税時期から買取りの申出をすることができることとなる日までの期間	控除割合	課税時期から買取りの申出をすることができることとなる日までの期間	控除割合
5年以下のもの	100分の10	15年を超え20年以下のもの	100分の25
5年を超え10年以下のもの	100分の15	20年を超え25年以下のもの	100分の30
10年を超え15年以下のもの	100分の20	25年を超え30年以下のもの	100分の35

●買取りの申立が行われていた生産緑地Ⓐ又は買取りの申立をすることができる生産緑地➡Ⓐ×95％

一般動産	原則として1個又は1組ごとの調達価額に相当する額で評価し、調達価額不明のものは課税時期における小売価額から経過年数に応じた減価償却額相当分を差し引いた価額となります。 なお、家庭用動産、農耕用動産、旅館用動産などで、1個又は1組の価額が5万円以下のものは個別に評価しないで一括して評価してもよい。
書画・骨とう	売買実例価額、精通者意見価額などを参考にして評価されます。
株式	① **上場株式**は、相続開始日（被相続人が死亡した日）の終値と相続が開始された月以前3か月間の毎日の終値の各月ごとの平均値とのうちいずれか低い方。 ② 登録銘柄・店頭管理銘柄は、原則として上場株式と同様に評価します。公開途上にある株式は、公開価格等により評価します。 ③ **取引相場のない株式**は、会社の規模や業種、持株の状況、純資産価額などから計算します（評価方式の判定は次ページ参照）。
利付公社債	発行価額と、相続開始日までの既経過利子から源泉徴収されるべき所得税等及び道府県民税の額に相当する金額を控除した金額との合計額
割引債	発行価額に、券面額から発行価額を控除した金額のうちの課税期間までの経過期間に対応する金額（源泉徴収後）を合計した額
貸付信託	元本の額＋既経過収益の額－$\left(\begin{array}{c}\text{源泉徴収されるべき}\\\text{所得税及び利子割額}\\\text{の額に相当する金額}\end{array}\right)$－買取割引料
投資信託	株式投信、社債投信とも相続開始日の基準価額
預貯金	預貯金の価額は、相続開始日における預入高とその時現在において解約するとした場合に既経過利子の額として支払いを受けることができる金額から当該金額につき源泉徴収されるべき所得税等及び道府県民税利子割額の額に相当する金額を控除した金額との合計額によって評価することになっていますが、定期預金、定期郵便貯金及び定額郵便貯金以外は、その既経過利子が少額の場合には、預入高で評価します。

相続・贈与税

■取引相場のない株式の評価方式

（※）同族株主等の議決権割合が50％以下の場合、純資産価額を80％相当額とします。

・会社規模（Lの割合）の判定、各評価方式については次ページ以降参照

●会社規模（Lの割合）の判定

	項　目	金　額	項　目	人　数	
判定要素	直前期末の総資産価額 （帳簿価額）	千円	直前期末以前1年間における従業員数	人	
	直前期末以前1年間の取引金額	千円		〔従業員数の内訳〕 （継続勤務 従業員数）　（継続勤務従業員以外の従業 員の労働時間の合計時間数） （　　　　時間） （　　人）＋ ───────── 　　　　　1,800時間	

①	直前期末以前1年間における従業員数に応ずる区分	70人以上の会社は、大会社（㋑及び㋺は不要）
		70人未満の会社は、㋑及び㋺により判定

	㋑　直前期末の総資産価額（帳簿価額）及び直前期末以前1年間における従業員数に応ずる区分				㋺　直前期末以前1年間の取引金額に応ずる区分			会社規模とLの割合（中会社）の区分
	総資産価額（帳簿価額）				取引金額			
	卸売業	小売・サービス業	卸売業、小売・サービス業以外	従業員数	卸売業	小売・サービス業	卸売業、小売・サービス業以外	
判定基準	20億円以上	15億円以上	15億円以上	35人超	30億円以上	20億円以上	15億円以上	大会社
	4億円以上 20億円未満	5億円以上 15億円未満	5億円以上 15億円未満	35人超	7億円以上 30億円未満	5億円以上 20億円未満	4億円以上 15億円未満	0.90	中会社
	2億円以上 4億円未満	2億5,000万円以上 5億円未満	2億5,000万円以上 5億円未満	20人超 35人以下	3億5,000万円以上 7億円未満	2億5,000万円以上 5億円未満	2億円以上 4億円未満	0.75
	7,000万円以上 2億円未満	4,000万円以上 2億5,000万円未満	5,000万円以上 2億5,000万円未満	5人超 20人以下	2億円以上 3億5,000万円未満	6,000万円以上 2億5,000万円未満	8,000万円以上 2億円未満	0.60
	7,000万円未満	4,000万円未満	5,000万円未満	5人以下	2億円未満	6,000万円未満	8,000万円未満	小会社

・「会社規模とLの割合（中会社）の区分」欄は、㋑欄の区分（「総資産価額（帳簿価額）」と「従業員数」とのいずれか下位の区分）と㋺欄（取引金額）の区分とのいずれか上位の区分により判定します。

相続
贈与
税

●類似業種比準価額方式

（評基通180）	$$A \times \left[\dfrac{ⓑ}{B} + \dfrac{ⓒ}{C} + \dfrac{ⓓ}{D}\right] \times \dfrac{1}{3} \times \begin{cases} \text{しんしゃく率} \\ 0.7 \text{（大会社）} \\ 0.6 \text{（中会社）} \\ 0.5 \text{（小会社）} \end{cases} = \begin{array}{c}\text{類似業種}\\\text{比準価額}\end{array}$$
（評基通182）	A……類似業種の株価（①課税時期の属する**その月**、②課税時期の属する月の**前月**、③課税時期の属する月の**前々月**、④**前年平均株価**、⑤課税時期の属する月**以前2年間の平均株価**のうち最も低いものが類似業種の株価となります。） B……課税時期の属する年の類似業種の1株当たりの**配当**金額 C……課税時期の属する年の類似業種の1株当たりの**年利益**金額 D……課税時期の属する年の類似業種の1株当たりの**純資産**価額 ⓑ……評価会社の1株当たりの配当金額 ⓒ……評価会社の1株当たりの利益金額 ⓓ……評価会社の1株当たりの純資産価額

●純資産価額方式 (評基通185)

$$\left[\begin{array}{l}\text{相続税評価額によ}\\\text{る資産の合計額(A)}\end{array}\right. - \begin{array}{l}\text{負債の}\\\text{合計額(B)}\end{array} - \left.\begin{array}{l}\text{評価差額に対する}\\\text{法人税額等相当額(C)}\end{array}\right] \div \begin{array}{l}\text{発行済}\\\text{株式数}\end{array} = \begin{array}{l}\text{1株当たりの}\\\text{純資産価額}\end{array}$$

$$\left[\begin{array}{c}\text{相続税評価額による}\\\text{(各資産の合計額) — (各負債の合計額)}\end{array} - \begin{array}{c}\text{帳簿価額による}\\\text{(各資産の合計額) — (各負債の合計額)}\end{array}\right] \times 37\%$$

各資産の相続税評価額の合計額	各負債の相続税評価額の合計額
〈加えるもの〉 ・生命保険請求権 ・所得税額等の還付金額 ・中間納付還付税額など 〈除くもの〉 ・繰延資産・前払費用その他で財産性のないものなど	〈加えるもの〉 ・課税時期で未払となっている公租公課、未払配当金、未払賞与金、未払利息 ・被相続人の死亡により確定した退職金など 〈除くもの〉 ・引当金（退職給与引当金を除く） ・準備金など
	評価差額に対する法人税額等相当額

A

B

C

純資産価額

●配当還元方式

$$\frac{\text{その株式に係る年配当金額}}{10\%} \times \frac{\text{その株式の1株当たりの資本金等の額}}{50\text{円}} = \boxed{\text{配当還元価額}}$$

$$\frac{\text{直前期末以前2年間の配当金額}}{2} \div \begin{array}{c}\text{1株当たりの資本金等の額を}\\\text{50円とした場合の発行済株式数}\\\text{(資本金等の額÷50円)}\end{array} = \text{年配当金額}※$$

（※2円50銭未満の場合は2円50銭とします。）

■印紙税

項　目	説　　　　明
1.納税義務者	課税物件表に掲げる課税文書の作成者が納税義務者となります。 　この場合に、一の課税文書を2人以上が共用して作成したときは、それらの者に連帯納付義務があります。
2.納付方法 （印法8〜13）	**（原則）** 印紙貼付によります。 **（特例）** 税印、書式表示、納付計器の使用による納付が認められています。
3.誤って納付した場合 （印法14①）	納税地の税務署長にその文書を提示して事実の確認を受けて「印紙税過誤納確認申請書」を提出して「過誤納処理済」等とした印を押して返戻するか還付されることになります。
4.過怠税 （印法20）	課税文書に相当の印紙が貼付されていないときにはその税額の3倍、（一定の場合は1.1倍）印紙の消印がなされていないときはその印紙税相当額（1,000円未満のときは1,000円）が過怠税として課税されます。

●印紙税の課税物件表

課税物件名	課税標準及び税率（1通につき）			非課税物件

1.（1）不動産・鉱業権・無体財産権（特許権・著作権等）・船舶・航空機又は営業の譲渡に関する契約書（ex.不動産売買契約書）
（2）地上権・土地賃借権の設定又は譲渡に関する契約書（ex.土地賃貸借契約書）
（3）消費貸借に関する契約書（ex.金銭消費貸借契約書）
（4）運送に関する契約書（傭船契約書を含みます。）

契約金額		不動産の譲渡に関する契約書（措法91） 平26.4.1〜令9.3.31	左記以外（本則） —
1万円以上	10万円以下	200円	200円
10万円超	50万円以下	200円	400円
50万円超	100万円以下	500円	1,000円
100万円超	500万円以下	1,000円	2,000円
500万円超	1,000万円以下	5,000円	10,000円
1,000万円超	5,000万円以下	10,000円	20,000円
5,000万円超	1億円以下	30,000円	60,000円
1億円超	5億円以下	60,000円	100,000円
5億円超	10億円以下	160,000円	200,000円
10億円超	50億円以下	320,000円	400,000円
50億円超		480,000円	600,000円

契約金額の記載のないものは200円
※新型コロナウイルス感染症及びそのまん延防止のための措置により、その経営に影響を受けた事業者に対して行う公的貸付機関等又は金融機関が行う特別に有利な条件で行う金銭の貸付けに際して作成される消費貸借契約書のうち、令和7年3月31日までに作成されるものについては、印紙税は非課税。

非課税物件：記載契約金額が1万円未満のもの
●消費税額が区分して記載されているときは、消費税相当額は記載金額としません。
※**(注)** 平成9年4月1日から**令和9年3月31日までの間に作成される**(1)のうち不動産譲渡契約書の印紙税が軽減されています。(措法91)

2.請負に関する契約書（ex.工事請負契約書・映画俳優専属契約書）

契約金額		建設工事の請負に関する契約書（措法91） 平26.4.1〜令9.3.31	左記以外（本則） —
1万円以上	100万円以下	200円	200円
100万円超	200万円以下	200円	400円
200万円超	300万円以下	500円	1,000円
300万円超	500万円以下	1,000円	2,000円
500万円超	1,000万円以下	5,000円	10,000円
1,000万円超	5,000万円以下	10,000円	20,000円
5,000万円超	1億円以下	30,000円	60,000円
1億円超	5億円以下	60,000円	100,000円
5億円超	10億円以下	160,000円	200,000円
10億円超	50億円以下	320,000円	400,000円
50億円超		480,000円	600,000円

契約金額の記載のないものは200円

非課税物件：記載契約金額が1万円未満のもの
●消費税額が区分して記載されているときは、消費税相当額は記載金額としません。
※**(注)** 平成9年4月1日から**令和9年3月31日までの間に作成される建設工事請負契約書の印紙税が軽減されています。**

その他の国税

課税物件名	課税標準及び税率（1通につき）	非課税物件
3. 約束手形 為替手形 1　手形金額の記載のない手形は非課税となりますが、金額を補充したときは、その補充をした人がその手形を作成したものとみなされ、納税義務者となります。 2　振出人の署名のない白地手形（手形金額の記載のないものは除きます。）で、引受人やその他の手形当事者の署名のあるものは、引受人やその他の手形当事者がその手形を作成したことになります。	手形金額　100万円以下のもの …………… 200円 　〃　　　200万円　〃　…………… 400円 　〃　　　300万円　〃　…………… 600円 　〃　　　500万円　〃　………… 1,000円 　〃　　1,000万円　〃　………… 2,000円 　〃　　2,000万円　〃　………… 4,000円 　〃　　3,000万円　〃　………… 6,000円 　〃　　5,000万円　〃　……… 10,000円 　〃　　　　1億円　〃　……… 20,000円 　〃　　　　2億円　〃　……… 40,000円 　〃　　　　3億円　〃　……… 60,000円 　〃　　　　5億円　〃　…… 100,000円 　〃　　　 10億円　〃　…… 150,000円 　〃　 10億円を超えるもの …… 200,000円 ① 一覧払いのもの ② 金融機関相互間のもの ③ 外国通貨により金額が表示されているもの ⎫ 200円 ④ 非居住者円表示のもの ⎭ ⑤ 円建銀行引受手形	①手形金額が10万円未満のもの ②手形金額の記載のないもの ③手形の複本又は謄本 ●手形金額には消費税相当額も含めます。
4. 株券・出資証券若しくは社債券又は投資信託・貸付信託・特定目的信託若しくは受益証券発行信託の受益証券	1. 出資証券には、投資証券を含みます。 2. 社債券には、特別の法律により法人の発行する債券及び相互会社の社債券を含みます。 券面金額　500万円以下のもの ………………… 200円 　〃　　1,000万円　〃　………………… 1,000円 　〃　　5,000万円　〃　………………… 2,000円 　〃　　　　1億円　〃　……………… 10,000円 　〃　　　1億円を超えるもの ……… 20,000円 券面金額の記載のない証券で株数又は口数記載のあるものは、一株又は一口につき払込金額にその株数又は口数を乗じて計算した金額を券面金額とします。	・日本銀行その他特定の法人が作成する出資証券 ・譲渡が禁止されている特定の受益証券 ・一定の要件を満たしている額面株式の株券の無効手続に伴い新たに作成する株券
5. 合併契約書又は吸収分割契約書若しくは新設分割計画書	1. 会社法又は保険業法に規定する合併契約を証する文書に限ります。 2. 会社法に規定する吸収分割契約書又は新設分割計画を証する文書に限ります。 1通につき ………………………………… 40,000円	
6. 定款	株式会社、合名会社、合資会社、合同会社又は相互会社の設立の時に作成される定款の原本に限ります。 1通につき ………………………………… 40,000円	株式会社又は、相互会社の定款のうち、公証人法の規定により、公証人の保存するもの以外のもの
7. 継続的取引契約書	契約期間記載が3か月以内で更新の定めがないものを除きます。 1通につき …………………………………… 4,000円 例）売買取引基本契約書、特約店契約書、代理店契約書、業務委託契約書、銀行取引約定書など	
8. 預金証書、貯金証書	1通につき ……………………………………… 200円	信用金庫その他特定の金融機関の作成するもので記載された預入額が1万円未満のもの
9. 倉荷証券、船荷証券又は複合運送証券	法定記載事項の一部を欠く証書で類似の効用があるものを含みます。 1通につき ……………………………………… 200円	
10. 保険証券	1通につき ……………………………………… 200円	

課税物件名	課税標準及び税率（1通につき）	非課税物件
11. 信用状	1通につき ……………………………………… 200円	
12. 信託行為に関する契約書	（信託証書を含みます。） 1通につき ……………………………………… 200円	
13. 債務の保証に関する契約書	（主たる債務の契約書に併記するものは除きます。） 1通につき ……………………………………… 200円	身元保証に関する契約書
14. 金銭又は有価証券の寄託に関する契約書	1通につき ……………………………………… 200円	
15. 債権譲渡又は債務引受けに関する契約書	記載された契約金額が1万円以上のもの ……… 200円 契約金額の記載のないもの ……………………… 200円	記載された契約金額が1万円未満のもの
16. 配当金領収証・配当金振込通知書	記載された配当金額が3千円以上のもの ……… 200円 配当金額の記載のないもの ……………………… 200円	記載された配当金額が3千円未満のもの
17.(1) 売上代金に係る金銭・有価証券の受取書 1　売上代金とは、資産を譲渡することによる対価、資産を使用させること（権利を設定することを含みます。）による対価及び役務を提供することによる対価をいい、手付けを含みます。 2　株券等の譲渡代金、保険料、公社債及び預貯金の利子などは売上代金から除きます。	受取金額　100万円以下のもの ………………… 200円 　〃　　　200万円　　〃　……………………… 400円 　〃　　　300万円　　〃　……………………… 600円 　〃　　　500万円　　〃　…………………… 1,000円 　〃　　1,000万円　　〃　…………………… 2,000円 　〃　　2,000万円　　〃　…………………… 4,000円 　〃　　3,000万円　　〃　…………………… 6,000円 　〃　　5,000万円　　〃　………………… 10,000円 　〃　　　1億円　　　〃　………………… 20,000円 　〃　　　2億円　　　〃　………………… 40,000円 　〃　　　3億円　　　〃　………………… 60,000円 　〃　　　5億円　　　〃　……………… 100,000円 　〃　　　10億円　　　〃　……………… 150,000円 　〃　　　10億円を超えるもの ………… 200,000円 受取金額の記載のないもの …………………… 200円 例）商品販売代金の受取書（領収書）、不動産賃貸料の受取書、広告料・宿泊料などの受取書	①記載受取金額が5万円未満のもの ②営業に関しないもの ③有価証券又は8、12、14、16に追記した受取書 (注) 記載金額 ・消費税額が区分して記載されているときは、消費税相当額は記載金額とはしません。 ・消費税額のみが記載された受取書は、「記載金額がないもの」とします。
(2) 売上代金以外の金銭又は有価証券受取書	200円 例）借入金の受取書、保険金の受取書、損害賠償金の受取書、補償金の受取書、返還金の受取書など	
18. 預金通帳・貯金通帳・信託通帳・掛金通帳・保険料通帳	1年ごとに ……………………………………… 200円	①信用金庫など特定の金融機関等の作成する預貯金通帳 ②所得税が非課税となる普通預金通帳など ③納税準備預金通帳
19. 消費貸借通帳、請負通帳、有価証券の預り通帳、金銭の受取通帳（18. に該当する通帳を除きます。）	1年ごとに ……………………………………… 400円	
20. 判取帳	1年ごとに …………………………………… 4,000円	

その他の国税

■登録免許税

1．不動産登記関係

（登記等の事項）	（課税標準）	（税率）	法令等
1．所有権の保存登記等	不動産の価額 （不動産の価額とは固定資産税の評価額をいいます。以下同じ）	0.4%	別表第一-(一)
①個人が令和9年3月31日までの間に住宅用家屋の新築等して居住の用に供したとき取得後1年以内にする所有権の保存登記		0.15%	措法72の2
②個人が令和9年3月31日までの間に特定認定長期優良住宅で住宅用家屋に該当するものを取得して自己の居住の用に供したとき取得後1年以内にする所有権の保存登記		0.1%	措法74
③個人が令和9年3月31日までの間に認定低炭素住宅に該当するものを取得し、自己の居住の用に供したときは、取得後1年以内にする所有権の保存登記		0.1%	措法74の2
2．所有権の移転登記			
①相続又は法人の合併による移転登記	不動産の価額	0.4%	措法72
②遺贈、贈与その他無償による移転登記	不動産の価額	2.0%	措法72
③共有物の分割による移転登記	不動産の価額	0.4%	措法72
④その他原因（売買等）による移転登記	不動産の価額	2.0%	措法72
〔土地〕（平25.4.1～令8.3.31まで1.5%）			
〔建物〕			
(イ)個人が令和9年3月31日までに一定の住宅用家屋を取得（売買及び競落に限ります。）して居住の用に供したとき取得後1年以内にする所有権の移転登記	不動産の価額	0.3%	措法73
(ロ)法令の規定に基づく勧告等によって設立、増資又は資産の譲受けの場合の不動産の所有権の取得登記	不動産の価額	1.6%	措法79
3．地上権、永小作権、賃借権又は採石権の設定若しくは転貸の登記	不動産の価額	1.0%	
4．先取特権の保存、質権又は抵当権の設定その他権利の処分の制限の登記	債権金額又は不動産工事費用額	0.4%	
①個人が令和9年3月31日までに住宅取得資金の貸付け等（債務の保証を含みます。）新築又は取得後1年以内にする抵当権の設定登記	債権金額	0.1%	措法75
5．先取特権、質権または抵当権の移転登記			
①相続又は法人の合併によるもの	債権金額	0.1%	
②その他の原因によるもの	債権金額	0.2%	
6．抵当権の順位の変更の登記	抵当権の件数	1件1,000円	
7．仮登記（所有権のみ）			
①所有権の保存又は保存の請求権の保全	不動産の価額	0.2%	
②所有権の移転又は移転の請求権の保全			
イ　相続又は法人の合併	不動産の価額	0.2%	
ロ　共有物の分割	不動産の価額	0.2%	
ハ　その他の原因	不動産の価額	1.0%	
8．附記登記、登記の更正又は変更、登記の抹消	不動産の個数	1件1,000円	

2．会社の商業登記（主なもの）

（登記等の事項）	（課税標準）	（税率）	法令等
1．会社の本店所在地においてする登記 ①合名会社又は合資会社の設立	申請件数	1件に付 6万円	別表第一㈢ 一他
②株式会社の設立	資本金の額 （最低税額）	0.7% 15万円	※合併により消滅した会社又は組織変更若しくは種類の変更をした会社の当該
③合同会社の設立	資本金の額 （最低税額）	0.7% 6万円	
④株式会社又は合同会社の資本金の増加	増加資本金の額 （最低税額）	0.7% 3万円	合併又は組織変更若
⑤合併又は組織変更若しくは種類の変更による株式会社、合同会社の設立又は合併による株式会社、合同会社の資本金の増加	資本金の額、増加資本金の額 （最低税額）	0.15%※ 3万円	しくは種類の変更の直前における資本金の額として一定の
⑥分割による株式会社、合同会社の設立又は分割による株式会社、合同会社の資本金の増加	資本金の額、増加資本金の額 （最低税額）	0.7% 3万円	ものを超える資本金の額に対応する部分につ
⑦支店の設置	支店の数	1か所に付6万円	いては0.7%
⑧本店又は支店の移転	本店又は支店の数	1か所に付3万円	事業再編等に基づく登記（措法80①）で株式
⑨取締役又は代表取締役若しくは監査役等に関する事項の変更 （資本金の額が1億円以下の会社）	申請件数	1件に付 3万円 1件に付 1万円	会社の設立又は資本金の額の増加は 0.35%
⑩支配人の選任又は代理権の消滅、取締役又は代表取締役若しくは監査役等の職務代行者の選任	申請件数	1件に付 3万円	（合併による場合は0.1%、分割による場合は
⑪登記事項の変更、消滅若しくは廃止	申請件数	1件に付 3万円	0.5%）に税率が軽減さ
⑫登記の更正又は抹消	申請件数	1件に付 2万円	れます
2．会社の支店所在地においてする登記 ㈑一般の場合	申請件数	1件に付 9千円	
（⑨の登記のみをする資本金1億円以下の会社）	申請件数	6千円	
㈭登記の更正又は抹消登記	申請件数	1件に付 6千円	

その他の国税

3．工業所有権の登録

（登録等の事項）	（課税標準）	（税率）	法令等
1．特許権、実用新案権、意匠権、商標権の相続又は法人の合併による移転登録	特許権等の件数	1件に付 3千円	別表第一㈦ ～㈥
2．特許権の1以外の原因による移転登録	特許権の件数	1件に付 15千円	
3．実用新案権又は意匠権の1以外の原因による移転登録	実用新案権又は意匠権の件数	1件に付 9千円	
4．商標権の1以外の原因による移転登録	商標権の件数	1件に付 3万円	
5．特許権の専用実施権の設定登録	実施権の件数	1件に付 15千円	

6．実用新案権又は意匠権の専用実施権の設定登録	実施権の件数	1件に付 9千円
7．商標権の専用使用権又は通常使用権の設定登録	使用権の件数	1件に付 3万円
8．特許権、実用新案権、意匠権又は商標権の質権の設定登録	債権金額	0.4%
9．更正又は変更の登録	特許権等の件数	1件に付 1千円

4．個人の商業登記

（登記等の事項）	（課税標準）	（税率）	法令等
①商号の新設又は取得	申請件数	1件に付 3万円	別表第一(二十)
②支配人の選任又はその代理権の消滅	申請件数	1件に付 3万円	
③未成年者又は後見人の営業の登記	申請件数	1件に付 18千円	
④更正、変更、登記の抹消	申請件数	1件に付 6千円	

5．人の資格の登録等

（資格の種別等）	（税率）	法令等
①弁護士、外国法事務弁護士、公認会計士、税理士、医師、歯科医師、弁理士、一級水先人、不動産鑑定士または一級建築士の登録	60千円	別表第一(三十)
②行政書士、司法書士、土地家屋調査士、技術士、薬剤師、社会保険労務士、獣医師、計量士、二級水先人、海事補佐人、海事代理士または測量士の登録	30千円	
③登録政治資金監査人、管理栄養士、社会福祉士、精神保健福祉士、三級水先人または測量士補の登録	15千円	
④建築基準適合判定資格者	10千円	
⑤保健師、助産師、看護師、理学療法士、作業療法士、診療放射線技師、臨床検査技師、視能訓練士、臨床工学技士、義肢装具士、歯科技工士、歯科衛生士、救急救命士、言語聴覚士、あん摩マッサージ指圧師、はり師、きゅう師、柔道整復師、理容師、美容師、介護福祉士、准介護福祉士またはマンション管理士の登録	9千円	
⑥海技士の登録	2.1千円 ～15千円	
⑦航空従事者技能証明	3千円～ 18千円	
⑧耐空検査員の認定	6千円	

地 方 税 関 係

■法人住民税

●法人市町村民税・道府県民税の税率

(1) 均等割

区分 / 種目		市町村民税 (地法312)	道府県民税 (地法52)	
資本金等の額	市町村内の事業所 等の従業員数	標準税率	標準税率	《大阪府の場合》 令7.3.31迄の開始分
①50億円超	50人超	3,000千円	800 千円	1,600 千円
	50人以下	410		
②10億円超 50億円以下	50人超	1,750	540	1,080
	50人以下	410		
③1億円超 10億円以下	50人超	400	130	260
	50人以下	160		
④1,000万円超 1億円以下	50人超	150	50	75
	50人以下	130		
⑤1,000万円以下	50人超	120	20	20
	50人以下	50		
⑥上記以外				

（注）
- 市町村民税の適用税率は各市町村の条例で定められます。制限税率は1.2倍です。
- 「資本金等の額」とは、「法人税法に規定する額から無償増減資等の額を加減算した額」と「資本金の額及び資本準備金の額の合計額又は出資金の額」のいずれか高い金額をいいます。
- 「資本金等の額」は、事業年度終了の日（中間申告の場合は、事業年度開始の日から6か月を経過した日の前日）現在の額で判定します。

(2) 法人税割税率

□超過税率又は不均一課税適用法人の税率（標準税率）のどちらを適用するか判定します。

《大阪府の場合》

※大阪府の税率は2.0%（ただし不均一課税適用法人（資本金の額又は出資金の額が1億円以下、かつ、法人税額が年2,000万円以下）は、1.0%)

事業年度 / 税目	市町村民税（地法314の4）		道府県民税（地法51）	
	標準税率	制限税率	標準税率	制限税率
令元.10.1以後開始	6.0%	8.4%	1.0%	2.0%

〔注〕適用税率は各市町村・都道府県の条例で定めます。

■個人住民税

(1) 市町村民税・道府県民税均等割（標準税率）

税目 / 区分	標準税率	復興特別税（地方財源法2）	合計
市町村民税（地法310)	3,000円	500円	3,500円
道府県民税（地法38)	1,000円	500円	1,500円
合　計	4,000円	1,000円	5,000円

※平成26年度から令和5年度までの10年間は、震災復興財源として、年間1,000円引き上げられていました。
※個人住民税における公的年金からの特別徴収制度があります。
※令和6年度分から森林環境税（1,000円）が個人住民税に併せて賦課徴収されています。

地方税関係

(2) 個人住民税（道府県民税・市町村民税）所得割税速算表 (標準税率)(地法35①、50の4、314の3、328の3)

課税総所得金額・課税退職所得金額（分離課税を除く）及び課税山林所得金額の合計額	道府県民税（地法35①）	市町村民税（地法314の3）
	税率 4％（2％）	税率 6％（8％）

※ （ ）内は指定都市に住所を有する者の税率です。

(注) (2)の適用に際して次の点に留意してください。
1. 課税所得金額又は課税山林所得金額が400万円以下のときに条例で簡易税額表が定められている場合にはこれにより計算することができます。簡易税額表による場合には、上記の速算表とは税額に誤差が生じる場合があります。
2. **公的年金等の収入金額が400万円以下**で、その年の公的年金以外の所得金額が**20万円以下**であるときは、その年分の所得税について確定申告書提出は不要となっていますが、この場合でも住民税申告は必要です。

○人的控除額の所得税と個人住民税の差〈令和5年分所得税、令和6年度分個人住民税〉
(所得控除については、P.163～164を参照)

人的所得控除				個人住民税	所得税	人的控除額の差
①障がい者控除						
イ 障がい者				26万円	27万円	1万円
ロ 特別障がい者				30万円	40万円	10万円
ハ 同居特別障がい者				53万円	75万円	22万円
②寡婦・ひとり親控除						
イ 寡婦				26万円	27万円	1万円
ロ ひとり親				30万円	35万円	5万円
③勤労学生控除				26万円	27万円	1万円
④配偶者控除 (配偶者の合計所得金額48万円以下)	イ 一般 (控除対象配偶者が70歳未満)	納税義務者の合計所得金額				
			900万円以下	33万円	38万円	5万円
		900万円超	950万円以下	22万円	26万円	4万円
		950万円超	1,000万円以下	11万円	13万円	2万円
		1,000万円超		—	—	—
	ロ 老人 (控除対象配偶者が70歳以上)		900万円以下	38万円	48万円	10万円
		900万円超	950万円以下	26万円	32万円	6万円
		950万円超	1,000万円以下	13万円	16万円	3万円
		1,000万円超		—	—	—
⑤配偶者特別控除 (配偶者の合計所得金額)	48万円超50万円未満	納税義務者の合計所得金額				
			900万円以下	所得控除額は次ページの**(参考)**参照		5万円
		900万円超	950万円以下			4万円
		950万円超	1,000万円以下			2万円
	50万円以上55万円未満		900万円以下			3万円(※1)
		900万円超	950万円以下			2万円(※1)
		950万円超	1,000万円以下			1万円(※1)

人的所得控除	個人住民税	所得税	人的控除額の差
⑥扶養控除			
イ　一般の扶養親族（ロからニまでに掲げる扶養親族に該当しないもの）	33万円	38万円	5万円
ロ　特定扶養親族	45万円	63万円	18万円
ハ　老人扶養親族	38万円	48万円	10万円
ニ　同居老親等扶養親族	45万円	58万円	13万円
⑦基礎控除　納税義務者の合計所得金額			
2,400万円以下	43万円	48万円	5万円
2,400万円超　2,450万円以下	29万円	32万円	5万円（※2）
2,450万円超　2,500万円以下	15万円	16万円	5万円（※2）
2,500万円超	—	—	—

※1　調整控除（下記参照）の計算は、単純な所得税と住民税の差額ではなく、上表記載の「人的控除額の差」によります。
※2　合計所得金額2,500万円以下の納税義務者は、基礎控除額が逓減する者も含めて、控除差を5万円として調整控除額の計算を行います。

（参考）
⑤配偶者特別控除の控除額

		納税義務者の合計所得金額（万円）						
		900以下		900超950以下		950超1,000以下		1,000超
		住民税	所得税	住民税	所得税	住民税	所得税	
配偶者の合計所得金額（万円）	48超　95以下	33万円	38万円	22万円	26万円	11万円	13万円	控除適用なし
	95超　100以下	33万円	36万円	22万円	24万円	11万円	12万円	
	100超　105以下	31万円	31万円	21万円	21万円	11万円	11万円	
	105超　110以下	26万円	26万円	18万円	18万円	9万円	9万円	
	110超　115以下	21万円	21万円	14万円	14万円	7万円	7万円	
	115超　120以下	16万円	16万円	11万円	11万円	6万円	6万円	
	120超　125以下	11万円	11万円	8万円	8万円	4万円	4万円	
	125超　130以下	6万円	6万円	4万円	4万円	2万円	2万円	
	130超　133以下	3万円	3万円	2万円	2万円	1万円	1万円	
	133超	控除適用なし						

● **（調整控除）**（地法37、314の6）
税源移譲に伴い生じる所得税と住民税の人的控除の差に基づく負担増を調整するため、次の［調整控除額］が所得割額から控除されます。
ただし、令和3年度分以後の個人住民税においては、合計所得金額2,500万円超の者には調整控除が適用されません。

合計課税所得金額	調整控除額
200万円以下	①と②のいずれか少ない額の5％ 　①人的控除額の差の合計額 　②個人住民税の合計課税所得金額
200万円超	［上記①－（上記②－200万円）］（最低5万円）×5％

〔道府県民税・市町村民税の配当控除〕（地附5①③）

配当所得の金額×配当控除の控除率＝配当控除

配当所得の内容 ＼ 課税総所得金額等	1,000万円以下の部分		1,000万円を超える部分	
	道府県民税	市町村民税	道府県民税	市町村民税
剰余金の配当等、特定株式投資信託の収益の分配	1.2% (0.56%)	1.6% (2.24%)	0.6% (0.28%)	0.8% (1.12%)
一般外貨建等証券投資信託以外の証券投資信託の収益分配	0.6% (0.28%)	0.8% (1.12%)	0.3% (0.14%)	0.4% (0.56%)
一般外貨建等証券投資信託の収益分配	0.3% (0.14%)	0.4% (0.56%)	0.15% (0.07%)	0.2% (0.28%)

（注）私募公社債等運用投資信託等の収益の分配等に係る配当所得及び特定外貨建証券投資信託の収益
　　　の分配に係る配当所得等については、配当控除は行いません。

※（　）内は指定都市に住所を有する者の配当控除率です。

〔寄附金の税額控除〕

　①基本控除額　（寄附金(注1)－2,000円）×10%(注2)

　　（注1）総所得金額等×30%が上限

　　（注2）都道府県が指定した寄附金は4(2)%、市区町村が指定した寄附金は6(8)%、どちら
　　　　　からも指定された寄附金は10%（（　）内は指定都市に住所を有する者の税率です）

　②特別控除額（いわゆる**ふるさと納税**、個人住民税所得割額（P.266）の2割が上限）
　　（寄附金－2,000円）×（90%－0～45%）（寄附者に適用される所得税の限界税率））

(3)　分離課税等に係る個人住民税の税率割合等　　※（　）内は指定都市に住所を有する者の税率

項目	道府県民税	市町村民税
1　土地、建物等の長期譲渡所得	2%(1%)	3%(4%)
2　優良住宅地の造成等のために土地等を譲渡した場合の長期譲渡所得		
(イ)　譲渡益2,000万円以下の部分	1.6%(0.8%)	2.4%(3.2%)
(ロ)　譲渡益2,000万円超の部分	2%(1%)	3%(4%)
3　居住用財産を譲渡した場合の長期譲渡所得		
(イ)　特別控除後の譲渡益6,000万円以下の部分	1.6%(0.8%)	2.4%(3.2%)
(ロ)　特別控除後の譲渡益6,000万円超の部分	2%(1%)	3%(4%)
4　土地、建物等の短期譲渡所得	3.6%(1.8%)	5.4%(7.2%)
ただし、国等に対する譲渡	2%(1%)	3%(4%)
5　株式等に係る譲渡所得等	2%(1%)	3%(4%)
6　上場株式・公募株式投信に係る配当所得及び譲渡所得等	2%(1%)	3%(4%)
7　先物取引等に係る雑所得等	2%(1%)	3%(4%)
8　土地の譲渡等に係る事業所得等	4.8%(2.4%)	7.2%(9.6%)

■個人事業税

項　　目	説　　　　　明	
(1)納税義務者	• 第1種事業、第2種事業及び第3種事業を行う個人	
第1種事業 （37業種）	物品販売業・製造業・運送業・印刷業・出版業・写真業・旅館業・飲食店業・問屋業・不動産売買業・不動産貸付業・駐車場業・保険業等	（標準税率） 5％
第2種事業 （3業種）	畜産業・水産業・薪炭製造業	4％
第3種事業 （30業種） （地法72の2③、72の49の17、地令10の3、11、11の2、12、13、13の2、14）	医業・歯科医業・薬剤師業・獣医業・弁護士業・司法書士業・税理士業・公認会計士業・社会保険労務士業・理容業・クリーニング業・コンサルタント業・デザイン業・公衆浴場業・諸芸師匠業・歯科衛生士業・歯科技工士業・測量士業・土地家屋調査士業・海事代理士業・印刷製版業等	5％
	あん摩・マッサージ又は指圧・はり・きゅう・柔道整復その他医業に類する事業及び装蹄師業	3％
	注）個人事業税の制限税率は上記標準税率の1.1倍です。（地法72の49の17③）	
(2)　事業税額	（事業所得・不動産所得の金額）＋所得税の事業専従者給与（控除）額－個人事業税の事業専従者給与（控除）額＋青色申告特別控除額－事業主控除額 × 税率	
(3)　課税標準等 （地法72の49の11他）	• 不動産所得及び事業所得の所得金額の計算は、原則として、所得税の計算と同様です。 ① 青色事業専従者給与→所得税で配偶者又は扶養親族とした場合に、所得税確定申告書の「事業税に関する事項」で申告があるときは、事業専従者と認めた給与額を控除。 ② 白色専従者控除→50万円（配偶者は86万円）／控除前所得金額÷（専従者数＋1）　いずれか少ない金額 ③ 青色申告特別控除の適用はありません。 ④ 事業主控除は年間290万円です。	
(4)　損益通算 （地法72の49の12⑤）	• 個人が不動産所得を生ずべき事業と事業所得を生ずべき事業とをあわせて行っているときは、その不動産所得の計算上生じた所得または損失とその事業所得の計算上生じた所得または損失とを合算し、または通算して算定します。	
(5)　各種控除 （地法72の49の12他）	① 損失の繰越控除（地法72の49の12⑥） ② 被災事業用資産の損失の繰越控除（地法72の49の12⑦⑧） ③ 特定被災事業用資産の損失の繰越控除（地法72の49の12⑨⑩⑪） ④ 事業用資産の譲渡損失の控除（地法72の49の12⑬） ⑤ 事業用資産の譲渡損失の繰越控除（地法72の49の12⑭） ⑥ 事業主控除（地法72の49の14）	
(6)　個人事業税の申告 （地法72の55、72の55の2、地令35の4）	原則｜・毎年3月15日（所得税の申告をした場合には、不要） 例外｜・年の中途で事業を廃止したとき（法人成りを含む）…事業廃止の日より1か月以内 ・納税義務者の死亡による事業廃止のとき…4か月以内	

地方税関係

(注3) ①資本金の額又は出資金の額が1億円を超える法人は外形標準課税が課されます。(P.271〜273参照)

②令和7年4月1日以後に開始する事業年度からは、前事業年度に外形標準課税対象であった法人が資本金1億円以下となった場合でも、資本金と資本剰余金の合計額が10億円を超える場合には外形標準課税の対象となります。

③令和8年4月1日以後に開始する事業年度からは、資本金と資本剰余金の合計額が50億円を超える法人等の100%子法人等のうち、資本金が1億円以下であって、資本金と資本剰余金の合計額が2億円を超えるものは外形標準課税の対象となります。

(注4) 適用税率は、各都道府県の条例で定めます。制限税率は標準税率の1.2倍です。また、資本金1億円超の普通法人の所得割の制限税率は1.7倍です。

■外形標準課税適用法人

		標準税率	
		令4.3.31まで	令4.4.1以後開始事業年度
付加価値割		1.2%	1.2%
資本割		0.5%	0.5%
所得割	年400万円以下	0.4%	1.0%
	年400万円超　年800万円以下	0.7%	
	年800万円超	1.0%	
	軽減税率不適用法人	1.0%	
特別法人事業税		260 %	260 %

※特別法人事業税は、事業税所得割額×税率により計算します。

●特別法人事業税及び特別法人事業譲与税

　令和元年10月1日以後開始する事業年度から法人事業税(所得割又は収入割)の納税義務者に対して国税として特別法人事業税が課されます。

(1)課税標準

　法人事業税額(標準税率により計算した所得割額又は収入割額)

(2)税率(一定の電気、ガス供給業に係るものを除く。)

付加価値割額、資本割額及び所得割額の合算額によって法人事業税を課税される法人の所得割額に対する税率	260 %
所得割額によって法人事業税を課税される普通法人等の所得割額に対する税率	**37 %**
所得割額によって法人事業税を課税される特別法人の所得割額に対する税率	34.5%
収入割額によって法人事業税を課税される法人の収入割額に対する税率	30 %

(3)特別法人事業税の申告納付は、都道府県に対して、法人事業税と併せて行います。

(4)都道府県は、特別法人事業税として納付された額を国の交付税及び譲与税配付金特別会計に払い込むものとする。

(5)特別法人事業譲与税として、令和2年度から特別法人事業税の収入額が都道府県へ譲与されています(使途を限定しない一般財源)。

(3)　課税標準

◇所得割

所得割⇨各事業年度の所得金額及び清算所得金額(地法72の23①)

◇**付加価値割** （地法72の14）		付加価値割⇨付加価値額＝［各事業年度の収益配分額 （報酬給与額＋純支払利子＋純支払賃借料）±単年度損益］
➡**報酬給与額** （地法72の15）		① 報酬、給与、賃金、賞与及び退職給与並びにこれらの性質を有するもので、原則として損金の額に算入された金額の合計額をいいます。 ② 派遣労働者の派遣契約料（これに相当するものを含みます。）のうち当期に係るものに75％を乗じた金額（みなし派遣給与額といいます。）は、報酬給与額に加算します。 ③ 労働者派遣を行う法人については、「みなし派遣給与額」を控除します。 ④ 令和4年4月1日から令和6年3月31日までの間に開始する各事業年度において、継続雇用者の給与総額の対前年度増加割合が3％以上（資本金10億円以上、かつ、常時使用従業員数1,000人以上の大企業については、従業員への還元や取引先への配慮を行うことの宣言が必要です。）の場合、雇用者全体の給与総額の対前年度増加額を付加価値額から控除します。

製造業	資本金1億円以上の法人	事務所又は事業所の従業者の数 ただし、工場の場合の従業者の数は、[工場の従業者の数]＋[工場の従業者の数（奇数の場合は1を加えた数）]×0.5とする		
	その他の事業	課税標準	×(1/2)	事務所又は事業所の数
			×(1/2)	事務所又は事業所の従業者の数

（※）電気供給業、ガス供給業、倉庫業、鉄道事業、軌道事業の分割基準は、上記以外に別途定められています。

(5) **申告・納付**（地法72の25、72の26⑧）	① 中間申告納付 対象法人（事業年度の期間が6月を超える法人に限ります。）は、前事業年度実績に基づく法人事業税額又は仮決算に基づく法人事業税額の申告納付を行わなければなりません。 ② 確定申告納付 対象法人は確定決算に基づき申告納付を行わなければなりません。

(6) **法人府民税・事業税の申告様式**（抜粋）	様式名	用途	地法規様式
	中間・確定・修正申告書	仮決算に基づく中間申告、確定申告及びこれらに係る修正申告をする場合に使用。	第6号様式
	基準法人所得割額及び基準法人収入割額に関する計算書	超過税率、ハートフル税制等に係る税率適用法人が、特別法人事業税の課税標準となる基準法人所得割額又は基準法人収入割額の計算を行う場合に使用。	第6号様式別表14
	所得金額に関する計算書	医療法人、事業税の課税・非課税事業を併せて行う法人、外国に事務所等のある内国法人及び法人税が課されない法人用。	第6号様式別表5
	付加価値額及び資本金等の額の計算書	付加価値割の課税標準となる付加価値額及び資本割の課税標準となる資本金等の額の計算を行う場合に使用。	第6号様式別表5の2
	報酬給与額に関する明細書	地方税法第72条の15に規定する報酬給与額の計算を行う場合に使用。	第6号様式別表5の3
	純支払利子に関する明細書	地方税法第72条の16に規定する純支払利子の計算を行う場合に使用。	第6号様式別表5の4
	純支払賃借料に関する明細書	地方税法第72条の17に規定する純支払賃借料の計算を行う場合に使用。	第6号様式別表5の5
	課税標準の分割に関する明細書（その1）	2以上の都道府県に事務所若しくは事業所を有する法人が法人府民税及び事業税の分割課税標準額の計算をする場合に使用。	第10号様式
	同（その2）		第10号様式(2)

(7) **更正及び決定**	対象法人が申告書等を提出した場合において、その課税標準額等がその調査したところと異なるときはこれを更正し、申告書を提出しなかった場合には、その調査によって課税標準額等が決定されます。

地方税関係

■不動産取得税 (地法73~73の17)

項　　目	説　　　　　明
1. 納税義務者と 申告期限 (地法73の2)	不動産を取得した法人及び個人 (所有権に係る登記の有無を問いません。) • 改築により家屋の価格が増加したときは、その改築をもって家屋の取得とみなされます。
2. 課税標準とその特例 (地法73の14、平23地法附則11、11の4、11の5)	(原則) 取得した不動産の固定資産税評価額 ※宅地及び宅地比準土地の取得が、令和9年3月31日までに行われた場合には課税標準は価格の$\frac{1}{2}$とされます。 (特例) (1)住宅を新築した場合 (新築の建売住宅の購入を含みます。)、(2)既存の住宅のうち木造住宅等にあっては築後20年、鉄骨造、鉄筋コンクリート造の住宅については築後25年以内又は新耐震基準適応のものを取得した場合 (床面積50m^2 [戸建以外の貸家住宅は40m^2] 以上240m^{2}以下のもの) には、1戸につき価額から1,200万円 (既存の住宅の場合、新築日により一定の金額) を控除。 ※令和8年3月31日までに取得された新築の認定長期優良住宅については、課税標準から1,300万円が控除される。都道府県の条例で定めた日以内に必要書類を添付して申告が必要です (大阪府の場合60日以内)。
3. 非課税 (地法73の7)	①相続、法人の合併又は分割等、形式的な所有権の移転 ②譲渡担保財産の取得、市街地再開発組合の取得等は納税義務を免除 ③国、都道府県、市町村等の非課税法人及び用途非課税あり。(地法附10、11他)
4. 税率 (地法73の15、73の24、地法附則11の2)	標準税率4% (令和9年3月31日までに取得する商業ビル等住宅以外の家屋は4%。住宅及び土地の取得に係る特例税率は3%)
5. 免税点 (地法73の15の2)	土地　10万円 建物　建築分1戸に付き23万円、その他1戸に付き12万円
6. 住宅用土地の取得に対する減額措置 (地法73の24)	次の(1)(2)のいずれかの要件に該当する場合は、下記①、②のうちいずれか高い方の額を税額から控除します。 (1)新築住宅用の土地 　イ　土地の取得日から2年以内 (令和8年3月31日までは3年以内) 又は土地取得者が土地の取得日前1年以内にその土地の上に特例適用住宅を新築した場合 　ロ　新築未使用の特例適用住宅及びその土地をその住宅の新築後1年以内に取得した場合 (2)耐震基準適合既存住宅等用の土地 　イ　土地取得者が土地の取得日から1年以内にその土地の上にある自己の居住の用に供する耐震基準適合既存住宅等を取得した場合 　ロ　土地取得者が土地の取得日前1年以内にその土地の上にある自己の居住の用に供する耐震基準適合既存住宅等を取得していた場合 ※耐震基準不適合既存住宅及びその敷地を取得した場合においても、その住宅取得後6か月以内に耐震改修を行うなど一定の要件を満たすときには、軽減措置が適用されます。 (注) (1)(2)の減額には、土地の取得の日以降道府県の条例の定めによる申告が必要です。 ①150万円×税率 ②家屋の床面積の2倍の面積 (最高200m^2) の土地の価額×税率

■固定資産税(償却資産税)・都市計画税(地法341以下)

項　目	説　　　　　明
1. 納税義務者 (地法343)	賦課期日(毎年1月1日)現在において、所有者として土地登記簿等に登記又は固定資産課税台帳に登録されている者(都市計画税は、1月1日現在市街化区域内に所在する土地家屋を所有する者) ※家屋の所有者以外の者が取り付けた附帯設備については、その附帯設備は償却資産として、取り付けた者を納税義務者とします。
2. 所有者不明土地等への対応 (地法343⑤、384の3)	• 市町村長は、登記簿等に所有者として登記等がされている個人が死亡している場合、その土地又は家屋を現に所有している者に、その市町村の条例で定めるところにより、その現所有者の氏名、住所その他固定資産税の賦課徴収に必要な事項を申告させることができます。(令和2年4月1日以後の条例の施行の日以後に現所有者であることを知った者について適用) • 市町村は、一定の調査を尽くしてもなお固定資産の所有者が一人も明らかとならない場合には、その使用者を所有者とみなして固定資産課税台帳に登録し、その者に固定資産税を課すことができることとされます。(令和3年度以後の年分の固定資産税について適用)
3. 課税標準 (地法349) (地法349の2)	1. 土地及び家屋 　基準年度(昭和33年度から起算して3年目ごとの年度)の1月1日における価格(令和6年度が基準年度、次回は令和9年度) ※電気設備、ガス設備、給水設備など家屋と構造上一体となって家屋の効用を高める設備は、家屋に含めて評価されています。 2. 償却資産　毎年1月1日における価格(法人税の一括償却資産等は課税対象外です。)(地法341) 　固定資産の価格等の決定は、毎年3月31日までです。 ※無形減価償却資産、10万円未満の少額減価償却資産又は一括償却資産として法人税法又は所得税法の適用をしたものは課税対象とはなりません。(中小企業者等の即時償却の特例の対象資産は課税対象)
4. 税率(地法350)	標準税率　1.4%　　都市計画税　0.3%以下
5. 免税点(地法351)	土地　30万円　　家屋　20万円　　償却資産　150万円
6. 固定資産税の課税標準及び税額軽減の特例 [新築住宅] [耐震改修] [バリアフリー改修]	1. 住宅用地の課税標準の特例 　① 住宅用地については、課税標準となるべき価格の$\frac{1}{3}$の額(都市計画税は$\frac{2}{3}$)を課税標準とします。(地法349の3の2①) 　② 200m²以下の住宅用地(200m²超のときは、住宅1戸に付200m²までの住宅用地)は、①によらず、その価格の$\frac{1}{6}$(都市計画税は$\frac{1}{3}$)を課税標準とします。(地法349の3の2②) 2. 50m²(戸建以外の貸家住宅は40m²)以上280m²以下の新築住宅については、120m²までの部分が3年間(中高層耐火建物については5年間)税額の$\frac{1}{2}$が減税されます。(令和8年3月31日まで) 3. 昭和57年1月1日以前の住宅について、令和8年3月31日までの間に一定の耐震改修工事(自己負担50万円超のもの)を施した場合、翌年度分の固定資産税の税額が$\frac{1}{2}$(改修により認定長期優良住宅に該当することになった場合は$\frac{2}{3}$)軽減されます。 4. 平成19年4月1日から令和8年3月31日までの間に高齢者・障がい者等が居住する一定の既存住宅について、一定のバリアフリー改修工事(下記参考：補助金等を除き自己負担が50万円超のもの)を行った場合は、翌年度分の固定資産税が$\frac{1}{3}$減額(100m²分までを限度)されます。(改修後の住宅の床面積が50m²以上280m²以下のものに限ります。)

地方税関係

（居住者要件）	（対象となるバリアフリー改修工事）
①65歳以上の者 ②要介護認定又は要支援認定を受けた者 ③障がい者	①廊下の拡幅　②階段の勾配緩和　③浴室の改良　④トイレの改良　⑤手すり取付け　⑥床の段差解消　⑦引き戸への取替え　⑧床の滑り止め化

（納税者は、改修後3か月以内に、工事明細書、写真等の関係書類を添付して市町村に申告することによって減額されます。）

[認定長期優良住宅]

5．令和8年3月31日までに新築された認定長期優良住宅について新築から5年度分（中高層耐火建築物は7年度分）当該住宅の$\frac{1}{2}$の税額が軽減（1戸当たり120m²相当部分までに限り、認定証明書を添付して申告が必要です。）

[省エネ改修]

6．令和8年3月31日までに、平成26年4月1日に存していた住宅について一定の省エネ改修工事を行った場合に翌年度分の固定資産税の税額から$\frac{1}{3}$（改修により認定長期優良住宅に該当することになった場合は$\frac{2}{3}$）が減額（1戸当り120m²相当分までを限度。）されます（改修後の住宅の床面積が50m²以上280m²以下のものに限ります。）。

7．特定市街化区域農地のうち「保全すべき農地」として生産緑地法改正による転用制限強化等される生産緑地区内の農地については一般農地として課税されます。

○土地に係る固定資産税等の負担調整

(1) 土地に係る固定資産税

① 土地に係る固定資産税の負担調整措置については、令和6年度から令和8年度まで3年間延長されています。

○負担水準（％）＝前年度課税標準額÷本年度の評価額※×100

※住宅用地の場合は、価格に住宅用地特例割合を乗じます。

	負担水準	課税標準額
商業地等	70％超	本年度評価額の70％に引き上げる
	60％以上70％以下	前年度課税標準額と同額に据え置く
	60％未満	前年度課税標準額＋本年度評価額×5％ （上限：本年度評価額×60％ 　下限：本年度評価額×20％）
住宅用地	100％以上	調整なし
	100％未満	前年度課税標準額＋本年度評価額×住宅用地特例割合$\left(\frac{1}{6}$又は$\frac{1}{3}\right)$×5％ （下限：本年度評価額×住宅用地特例割合×20％）

（地法附則19の3①、19の4）

② **特定市街化区域農地に対する宅地並み課税**

・三大都市圏の区域内の市及び東京都の特別区にある市街化農地の固定資産税の額は、「評価額×$\frac{1}{3}$」を課税標準となるべき額とした場合の税額となります。

（注）新たに特定市街化区域農地になったものについては、最初の4年度に限り、次のように税額を求めます。

「特定市街化農地の価格×$\frac{1}{3}$×軽減率×税率」

年度	初年度	2年度	3年度	4年度
軽減率	0.2	0.4	0.6	0.8

	・特定市街化区域農地に係る令和6年度から令和8年度までの各年度分の固定資産税の額は、当該年度分の固定資産税の額が、市街化区域農地調整固定資産税額＊を超える場合には、当該市街化区域調整固定資産税額となります。 ＊市街化区域調整固定資産税額＝（「前年度分の固定資産税の課税標準額」＋「当該年度分の価格」×$\frac{1}{3}$×0.05×税率） 但し、市街化区域調整固定資産税額が「当該年度分の価格」×$\frac{1}{3}$×1.0×軽減率×税率で求めた税額を超える場合には、当該税額が当該年度分の固定資産税額となり、また、市街化区域調整固定資産税額が「当該年度分の価格」×$\frac{1}{3}$×0.2×軽減率×税率を下回る場合には、当該税額が当該年分の税額となります。 　また、特定市街化区域農地のうち当該年度分の負担水準が1.0以上のものについては税負担が据え置かれます。 (2) 土地に係る都市計画税の調整措置は条例で固定資産税と同様に定められています。
7. 生産性向上や賃上げの促進に資する機械・装置等の償却資産の導入に係る特例措置	・令和5年4月1日から令和7年3月31日までの間に、中小事業者等が中小企業等経営強化法に規定する先端設備導入計画に基づき、生産性向上に資する要件を満たす一定の機械・装置等を取得した場合、最初の3年度分は2分の1に固定資産税が軽減されます。 ・なお、賃上げ目標を盛り込んだ設備投資の場合は、最初の5年度分（令和6年度中に資産を取得した場合は最初の4年度分）は3分の1に軽減されます。
8. 長寿命化に資する大規模修繕工事を行ったマンションに係る減額措置	・一定の要件を満たすマンションについて、長寿命化に資する一定の大規模修繕工事を令和5年4月1日から令和7年3月31日までの間に実施した場合、工事完了の翌年度分の建物に係る固定資産税額を3分の1を参酌して6分の1以上2分の1以下の範囲内で市町村の条例で定める割合で減額（1戸あたり100m²相当分が上限）されます。
9. 納期及び徴収方法	4月、7月、12月及び2月中において市町村の条例により納期が定められ、普通徴収により納付します。（東京都は、6月、9月、12月、2月です。）
10. 台帳の縦覧期間等 （地法416）	1. 毎年4月1日より同月20日又は納期限の日のいずれか遅い日以後の日までの間に条例で定められます。 2. 固定資産課税台帳の閲覧制度により、本人資産に係る部分は常に閲覧できます。（新年度の価格等は首長の公示の日から閲覧が可能になります。） 3. 市町村長は固定資産税の納税者が、本人の土地や家屋の価格と他の土地や家屋の価格との比較ができるよう土地価格等縦覧帳を納税者の縦覧に供します。固定資産の価格等の決定期限は3月31日です。なお、新年度台帳の本人資産に係る部分は常に閲覧が可能です。

地方税関係

■事業所税 (地法701の30～701の45)

項　目	説　　　　　明
1. 意義・課税団体 (地法701の30～31)	人口30万人以上の都市等が都市環境の整備及び改善に関する事業に要する費用に充てるために事業所等において事業を行う者に対して課税します。 **(① 政令指定都市等（1都・20市））** 東京都特別区、札幌市、仙台市、さいたま市、千葉市、横浜市、川崎市、相模原市、新潟市、静岡市、浜松市、名古屋市、京都市、大阪市、堺市、神戸市、岡山市、広島市、北九州市、福岡市、熊本市 **(② 首都圏の既成市街地及び近畿圏の既成都市区域を有する市のうち指定都市以外の市（8市）** 川口市、武蔵野市、三鷹市、守口市、東大阪市、尼崎市、西宮市、芦屋市 **(③ ①、②以外で人口30万人以上の市のうち政令で定める市（48市）** 旭川市、秋田市、郡山市、いわき市、宇都宮市、前橋市、高崎市、川越市、所沢市、越谷市、市川市、船橋市、松戸市、柏市、八王子市、町田市、横須賀市、藤沢市、富山市、金沢市、長野市、岐阜市、豊橋市、岡崎市、一宮市、春日井市、豊田市、四日市市、大津市、豊中市、吹田市、高槻市、枚方市、姫路市、明石市、奈良市、和歌山市、倉敷市、福山市、高松市、松山市、高知市、久留米市、長崎市、大分市、宮崎市、鹿児島市及び那覇市
2. 課税客体及び納税義務者、申告納期 (地法701の32①)	(課税客体)・既設の事業所等：市内のすべての事業所等合算して判定します。この事業所等が、自己の所有か否かは問いません。 (納税義務者)・事業所等において事業を行う法人（毎事業年度終了2か月以内）または個人（翌年3月15日）

3. 課税標準及び税率 (地法701の40、42)	区分	課税標準	税率
	事業に係る事業所税	資産割	事業年度末又は年末における事業所床面積	1 m²につき 600円
		従業者割	その年中に支払われた従業者給与総額 （従業者給与総額とは、事業所等の従業者に対して支払われる俸給、給料、賃金並びにこれらの性質を有する給与をいいますから年金、退職金等は除かれます。	従業者給与総額 ×0.25%

<table>
<tr><td>(地法701の31①)</td><td>(注) ① 課税標準の算定期間中に事業所等の新設、廃止が行われた場合には、新設の日の属する翌月から又は廃止の日の属する月までの月数に応じて月割計算を行います。
② 従業者給与総額には、役員の給与等を含みます。また、障がい者及び年齢65歳以上の役員以外の者の給与等は除かれます。</td></tr>
<tr><td>(地法701の31①五)</td><td>なお、事業専従者に対する給与等は従業者給与総額に含みますが、年齢55歳以上65歳未満の者のうち雇用保険法等の規定に基づく国の雇用に関する助成に係る者で一定のものがある場合は、その者の給与等の額の$\frac{1}{2}$を控除した額が従業者給与総額になります。</td></tr>
</table>

	4. 非課税	区分	既設分		具体例

4. 非課税					
(地法701の34③) (右表は一部のみ記載)	区分	既設分（資産割）	既設分（従業者割）	具体例	

区分	既設分 資産割	既設分 従業者割	具体例
法人税法２六の公益法人等が行う収益事業以外の事業用の施設	○	○	教育施設、社会福祉施設、病院など
都市施設で一般的に市が行うものと同種のもの又は収益性のうすいもの	○	○	図書館などの教育施設、社会福祉施設、病院、卸売市場、電気・ガス事業施設など
農林漁業の生産使用施設	○	○	畜舎、農業倉庫など
中小企業の集積の活性化事業等用施設	○	○	高度化資金の貸付を受けて取得した高度化事業の用に供する工場、店舗等の施設など
福利厚生施設など	○	○	勤労者の福利厚生施設、公衆浴場など
路外駐車場	○	○	駐車場法に規定する一般公共の用に供される路外駐車場のうち都市計画駐車場及び特定路外駐車場等
駐輪場	○	○	道路交通法に規定する原動機付自転車又は自転車のための駐車のための施設で、都市計画に定められたもの
資産割、従業者割、新増設に係る事業所税の一部が非課税となるもの	○		百貨店、旅館などの消防用施設、避難施設
	○	○	中小小売業者が行う高度化事業のための施設
		○	港湾運送業者が本来の事業に使用する施設

4. 非課税（地法701の34③）（右表は一部のみ記載）

---

5. 課税標準の特例
（地法701の41）
（記載は一部のみ）
（平31附則33⑤）

次のものの既設分について特例があります。
(1) 人的課税特例：協同組合等
(2) 用途課税特例
① 都市施設で非課税とされる都市施設以外のもの（個人立の各種学校等）
② ホテル等床面積が広大で面積当たりの収益率の低い事業所に係る施設
③ 国の施策として奨励するものに係る施設
④ 特定農産加工業経営改善臨時措置法に基づく事業用施設に対する資産割の課税の特例
※ 事業所用家屋を取り壊し、又は収用され、その後２年（若しくは相当の期間）以内に、それに代わるものとして新増設した場合、従前の床面積相当分などの新増設分は控除します。

---

6. 免税点
（地法701の40〜43）

• 既設分に係る事業所税の免税点
(イ)資産割………事業所の面積1,000m²以下
(ロ)従業員割……従業者数100人以下

---

7. 徴収の方法及び納期
（地法701の45、46、47）

• 既設分に係る事業所税
(1)法人の事業に係る事業所税
事業年度終了の日から２か月以内にその事業年度分を申告納付します。
(2)個人の事業に係る事業所税
翌年３月15日までに個人に係る課税期間分を申告納付します。（特別の場合には特例があります。）

地方税関係

■その他の主な地方税

項　目	説　明
○地方消費税 1. 課税団体 　（地法72の78 　①,②、地 　令35の5）	**（譲渡割）** (1)　個人事業者の住所地所在の道府県（国内に住所を有しない個人事業者については居住地所在の道府県、国内に住所又は居住を有しない個人事業者については事務所又は事業所所在の道府県） (2)　法人の本店又は主たる事務所所在の道府県 (3)　外国法人の国内の事務所又は事業所所在の道府県 **（貨物割）** 保税地域所在の道府県
2. 納税義務者 　（地法72の78①）	**（譲渡割）** 課税資産の譲渡等を行った個人事業者及び法人 **（貨物割）** 課税貨物を保税地域から引き取る者
3. 課税客体 　（地法72の78①）	**（譲渡割）** 課税資産の譲渡等 **（貨物割）** 課税貨物
4. 課税標準 　（地法72の77二、 　地法72の77三）	**（譲渡割）** 消費税法45条1項4号に掲げる消費税額 **（貨物割）** 消費税法47条1項2号に掲げる課税標準に対する消費税額又は同法50条2項の規定により徴収すべき消費税額
5. 税率 　（地法72の83）	一般分　2.2%（消費税額の $\frac{22}{78}$） 軽減分　1.76%（消費税額の $\frac{176}{624}$）
6. 徴収方法 　（地法附則9の4等、 　地法72の100等）	**（譲渡割）** 当分の間、国（税務署）に消費税と併せて申告納付等 **（貨物割）** 国（税関）に消費税と併せて申告納付等
7. 清算 　（地法72の114、 　地法附則9の15）	道府県は、国から払い込まれた地方消費税相当額について、商業統計の小売年間販売額その他消費に関連した基準によって道府県間において清算されます。
8. 交付 　（地法72の115、 　地法附則9の15）	清算後の金額の $\frac{1}{2}$ 相当額を道府県内の市町村に対して人口及び従業者数にあん分して交付されることになります。
○ゴルフ場利用税 1. 課税団体	 ゴルフ場所在の道府県（地法75）
2. 納税義務者	ゴルフ場の利用者（地法75）
3. 課税客体	ゴルフ場の利用行為（地法72の78①）
4. 非課税措置	• 18歳未満、70歳以上、障がい者、国体のゴルフ競技、学校の教育活動として行う場合は非課税（地法75の2、75の3）
5. 税率（標準税率）	1人1日につき800円（地法76①） ※なお、ゴルフ場の整備の状況等に応じて税率に差等を設けることができます。（地法76③） 制限税率…1,200円（地法76②）
6. 徴収方法	特別徴収（地法82）
7. 納期限	条例の定めるところによります。（地法83②）
○入湯税 1. 課税団体	 鉱泉浴場所在の市区町村
2. 納税義務者	入湯客
3. 税率	1人1日につき150円

■自動車関係税（主なもの）

項　　目	説　　　　明
1. 自動車重量税 （令和6年5月1日から令和7年4月30日に適用） ※1　一定の要件を満たすものは、エコカー減税が適用。 ※2　一定の要件を満たすものは、免税。 ※3　一定の年数を経過したものは、重課。 ※4　車両総重量1tごと ※5　2.5t超8t以下は8,200 ※6　国土交通省HPで、検査予定日時点の税額を照会することができます。	（以下、詳細表参照）

(1) 税率

①検査対象自動車 （単位：円）

区分／種類	車検期間	新規登録時 エコカー※1	新規登録時 本則税率※2	新規登録時 エコカー外 自家用	新規登録時 エコカー外 事業用	継続検査時 エコカー※1	継続検査時 本則税率※2	継続検査時 エコカー外 自家用	継続検査時 エコカー外 事業用
乗用車 （車両総重量0.5tごと）	3年	7,500	12,300	—	—	—	—	—	—
	2年	5,000	8,200	—	—	5,000	8,200	—	—
	1年	2,500	—	—	2,600	2,500	4,100	—	2,600
8t以下トラック※4	2年	5,000	6,600※5	5,200	—	—	—	—	—
バス・8t超トラック※4	1年	2,500	4,100	2,600	—	—	—	—	—
2.5t以下トラック※4	1年	—	—	—	—	2,500	3,300	2,600	—
バス・2.5t超トラック※4	1年	—	—	—	—	2,500	4,100	2,600	—
特種用途車 （車両総重量1tごと）	2年	5,000	8,200	5,200	—	5,000	8,200	5,200	—
	1年	2,500	4,100	2,600	—	2,500	4,100	2,600	—
小型二輪車	3年	—	5,700	4,500	—	—	—	—	—
	2年	—	3,800	—	—	—	3,800	3,000	—
	1年	—	—	—	—	—	1,900	—	—
検査対象軽自動車 （二輪を除く）	3年	7,500	9,900	—	—	—	—	—	—
	2年	5,000	6,600	5,200	—	5,000	6,600	5,200	—

②検査対象外軽自動車 （2回目以降「自動車重量税用軽自動車届出済証返納証明書」提出の場合は非課税）

二輪自家用	二輪事業用	その他自家用	その他事業用
4,900円	4,100円	9,900円	7,800円

(2) 納税義務者と納付方法

納税義務者	自動車検査証の交付等を受ける者及び車両番号の指定を受ける者
納税方法	自動車検査証の交付等又は車両番号の指定を受ける時までに、原則として、その税額に相当する金額の自動車重量税印紙を自動車重量税納付書にはり付けて納付など

(3) 非課税自動車

　大型特殊自動車、車両番号指定を受けたことがある届出軽自動車、臨時検査の結果、返付を受ける自動車検査証の有効期間の満了の日が従前の有効期間の満了の日以前とされることとなる自動車

---

2. 自動車税
（令和6年4月1日から令和7年3月31日に適用）

(1) 税率（グリーン化特例適用前） （単位：円）

乗用車 総排気量	自家用	営業用
電気自動車、1ℓ以下	25,000	7,500
1ℓ超　1.5ℓ以下	30,500	8,500
1.5ℓ超　2ℓ以下	36,000	9,500
2ℓ超　2.5ℓ以下	43,500	13,800
2.5ℓ超　3ℓ以下	50,000	15,700
3ℓ超　3.5ℓ以下	57,000	17,900
3.5ℓ超　4ℓ以下	65,500	20,500
4ℓ超　4.5ℓ以下	75,500	23,600
4.5ℓ超　6ℓ以下	87,000	27,200
6ℓ超	110,000	40,700

トラック 最大積載量	自家用	営業用
1t以下	8,000	6,500
1t超　2t以下	11,500	9,000
2t超　3t以下	16,000	12,000
3t超　4t以下	20,500	15,000
4t超　5t以下	25,500	18,500
5t超　6t以下	30,000	22,000
6t超　7t以下	35,000	25,500
7t超　8t以下	40,500	29,500
8t超	6,300 （1t超ごとに上の額を加算）	4,700

	(2) 納税義務者と納付方法	
	納税義務者	4月1日（賦課期日）現在の自動車の所有者（割賦販売の場合は、その自動車の買主が所有者となります）。
	納税方法	4月から翌年3月までの1年分の税金（年額）を5月中に納付します。

3. 軽自動車税

（令和6年4月1日から令和7年3月31日に適用）

(1) 税率（グリーン化特例適用前、市町村税により異なる場合があります。（制限税率1.5倍））

（単位：円）

区分			税率
(1) 軽自動車（660cc以下）及び小型特殊自動車	①二輪のもの（側車付きのものを含む。）（125cc超250cc以下）		3,600
	②三輪のもの		3,900
	③四輪以上のもの　乗用のもの	営業用	6,900
		自家用	10,800
	貨物用のもの	営業用	3,800
		自家用	5,000
(2) 原動機付自転車	①総排気量50cc以下又は定格出力0.6kw以下のもの（④を除く）		2,000
	②二輪のもので総排気量50cc超90cc以下又は定格出力0.6kw超0.8kw以下のもの		2,000
	③二輪のもので総排気量90cc超又は定格出力0.8kw超のもの		2,400
	④三輪以上のもので総排気量20cc超又は定格出力0.25kw超のもので一定のもの		3,700
(3) 二輪の小型自動車（250cc超）			6,000

(2) 納税義務者と納付方法

納税義務者	4月1日（賦課期日）現在の軽自動車、原動機付自転車、二輪の小型自動車等の所有者（割賦販売の場合は、その軽自動車、原動機付自転車、二輪の小型自動車等の所有者）
納税方法	4月から翌年3月までの1年分の税金（年額）を5月中に納付します。

4. 軽減・重課等

(1) 環境性能割（自動車税・軽自動車税）

- 車両を取得した場合に、車両の取得価額に対して環境性能に応じた税率（自家用の登録車は0～3％、営業用の登録車と軽自動車は0～2％）が課税されます。

(2) エコカー減税（自動車重量税）

- 排出ガス性能及び燃費性能に優れた自動車に対しては、それらの性能に応じて、自動車重量税が免税・軽減されます。

(3) グリーン化特例（自動車税・軽自動車税）

- 排出ガス性能及び燃費性能に優れた自動車に対して、それらの性能に応じて、自動車税・軽自動車税が軽減されます。
- 新車新規登録等から一定期間（ガソリン車、LPG車で13年、ディーゼル車で11年）を経過した自動車（EV等を除きます）に対して自動車税が概ね15％重課されます。（バス・トラックは概ね10％重課）
- 初めて車両番号の指定を受けてから13年を経過した三輪以上の軽自動車（EV等を除きます）に対して、軽自動車税が概ね20％重課されます。

■給与所得の源泉徴収税額表（月額表）抜粋

令和6年分

（一）

その月の社会保険料等控除後の給与等の金額		甲					乙
		扶養親族等の数					
		0人	1人	2人	3人	4人	
以上	未満	税			額		税額
円	円	円	円	円	円	円	円
88,000円未満		0	0	0	0	0	その月の社会保険料等控除後の給与等の金額の3.063%相当金額
88,000	89,000	130	0	0	0	0	3,200
89,000	90,000	180	0	0	0	0	3,200
90,000	91,000	230	0	0	0	0	3,200
91,000	92,000	290	0	0	0	0	3,200
92,000	93,000	340	0	0	0	0	3,300
93,000	94,000	390	0	0	0	0	3,300
94,000	95,000	440	0	0	0	0	3,300
95,000	96,000	490	0	0	0	0	3,400
96,000	97,000	540	0	0	0	0	3,400
97,000	98,000	590	0	0	0	0	3,500
98,000	99,000	640	0	0	0	0	3,500
99,000	101,000	720	0	0	0	0	3,600
101,000	103,000	830	0	0	0	0	3,600
103,000	105,000	930	0	0	0	0	3,700
105,000	107,000	1,030	0	0	0	0	3,800
107,000	109,000	1,130	0	0	0	0	3,800
109,000	111,000	1,240	0	0	0	0	3,900
111,000	113,000	1,340	0	0	0	0	4,000
113,000	115,000	1,440	0	0	0	0	4,100
115,000	117,000	1,540	0	0	0	0	4,100
117,000	119,000	1,640	0	0	0	0	4,200
119,000	121,000	1,750	120	0	0	0	4,300
121,000	123,000	1,850	220	0	0	0	4,500
123,000	125,000	1,950	330	0	0	0	4,800
125,000	127,000	2,050	430	0	0	0	5,100
127,000	129,000	2,150	530	0	0	0	5,400
129,000	131,000	2,260	630	0	0	0	5,700
131,000	133,000	2,360	740	0	0	0	6,000
133,000	135,000	2,460	840	0	0	0	6,300
135,000	137,000	2,550	930	0	0	0	6,600
137,000	139,000	2,610	990	0	0	0	6,800
139,000	141,000	2,680	1,050	0	0	0	7,100
141,000	143,000	2,740	1,110	0	0	0	7,500
143,000	145,000	2,800	1,170	0	0	0	7,800
145,000	147,000	2,860	1,240	0	0	0	8,100
147,000	149,000	2,920	1,300	0	0	0	8,400
149,000	151,000	2,980	1,360	0	0	0	8,700
151,000	153,000	3,050	1,430	0	0	0	9,000
153,000	155,000	3,120	1,500	0	0	0	9,300
155,000	157,000	3,200	1,570	0	0	0	9,600
157,000	159,000	3,270	1,640	0	0	0	9,900
159,000	161,000	3,340	1,720	100	0	0	10,200
161,000	163,000	3,410	1,790	170	0	0	10,500
163,000	165,000	3,480	1,860	250	0	0	10,800
165,000	167,000	3,550	1,930	320	0	0	11,100

（二）

その月の社会保険料等控除後の給与等の金額		甲					乙
		扶養親族等の数					
		0人	1人	2人	3人	4人	
以上	未満	税			額		税額
円	円	円	円	円	円	円	円
167,000	169,000	3,620	2,000	390	0	0	11,400
169,000	171,000	3,700	2,070	460	0	0	11,700
171,000	173,000	3,770	2,140	530	0	0	12,000
173,000	175,000	3,840	2,220	600	0	0	12,400
175,000	177,000	3,910	2,290	670	0	0	12,700
177,000	179,000	3,980	2,360	750	0	0	13,200
179,000	181,000	4,050	2,430	820	0	0	13,900
181,000	183,000	4,120	2,500	890	0	0	14,600
183,000	185,000	4,200	2,570	960	0	0	15,300
185,000	187,000	4,270	2,640	1,030	0	0	16,000
187,000	189,000	4,340	2,720	1,100	0	0	16,700
189,000	191,000	4,410	2,790	1,170	0	0	17,500
191,000	193,000	4,480	2,860	1,250	0	0	18,100
193,000	195,000	4,550	2,930	1,320	0	0	18,800
195,000	197,000	4,630	3,000	1,390	0	0	19,500
197,000	199,000	4,700	3,070	1,460	0	0	20,200
199,000	201,000	4,770	3,140	1,530	0	0	20,900
201,000	203,000	4,840	3,220	1,600	0	0	21,500
203,000	205,000	4,910	3,290	1,670	0	0	22,200
205,000	207,000	4,980	3,360	1,750	130	0	22,700
207,000	209,000	5,050	3,430	1,820	200	0	23,300
209,000	211,000	5,130	3,500	1,890	280	0	23,900
211,000	213,000	5,200	3,570	1,960	350	0	24,400
213,000	215,000	5,270	3,640	2,030	420	0	25,000
215,000	217,000	5,340	3,720	2,100	490	0	25,500
217,000	219,000	5,410	3,790	2,170	560	0	26,100
219,000	221,000	5,480	3,860	2,250	630	0	26,800
221,000	224,000	5,560	3,950	2,340	710	0	27,400
224,000	227,000	5,680	4,060	2,440	830	0	28,400
227,000	230,000	5,780	4,170	2,550	930	0	29,300
230,000	233,000	5,890	4,280	2,650	1,040	0	30,300
233,000	236,000	5,990	4,380	2,770	1,140	0	31,300
236,000	239,000	6,110	4,490	2,870	1,260	0	32,400
239,000	242,000	6,210	4,590	2,980	1,360	0	33,400
242,000	245,000	6,320	4,710	3,080	1,470	0	34,400
245,000	248,000	6,420	4,810	3,200	1,570	0	35,400
248,000	251,000	6,530	4,920	3,300	1,680	0	36,400
251,000	254,000	6,640	5,020	3,410	1,790	170	37,500
254,000	257,000	6,750	5,140	3,510	1,900	290	38,500
257,000	260,000	6,850	5,240	3,620	2,000	390	39,400
260,000	263,000	6,960	5,350	3,730	2,110	500	40,400
263,000	266,000	7,070	5,450	3,840	2,220	600	41,500
266,000	269,000	7,180	5,560	3,940	2,330	710	42,500
269,000	272,000	7,280	5,670	4,050	2,430	820	43,500
272,000	275,000	7,390	5,780	4,160	2,540	930	44,500
275,000	278,000	7,490	5,880	4,270	2,640	1,030	45,500
278,000	281,000	7,610	5,990	4,370	2,760	1,140	46,600
281,000	284,000	7,710	6,100	4,480	2,860	1,250	47,600
284,000	287,000	7,820	6,210	4,580	2,970	1,360	48,600
287,000	290,000	7,920	6,310	4,700	3,070	1,460	49,700

源泉税額表

給与所得の源泉徴収税額表（月額表）抜粋　令和6年分

(三)

その月の社会保険料等控除後の給与等の金額		甲					乙
		扶養親族等の数					
以上	未満	0人	1人	2人	3人	4人	税額
円	円	円	円	円	円	円	円
290,000	293,000	8,040	6,420	4,800	3,190	1,570	50,900
293,000	296,000	8,140	6,520	4,910	3,290	1,670	52,100
296,000	299,000	8,250	6,640	5,010	3,400	1,790	52,900
299,000	302,000	8,420	6,740	5,130	3,510	1,890	53,700
302,000	305,000	8,670	6,860	5,250	3,630	2,010	54,500
305,000	308,000	8,910	6,980	5,370	3,760	2,130	55,200
308,000	311,000	9,160	7,110	5,490	3,880	2,260	56,100
311,000	314,000	9,400	7,230	5,620	4,000	2,380	56,900
314,000	317,000	9,650	7,350	5,740	4,120	2,500	57,800
317,000	320,000	9,890	7,470	5,860	4,250	2,620	58,800
320,000	323,000	10,140	7,600	5,980	4,370	2,750	59,800
323,000	326,000	10,380	7,720	6,110	4,490	2,870	60,900
326,000	329,000	10,630	7,840	6,230	4,610	2,990	61,900
329,000	332,000	10,870	7,960	6,350	4,740	3,110	62,900
332,000	335,000	11,120	8,090	6,470	4,860	3,240	63,900
335,000	338,000	11,360	8,210	6,600	4,980	3,360	64,900
338,000	341,000	11,610	8,370	6,720	5,110	3,480	66,000
341,000	344,000	11,850	8,620	6,840	5,230	3,600	67,000
344,000	347,000	12,100	8,860	6,960	5,350	3,730	68,000
347,000	350,000	12,340	9,110	7,090	5,470	3,850	69,000
350,000	353,000	12,590	9,350	7,210	5,600	3,970	70,000
353,000	356,000	12,830	9,600	7,330	5,720	4,090	71,100
356,000	359,000	13,080	9,840	7,450	5,840	4,220	72,100
359,000	362,000	13,320	10,090	7,580	5,960	4,340	73,100
362,000	365,000	13,570	10,330	7,700	6,090	4,460	74,200
365,000	368,000	13,810	10,580	7,820	6,210	4,580	75,200
368,000	371,000	14,060	10,820	7,940	6,330	4,710	76,200
371,000	374,000	14,300	11,070	8,070	6,450	4,830	77,100
374,000	377,000	14,550	11,310	8,190	6,580	4,950	78,100
377,000	380,000	14,790	11,560	8,320	6,700	5,070	79,000
380,000	383,000	15,040	11,800	8,570	6,820	5,200	79,900
383,000	386,000	15,280	12,050	8,810	6,940	5,320	81,400
386,000	389,000	15,530	12,290	9,060	7,070	5,440	83,100
389,000	392,000	15,770	12,540	9,300	7,190	5,560	84,700
392,000	395,000	16,020	12,780	9,550	7,310	5,690	86,500
395,000	398,000	16,260	13,030	9,790	7,430	5,810	88,200
398,000	401,000	16,510	13,270	10,040	7,560	5,930	89,800
401,000	404,000	16,750	13,520	10,280	7,680	6,050	91,600
404,000	407,000	17,000	13,760	10,530	7,800	6,180	93,300
407,000	410,000	17,240	14,010	10,770	7,920	6,300	95,000
410,000	413,000	17,490	14,250	11,020	8,050	6,420	96,700
413,000	416,000	17,730	14,500	11,260	8,170	6,540	98,300
416,000	419,000	17,980	14,740	11,510	8,290	6,670	100,100
419,000	422,000	18,220	14,990	11,750	8,530	6,790	101,800
422,000	425,000	18,470	15,230	12,000	8,770	6,910	103,400
425,000	428,000	18,710	15,480	12,240	9,020	7,030	105,200
428,000	431,000	18,960	15,720	12,490	9,260	7,160	106,900
431,000	434,000	19,210	15,970	12,730	9,510	7,280	108,500
434,000	437,000	19,450	16,210	12,980	9,750	7,400	110,300
437,000	440,000	19,700	16,460	13,220	10,000	7,520	112,000

(四)

その月の社会保険料等控除後の給与等の金額		甲					乙
		扶養親族等の数					
以上	未満	0人	1人	2人	3人	4人	税額
円	円	円	円	円	円	円	円
440,000	443,000	20,090	16,700	13,470	10,240	7,650	113,600
443,000	446,000	20,580	16,950	13,710	10,490	7,770	115,400
446,000	449,000	21,070	17,190	13,960	10,730	7,890	117,100
449,000	452,000	21,560	17,440	14,200	10,980	8,010	118,700
452,000	455,000	22,050	17,680	14,450	11,220	8,140	120,500
455,000	458,000	22,540	17,930	14,690	11,470	8,260	122,200
458,000	461,000	23,030	18,170	14,940	11,710	8,470	123,800
461,000	464,000	23,520	18,420	15,180	11,960	8,720	125,600
464,000	467,000	24,010	18,660	15,430	12,200	8,960	127,300
467,000	470,000	24,500	18,910	15,670	12,450	9,210	129,000
470,000	473,000	24,990	19,150	15,920	12,690	9,450	130,700
473,000	476,000	25,480	19,400	16,160	12,940	9,700	132,300
476,000	479,000	25,970	19,640	16,410	13,180	9,940	134,000
479,000	482,000	26,460	20,000	16,650	13,430	10,190	135,600
482,000	485,000	26,950	20,490	16,900	13,670	10,430	137,200
485,000	488,000	27,440	20,980	17,140	13,920	10,680	138,800
488,000	491,000	27,930	21,470	17,390	14,160	10,920	140,400
491,000	494,000	28,420	21,960	17,630	14,410	11,170	142,000
494,000	497,000	28,910	22,450	17,880	14,650	11,410	143,700
497,000	500,000	29,400	22,940	18,120	14,900	11,660	145,200
500,000	503,000	29,890	23,430	18,370	15,140	11,900	146,800
503,000	506,000	30,380	23,920	18,610	15,390	12,150	148,500
506,000	509,000	30,880	24,410	18,860	15,630	12,390	150,100
509,000	512,000	31,370	24,900	19,100	15,880	12,640	151,600
512,000	515,000	31,860	25,390	19,350	16,120	12,890	153,300
515,000	518,000	32,350	25,880	19,590	16,370	13,130	154,900
518,000	521,000	32,840	26,370	19,900	16,610	13,380	156,500
521,000	524,000	33,330	26,860	20,390	16,860	13,620	158,100
524,000	527,000	33,820	27,350	20,880	17,100	13,870	159,600
527,000	530,000	34,310	27,840	21,370	17,350	14,110	161,000
530,000	533,000	34,800	28,330	21,860	17,590	14,360	162,500
533,000	536,000	35,290	28,820	22,350	17,840	14,600	164,000
536,000	539,000	35,780	29,310	22,840	18,080	14,850	165,400
539,000	542,000	36,270	29,800	23,330	18,330	15,090	166,900
542,000	545,000	36,760	30,290	23,820	18,570	15,340	168,400
545,000	548,000	37,250	30,780	24,310	18,820	15,580	169,900
548,000	551,000	37,740	31,270	24,800	19,060	15,830	171,300
551,000	554,000	38,280	31,810	25,340	19,330	16,100	172,800
554,000	557,000	38,830	32,370	25,890	19,600	16,380	174,300
557,000	560,000	39,380	32,920	26,440	19,980	16,650	175,700
560,000	563,000	39,930	33,470	27,000	20,530	16,930	177,200
563,000	566,000	40,480	34,020	27,550	21,080	17,200	178,700
566,000	569,000	41,030	34,570	28,100	21,630	17,480	180,100
569,000	572,000	41,590	35,120	28,650	22,190	17,760	181,600
572,000	575,000	42,140	35,670	29,200	22,740	18,030	183,100
575,000	578,000	42,690	36,230	29,750	23,290	18,310	184,600
578,000	581,000	43,240	36,780	30,300	23,840	18,580	186,000
581,000	584,000	43,790	37,330	30,850	24,390	18,860	187,500
584,000	587,000	44,340	37,880	31,410	24,940	19,130	189,000
587,000	590,000	44,890	38,430	31,960	25,490	19,410	190,400

給与所得の源泉徴収税額表（月額表）抜粋　令和6年分

（五）

その月の社会保険料等控除後の給与等の金額		甲					乙
		扶養親族等の数					
		0人	1人	2人	3人	4人	
以上	未満	税				額	税額
円	円	円	円	円	円	円	円
590,000	593,000	45,440	38,980	32,510	26,050	19,680	191,900
593,000	596,000	46,000	39,530	33,060	26,600	20,130	193,400
596,000	599,000	46,550	40,080	33,610	27,150	20,690	194,800
599,000	602,000	47,100	40,640	34,160	27,700	21,240	196,300
602,000	605,000	47,650	41,190	34,710	28,250	21,790	197,800
605,000	608,000	48,200	41,740	35,270	28,800	22,340	199,300
608,000	611,000	48,750	42,290	35,820	29,350	22,890	200,700
611,000	614,000	49,300	42,840	36,370	29,910	23,440	202,200
614,000	617,000	49,860	43,390	36,920	30,460	23,990	203,700
617,000	620,000	50,410	43,940	37,470	31,010	24,540	205,100
620,000	623,000	50,960	44,500	38,020	31,560	25,100	206,700
623,000	626,000	51,510	45,050	38,570	32,110	25,650	208,100
626,000	629,000	52,060	45,600	39,120	32,660	26,200	209,500
629,000	632,000	52,610	46,150	39,680	33,210	26,750	211,000
632,000	635,000	53,160	46,700	40,230	33,760	27,300	212,500
635,000	638,000	53,710	47,250	40,780	34,320	27,850	214,000
638,000	641,000	54,270	47,800	41,330	34,870	28,400	214,900
641,000	644,000	54,820	48,350	41,880	35,420	28,960	215,900
644,000	647,000	55,370	48,910	42,430	35,970	29,510	217,000
647,000	650,000	55,920	49,460	42,980	36,520	30,060	218,000
650,000	653,000	56,470	50,010	43,540	37,070	30,610	219,000
653,000	656,000	57,020	50,560	44,090	37,620	31,160	220,000
656,000	659,000	57,570	51,110	44,640	38,180	31,710	221,000
659,000	662,000	58,130	51,660	45,190	38,730	32,260	222,100
662,000	665,000	58,680	52,210	45,740	39,280	32,810	223,100
665,000	668,000	59,230	52,770	46,290	39,830	33,370	224,100
668,000	671,000	59,780	53,320	46,840	40,380	33,920	225,000
671,000	674,000	60,330	53,870	47,390	40,930	34,470	226,000
674,000	677,000	60,880	54,420	47,950	41,480	35,020	227,100
677,000	680,000	61,430	54,970	48,500	42,030	35,570	228,100
680,000	683,000	61,980	55,520	49,050	42,590	36,120	229,100
683,000	686,000	62,540	56,070	49,600	43,140	36,670	230,400
686,000	689,000	63,090	56,620	50,150	43,690	37,230	232,100
689,000	692,000	63,640	57,180	50,700	44,240	37,780	233,600
692,000	695,000	64,190	57,730	51,250	44,790	38,330	235,100
695,000	698,000	64,740	58,280	51,810	45,340	38,880	236,700
698,000	701,000	65,290	58,830	52,360	45,890	39,430	238,200
701,000	704,000	65,840	59,380	52,910	46,450	39,980	239,700
704,000	707,000	66,400	59,930	53,460	47,000	40,530	241,300
707,000	710,000	66,960	60,480	54,020	47,550	41,090	242,900
710,000	713,000	67,570	61,100	54,630	48,160	41,700	244,400
713,000	716,000	68,180	61,710	55,250	48,770	42,310	246,000
716,000	719,000	68,790	62,320	55,860	49,390	42,920	247,500
719,000	722,000	69,410	62,930	56,470	50,000	43,540	249,000
722,000	725,000	70,020	63,550	57,080	50,610	44,150	250,600
725,000	728,000	70,630	64,160	57,700	51,220	44,760	252,200
728,000	731,000	71,250	64,770	58,310	51,840	45,370	253,700
731,000	734,000	71,860	65,380	58,920	52,450	45,990	255,300
734,000	737,000	72,470	66,000	59,530	53,060	46,600	256,800
737,000	740,000	73,080	66,610	60,150	53,670	47,210	258,300

（六）

その月の社会保険料等控除後の給与等の金額	甲					乙
	扶養親族等の数					
	0人	1人	2人	3人	4人	
以上　未満	税				額	税額
	円	円	円	円	円	円
740,000円	73,390	66,920	60,450	53,980	47,520	259,800
740,000円を超え780,000円に満たない金額	740,000円の場合の税額に、その月の社会保険料等控除後の給与等の金額のうち740,000円を超える金額の20.42%に相当する金額を加算した金額					259,800円に、その月の社会保険料等控除後の給与等の金額のうち740,000円を超える金額の40.84%に相当する金額を加算する金額
780,000円	81,560	75,090	68,620	62,150	55,690	
780,000円を超え950,000円に満たない金額	780,000円の場合の税額に、その月の社会保険料等控除後の給与等の金額のうち780,000円を超える金額の23.483%に相当する金額を加算した金額					
950,000円	121,480	115,010	108,540	102,070	95,610	
950,000円を超え1,700,000円に満たない金額	950,000円の場合の税額に、その月の社会保険料等控除後の給与等の金額のうち950,000円を超える金額の33.693%に相当する金額を加算した金額					
1,700,000円	374,180	367,710	361,240	354,770	348,310	651,900
1,700,000円を超え2,170,000円に満たない金額	1,700,000円の場合の税額に、その月の社会保険料等控除後の給与等の金額のうち1,700,000円を超える金額の40.84%に相当する金額を加算した金額					651,900円に、その月の社会保険料等控除後の給与等の金額のうち1,700,000円を超える金額の45.945%に相当する金額を加算した金額
2,170,000円	571,570	565,090	558,630	552,160	545,690	
2,170,000円を超え2,210,000円に満たない金額	2,170,000円の場合の税額に、その月の社会保険料等控除後の給与等の金額のうち2,170,000円を超える金額の40.84%に相当する金額を加算した金額					
2,210,000円	593,340	586,870	580,410	573,930	567,470	
2,210,000円を超え2,250,000円に満たない金額	2,210,000円の場合の税額に、その月の社会保険料等控除後の給与等の金額のうち2,210,000円を超える金額の40.84%に相当する金額を加算した金額					
2,250,000円	615,120	608,650	602,190	595,710	589,250	
2,250,000円を超え3,500,000円に満たない金額	2,250,000円の場合の税額に、その月の社会保険料等控除後の給与等の金額のうち2,250,000円を超える金額の40.84%に相当する金額を加算した金額					

源泉税額表

給与所得の源泉徴収税額表（月額表）抜粋　[令和6年分]

（七）

その月の社会保険料等控除後の給与等の金額		甲					乙
		扶養親族等の数					
		0人	1人	2人	3人	4人	
以上	未満	税		額			税額
		円	円	円	円	円	651,900円に、その月の社会保険料等控除後の給与等の金額のうち1,700,000円を超える金額の45.945%に相当する金額を加算した金額
3,500,000円		1,125,620	1,119,150	1,112,690	1,106,210	1,099,750	
3,500,000円を超える金額		3,500,000円の場合の税額に、その月の社会保険料等控除後の給与等の金額のうち3,500,000円を超える金額の45.945%に相当する金額を加算した金額					

※この表における用語については、次に定めるところによります。

（一）「扶養親族等」とは、源泉控除対象配偶者及び控除対象扶養親族をいいます。

（二）「社会保険料等」とは、所得税法第七十四条第二項に規定する社会保険料及び同法第七十五条第二項に規定する小規模企業共済等掛金をいいます。

※扶養親族等の数の求め方については、P.287を参照してください。

■賞与に対する源泉徴収税額の算出率の表　抜粋　[令和6年分]

賞与の金額に乗ずべき率	甲										乙	
	扶養親族等※の数											
	0人		1人		2人		3人		4人			
	前月の社会保険料等控除後の給与等の金額										前月の社会保険料等控除後の給与等の金額	
%	以上	未満	以上	未満	以上	未満	以上	未満	以上	未満	以上	未満
	千円	千円	千円	千円	千円	千円	千円	千円	千円	千円	千円	千円
0.000	68千円未満		94千円未満		133千円未満		171千円未満		210千円未満			
2.042	68	79	94	243	133	269	171	295	210	300		
4.084	79	252	243	282	269	312	295	345	300	378		
6.126	252	300	282	338	312	369	345	398	378	424		
8.168	300	334	338	365	369	393	398	417	424	444		
10.210	334	363	365	394	393	420	417	445	444	470	222千円未満	
12.252	363	395	394	422	420	450	445	477	470	503		
14.294	395	426	422	455	450	484	477	510	503	534		
16.336	426	520	455	520	484	520	510	544	534	570		
18.378	520	601	520	617	520	632	544	647	570	662		
20.420	601	678	617	699	632	721	647	745	662	768	222	293
22.462	678	708	699	733	721	757	745	782	768	806		
24.504	708	745	733	771	757	797	782	823	806	849		
26.546	745	788	771	814	797	841	823	868	849	896		
28.588	788	846	814	874	841	902	868	931	896	959		
30.630	846	914	874	944	902	975	931	1,005	959	1,036	293	524
32.672	914	1,312	944	1,336	975	1,360	1,005	1,385	1,036	1,409		
35.735	1,312	1,521	1,336	1,526	1,360	1,526	1,385	1,538	1,409	1,555		
38.798	1,521	2,621	1,526	2,645	1,526	2,669	1,538	2,693	1,555	2,716	524	1,118
41.861	2,621	3,495	2,645	3,527	2,669	3,559	2,693	3,590	2,716	3,622		
45.945	3,495千円以上		3,527千円以上		3,559千円以上		3,590千円以上		3,622千円以上		1,118千円以上	

※この表における用語については、次に定めるところによります。

（一）「扶養親族等」とは、源泉控除対象配偶者及び控除対象扶養親族をいいます。

（二）「社会保険料等」とは、所得税法第七十四条第二項に規定する社会保険料及び同法第七十五条第二項に規定する小規模企業共済等掛金をいいます。

（備考）次の賞与に係る源泉徴収税額は、下記算式を用いて計算します。

①支給する賞与の金額（社会保険料等控除後）[A] が、前月の給与（社会保険料等控除後）[B] の10倍を超える場合

　（イ）{（[A]÷6）＋[B]}の金額を源泉徴収税額表（月額表）に当てはめて税額を求める

　（ロ）（（イ）の税額－[B]に対する源泉徴収税額）×6

②前月に給与の支払いがない場合

　（イ）（[A]÷6）の金額を源泉徴収税額表（月額表）に当てはめて税額を求める

　（ロ）（イ）の税額×6

※①②いずれも、賞与の計算期間が6か月を超える場合、上記6は12で計算します

扶養親族等の数の算定方法

　税額表の甲欄を適用する場合の扶養親族等の数の算定方法を図示すると、おおむね次のようになります。なお、税額表の甲欄を適用する場合の扶養親族等の数は、下図1と2を合計した数となります。

（凡例）　□ 給与所得者　配 配偶者（※の金額は配偶者の合計所得金額（見積額）を示します。）　障 （特別）障がい者　同障 同居特別障がい者

　　　　　ひ ひとり親又は寡婦　学 勤労学生　扶 控除対象扶養親族（扶養親族のうち年齢16歳以上の人）　扶 扶養親族のうち年齢16歳未満の人（注）扶養親族等の数には加算しません。

【下図中の点線囲みの図形は扶養親族等の数に含まれません】

《1　配偶者に係る扶養親族等の数の算定方法（具体例）》

《2　配偶者以外の扶養親族等の数の算定方法（具体例）》

■厚生年金保険料額表 （令和2年9月分（10月納付分）～）

（単位：円）

標準報酬			報酬月額			一般・坑内員・船員 （厚生年金基金加入員を除きます）	
						全額	折半額
等級	月額	日額	以上		未満	18.300%	9.150%
1	88,000	2,930		～	93,000	16,104.00	8,052.00
2	98,000	3,270	93,000	～	101,000	17,934.00	8,967.00
3	104,000	3,470	101,000	～	107,000	19,032.00	9,516.00
4	110,000	3,670	107,000	～	114,000	20,130.00	10,065.00
5	118,000	3,930	114,000	～	122,000	21,594.00	10,797.00
6	126,000	4,200	122,000	～	130,000	23,058.00	11,529.00
7	134,000	4,470	130,000	～	138,000	24,522.00	12,261.00
8	142,000	4,730	138,000	～	146,000	25,986.00	12,993.00
9	150,000	5,000	146,000	～	155,000	27,450.00	13,725.00
10	160,000	5,330	155,000	～	165,000	29,280.00	14,640.00
11	170,000	5,670	165,000	～	175,000	31,110.00	15,555.00
12	180,000	6,000	175,000	～	185,000	32,940.00	16,470.00
13	190,000	6,330	185,000	～	195,000	34,770.00	17,385.00
14	200,000	6,670	195,000	～	210,000	36,600.00	18,300.00
15	220,000	7,330	210,000	～	230,000	40,260.00	20,130.00
16	240,000	8,000	230,000	～	250,000	43,920.00	21,960.00
17	260,000	8,670	250,000	～	270,000	47,580.00	23,790.00
18	280,000	9,330	270,000	～	290,000	51,240.00	25,620.00
19	300,000	10,000	290,000	～	310,000	54,900.00	27,450.00
20	320,000	10,670	310,000	～	330,000	58,560.00	29,280.00
21	340,000	11,330	330,000	～	350,000	62,220.00	31,110.00
22	360,000	12,000	350,000	～	370,000	65,880.00	32,940.00
23	380,000	12,670	370,000	～	395,000	69,540.00	34,770.00
24	410,000	13,670	395,000	～	425,000	75,030.00	37,515.00
25	440,000	14,670	425,000	～	455,000	80,520.00	40,260.00
26	470,000	15,670	455,000	～	485,000	86,010.00	43,005.00
27	500,000	16,670	485,000	～	515,000	91,500.00	45,750.00
28	530,000	17,670	515,000	～	545,000	96,990.00	48,495.00
29	560,000	18,670	545,000	～	575,000	102,480.00	51,240.00
30	590,000	19,670	575,000	～	605,000	107,970.00	53,985.00
31	620,000	20,670	605,000	～	635,000	113,460.00	56,730.00
32	650,000	21,670	635,000	～		118,950.00	59,475.00

● 被保険者負担分（厚生年金保険料額表の折半額）に円未満の端数がある場合
　① 事業主が、給与から被保険者負担分を控除する場合、被保険者負担分の端数が50銭以下の場合は切り捨て、50銭を超える場合は切り上げて1円となります。
　② 被保険者が、被保険者負担分を事業主へ現金で支払う場合、被保険者負担分の端数が50銭未満の場合は切り捨て、50銭以上の場合は切り上げて1円となります。
　（注）①、②にかかわらず、事業主と被保険者の間で特約がある場合には、特約に基づき端数処理をすることができます。

● 納入告知書の保険料額について
　納入告知書の保険料額は、被保険者個々の保険料額を合算した金額となります。ただし、その合算した金額に円未満の端数がある場合は、その端数を切り捨てた額となります。

● 賞与に係る保険料額について
　賞与に係る保険料額は、賞与額から1,000円未満の端数を切り捨てた額（標準賞与額）に、保険料率を乗じた額になります。また、標準賞与額の上限は、健康保険（料率表は次ページ）は年間573万円（毎年4月1日から翌年3月31日までの累計額）となり、厚生年金保険と子ども・子育て拠出金の場合は月間150万円となります。

● 子ども・子育て拠出金について
　厚生年金保険の被保険者を使用する事業主の方は、児童手当等の支給に要する費用の一部として子ども・子育て拠出金が全額負担となります。この子ども・子育て拠出金の額は、被保険者個々の厚生年金保険の標準報酬月額及び標準賞与額に拠出金率（0.36%）を乗じて得た額の総額となります。

令和6年4月1日現在

■令和6年度　全国健康保険料率表（令和6年3月分（4月納付分）から適用）

都道府県	一般被保険者	介護保険第2号被保険者	都道府県	一般被保険者	介護保険第2号被保険者	都道府県	一般被保険者	介護保険第2号被保険者
北海道	10.21%	11.81%	石川	9.94%	11.54%	岡山	10.02%	11.62%
青森	9.49%	11.09%	福井	10.07%	11.67%	広島	9.95%	11.55%
岩手	9.63%	11.23%	山梨	9.94%	11.54%	山口	10.20%	11.80%
宮城	10.01%	11.61%	長野	9.55%	11.15%	徳島	10.19%	11.79%
秋田	9.85%	11.45%	岐阜	9.91%	11.51%	香川	10.33%	11.93%
山形	9.84%	11.44%	静岡	9.85%	11.45%	愛媛	10.03%	11.63%
福島	9.59%	11.19%	愛知	10.02%	11.62%	高知	9.89%	11.49%
茨城	9.66%	11.26%	三重	9.94%	11.54%	福岡	10.35%	11.95%
栃木	9.79%	11.39%	滋賀	9.89%	11.49%	佐賀	10.42%	12.02%
群馬	9.81%	11.41%	京都	10.13%	11.73%	長崎	10.17%	11.77%
埼玉	9.78%	11.38%	大阪	10.34%	11.94%	熊本	10.30%	11.90%
千葉	9.77%	11.37%	兵庫	10.18%	11.78%	大分	10.25%	11.85%
東京	9.98%	11.58%	奈良	10.22%	11.82%	宮崎	9.85%	11.45%
神奈川	10.02%	11.62%	和歌山	10.00%	11.60%	鹿児島	10.13%	11.73%
新潟	9.35%	10.95%	鳥取	9.68%	11.28%	沖縄	9.52%	11.12%
富山	9.62%	11.22%	島根	9.92%	11.52%	（介護保険料率は1.60%です）		

※保険料は、事業主と被保険者が折半で負担します。

■健康保険の標準報酬月額表

（単位：円）

等級	標準報酬 月額	標準報酬 日額	報酬月額 以上	報酬月額 未満	等級	標準報酬 月額	標準報酬 日額	報酬月額 以上	報酬月額 未満
1	58,000	1,930	～	63,000	42	930,000	31,000	905,000 ～	955,000
2	68,000	2,270	63,000 ～	73,000	43	980,000	32,670	955,000 ～	1,005,000
3	78,000	2,600	73,000 ～	83,000	44	1,030,000	34,330	1,005,000 ～	1,055,000
4	88,000	2,930	83,000 ～	93,000	45	1,090,000	36,330	1,055,000 ～	1,115,000
～	中略※				46	1,150,000	38,330	1,115,000 ～	1,175,000
35	650,000	21,670	635,000 ～	665,000	47	1,210,000	40,330	1,175,000 ～	1,235,000
36	680,000	22,670	665,000 ～	695,000	48	1,270,000	42,330	1,235,000 ～	1,295,000
37	710,000	23,670	695,000 ～	730,000	49	1,330,000	44,330	1,295,000 ～	1,355,000
38	750,000	25,000	730,000 ～	770,000	50	1,390,000	46,330	1,355,000 ～	
39	790,000	26,330	770,000 ～	810,000	※中略については、厚生年金保険料額表の報酬月額の区分と同じです。				
40	830,000	27,670	810,000 ～	855,000					
41	880,000	29,330	855,000 ～	905,000					

※例年4月の料率変更時に「各都道府県ごとの保険料額表」「労働保険率等」を弊社HPにて更新しています。
　下記URL又は右の二次元バーコードよりご確認ください（印刷可）。
　(URL) https://www.control-sya.co.jp/download.html

■雇用保険料率表（令和6年度）

事業の種類	保険料	事業主負担	被保険者負担
一般の事業	15.5/1,000	9.5/1,000	6/1,000
農林水産・清酒製造の事業	17.5/1,000	10.5/1,000	7/1,000
建設の事業	18.5/1,000	11.5/1,000	7/1,000

※被保険者負担分について1円未満の端数が生じた場合は、
　①被保険者負担分を賃金から源泉控除する場合は、被保険者負担分の端数が50銭以下の場合は切り捨て、50銭1厘以上の場合は切り上げます。
　②被保険者負担分を被保険者が事業主の方へ現金で支払う場合は、端数が50銭未満の場合は切り捨て、50銭以上は切り上げます。
　③ただし、慣習的な取扱い等の特約がある場合には、この限りではありません。

社会保険料

■年齢早見表（適用年齢簡易判定付）［令和6年用］

和暦	西暦	年齢
大正15 / 昭和1	1926	98
昭和2	1927	97
昭和3	1928	96辰
昭和4	1929	95
昭和5	1930	94
昭和6	1931	93
昭和7	1932	92
昭和8	1933	91
昭和9	1934	90
昭和10	1935	89
昭和11	1936	88
昭和12	1937	87
昭和13	1938	86
昭和14	1939	85
昭和15	1940	84辰
昭和16	1941	83
昭和17	1942	82
昭和18	1943	81
昭和19	1944	80
昭和20	1945	79
昭和21	1946	78
昭和22	1947	77
昭和23	1948	76
昭和24	1949	75 ①
昭和25	1950	74
昭和26	1951	73
昭和27	1952	72辰
昭和28	1953	71
昭和29	1954	70 ②
昭和30	1955	69
昭和31	1956	68
昭和32	1957	67
昭和33	1958	66

（昭和39年1月1日以前生）↑　相続時精算課税の贈与者

（昭和30年1月1日以前生）　老人扶養親族↑

和暦	西暦	年齢
昭和34	1959	65 ③
昭和35	1960	64
昭和36	1961	63
昭和37	1962	62
昭和38	1963	61
昭和39	1964	60 ④
昭和40	1965	59
昭和41	1966	58
昭和42	1967	57
昭和43	1968	56
昭和44	1969	55
昭和45	1970	54
昭和46	1971	53
昭和47	1972	52
昭和48	1973	51
昭和49	1974	50
昭和50	1975	49
昭和51	1976	48辰
昭和52	1977	47
昭和53	1978	46
昭和54	1979	45
昭和55	1980	44
昭和56	1981	43
昭和57	1982	42
昭和58	1983	41
昭和59	1984	40 ⑤
昭和60	1985	39
昭和61	1986	38
昭和62	1987	37
昭和63	1988	36辰
昭和64 / 平成1	1989	35
平成2	1990	34
平成3	1991	33

特例贈与・相続時精算課税の受贈者↑（平成18年1月1日以前生）

和暦	西暦	年齢
平成4	1992	32
平成5	1993	31
平成6	1994	30
平成7	1995	29
平成8	1996	28
平成9	1997	27
平成10	1998	26
平成11	1999	25
平成12	2000	24辰
平成13	2001	23
平成14	2002	22
平成15	2003	21
平成16	2004	20
平成17	2005	19
平成18	2006	18
平成19	2007	17
平成20	2008	16
平成21	2009	15
平成22	2010	14
平成23	2011	13
平成24	2012	12辰
平成25	2013	11
平成26	2014	10
平成27	2015	9
平成28	2016	8
平成29	2017	7
平成30	2018	6
平成31 / 令和1	2019	5
令和2	2020	4
令和3	2021	3
令和4	2022	2
令和5	2023	1
令和6	2024	0辰

（平成14年1月2日～平成18年1月1日以前生）　控除対象扶養親族↑

（平成21年1月1日以前生）　特定扶養親族

↓年少扶養親族（平成21年1月2日以後生）

（参考：西暦への換算）令和○年＋2018、平成○年＋1988、昭和○年＋1925

※年齢は令和6年の誕生日以降の満年齢（誕生日前の場合は△1歳した年齢）です。

年齢	①75歳	②70歳	③65歳	④60歳	⑤40歳
手続等	健康保険料の徴収終了	厚生年金保険料の徴収終了	介護保険料の特別徴収終了	高年齢雇用継続給付対象者	介護保険料の徴収開始
内容	後期高齢者医療制度に移行のため、健康保険料の徴収終了	厚生年金保険被保険者資格喪失届及び厚生年金保険70歳以上被用者該当届を提出（標準報酬月額変更者）	市区町村より徴収のため、誕生日の前日が属する月から徴収終了	60歳以上65歳未満の者を対象とした給付金（2種類）	誕生日の前日が属する月より介護保険料の徴収開始

※令和2年4月1日から、満64歳以上の者についても雇用保険料の納付が必要となりました。